À L'EST LA GUERRE SANS FIN 1918–1923

À L'EST LA GUERRE SANS FIN 1918–1923

SOUS LA DIRECTION DE
FRANÇOIS LAGRANGE, CHRISTOPHE BERTRAND,
CARINE LACHÈVRE, EMMANUEL RANVOISY

Gallimard | Musée de l'Armée

CET OUVRAGE EST PUBLIÉ À L'OCCASION DE L'EXPOSITION
«À L'EST LA GUERRE SANS FIN. 1918-1923»
ORGANISÉE PAR LE MUSÉE DE L'ARMÉE
DU 5 OCTOBRE 2018 AU 20 JANVIER 2019

SOUS LE HAUT PATRONAGE DE
MONSIEUR EMMANUEL MACRON
PRÉSIDENT DE LA RÉPUBLIQUE

PRÉFACE

Le 11 novembre 1918, les armes se taisent enfin sur le front occidental. À l'Est, rien de tel. Certes, en Europe centrale et orientale et au Levant, des trêves, des tentatives de paix jalonnent les années 1917 et 1918. Mais elles ne durent pas.

Sur les décombres de quatre grands empires que la Grande Guerre a détruits – les Empires russe, ottoman, austro-hongrois et allemand –, la guerre se rallume bientôt, en divers foyers. Les vainqueurs de la Grande Guerre se sont pourtant réunis durant de longs mois, à Paris, de 1919 à 1920, pour tenter d'élaborer une paix satisfaisante. L'histoire n'en fait pas mystère: ils n'y sont pas parvenus. Nous le savons bien pour ce qui concerne l'Europe occidentale, mais c'est encore plus vrai, peut-être, en Europe centrale et orientale et au Levant. Tensions, violences et affrontements y sont attisés par le souffle des recompositions géopolitiques. Des guerres entre nationalités y éclatent: de nombreux peuples cherchent à se constituer ou à se reconstituer en tant que pays indépendants, sur le modèle de l'État-nation homogène. Or la disparition des empires laisse des populations entremêlées, des territoires hétérogènes... La tentation est grande de recourir au pouvoir brutalement simplificateur de la force, qui engendre de nouveaux cortèges de morts, de blessés, de déplacés, de réfugiés. Des troubles intérieurs se déclarent également: ils dégénèrent parfois en d'âpres guerres civiles, où s'affrontent révolutions et contre-révolutions, valeurs démocratiques et premières tentatives totalitaires. Vivre ensemble ne va plus de soi. Il en résulte une instabilité d'une ampleur inédite, qui fait le lit de toutes les exactions. Dans cet environnement chaotique de l'Europe de l'Est et du Levant, les grandes puissances, parmi lesquelles la France, sont amenées à s'engager, sur les plans diplomatique et militaire, de manière très diverse et avec des réussites inégales: missions de soutien, interventions, occupations, actions humanitaires.

L'exposition «À l'Est la guerre sans fin. 1918-1923» rappelle au public français et occidental, de manière suggestive et concrète, grâce aux objets et aux images, la portée de cette période tragique. Les conséquences n'en sont pas épuisées. Chacun, près d'un siècle après, y trouve matière à réflexion. On y mesure les séquelles redoutables de la Grande Guerre, qui a comme désappris aux gouvernements et aux peuples à faire la paix. On y voit s'affirmer le goût affreux du massacre. Pendant la Grande Guerre, l'extermination des Arméniens était restée une sinistre exception. De 1918 à 1923, des marches de l'Est aux confins du Levant en passant par l'Europe médiane, les violences de masse contre les civils se sont multipliées et intensifiées.

En même temps, dès la fin des années 1920, le jeune et brillant juriste polonais d'origine juive Raphael Lemkin, instruit par l'exemple arménien et par celui des pogroms récurrents à l'Est, prépare les évolutions du droit international afin de caractériser le crime de barbarie, qui aboutira, après la Seconde Guerre mondiale, à celui de génocide. Pour qu'aux souffrances des victimes réponde la condamnation des assassins. Dès les années 1920 aussi, autour de l'essayiste tchécoslovaque d'origine autrichienne Richard Coudenhove-Kalergi, de l'homme politique français Aristide Briand et de bien d'autres, on s'interroge sur la manière dont, par le dialogue, le compromis, le respect des droits individuels et collectifs, la diffusion des principes et des pratiques démocratiques, le recours à l'arbitrage international, les pays européens peuvent briser le cercle vicieux de la guerre et s'engager ensemble dans la voie de la coopération économique, politique et culturelle. Voie raisonnable, mais voie exigeante aussi : s'y engager est difficile, y avancer toujours complexe, et y reculer souvent dangereux...

C'est bien cette voie, pourtant, avec ses méandres et ses cahots, mais avec toutes ses promesses aussi et son horizon de paix, qu'inlassablement, résolument, il nous faut suivre !

EMMANUEL MACRON
PRÉSIDENT DE LA RÉPUBLIQUE

AVANT-PROPOS

Le 2 juin 1918, le musée de l'Armée ouvrait la salle Gallieni sur les « souvenirs de la Grande Guerre ». Le 10 octobre 1918, il proposait au public une « salle des Alliés ». Avant même la fin de la Grande Guerre, il essayait, avec ses moyens propres, d'en prendre la mesure.

Cet intérêt pour la Grande Guerre, le musée de l'Armée ne l'a jamais perdu. En témoigne notamment la manière dont, membre fondateur de la Mission du centenaire de la Première Guerre mondiale, il a accompagné celle-ci sur le plan patrimonial et scientifique.

Ainsi le musée de l'Armée, opérateur culturel majeur du ministère des Armées, a-t-il déjà organisé plusieurs manifestations culturelles d'ampleur autour de la Grande Guerre. Il a réalisé une grande exposition patrimoniale, «Vu du front. Représenter la Grande Guerre» (octobre 2014-janvier 2015), en partenariat avec la BDIC, devenue La Contemporaine. Il a également porté plusieurs expositions documentaires sur le premier conflit mondial : « Les Invalides dans la Grande Guerre » (juillet-octobre 2014), « L'Hyperbataille de Verdun » (janvier-avril 2016), « La Fayette, nous voilà ! » (janvier-avril 2017), sur les relations franco-américaines à la lumière de l'engagement des États-Unis au côté des Alliés en 1917, et tout récemment « 1918, armistice(s). De l'avant à l'après 11 novembre (24 juillet-30 septembre 2018) », sur la série d'armistices qui mettent fin aux combats du premier conflit mondial. Il a en outre modernisé, en novembre 2014, ses salles d'exposition permanente portant sur la Grande Guerre, en y intégrant la question des soldats fusillés.

Dans ce contexte, il apparaissait légitime, et même nécessaire, que le musée de l'Armée conçût une exposition concluant, à son échelle, le cycle du centenaire de la Grande Guerre.

Un sujet a paru s'imposer, de par la multiplicité de ses perspectives : s'interroger sur le sens et la portée de la divergence historique qui s'établit, à partir de 1917-1918, entre l'est de l'Europe et le Levant d'une part, l'ouest de l'Europe d'autre part.

Dans une première séquence, à la suite des révolutions russes de février et d'octobre 1917, puis du traité de Brest-Litovsk le 3 mars 1918, les combats semblent décroître, au moins partiellement, à l'est de l'Europe, alors qu'ils s'intensifient à l'Ouest. Dans un deuxième temps, alors qu'à l'Ouest, après le 11 novembre 1918, les combats cessent, à l'Est, une nébuleuse de troubles internes, de guerres civiles et d'affrontements internationaux met aux prises les différents pays issus de la défaite des Empires russe, ottoman, austro-hongrois et allemand. Il en résulte une violence et une instabilité dont les conséquences ont marqué ces régions jusqu'à nos jours.

L'exposition intitulée «À l'Est la guerre sans fin. 1918-1923» a pour but de suivre, des marches de l'Est au Levant en passant par l'Europe médiane entre 1918 et 1923, la dissolution des anciens empires, la complexe machinerie des traités de paix, la difficile émergence de nouveaux États-nations et l'apparition d'une radicalisation totalitaire. Elle entend montrer également comment, dans ce contexte si troublé, la France, forte d'une prépondérance militaire inédite, tente d'œuvrer au retour de la stabilité dans la région. Elle rend enfin hommage à tous ces officiers et militaires français, fantassins, chasseurs alpins, coloniaux, spahis, zouaves ou tirailleurs qui ont poursuivi les combats et dont on a trop longtemps tu les exploits en France comme ceux de leurs chefs tels Pellé, Berthelot, Franchet, d'Esperey, d'Anselme, Lobit ou Brisson pour en citer quelques-uns.
En déplaçant l'attention des visiteurs par rapport à l'espace et au temps du premier conflit mondial, l'exposition contribuera, nous l'espérons, à en faire mieux connaître des aspects souvent méconnus de nos concitoyens. Les prêts d'objets les plus variés, et parfois les plus étonnants, obtenus à travers toute l'Europe grâce à la générosité d'institutions amies auxquelles nous exprimons notre gratitude, trouvent ici pleinement à s'employer.
Pour réussir un si ample projet, il faut des partenaires de qualité et de confiance. Nous avons la chance de les avoir : au premier rang figurent la Mission du centenaire de la Première Guerre mondiale ainsi que le Centre des archives diplomatiques, qui nous a consenti des prêts exceptionnels et nous a aidés de tout le savoir-faire de ses équipes, notamment en termes de cartographie, le musée Albert-Kahn, aux prestigieuses collections photographiques, l'Établissement de communication et de production audiovisuelle de la Défense (ECPAD), toujours aussi réactif et professionnel, Gaumont Pathé Archives, qui a accepté de faire connaître certains de ses trésors, le Service historique de la Défense. Il faut réserver une place spéciale, comme à l'accoutumée, tant à notre tutelle, le ministère des Armées et sa Direction des patrimoines, de la mémoire et des archives, qu'au CIC, grand partenaire indispensable du musée de l'Armée.
Il faut signaler aussi le rôle essentiel du conseil scientifique de l'exposition, qui, sous la présidence avisée et bienveillante du professeur John Horne, a su apporter au commissariat de l'exposition une aide constante et efficace. Que soient enfin remerciées pour leur engagement et leur rigueur sans faille les équipes du commissariat et plus largement du musée de l'Armée, toutes fonctions confondues, qui en perpétuent l'excellence et en garantissent le rayonnement.

GÉNÉRAL ALEXANDRE D'ANDOQUE DE SÉRIÈGE
DIRECTEUR DE L'ÉTABLISSEMENT PUBLIC DU MUSÉE DE L'ARMÉE

AVANT-PROPOS

Le ministère de l'Europe et des Affaires étrangères s'est engagé depuis plusieurs années dans une stratégie active d'ouverture et de communication de l'important patrimoine archivistique dont il est le dépositaire dans ses centres de La Courneuve et de Nantes. Ce sont ainsi près de cent vingt kilomètres linéaires d'archives, soit des milliers de cartons et des centaines de milliers de pages, qui témoignent de la richesse de l'histoire diplomatique de notre pays.

Cette volonté s'est traduite notamment par l'organisation, fin 2016 au Petit Palais, d'une grande exposition sur « L'Art de la paix » qui retraçait quelques grandes dates de cette histoire et, davantage que sur la guerre, invitait, comme le soulignaient dans son catalogue Hélène Carrère d'Encausse et Richard Boidin, « à réfléchir à l'idée de paix qui court depuis les treize siècles de notre histoire ». Les commémorations du centenaire de la fin de la Grande Guerre nous offraient tout naturellement une nouvelle opportunité de poursuivre dans cette voie.

C'est donc avec enthousiasme que nous avons répondu positivement à l'invitation du musée de l'Armée de nous associer à la préparation de l'exposition « À l'Est la guerre sans fin. 1918-1923 ». Tout d'abord parce que les domaines de compétence des Archives diplomatiques et du musée de l'Armée sont naturellement complémentaires : les dossiers de négociation, dont les accords et traités sont l'aboutissement, sont au cœur de l'activité des Affaires étrangères. Deux expositions (« Napoléon III et l'Europe », 2006 ; « Naissance de la Tchécoslovaquie », 2008) organisées à l'initiative de la Direction des archives ont même été accueillies dans le périmètre des Invalides. La France ayant été choisie en 1919 pour accueillir la Conférence de la paix, mais aussi désignée comme dépositaire des originaux des traités signés à l'issue de la conférence et de l'ensemble des pièces qui les constituent, pouvoirs de signature et instruments de ratification particulièrement, il était tout naturel qu'une partie de l'exposition fût consacrée aux négociations elles-mêmes.

Ensuite, parce que nous déployons, dans le contexte du centenaire de la Conférence de la paix, d'importants efforts pour avancer sur l'ouverture d'archives qui jusqu'à présent n'étaient pas accessibles. Ces fonds naguère spoliés par les nazis, retrouvés après guerre très endommagés, sont aujourd'hui l'objet d'une importante restauration. Un colloque sera d'ailleurs organisé à ce sujet en marge de l'exposition.

Enfin, parce qu'il nous a semblé hautement important, dans cette période troublée de l'histoire où l'Europe semble parfois courir le risque d'être de nouveau confrontée à ses vieux démons, de contribuer avec le musée de l'Armée à fournir quelques clés au public français sur une période charnière de l'histoire européenne et moyen-orientale, dont le 11 novembre 1918 n'est finalement qu'un premier tournant. La disparition d'empires multiséculaires, l'émergence ou la renaissance d'États, l'apparition du système multilatéral ne pouvaient en effet se faire sans marquer durablement notre continent et son pourtour. Elles continuent d'une certaine manière de le faire.

La direction des archives du MEAE est donc très heureuse de contribuer à ce beau projet à travers le prêt de documents exceptionnels, y compris de cartes dont certaines ont été spécialement réalisées pour cette occasion, en étroite collaboration avec les équipes du musée de l'Armée. La question des frontières en particulier a été un élément majeur de la négociation et il était important de mettre en lumière ce travail de l'ombre aux répercussions pourtant immenses pour les peuples.

Qu'il me soit également donné, pour finir, de remercier le directeur du musée de l'Armée et ses équipes pour la confiance qu'ils nous ont témoignée et les collaboratrices et collaborateurs de la Direction des archives diplomatiques pour leur engagement. Nous espérons tous que cette exposition donnera à de nombreux visiteurs l'envie de se replonger dans cette période si importante de notre histoire et de découvrir les remarquables fonds d'archives qui sont conservés dans les différents centres de France, diplomatiques bien entendu, mais également aux Archives nationales ou au Service historique de la Défense.

HERVÉ MAGRO
DIRECTEUR DES ARCHIVES DIPLOMATIQUES

LE CIC AUX CÔTÉS DU MUSÉE DE L'ARMÉE

Grand partenaire du musée de l'Armée aux Invalides depuis 2003, le CIC parraine ses expositions temporaires qui illustrent des phases aussi décisives que méconnues de notre histoire.
«À l'Est la guerre sans fin. 1918-1923» raconte le remplacement des anciens Empires par des nouveaux États-nations et la montée d'une radicalisation totalitaire en Europe. On y découvre également le combat mené par la France avec ses alliés pour ramener la stabilité dans la région, malgré le malencontreux traité de Versailles. C'est en réalité la construction d'une toute nouvelle Europe et les prémisses d'un nouveau désastre pour cette dernière et la civilisation que le visiteur découvrira au travers de cette exposition à la scénographie forte. Le CIC finance un dispositif multimédia composé de trois cartes animées retraçant les événements marquants qui se sont déroulés entre 1917 et 1923 dans trois grands espaces géographiques (à l'Est, en Europe médiane et au Levant).
Le CIC, par sa participation et son soutien à cette exposition, est heureux de contribuer à la transmission de la mémoire d'un épisode de l'histoire française qui constitue un tournant majeur de l'histoire universelle.

DANIEL BAAL
DIRECTEUR GÉNÉRAL DU CIC

NICOLAS THÉRY
PRÉSIDENT DU CIC

CIC

DPMA
Deuxième acteur culturel de l'État, le ministère des Armées conserve un vaste patrimoine culturel (archives, collections des musées, bibliothèques, patrimoine monumental et mobilier), qu'il entretient et valorise afin de permettre au plus grand nombre d'y avoir accès. La direction des patrimoines, de la mémoire et des archives (DPMA) est chargée notamment de la politique culturelle du ministère, pilotée en son sein par la Délégation des patrimoines culturels (DPC). Assurée par la DPC, la politique muséale s'appuie principalement sur les trois grands musées sous tutelle stratégique de la DPMA, dont le musée de l'Armée, mais aussi sur les treize musées rattachés aux armées, directions et services. La DPMA a également pour missions de concevoir, animer et évaluer la politique des archives et des bibliothèques, en exerçant le contrôle scientifique et technique des services d'archives et en coordonnant la politique de numérisation et de mise en ligne des archives du ministère.

MEAE – Archives diplomatiques
Les domaines de compétence des Archives diplomatiques et ceux du musée de l'Armée sont naturellement complémentaires: les dossiers de négociation, dont les accords et traités sont l'aboutissement, sont au cœur de l'activité des Affaires étrangères. L'exposition «À l'Est la guerre sans fin. 1918-1923» s'inscrit donc parfaitement dans le souci des Archives diplomatiques de profiter du Centenaire pour faire connaître certains de ses fonds les plus prestigieux dans le cadre d'une manifestation ambitieuse assurée d'une grande visibilité publique au travers du prêt de documents exceptionnels et de la conception d'un accompagnement cartographique conséquent.

MISSION CENTENAIRE
Groupement d'intérêt public créé en 2012 par le gouvernement pour préparer et mettre en œuvre le programme commémoratif du centenaire de la Première Guerre mondiale, la Mission du centenaire de la Première Guerre mondiale travaille sous l'autorité de la secrétaire d'État auprès de la ministre des Armées, Geneviève Darrieussecq. La Mission du centenaire a trois objectifs principaux: organiser les temps forts du programme commémoratif du centenaire de la Première Guerre mondiale; coordonner et accompagner l'ensemble des initiatives publiques et privées mises en œuvre en France ou par la France à l'étranger en proposant notamment un label «Centenaire»; informer le grand public sur le programme du Centenaire et assurer la diffusion des connaissances sur la Grande Guerre, notamment grâce au site centenaire.org.

GAUMONT PATHÉ ARCHIVES
11 novembre 1918. Sitôt l'armistice conclu, les opérateurs des sociétés Gaumont et Pathé se font les témoins des premiers soubresauts annonçant l'avènement du monde nouveau. Leurs reportages filmés relatent la désagrégation des empires, les économies ruinées, les révolutions naissantes ou encore les incessants ballets diplomatiques. Ils offrent aux spectateurs des fameux Gaumont Actualités, Éclair Journal et Pathé Journal la vision d'une Europe éprouvée à la recherche d'un nouveau souffle. Patrimoine unique de par sa richesse et sa diversité, les collections d'actualités cinématographiques conservées par Gaumont Pathé Archives reflètent, à travers leurs 250 000 références, l'histoire du XXe siècle. Filmées en 35 millimètres et restituées aujourd'hui en Haute Définition, ces images d'actualités centenaires illuminent cette exposition de leur intemporalité.

ECPAD
L'Établissement de communication et de production audiovisuelle de la Défense est fier d'être partenaire de cette exposition via la captation audiovisuelle d'entretiens d'historiens. Agence d'images de la Défense depuis 1915, l'ECPAD dispose d'un fonds cinématographique et photographique exceptionnel: plus de 12 millions de clichés et 31 000 films. Il garantit la disponibilité permanente d'équipes de reportage pour témoigner en temps réel de l'engagement de nos forces. Leurs travaux sont mis à la disposition des médias, contribuant à une meilleure compréhension de l'actualité et à la transmission de la mémoire. (ecpad.fr)

SHD
Le Service historique de la Défense collecte, conserve et valorise les archives, les ouvrages, la symbolique et l'iconographie du ministère des Armées. À ce titre, ce service est la source principale de l'histoire militaire française. Le Service historique de la Défense a prêté 20 pièces tirées des archives du cabinet du ministre de la Guerre, de l'état-major et du commandement des unités. Elles sont constituées à la fois de documents manuscrits et imprimés, de cartes, de correspondances et de notes officielles qui témoignent de la diversité des fonds du SHD. Tous ces documents illustrent les missions de renseignement, d'action diplomatique et de réflexion stratégique exercées par les autorités militaires en France et dans toute l'Europe.

DÉPARTEMENT DES HAUTS-DE-SEINE
Le Département des Hauts-de-Seine a participé au conseil scientifique, contribué au catalogue et prêté des reproductions d'images issues de la collection des Archives de la Planète conservée au musée départemental Albert-Kahn (72 000 autochromes, 10 000 photographies en noir et blanc, 100 000 mètres de films réalisés par une dizaine d'opérateurs de prises de vues dans une cinquantaine de pays entre 1909 et 1932 à l'initiative du banquier humaniste Albert Kahn). (collections.albert-kahn.hauts-de-seine.fr)

À LA MÉMOIRE DU GÉNÉRAL JEAN DELMAS (1925-2018), GRAND HISTORIEN DU FAIT MILITAIRE, DONT LES TRAVAUX SUR LE FRONT EST DURANT LA GRANDE GUERRE FURENT PIONNIERS, ET AMI VÉRITABLE DU MUSÉE DE L'ARMÉE.

ORGANISATION DE L'EXPOSITION
MINISTÈRE DES ARMÉES
Jean-Paul Bodin, *secrétaire général pour l'administration (SGA)*
Myriam Achari, *directrice des patrimoines, de la mémoire et des archives (DPMA)*
Alexis Neviaski, *délégué aux patrimoines culturels (DPMA)*
Amaury de Bouvet, *chef du bureau des actions culturelles et des musées (DPMA)*

MUSÉE DE L'ARMÉE
Général de corps d'armée Bruno Le Ray, *gouverneur militaire de Paris, président du conseil d'administration*
Général Alexandre d'Andoque de Sériège, *directeur*
Ariane James-Sarazin, *directrice adjointe*
Marine Darnault, *secrétaire générale*

COMITÉ SCIENTIFIQUE
PRÉSIDENT
John Horne, *professeur émérite d'histoire contemporaine de l'Europe, Trinity College Dublin*

MEMBRES
Jean-Paul Amat, *professeur émérite de géographie, université Paris-Sorbonne, président de la Société des Amis du Musée de l'Armée (SAMA)*
Annette Becker, *professeure d'histoire contemporaine, université Paris-Nanterre, membre du conseil d'administration du musée de l'Armée*
Mark Cornwall, *professeur d'histoire contemporaine de l'Europe, université de Southampton*
Robert Gerwarth, *professeur d'histoire contemporaine et directeur du Centre for War Studies, University College, Dublin*
Colonel (e.r.) Frédéric Guelton, *historien, ancien chef du département de l'Armée de terre du Service historique de la Défense (SHD)*
Hélène Guillot, *chef de la division Guerre et Armée de terre, Centre historique des archives du SHD*
Henry Laurens, *professeur au Collège de France, chaire d'histoire contemporaine du monde arabe*
Isabelle Richefort, *conservatrice générale du patrimoine, adjointe au directeur des Archives du ministère de l'Europe et des Affaires étrangères (MEAE)*
Didier Sapaut, *ancien président du conseil d'administration de l'Établissement de communication et de production audiovisuelle de la Défense (ECPAD)*
Anne Sigaud, *chargée de recherche au musée départemental Albert-Kahn*
Georges-Henri Soutou, *membre de l'Institut de France, professeur d'histoire contemporaine émérite, université Paris-Sorbonne*
Alexandre Sumpf, *maître de conférences en histoire contemporaine, université de Strasbourg*

COMMISSARIAT
Lieutenant-colonel Christophe Bertrand, *conservateur du département contemporain, musée de l'Armée*
Carine Lachèvre, *assistante de conservation et adjointe à l'Historial Charles de Gaulle du musée de l'Armée*
François Lagrange, *chef de la division de la Recherche historique, de l'Action pédagogique et des Médiations, musée de l'Armée*
Emmanuel Ranvoisy, *conservateur adjoint du département contemporain, musée de l'Armée*
Jean-Paul Amat, *commissaire associé*
Assistés de :
Pierre Bréhu, *musée de l'Armée*
Kevin Fernandez, *musée de l'Armée*
Nathalie Pouderoux, *musée de l'Armée*
Antoine Tromski, *musée de l'Armée*
et avec le concours de :
Laurent Charbonneau, *département contemporain, musée de l'Armée*
Jordan Gaspin, *département contemporain, musée de l'Armée*
Solène Granier, *département contemporain, musée de l'Armée*

PRÊTEURS
INSTITUTIONS ET MUSÉES
ÉTABLISSEMENTS FRANÇAIS
ARCHIVES DIPLOMATIQUES. LA COURNEUVE. MINISTÈRE DE L'EUROPE ET DES AFFAIRES ÉTRANGÈRES
Hervé Magro, *directeur*
Isabelle Richefort
Marsha Sirven
Luc Vandenhende
ARCHIVES DIPLOMATIQUES. NANTES. MINISTÈRE DE L'EUROPE ET DES AFFAIRES ÉTRANGÈRES
Agnès Chablat-Beylot, *responsable du Centre des archives diplomatiques*
ARCHIVES DÉPARTEMENTALES DES YVELINES – MONTIGNY-LE-BRETONNEUX
Christine Martinez, *ancienne directrice*
Mathilde Deuve et Romain Dugast
ARCHIVES NATIONALES – PARIS ET PIERREFITTE-SUR-SEINE
Françoise Banat-Berger, *directrice*
Claire Béchu, Sylvie Bigoy, Ghislain Brunel, Marie-José Fras, Samuel Gibiat, Béatrice Hérold et Emmanuel Rousseau
BIBLIOTHÈQUE NATIONALE DE FRANCE – PARIS
Laurence Engel, *présidente*
Ismène Bouatouch, Denis Bruckmann, Thierry Grillet, David Guillet, Olivier Loiseau, Ève Netchine, Chiara Paglietini et Brigitte Robin-Loiseau
BIBLIOTHÈQUE NUBAR – PARIS
Boris Adjemian, *conservateur*
BIBLIOTHÈQUE UKRAINIENNE SYMON PETLURA – PARIS
Jaroslava Josyoyszyn, *conservatrice*
INSTITUT DE FRANCE – PARIS
Françoise Bérard, *directrice de la bibliothèque*
LA CONTEMPORAINE, BIBLIOTHÈQUE, ARCHIVES, MUSÉE DES MONDES CONTEMPORAINS – NANTERRE
Valérie Tesnière, *directrice*
Franck Veyron
MUSÉE DE L'EMPÉRI – SALON-DE-PROVENCE
Lisa Laborie-Barrière, *directrice*
MUSÉE DE LA GRANDE GUERRE – PAYS DE MEAUX
Aurélie Perreten, *directrice*
Johanne Berlemont et Anaïs Raynaud
MUSÉE DES COSAQUES – COURBEVOIE
Wladimir Grekoff, *président*
Gérard Gorokhoff
MUSÉE DES TROUPES DE MARINE – FRÉJUS
Lieutenant-colonel Philippe Roudier, *conservateur*
OFFICE FRANÇAIS DE PROTECTION DES RÉFUGIÉS ET APATRIDES – FONTENAY-SOUS-BOIS
Pascal Brice, *directeur général*
SERVICE HISTORIQUE DE LA DÉFENSE – VINCENNES
Pierre Laugeay, *chef du service*
Benjamin Doizelet, Bertrand Fonck, Annette Wroblewski et Henri Zuber

ÉTABLISSEMENTS ÉTRANGERS
ASSOCIATION ADLIGAT – BELGRADE
Viktor Lazic, *président*
HADTÖRTÉNETI MÚZEUM – BUDAPEST
Colonel Vilmos Kovács, *directeur*
Fanni Lukács et Gergely Sallay
HEERESGESCHICHTLICHES MUSEUM – VIENNE
Christian Ortner, *directeur*
Christoph Hatschek et Barbara Kramreither
LATVIJAS KARA MUZEJA – RIGA
Aija Fleija, *directrice*
Barba Ekmane et Ilze Krigere
LATVIJAS NACIONĀLAIS VĒSTURES MUZEJS – RIGA
Arnis Radins, *directeur*
Anita Meinarte
MAGYAR NEMZETI MUZEUM – BUDAPEST
Eszter Aczél, *directrice*
Dragan Traian et Anna Váradi
MUSEO STORICO ITALIANO DELLA GUERRA – ROVERETO
Camillo Zadra, *directeur*
MUZEUM WOJSKA POLSKIEGO – VARSOVIE
Adam Buława, *directeur*
Julia Bańburska, Michał Pacut, Anna Popielarczyk-Palega et Magdalena Sasal
NÁRODNÍ MUZEUM – PRAGUE
Michal Lukes, *directeur général*
Marek Junek et Zdeněk Špitálník
NATIONAL ARCHIVES – KEW
David Thomas, *directeur*
NATIONAL ARMY MUSEUM – LONDRES
Brigadier Justin Maciejewski, *directeur général*
Peter Johnston
VYTAUTO DIDŽIOJO KARO MUZIEJUS – KAUNAS
Kęstutis Kuršelis, *directeur*
Gerarda Dručkuvienė

PRÊTEURS PARTICULIERS
Antoine Gouraud, *association « Souvenir du général Henri Gouraud et de sa famille »*
Andrei Korliakov
Yves Plasseraud
Jean-Pierre Verney

ARCHIVES AUDIOVISUELLES
GAUMONT PATHÉ ARCHIVES – SAINT-OUEN
Sidonie Dumas, *présidente*
Manuela Padoan, *directrice*
Cyrille Lollivier et Julien Boury
COMITÉ INTERNATIONAL DE LA CROIX ROUGE – GENÈVE
Peter Maurer, *président*
Marina Meier
ÉTABLISSEMENT DE COMMUNICATION ET DE PRODUCTION AUDIOVISUELLE DE LA DÉFENSE (ECPAD) IVRY-SUR-SEINE
Contrôleur général des armées Christophe Jacquot, *directeur*
David Bodou, Nicolas Bourgeoisat, Benjamin Buj, Aurélien Lesné et Mylène Oulmann

CATALOGUE
ÉDITIONS GALLIMARD
Nathalie Bailleux, *direction éditoriale*
Marie Caillaud, *suivi éditorial*
Anne Lagarrigue, *direction artistique*
Sarah Martinon, *conception graphique et mise en pages*
Sandra Pizzo, *préparation et relecture des textes*
Caroline Artémon, *chef de fabrication*
Marie-Laure Garello, *suivi de fabrication*
Béatrice Foti, *assistée de* Françoise Issaurat, *presse*
Manuele Destors, *responsable de projet partenariat*

AUTEURS DES ESSAIS
Jean-Paul Amat
Julie d'Andurain, *professeur des universités en histoire contemporaine, université de Lorraine*
Annette Becker
Pierre Chancerel, *conservateur du patrimoine, adjoint au chef du département des fonds d'archives*
Thomas Chopard, *post-doctorant à l'Institute for Historical Research (IHR), University of London*
Louis Clerc, *professeur d'histoire contemporaine, département des sciences politiques et histoire contemporaine, université de Turku*
Mark Cornwall
Isabelle Davion, *maîtresse de conférences d'histoire contemporaine à l'université de Paris-Sorbonne*
Dr Alex Dowdall, *Simon Research Fellow, School of Arts, Languages and Cultures, University of Manchester*
Edhem Eldem, *professeur au Collège de France, chaire d'histoire turque et ottomane*
Étienne Forestier-Peyrat, *maître de conférences à Sciences Po Lille, chercheur au centre d'histoire de Sciences Po*
Robert Gerwarth
Frédéric Guelton
Julien Gueslin, *conservateur responsable du pôle sciences humaines à la Bibliothèque nationale et universitaire de Strasbourg*
John Horne
Dzovinar Kévonian, *maître de conférences, université Paris-Nanterre, Institut des sciences sociales du politique (UMR 7220)*
Roman Krakovsky, *chercheur associé au Centre d'études des mondes russe, caucasien et centre-européen (CERCEC/EHESS) et à l'Institut d'histoire du temps présent (IHTP/CNRS), chargé de cours au Global Studies Institute, université de Genève*
Elli Lemonidou, *professeure assistante en histoire moderne et contemporaine de la Grèce et de l'Europe, université de Patras*
Isabelle Richefort
Anne Sigaud
Georges-Henri Soutou
Alexandre Sumpf

AUTEURS DES CARTES
Michael Georges, *ingénieur cartographe, chef du Pôle géographique aux Archives diplomatiques, direction des archives du MEAE*
Olivier Plessis, *ingénieur cartographe, adjoint au chef du Pôle géographique aux Archives diplomatiques, direction des archives du MEAE*

AUTEURS DES NOTICES ET DES PORTRAITS

POUR LE MUSÉE DE L'ARMÉE

Lieutenant-colonel Christophe Bertrand (C.B.), Carine Lachèvre, Kevin Fernandez, François Lagrange (F.L.), Antoine Tromski désignés par le sigle EPMA

POUR LES AUTRES INSTITUTIONS ET ÉTABLISSEMENTS

J. A., Julie d'Andurain
C. B. B., Cécile Bosquier-Britten (SHD)
A. C. B., Agnès Chablat-Beylot (MEAE)
P. C., Pierre Chancerel (SHD)
J. P. D., Jean-Philippe Dumas (MEAE)
G. E., Grégoire Eldin (MEAE)
G. F., Guillaume Frantzwa (MEAE)
P. G., Pierre Gombert (MEAE)
F. G., Frédéric Guelton
A. L., Anne Liskenne (MEAE)
I. N., Isabelle Nathan (MEAE)
N.T., Nicolas Texier (SHD)
L. V., Luc Vandenhende (MEAE)

TRADUCTIONS

Mot.Tiff Inside
Ubiqus

EXPOSITION

COORDINATION ET MISE EN ŒUVRE DU PROJET

Régie des œuvres et des expositions du musée de l'Armée sous la conduite de Laure-Alice Viguier et de Sophie Chauvois
Production : Christine Capdevielle
Régie : Michel Fred, Miguel Medy, Maïlys Nouailles, Aurore Pierre, Émilie Prud'hom et Manon Vulfin

SCÉNOGRAPHIE

Marine Brunet et Mitia Claisse – Agence *Klapisch Claisse*

GRAPHISME

Julie Linotte

AGENCEMENT

ArtComposit
Électricité
Luminœuvres

SIGNALÉTIQUE

Créations du Val d'Oise

SOCLAGE

Didier Lescarbotte, *musée de l'Armée*

ENCADREMENT

Laure Leprince

ACCOMPAGNEMENT PÉDAGOGIQUE

Sylvie Picolet, *musée de l'Armée*

COMMUNICATION

Charlotte Georges-Picot, *chef du service Communication du musée de l'Armée*,
Siriane Chartier et Cécilie Poulet, *musée de l'Armée* assistées de l'agence *Alambret Communication*

PROMOTION AUPRÈS DES PUBLICS

Stéphanie Froger, *chef de la division promotion des publics du musée de l'Armée*, Pauline Pinto, *musée de l'Armée*

MULTIMÉDIAS

PRODUCTION

Cécile Chassagne, *chef du Pôle web et multimédia du musée de l'Armée*, Chloé Bérard, Florian Cali et Anne Junger-Baquet, *musée de l'Armée*
Éclectic production et *XD Productions*

ENREGISTREMENTS/ENTRETIENS

ECPAD
Emmanuel Ranvoisy

INSTALLATION

Christian Puren, *musée de l'Armée*

PROGRAMMATION CULTURELLE

CYCLE CINÉMATOGRAPHIQUE

« À l'Est du nouveau »
Emmanuel Ranvoisy

CYCLE DE CONFÉRENCES

« 1918-1923. Sortir, ne pas sortir de la guerre »
François Lagrange et Sylvie Picolet

SAISON MUSICALE

Christine Dana-Helfrich, *musée de l'Armée*

REMERCIEMENTS PARTICULIERS

AUX PARTENAIRES DU MUSÉE DE L'ARMÉE

CIC

Nicolas Théry, *président*,
Daniel Baal, *directeur général*,
Bruno Brouchiquan,
Thomas Balducchi

ARCHIVES DIPLOMATIQUES, MEAE

Hervé Magro, *directeur*,
Isabelle Richefort, Marsha Sirven

MISSION DU CENTENAIRE DE LA PREMIÈRE GUERRE MONDIALE

Joseph Zimet, *directeur général*,
Laurent Veyssière,
Christine Gouriellec

GAUMONT PATHÉ ARCHIVES

Sidonie Dumas, *présidente*,
Manuela Padoan, Cyrille Lollivier

ECPAD

Contrôleur général des armées Christophe Jacquot, *directeur*,
Gilles Ciment

SERVICE HISTORIQUE DE LA DÉFENSE (SHD)

Pierre Laugeay, *chef du service*,
Henri Zuber

LE DÉPARTEMENT DES HAUTS-DE-SEINE

Patrick Devedjian, président du conseil départemental
Bertrand de Sainte-Marie, conservateur du musée départemental *Albert-Khan*
Anne Sigaud, Fabienne Maillard, Ronan Guinée

POUR LEUR AIDE ET LEURS CONSEILS

Guillaume Lebailly, *conservateur, directeur de la Bibliothèque byzantine, adjoint à la directrice des Réseaux et Partenariats documentaires, Collège de France*
Odile Soupison, *ambassadeur de France en Lettonie*
Colonel Stéphane Loechleiter, *attaché de Défense, Lituanie-Lettonie*
Adjudant-chef Aurélie Le Roux, *assistante de l'attaché de Défense, Lituanie-Lettonie*
Centre des affaires culturelles de l'ambassade d'Ukraine en France
Deutsches Historisches Museum, Berlin
Historical Museum of Serbia, Belgrade
Institute of Military History, Bratislava
National Museum, Prague
Slovenské národné museum, Bratislava
War Heritage Institute, Bruxelles
War Museum, Athènes
War Museum, Thessalonique

AUX ÉQUIPES DU MUSÉE DE L'ARMÉE

CABINET ET SECRÉTARIAT DE LA DIRECTION

Adjudant Cyril Cuvillier, major Hubert Dontenville, Sarah Jeuffe, Éric Lagarde

AGENCE COMPTABLE

Gino Piastrelli, Serhat Aslan, Ider Fabius

ATELIER TEXTILES

Isabelle Grisolia, Isabelle Rousseau, Caroline Rieau

ATELIER MÉTAL

José de Brito Ferreira, Didier Lescarbotte

ATELIER CUIR

Christian Lagrive, Justine Blin

BIBLIOTHÈQUE, CENTRE DE DOCUMENTATION

Annabelle Matthias, Chanda Barua, Jean-François Charcot, Florian Dumont, Céline Gouin

DÉPARTEMENT ARTILLERIE

Sylvie Leluc, Christophe Pommier, Cyrielle Daehn

DÉPARTEMENT EXPERTS ET INVENTAIRE

Isabelle Limousin, Mathilde Benoistel, Lydie Bennet, Clothilde Forest, adjudant-chef Olivier Laurent, Xavier Ndala, Ronan Trucas, maréchal des logis-chef Rémi Lixandru

DÉPARTEMENT DES PEINTURES ET SCULPTURES, ARTS GRAPHIQUES, CABINET DES ESTAMPES ET DE LA PHOTOGRAPHIE

Sylvie Le Ray-Burimi, Anthony Petiteau, Hélène Boudou-Reuzé, Laëtitia Desserrière, Stéphanie Korzilius

DIVISION BUDGET ET FINANCES

Pierre Gelin, Anne Courtois de Lourmel, Florian Climent, Sylvie Delcazo, Anne-Laure Favoino, Sylvie Gauthier, Pascale Hinault, Johanna Ladouce, Frédéric Lemaître

DIVISION PROMOTION DES PUBLICS

Stéphanie Froger, Pauline Pinto, Mickaël Blasselle, Béatrice Six, Anne Luro, Alice Picard, Gwenaëllle Houée

DIVISION DE LA RECHERCHE HISTORIQUE, DE L'ACTION PÉDAGOGIQUE ET DES MÉDIATIONS

Boris Bouget, Valérie Godard, Olivia Julien-Laferrière

DIVISION SÉCURITÉ ET LOGISTIQUE

Frédéric Grosjean, Jacky Feind et l'équipe de la sécurité, Esther Ferhat et l'équipe des moyens généraux, Philippe Riquet et les équipes du contrôle, Bibi Houzet

PÔLE ACCUEIL ET RÉGIE DES RECETTES

Hervé Chézaud et son équipe

PÔLE INFRASTRUCTURE

Atelier polyvalent de maintenance Yannick Boulbin, Farid Asloune, Stéphane Boudet, Jean-Louis Custos, Pierre-Antoine Étienne, Vincent Reyre, Philippe de Bernard

PÔLE WEB ET MULTIMÉDIA

Cécile Chassagne, Chloé Bérard, Florian Cali, Anne Junger-Baquet

SERVICE D'ORGANISATION DES SYSTÈMES D'INFORMATION

Capitaine Patrick Mangungu, adjudant-chef Olivier Maudru, Michaël Geidans, Alexandre Chalvet, Christian Puren, Oguzhan Kalli, Arnaud Melchi

SERVICE PHOTOGRAPHIQUE

Agathe Formery, Émilie Cambier, Anne-Sylvaine Marre-Noel

AINSI QU'À DAVID GUILLET, ANCIEN DIRECTEUR ADJOINT ET DIRECTEUR PAR INTÉRIM DU MUSÉE DE L'ARMÉE

INTRODUCTION
P. 1

AUX FRONTIÈRES DES CONFLITS
P. 16

ESSAIS
P. 21

PORTRAITS
P. 108

TRAITÉS, INSTRUMENTS ET POUVOIRS
P. 116

ATLAS RAISONNÉ
P. 125

PARCOURS
P. 177

CONCLUSION
P. 312

ANNEXES
P. 315

MEDITERRANEAN SEA
(BAHR-ES SUFEID OR AK DENIZ)
Alexandretta
Aleppo
Latakia
Hama
Homs
Tripoli
Beirut
Damascus
Haifa
Jaffa
Jerusalem
Es Salt
Tadmur (PALMYRA)
Deir ez Zor
Meyadin
Mardin
Jebel Bishri
ANAIZE
JEBEL DRUZ
El Harra
WULAD ALI ARABS
BENI SAKHR ARABS
BADIET esh
SYRIAN DESERT
Ard Riash
Ard er Ruweishat
JEBEL ANAIZE
Azrak

INTRODUCTION

I
SORTIR,
NE PAS SORTIR DE LA GUERRE
P. 3

II
UN PROBLÈME NON RÉSOLU :
COMMENT REMPLACER
LE CONCERT EUROPÉEN À L'EST ?
P. 9

Esquisse
Planche III
de la vue et de l'inscription A de la forme
d'un des repéres marquant le point frontière
triplex confinium entre la Roumanie,
la Tchécoslovaquie et la
Hongrie.-
Echelle 1:10
ROMANIA
10. VIII. 1920
0,75
1,50
0,03
0,50
1,20

I

SORTIR, NE PAS SORTIR DE LA GUERRE

JOHN HORNE
PROFESSEUR ÉMÉRITE D'HISTOIRE CONTEMPORAINE DE L'EUROPE, TRINITY COLLEGE DUBLIN

Quand est-ce que la Grande Guerre se termine? Quand est-ce que l'on en sort? La mémoire commune, cent ans plus tard, retient le 11 novembre 1918 à onze heures du matin, le moment où l'armistice entre la France, la Grande-Bretagne et les États-Unis, d'une part, et l'Allemagne, d'autre part, clôt les hostilités sur le front de l'Ouest.

La réalité est plus complexe. D'abord, le 11 novembre est le dernier dans une série d'armistices – celui de Salonique avec la Bulgarie le 29 septembre, de Moudros avec l'Empire ottoman le 30 octobre et de Villa Giusti (Padoue) avec l'Autriche-Hongrie le 3 novembre. La coalition allemande se défait lentement en même temps que l'empire habsbourgeois comme celui du sultan entrent en agonie, ce dernier sous la houlette des Jeunes-Turcs nationalistes, qui l'avaient lancé dans la guerre.

Ensuite, l'armistice n'est qu'un cessez-le-feu. Certes, les termes que les pays demandeurs sont obligés d'accepter signalent leur défaite – mais non leur «reddition inconditionnelle», comme pour l'Allemagne en 1945. Si les Alliés estiment – à raison – qu'ils ont remporté la victoire, ils n'iront jamais la fêter avec un défilé militaire à Berlin, à la différence des Allemands sur les Champs-Élysées en 1871 et 1940.

Les armistices ouvrent donc une période liminaire. Lors de la conférence qui se déroule à Paris à partir de janvier 1919, les Alliés doivent convertir leur victoire en une paix définitive. Pendant un an, leurs leaders – experts aidant – s'ingénient à refaire le monde et surtout l'Europe à leur guise. Ils essaient de concilier leurs intérêts nationaux divergents avec les forces explosives issues du conflit tout en observant les principes, énoncés par le président américain Woodrow Wilson, de la souveraineté populaire et de l'autodétermination nationale. Mais les traités – Versailles avec l'Allemagne le 28 juin 1919, Saint-Germain (Autriche), Trianon (Hongrie), Neuilly (Bulgarie) et, en queue de file, Sèvres avec l'Empire ottoman en août 1920 (qui restera lettre morte) – tentent d'imposer la paix à un monde en pleine ébullition.

Enfin, et surtout, l'automne 1918 n'est pas la première fin de la guerre. Déjà, un an avant, la Russie bolchevique était sortie du conflit en signant un armistice à Brest-Litovsk, le 3 décembre 1917. Par le traité du même nom qui entre en vigueur en mars 1918, l'Allemagne contrôle les marches occidentales de l'ancien Empire russe ainsi que l'Ukraine. Brest-Litovsk consacre la victoire allemande sur le front de l'Est et, pour beaucoup d'Allemands, paraît le héraut d'une victoire générale.

En même temps éclate en Russie la guerre civile entre rouges et blancs (avec, en outre, des affrontements à l'intérieur de chaque camp), ce qui entraîne la révolution dans une spirale de violence. Quant à l'Ukraine, elle vit sa propre révolution nationale et sociale. La défaite de l'Allemagne renverse cette première fin de

CAT. 158
Esquisse de la forme des repères marquant le point frontière *triplex confinium* entre la Roumanie, la Tchécoslovaquie et la Hongrie, 1923
Nantes, archives du ministère de l'Europe et des Affaires étrangères, commission de délimitation des frontières en Europe, inv. 4POI/1/62
A. C. B.

la guerre à l'avantage des alliés occidentaux, sans éteindre les flammes de la révolution russe. Au contraire, le bolchevisme incarne l'espoir dans l'idée de la révolution, ou la crainte de celle-ci (selon les cas), et jette sa lumière troublante sur la Grande Guerre finissante. La guerre civile continuera jusqu'en 1921 dans un bain de sang – avec quelque deux millions et demi de victimes des combats, sans compter celles de la terreur et de la famine.

D'où la prémisse de cette exposition : à l'est de l'Europe et au Levant, la guerre ne se termine ni le 11 novembre 1918 ni avec les traités signés à Paris. À la Conférence de la paix correspond une tumultueuse succession de révolutions et de contre-révolutions, de guerres civiles et de guerres interétatiques. Cette suite de violences équivaut à une guerre qui continue. Son début remonte à l'invasion italienne de la Libye ottomane et aux deux guerres balkaniques qui, en 1911-1913, annoncent la Grande Guerre. Sa fin ne viendra qu'en 1923 avec, entre autres choses, la fondation de la Turquie actuelle et un Proche-Orient enfin stabilisé. Sortir de la guerre et faire la paix est un processus difficile, qui s'échelonne dans le temps et s'étale dans l'espace.

Bref, il s'agit d'une « plus grande guerre », dont 1914-1918 constitue l'épicentre volcanique mais dont les conflits de 1918-1923 sont autant de tentatives d'en finir, d'en sortir. Ce sont ces guerres-là, vers l'Est, que nous montrons dans cette exposition. Sans les comprendre, sans les restituer à leur place par rapport à la Grande Guerre, on gardera de celle-ci une vision faussée en raison d'une focalisation excessive sur le front de l'Ouest. Sortir de la guerre, pour bien des Européens et leurs voisins du Proche-Orient, dépend de ces conflits qui enfantent un monde parfois éloigné de celui imaginé lors des armistices ou de la Conférence de la paix.

La raison immédiate de cet état des choses est à trouver dans la nature de la Grande Guerre. Le conflit, déchaîné en 1914 par des hommes qui ne pouvaient en rien imaginer ses conséquences, a déclenché à son tour des forces, immanentes avant la guerre, qui deviennent apparentes dans la guerre elle-même et constitutives de celle-ci. Parmi ces forces se compte le défi que représente pour les régimes politiques (nations ou empires) le sacrifice de plus de dix millions de soldats morts à la guerre (sans compter ceux mutilés et traumatisés), sacrifice qui exige une reconnaissance approfondie du peuple, du *demos*, comme base de la politique. Les idées de « patrie » et de « nation » s'en trouvent renforcées. En fait partie aussi la création, au cœur du conflit, d'une économie de guerre avec ses tensions de classes – économie indispensable, pourtant, à un conflit fondé sur une puissance de feu industrialisée (artillerie, armes chimiques, mitrailleuses) qu'il fallait livrer aux champs de bataille. S'y ajoute, enfin, la durée d'un conflit qui n'en finit pas et qui entraîne une lassitude croissante de toutes parts, avec tentations pacifistes et révolutionnaires concomitantes.

En un mot, la Grande Guerre représente le plus redoutable défi qui soit pour les États en lice, mais elle pèse plus lourdement vers l'Est, où les empires dynastiques s'avèrent moins aptes à relever ce défi. À quoi s'ajoute la défaite pour l'Allemagne, pays puissant et moderne pourtant, mais qui ne possède ni la cohésion interne ni le soutien externe des alliés occidentaux, qui, grâce à la domination maritime britannique, bénéficient des ressources des États-Unis et de celles de leurs propres colonies.

De l'éclatement des trois empires dynastiques selon des clivages ethniques résulte une série de guerres en 1918-1923 au fur et à mesure que les États-nations nouveaux, ou nouvellement consolidés (pays baltes, Pologne, Ukraine, Hongrie, Autriche, Roumanie, Bulgarie, Yougoslavie), cherchent à anticiper ou à redéfinir les frontières décrétées à Paris afin de retrouver « leurs » minorités à l'extérieur ou de résister aux demandes réciproques des États adverses. Pour ne citer que la Pologne, enfin indépendante, elle lutte contre la Lituanie et l'Ukraine en 1919 pour fixer ses frontières dans des régions ethniquement mixtes (le soldat inconnu à Varsovie vient du siège de Lwów/Lviv, en Ukraine). Elle est obligée de repousser l'Armée rouge aux portes de Varsovie en 1920 quand les bolcheviks essaient de reprendre les marches de l'Empire russe (ils auront l'est de l'Ukraine, mais l'Ouest restera à la Pologne).

Ainsi, les zones d'éclatement des empires dynastiques s'embrasent en des conflits ethniques, car chacune des nations a des minorités à réclamer à l'extérieur en même temps que des minorités exogènes, plutôt suspectes, à surveiller à l'intérieur. Guerres, conflits paramilitaires, mouvements contestataires (grèves, saisies de la terre) : les violences sont multiples. Étant donné que les marches de l'Empire russe correspondent à la zone du plus fort peuplement juif de toute l'Europe, une vague de pogroms s'y ajoute, anticipant les violences infiniment pires d'un quart de siècle plus tard. Dans cette Europe des nations, les Juifs deviennent la minorité continentale.

Toutefois, sur ces conflits ethniques et sociaux se superpose un champ de force idéologique dont les pôles sont à l'Est et à l'Ouest. À l'Est, les bolcheviks traduisent les conflits sociaux nés de la guerre en termes de guerre des classes afin de légitimer leur régime autoritaire et d'appeler à la révolution mondiale. À l'Ouest, la défaite des empires centraux fournit un réflexe contre-révolutionnaire qui affichera son triple refus de la défaite, de la démocratie parlementaire et de toute révolution socialiste (considérée comme un complot « judéo-bolchevique »), et son rejet des atteintes réelles ou imaginées à l'intégrité ethnique de la nation. Plusieurs années durant, ce réflexe suscitera des luttes violentes dans les trois pays vaincus (et les pays baltes) sous la forme des *Freikorps* – c'est-à-dire des paramilitaires inspirés de la Grande Guerre.

Certes, des régimes parlementaires l'emporteront sur cette contre-révolution en Allemagne et en Autriche. Il en sera de même dans la Hongrie de l'amiral Horthy, suivant la répression de la révolution « bolchevique » de Béla Kun en 1919. Mais la contre-révolution couve à petit feu en Autriche et surtout en Allemagne. Curieusement, dans l'Italie victorieuse, des nationalistes déçus d'une paix supposée « mutilée » réagissent de manière similaire à celle des vaincus ; lancée par Benito Mussolini dès janvier 1919 sous le nom de « fascisme » et médusée par Fiume/Rijeka, un port sur l'Adriatique réclamé par Italiens et Yougoslaves, occupé illégalement quinze mois durant par le poète Gabriele D'Annunzio, cette contre-révolution radicale prend le pouvoir dès 1923.

Les choses se passent différemment dans un Empire ottoman en pleine dissolution car celui-ci est en quelque sorte le pivot entre l'Europe des nations – telle que les puissances alliées la conçoivent à Paris – et le monde colonial. Malgré l'enthousiasme suscité par les principes wilsoniens dans les milieux nationalistes de diverses colonies (Inde, Égypte, Indochine, etc.), la Conférence de la paix n'envisage nullement leur application hors d'Europe. À la différence des autres capitales des grandes puissances vaincues, Istanbul est occupé par les alliés français, britanniques, italiens et grecs pendant cinq ans avec comme but de dépecer l'empire pluriséculaire.

En ce qui concerne le cœur de celui-ci – la Thrace de l'Est (en Europe), le détroit des Dardanelles et l'Anatolie –, les Alliés jouent sur des nationalités rivales. À l'Ouest, ils soutiennent l'ambition grecque d'absorber la Thrace et le nord-ouest de l'Anatolie en une « plus grande Grèce. » À l'autre bout de l'Anatolie, ils protègent une république arménienne éphémère, consolation tardive du génocide en 1915-1916. Cependant, comprimer une Turquie musulmane et nationaliste née des cendres de la défaite dans une zone autour d'Ankara s'avère chose impossible. Dans la guerre gréco-turque qui suit (1919-1922), la Turquie, sous la direction de Mustafa Kemal, triomphe de l'armée grecque. Au prix de massacres (entre autres, des Grecs de Smyrne/Izmir) et de l'échange forcé de 1,6 million de Grecs et de Turcs entre les deux pays, le traité de Lausanne en 1923 entérine la formation de l'actuelle République de Turquie.

Au Sud, les provinces arabes ottomanes tombent dans le giron des Empires britannique et français malgré les diverses espérances nationales et les promesses faites par les Britanniques à leur égard pendant la guerre. La retraite des forces ottomanes en 1918 est talonnée par l'entrée des troupes britanniques et françaises, largement coloniales. Celles-ci assurent l'assise de ces nouveaux « mandats » (britannique en Palestine et en Irak, français en Syrie et au Liban) sous l'égide de la Société des Nations, non sans campagnes militaires, notamment française en Syrie. Le Proche-Orient des nations va devoir attendre la sortie d'une seconde guerre mondiale.

Dans beaucoup de ces conflits s'impliquent avec plus ou moins d'importance la France et la Grande-Bretagne. C'est la contrepartie militaire de la mainmise diplomatique exercée par les Alliés sur cette longue sortie de la guerre. Si les Britanniques, en tant que puissance navale et impériale, dominent en Turquie et au Proche-Orient, et si les deux pays, avec les États-Unis et le Japon, interviennent en vain dans la guerre civile russe, ce sont surtout les Français, en tant que puissance militaire et terrestre, qui suivent de plus près les convulsions de l'Europe de l'Est. Du front macédonien dissous, des soldats français traversent la Serbie pour se stationner en Hongrie révolutionnaire tandis que d'autres se battent contre les bolcheviks à Sébastopol et à Odessa. En 1920, le général Weygand participe à une mission interalliée qui aide les Polonais à repousser l'Armée rouge. Et des troupes françaises se battent contre les nationalistes turcs en 1920-1921 afin de dessiner en Cilicie la frontière avec la Syrie avant de « pacifier » le mandat, au prix de six mille morts.

Istanbul sous l'occupation alliée deviendra le nœud d'une action à la fois militaire et civile face au désastre humanitaire que représente l'exode d'un million de réfugiés de la guerre civile russe ainsi que le « nettoyage ethnique » lors de la guerre gréco-turque. La presqu'île de Gallipoli sera un lieu d'asile temporaire pour des Russes blancs. L'échelle de la détresse dans laquelle se trouvent plongées les victimes de tous ces conflits est la preuve la plus sûre que la guerre, en effet, ne s'arrête pas le 11 novembre 1918, mais se prolonge vers l'Est jusqu'à un apaisement généralisé qui arrive autour de 1923, sans que cela équivaille forcément à la paix. Des Français, civils comme militaires, sont à la fois acteurs et observateurs dans plusieurs de ces conflits. Leurs traces, leurs témoignages qui parsèment cette exposition nous aident à comprendre, à cent ans de distance, combien cette longue et violente sortie de la Grande Guerre touchait toute l'Europe, et le monde au-delà d'elle.

CAT. 45
Actes de la Conférence de la paix Appendice A. Revendications territoriales en faveur du gouvernement du Hedjaz présentées par l'émir Fayçal le 29 janvier 1919
La Courneuve, Archives du ministère de l'Europe et des Affaires étrangères, inv. 170QO/7
EPMA

10

APPENDIX

Territorial Claims of the Government of the Hedjaz.

As representing my father, who, by request of Britain and France, led the Arab rebellion against the Turks, I have come to ask that the Arabic-speaking peoples of Asia, from the line Alexandretta–Diarbekir southward to the Indian Ocean, be recognised as independent sovereign peoples under the guarantee of the League of Nations. The Hedjaz, which is already a sovereign State, and Aden, which is a British dependency, are excluded from the Arab demand.

The confirmation of the States already existing in the area, the adjustment of their boundaries with one another, with the Hedjaz, and with the British at Aden, and the formation of such new States as are required, and their boundaries, are matters for arrangement between us, after the wishes of their respective inhabitants have been ascertained.

Detailed suggestions on these smaller points will be put forward by my Government when the time comes.

I base my request on the principles enunciated by President Wilson (attached), and am confident that the Powers will attach more importance to the bodies and souls of the Arabic-speaking peoples than to their own material interests.

FEISAL.

January 29, 1919.

ANNEX.

Second Point of President Wilson's Address at Mount Vernon of July 4, 1918.

"The settlement of every question, whether of territory, of sovereignty, of economic arrangement, or of political relationship, upon the basis of the free acceptance of that settlement by the people immediately concerned, and not upon the basis of the material interest or advantages of any other nation or people which may desire a different settlement for the sake of its own exterior influence or mastery."

APPENDICE.

Revendications territoriales du Gouvernement du Hedjaz.

Comme représentant de mon père, qui, à la demande de la Grande-Bretagne et de la France, a dirigé la révolte des Arabes contre les Turcs, je suis venu demander que les peuples d'Asie de langue arabe, de la partie au sud de la ligne Alexandrette–Diarbekir jusqu'à l'Océan Indien, soient reconnus comme peuples souverains indépendants, sous la garantie de la Ligue des Nations. Le Hedjaz, qui est déjà un État souverain, et Aden, qui est une dépendance anglaise, ne font pas partie de la revendication arabe.

La confirmation des États existants déjà dans cette région, la délimitation de leurs frontières entre eux, avec le Hedjaz et avec les Anglais à Aden, et la création de tels États nouveaux qui sont nécessaires et leurs frontières, sont des questions à régler entre nous, après nous être enquis des desiderata de leurs populations respectives.

Des propositions détaillées concernant ces points de détail seront présentées par mon Gouvernement en temps opportun.

Je base ma requête sur les principes énoncés par M. le Président Wilson (ci-joints), et j'ai confiance que les Puissances voudront bien attacher plus d'importance aux corps et aux âmes des peuples de langue arabe qu'à leurs propres intérêts matériels.

FEISAL.

Le 29 *janvier* 1919.

ANNEXE.

Second Point du Message de M. le Président Wilson à Mount Vernon le 4 *Juillet* 1918.

"Le règlement de toutes les questions, qu'il s'agisse de territoire, de souveraineté, d'accord économique ou de rapport politique, sur la base de la libre acceptation de ce règlement de la part du peuple directement intéressé et non pas sur la base de l'intérêt ou des avantages matériels de toute autre nation ou peuple qui pourrait désirer un règlement différent dans l'intérêt de sa propre influence ou domination à l'extérieur."

o

PEACE CONG

SECR

(11069) 44

I.C. 138.]

Secretary's Notes in M. Pichon' Paris, on Tues at 3 P.M.

United St

President Wilso
Mr. R. Lansing.
Mr. A. H. Frazie
Mr. L. Harrison
Lieut. Burden.

Brit

The Rt. Hon. A.
The Rt. Hon. Vi
Lt.-Col. Sir M.
Mr. H. Norman.
Captain E. Abr

M. Clemenceau.
M. Pichon.
M. Dutasta.
M. Berthelot.
M. de Béarn.
Captain A. Port

M. Orlando.
Baron Sonnino.
Count Aldrovand
M. Bertelé.
Major Jones.

Baron Makino.
M. Matsui.
M. Saburi.

Als

United St

Professor Haski

Brit

Sir Eyre Crowe.
Lt.-Col. Cornwall

[100—12]

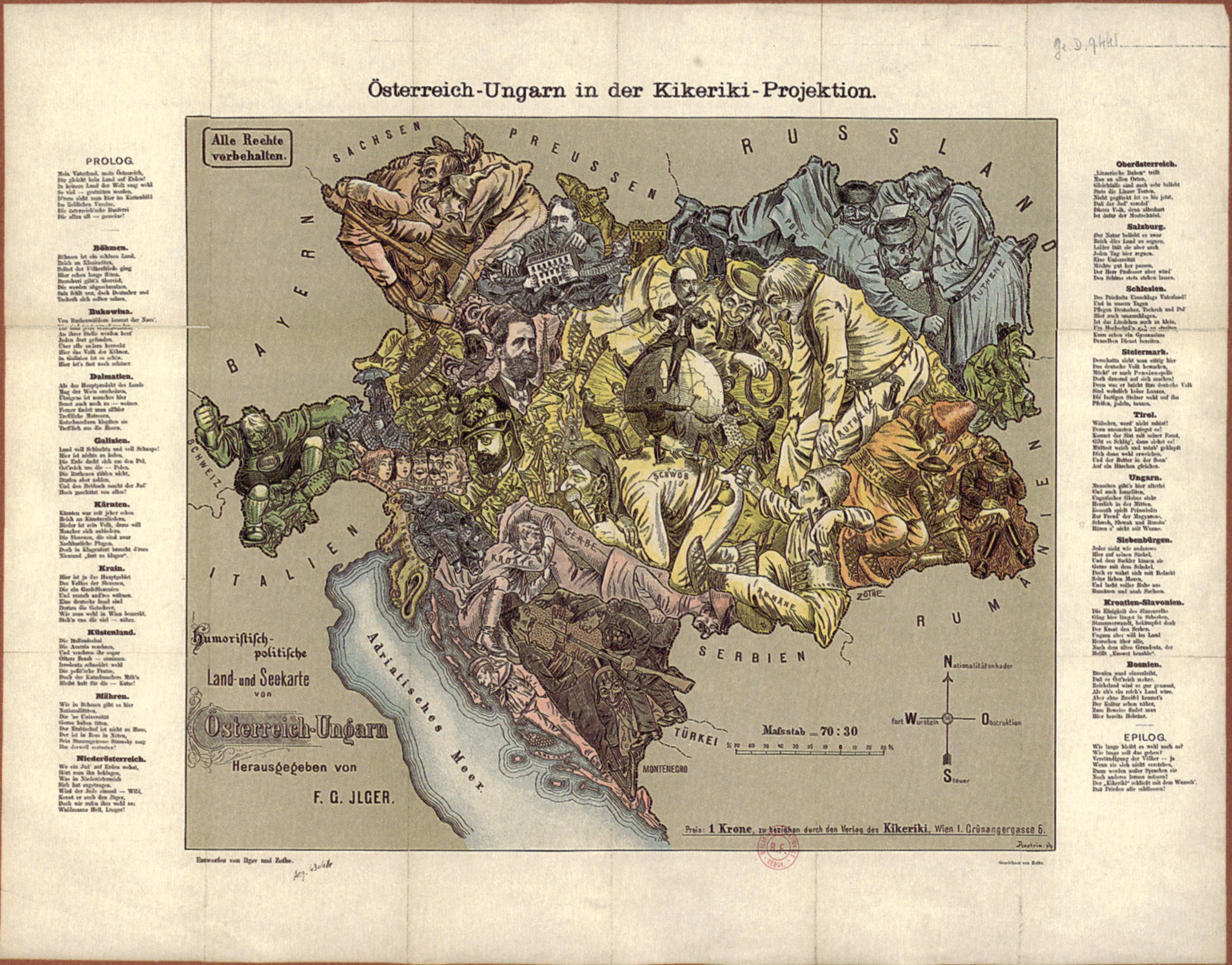
Österreich-Ungarn in der Kikeriki-Projektion.
Alle Rechte vorbehalten.
PROLOG.
Böhmen.
Bukowina.
Dalmatien.
Galizien.
Kärnten.
Krain.
Küstenland.
Mähren.
Niederösterreich.
Oberösterreich.
Salzburg.
Schlesien.
Steiermark.
Tirol.
Ungarn.
Siebenbürgen.
Kroatien-Slavonien.
Bosnien.
EPILOG.
SACHSEN
PREUSSEN
RUSSLAND
BAYERN
SCHWEIZ
ITALIEN
RUMÄNIEN
SERBIEN
TÜRKEI
MONTENEGRO
Adriatisches Meer.
Humoristisch-politische Land- und Seekarte von Österreich-Ungarn
Herausgegeben von F. G. JLGER.
Maßstab 70 : 30
Preis: 1 Krone, zu beziehen durch den Verlag des Kikeriki, Wien I. Grünangergasse 6.
Entworfen von Ilger und Zothe.

UN PROBLÈME NON RÉSOLU: COMMENT REMPLACER LE CONCERT EUROPÉEN À L'EST?

GEORGES-HENRI SOUTOU
MEMBRE DE L'INSTITUT DE FRANCE,
PROFESSEUR ÉMÉRITE D'HISTOIRE CONTEMPORAINE,
UNIVERSITÉ PARIS-SORBONNE

Le Concert européen avant 1914 reposait sur une concertation permanente entre les grandes puissances, sur un minimum de règles, régissant par exemple les relations diplomatiques, et sur des valeurs juridiques et civilisationnelles communes, résumées à l'époque par l'expression «droit des gens». Par exemple, depuis le congrès de Vienne, en 1815, un minimum de reconnaissance des droits des minorités religieuses avait été introduit dans le droit international. Cette orientation avait été renforcée lors des congrès de Paris (1856) et de Berlin (1878). Ce Concert européen d'avant 1914 comportait comme acteur essentiel l'Empire russe. Et, après la guerre de Crimée, l'Empire ottoman lui-même, certes comme objet plus que comme sujet, avait été admis «à participer aux avantages du droit public et du concert européens», selon la formule du traité de Paris du 30 mars 1856.

En 1919, la situation était totalement différente: la Russie soviétique n'avait pas participé aux traités de paix et elle rejetait même, par principe et radicalement, tout le système international «bourgeois» et «impérialiste». Quant à l'Empire ottoman, il n'avait plus qu'une existence nominale, après avoir été frappé à mort par le traité de Sèvres (1920) et par la montée en puissance de Mustafa Kemal – le futur Atatürk –, bien décidé à remettre en cause ce traité et qui, pour y parvenir, n'hésitait pas à s'entendre avec Moscou. Tout cela constituait pour l'Europe de l'Est et balkanique une série de redoutables problèmes. Quant aux Alliés, en fait, ils ne souhaitaient pas, en 1919, rétablir le Concert européen. Tout d'abord, il était évident pour tous, même pour le Président américain Wilson, que l'Allemagne serait maintenue à l'écart, du moins tant qu'elle ne se serait pas amendée dans sa politique extérieure et démocratisée. Mais, outre le fait que le retour à l'équilibre européen était inconcevable sans la pleine participation de l'Allemagne, celle-ci était loin d'être affaiblie de façon décisive: elle conservait son unité, contrairement aux idées largement exprimées pendant la guerre dans les milieux dirigeants français, et elle conservait les bases essentielles de la puissance au XXe siècle: son industrie et l'organisation de son économie. Les Allemands en étaient parfaitement conscients et continuaient à se considérer comme une grande puissance momentanément bridée.

D'autre part, le Président américain était dans la ligne de nombreux juristes internationaux et hommes politiques, des deux côtés de l'Atlantique, qui reprochaient au Concert européen traditionnel d'être profondément inégalitaire: seules les «grandes puissances» avaient véritablement voix au chapitre, les autres étaient priées de s'aligner. L'essentiel se déroulait dans le secret des chancelleries; la «politique de cabinet» était encore très présente en 1914: les Français étaient entrés en guerre en vertu d'une alliance franco-russe dont le texte, tenu secret, n'était connu que d'une poignée de responsables. C'était justement ce que les opinions publiques ne supportaient plus après

CAT. 9
Carte satirique de l'Autriche-Hongrie, dessinée par F. G. Ilger, vers 1908
Publiée dans l'hebdomadaire satirique viennois *Kikeriki*, cette carte met en avant la multitude des régions et des peuples de l'empire. Personnages réels et figures satiriques s'y entremêlent.
Paris, Bibliothèque nationale de France, inv. GE D-9441
EPMA

la guerre. Le nouveau système international serait donc organisé autour de la Société des Nations, la création favorite de Wilson en 1919. En principe égalitaire et transparente, la SDN devait pouvoir régler les conflits avant qu'ils ne débouchent sur une guerre, et sinon dissuader les agresseurs éventuels. Pratiquement, la SDN était censée se substituer au Concert européen. Substitution très imparfaite : ni les moyens juridiques, en fait restreints, ni les méthodes de travail, ni l'idéologie de la SDN, organisation d'ailleurs à vocation mondiale, ne lui permettraient de remplacer vraiment celui-ci. L'Europe n'avait plus, en 1919, d'organe, formel ou informel, de régulation.

En particulier pas pour l'Europe de l'Est. Certes, la SDN supervisa, juste après la guerre, toute une série de plébiscites en vue de l'attribution de territoires prévus par les traités aux confins de l'Europe centre-orientale (Marienwerder, Allenstein, Klagenfurt, Haute-Silésie), elle régla en 1921 la crise de la Haute-Silésie entre la Pologne et l'Allemagne, en 1923 la crise de Corfou entre l'Italie et la Grèce. Mais, par la suite, elle devait se montrer incapable de gérer le contentieux entre l'Allemagne et la Russie soviétique d'une part, de l'autre celui des États compris entre ces deux pays (Pologne, pays baltes, en particulier la Lituanie, dont les considérables problèmes de voisinage sont souvent sous-estimés). Il est vrai que les auteurs des traités de 1919 pensaient pouvoir établir le nouvel équilibre de l'Europe et en particulier de l'Europe orientale sur le principe des nationalités, dans la conviction que la reconnaissance de celles-ci et la fin des empires élimineraient la cause primordiale des tensions. Mais là, leur œuvre était frappée par une ambiguïté fondamentale : ni la Pologne, ni la Tchécoslovaquie, ni la Roumanie, ni la Lituanie nouvelles ne respectaient, dans leurs structures mêmes, de façon stricte, le principe des nationalités ; elles répétaient, à plus petite échelle, les multinationalismes des empires.

Les Alliés avaient tenté de prévenir les tensions qui pouvaient en résulter par une série de dispositions concernant les minorités. C'est ainsi que la souveraineté des nouveaux États était limitée, en ce qui concernait le statut de leurs minorités ethniques, par un contrôle international qui, plus en fait que le wilsonisme, rappelait la période précédant 1914 (par exemple le congrès de Berlin de 1878 et ses dispositions concernant la protection des minorités en Roumanie et dans l'Empire ottoman), en plus efficace. Des traités de minorités, garantissant les droits civiques et politiques à tous les habitants, furent imposés par les Alliés aux nouveaux États, traités garantis et suivis par la Société des Nations.

En outre, pour les négociateurs de 1919, il paraissait clair que les grands principes de la démocratie libérale allaient balayer les structures politiques aristocratiques, autoritaires, « militaristes » d'une partie de la vieille Europe. Les négociateurs de 1919 étaient parfaitement conscients de la nécessité d'un minimum de valeurs partagées. Ils comptaient, là-dessus aussi, sur les nouvelles élites dirigeantes apparues lors de l'indépendance des pays d'Europe centre-orientale. Il est évident que, pour fonctionner dans le cadre idéologique et politique prévu, le système de Versailles nécessitait une telle transformation de l'Europe. Mais celle-ci ne devait être que très partielle, à cause de la rémanence des anciennes structures de pouvoir (malgré parfois un badigeonnage républicain, comme dans le Reich). De plus, l'apparition du bolchevisme en Russie et ses répercussions ailleurs, ainsi que les réactions qu'il suscita, en bref l'apparition des totalitarismes contribuèrent à faire échouer le modèle démocratique libéral dans toute une partie de l'Europe, qui n'était souvent porté que par des milieux étroits. L'évolution est claire en Europe de l'Est, à commencer par le coup d'État de Piłsudski en Pologne en 1926, et ce dès la seconde moitié des années 1920.

CAT. 33
Languages of West Prussia
Cette carte est produite par le Naval Staff Intelligence Department et imprimée par le Ordnance Survey, le service cartographique britannique, en février 1919, à l'occasion de la Conférence de la paix. Elle montre la partie de la Pologne dévolue à la Prusse, qui correspond à la province de la Prusse-Occidentale, territoire du royaume de Prusse rattaché à l'Empire allemand. On y distingue la proportion d'habitants parlant le polonais et ceux parlant l'allemand. L'indépendance de la Pologne, déclarée le 11 novembre 1918, est reconnue par le traité de Versailles le 28 juin 1919. Elle reçoit un accès à la mer Baltique – le corridor de Dantzig, pris sur les territoires de Prusse-Occidentale.
Kew, The National Archives, inv. MFQ1/357
EPMA

XIV. LANGUAGES IN PRUSSIAN POLAND (b).

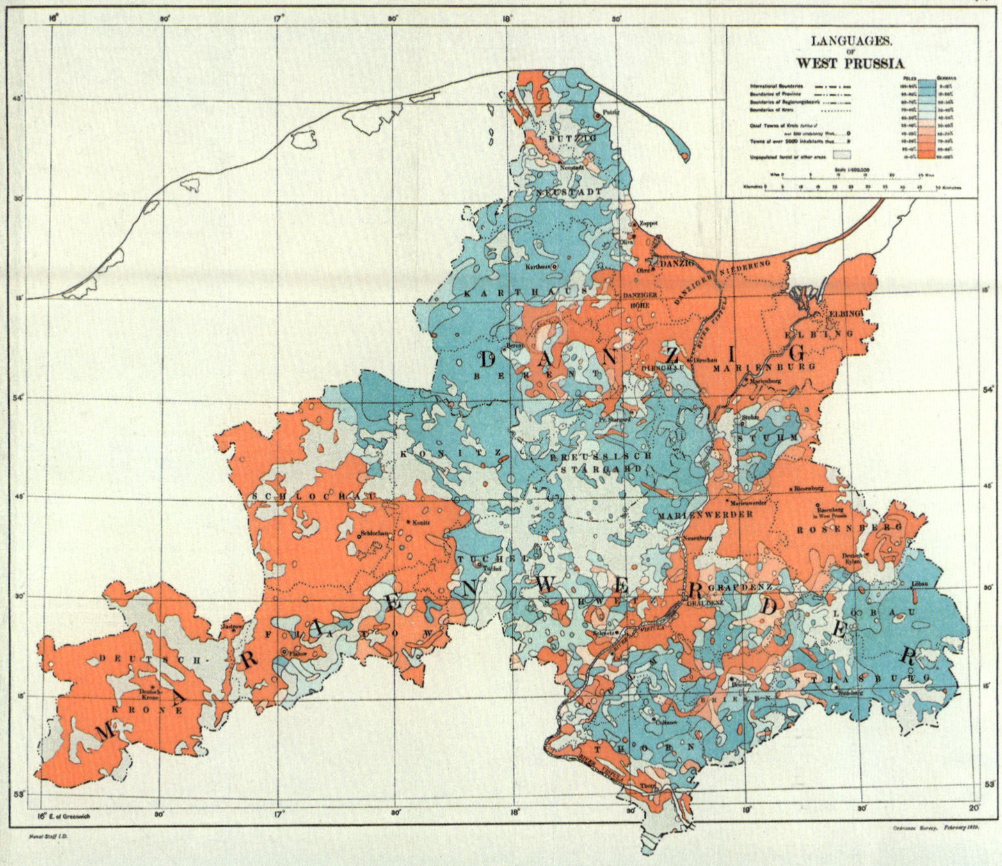

Российская Социалистическая Федеративная Советская Республика
Пролетарии всех стран, соединяйтесь!
С НОВЫМ ГОДОМ
Год восемнадцатый встречали,
Когда под шум и гром войны
Лихой удар мы в шею дали
Былым „хозяевам" страны.
Удар пришелся не по нраву,
И от „хозяев" ходоки
Пошли к союзникам управу
Искать на красные полки.
Была встревожена не-даром
Буржуазия всех „Европ",
Когда стремительным ударом
Мы захватили Перекоп.
Так канул в вечность год двадцатый,
Хоть в битвах многие легли,
Но англичанин тароватый
Уж гнал с товаром корабли.
Миролюбивая Антанта
Была любезна к ходокам
И щедро ружья, пушки, танки
Давала розным Колчакам.
Вот в девятнадцатом насели
На нас антантовские псы,
Но оглянуться не успели,—
Как покраснели... их носы.
Ты—верный страж России новой,
Ее хранит твоя рука.
Врагам ты страшен правдой слова
И силой красного штыка.
А если битвам и походам
Опять наступит свой черед,—
Тогда ты скажешь: „С новым годом
И старым счастием—вперед!"
Был мирно встречен двадцать первый
(Не рассчитали тут паны),
Пилсудский, слышно, лечит нервы,
А Врангель — штопает штаны.
Зато и было ликованье
По всем командам и полкам,—
„Ура" кричали на прощанье
В бессрочный отпуск „старикам".

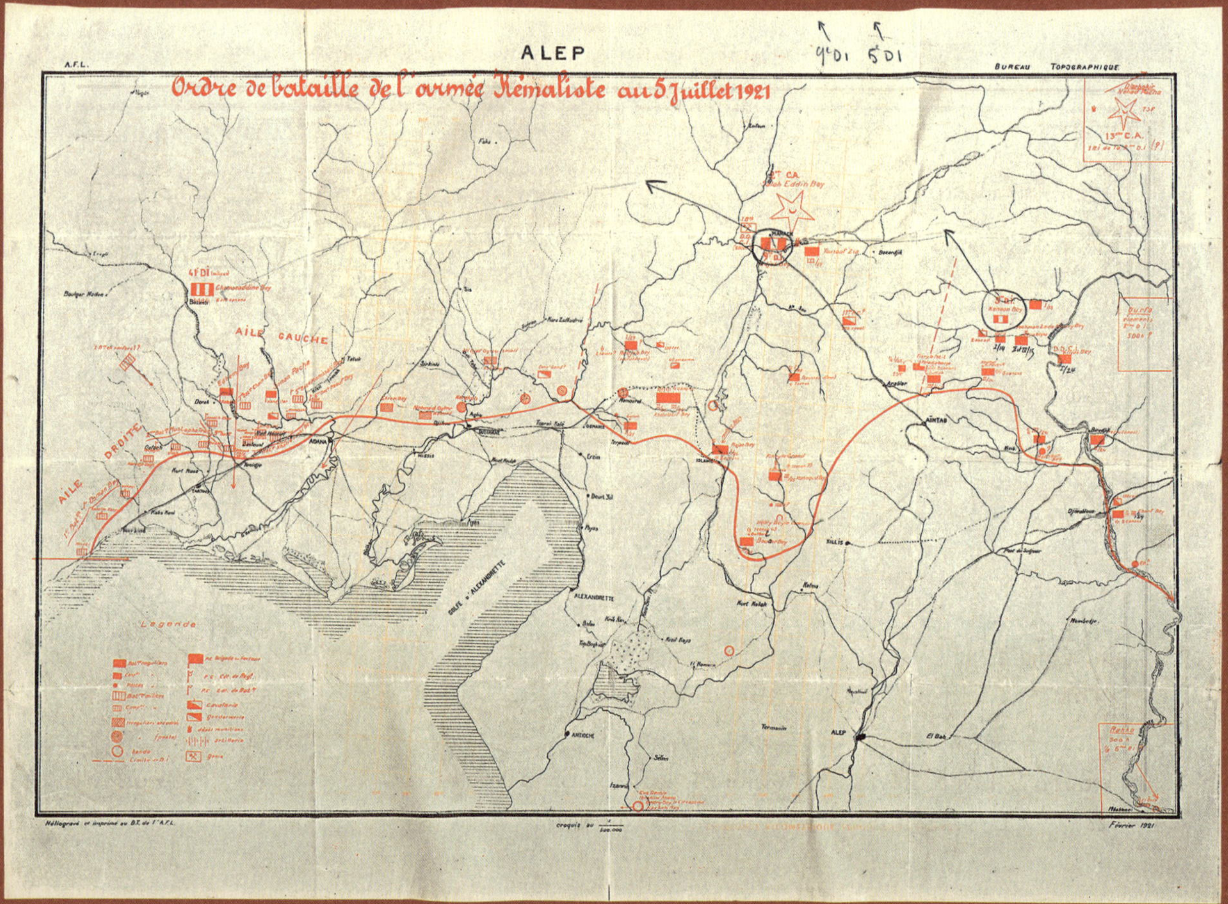

ALEP
A.F.L.
BUREAU TOPOGRAPHIQUE
9e DI 5 DI
Ordre de bataille de l'armée Kémaliste au 5 Juillet 1921
AILE GAUCHE
AILE DROITE
ADANA
AINTAB
KILLIS
ALEXANDRETTE
GOLFE d'ALEXANDRETTE
ANTIOCHE
ALEP
Légende
Héliogravé et imprimé au B.T. de l'A.F.L.
Février 1921

CAT. 22
«С НОВЫМ ГОДОМ!» («Bonne année!»),
affiche sur la révolution russe
Après le renversement du tsar Nicolas II et la prise de pouvoir par les bolcheviks, l'armée impériale est dissoute et la jeune République soviétique crée l'Armée rouge par décret en janvier 1918. Celle-ci a pour mission de combattre les ennemis de la révolution et de la Russie aussi bien à l'intérieur qu'à l'extérieur du pays. La date retenue pour célébrer la création de cette armée est celle du 23 février 1918, date des premiers affrontements avec l'armée impériale allemande sur le front de l'Est, à Pskov et à Narva.
Nanterre, La contemporaine, bibliothèque, archives, musée des mondes contemporains, inv. AFF 24203
EPMA

CAT. 197
Ordre de bataille de l'armée kémaliste au 5 juillet 1921
Le dépeçage de l'Empire ottoman provoque un rejet de la population turque, qui prend fait et cause pour le mouvement nationaliste dirigé par Mustafa Kemal. Profitant de ce basculement massif en sa faveur, Kemal s'attaque d'abord aux troupes étrangères. En septembre 1920, les forces arméniennes sont repoussées au-delà des frontières turques. En janvier 1921, les troupes turques s'emparent de plusieurs positions françaises. En juillet, elles sont réduites à une mince bande de terre longeant le front de mer face au golfe d'Alexandrette. Les troupes françaises se retirent définitivement de Cilicie en janvier 1922 après la signature des accords de Paris, conclus avec Mustafa Kemal.
La Courneuve, Archives du ministère de l'Europe et des Affaires étrangères, inv. 50CPCOM120
P.G.

Bien avant cette évolution, les deux grands laissés-pour-compte des traités de 1919-1920, la Russie et la Turquie, avaient réglé leurs problèmes, non dans le cadre d'un quelconque Concert européen, mais par la force. En 1920, la Russie bolchevique avait fait la guerre à la Pologne: l'offensive russe échoua finalement devant Varsovie et le traité russo-polonais de Riga (mars 1921) fut décevant pour Moscou, mais au moins la Russie conservait l'Ukraine; elle était reconnue par la Grande-Bretagne en 1921, par la France en 1924, et le traité de Rapallo conclu avec l'Allemagne en 1922 marquait un net rapprochement entre les deux pays. Sans faire de concessions au système de Versailles, Moscou était sorti de l'isolement. Quant à la Turquie, après sa victorieuse contre-attaque lors de la guerre gréco-turque, et en jouant les Français et aussi les Soviétiques contre les Britanniques, elle obtint le traité de Lausanne de 1923, qui lui restituait son indépendance et était bien préférable pour elle au traité de Sèvres de 1920. Là encore, l'usage de la force avait payé.
En Europe occidentale, après l'échec politique de l'occupation de la Ruhr par les Français début 1923, qui provoqua une grave crise européenne et, en particulier, braqua contre eux la Grande-Bretagne, on assista, avec les accords de Locarno de 1925, à la renaissance d'un nouveau Concert européen: c'est ainsi que l'on peut interpréter ces accords. Les Européens avaient commencé à réagir contre les abstractions wilsoniennes, constaté que la SDN serait peu efficace et envisagé de reconstituer, sans le dire, le Concert européen: chose faite avec les accords de Locarno, qui, fondamentalement et au-delà de la lettre même, investissaient leurs principaux signataires, la France, la Grande-Bretagne, l'Italie et l'Allemagne (le cinquième signataire, la Belgique, restant en seconde ligne), d'un rôle prééminent dans la gestion de l'ordre européen et établissaient entre eux les bases d'une concertation permanente, soutenant un système de garanties de sécurité réciproques. C'était un retour au Concert européen, certes tenant compte des conditions nouvelles. Le rôle dirigeant des grandes puissances, en particulier, était évident.
L'Europe de l'Est n'y trouva que très partiellement son compte. Le problème le plus difficile était sans doute celui des frontières en Europe orientale, des tensions qu'elles provoquaient et de leur éventuelle révision. Or les accords de Locarno ne concernaient pas l'Europe orientale: Berlin s'y était totalement opposé. En effet, il existait un fort courant révisionniste, en particulier en Allemagne et en Hongrie. Les traités de 1919-1920 furent toujours contestés et menacés. À Locarno, le Reich refusa de reconnaître ses frontières orientales, alors qu'il acceptait de le faire pour ses frontières occidentales. On assista en particulier à un jeu complexe de Berlin avec Moscou, jeu qui visait la Pologne; et de même à une diplomatie très subtile de Berlin dans le différend entre la Lituanie et la Pologne à propos de Vilnius: en exploitant ce conflit, Berlin reconstitua toute une politique d'influence vers l'Europe centrale et orientale, politique dont les visées ultimes étaient incontestablement révisionnistes.
En fait, c'est Londres qui joua un rôle essentiel dans les accords de Locarno de 1925, qui correspondaient exactement à sa stratégie: découpler l'est et l'ouest de l'Europe du point de vue de la sécurité et occuper une position d'arbitre entre la France et l'Allemagne. Si Locarno représentait de la part de Londres un engagement en faveur de la Belgique et de la France, il n'était pas question que Londres s'engageât pour la défense des frontières en Europe orientale. C'était sans doute le maximum possible pour les Britanniques et tranchait avec l'attitude de détachement qu'avait observée la Grande-Bretagne dès 1919. Briand en était convaincu, qui, revenu aux affaires en 1925 comme ministre des Affaires étrangères, n'eut aucun mal à se rallier au concept de Locarno, considéré comme la moins mauvaise solution possible du point de vue français.

Locarno, c'était aussi un ordre européen démocratique libéral – libéral également dans le domaine économique. C'est évident si on se réfère à « l'esprit de Locarno », à l'idéologie de Genève. Cet « esprit de Locarno » était soutenu par des forces profondes, par la gauche non communiste, par certains milieux libéraux proches de la franc-maçonnerie, qui existaient d'ailleurs aussi à l'Est, par tous les cercles internationaux que l'on voyait graviter autour de la SDN. En outre, tout le monde avait conscience que le problème allemand, c'était *aussi* la démocratisation de l'Allemagne. On espérait qu'en renforçant la position du ministre des Affaires étrangères allemand Gustav Stresemann, pilier de la politique de Locarno et du système politique de Weimar, on renforcerait la République. La crise des années 1930 emporta ces espoirs. Or cette vision était partagée par les élites libérales de la plupart des pays de l'Europe orientale. Mais celles-ci devaient être progressivement écartées du pouvoir à partir de la seconde moitié des années 1920.

On peut déceler le même genre de problématique en ce qui concerne le traitement de la question des minorités. Incontestablement, les dispositions de protection des minorités décidées en 1919 n'ont pas toujours mal fonctionné. Le statut des minorités était sous le contrôle de la SDN, domaine où celle-ci se montra assez efficace. En même temps, le fonctionnement du comité des minorités de la SDN ne fut pas toujours satisfaisant. En outre, les dispositifs de 1919 et la SDN permirent ensuite à Stresemann, en utilisant les nombreuses minorités allemandes en Europe centre-orientale, d'en faire une tribune et un moyen d'action pour son révisionnisme « modéré » – modéré plus dans les méthodes que dans les objectifs fondamentaux. C'est pour cela que Stresemann tint à faire accepter par la conférence de Locarno le principe de l'entrée de l'Allemagne au sein de la SDN, effective en septembre 1926. La question des minorités constitua un problème de fond aux conséquences très ambiguës : sans être l'échec complet que l'on dénonce souvent, ce fut une source considérable de difficultés et un facteur essentiel de révisionnisme, en particulier parce que le Reich réussit à retourner la question à son profit. Et, là aussi, ces problèmes devinrent de plus en plus manifestes à partir de la fin des années 1920.

Le Concert européen ne fut donc que très partiellement rétabli à l'Est ; en fait, quand il le fut, il se trouva rapidement subverti par les puissances révisionnistes. Que l'on relise l'histoire de la conférence de Munich en 1938 : c'est exactement ce qui s'est passé.

ILL. 1
Soldat de l'Armée rouge posté sur un train blindé près de Tsaritsyne, en Russie, 1918

AUX FRONTIÈRES DES CONFLITS

C. B.

Alors qu'à l'Ouest les combats cessent entre les belligérants avec la signature de l'armistice le 11 novembre 1918 à Compiègne par les Alliés et l'Allemagne, à l'Est, une nébuleuse de troubles internes, parfois de guerres civiles, et d'affrontements interétatiques met aux prises les différents pays issus de la décomposition des Empires russe, austro-hongrois et ottoman. Il en résulte une violence et une instabilité dont les conséquences ont marqué ces régions jusqu'à nos jours.

Dans ces conditions, le règlement du premier conflit mondial, âprement négocié, s'avère aussi complexe que fragile, au point que, cas révélateur, le traité de Sèvres (10 août 1920), signé entre la Turquie et les Alliés, est très largement modifié et remplacé, moins de trois ans après, par le traité de Lausanne (24 juillet 1923).

Dans ce contexte de reconstruction de l'Europe orientale et du Levant, s'intéressant à l'histoire d'un espace géographique méconnu en France, l'exposition *À l'Est la guerre sans fin. 1918-1923* évoque, au cours de cette période, le difficile remplacement des anciens empires par de nouveaux États-nations avec, à la faveur notamment de différents conflits, révolutions et contre-révolutions, d'importantes modifications de frontières. Elle montre comment, dans ces régions bouleversées, la France, forte de sa prépondérance militaire retrouvée, tente, non sans difficulté, avec ses diplomates, ses militaires et ses alliés, de mettre en place un nouvel ordre européen et levantin.

L'EST EUROPÉEN ET LE LEVANT EN 1914

APPROCHE ETHNOLINGUISTIQUE DES POPULATIONS DE L'EST EUROPÉEN ET DU LEVANT (FRONTIÈRES DE 1914)

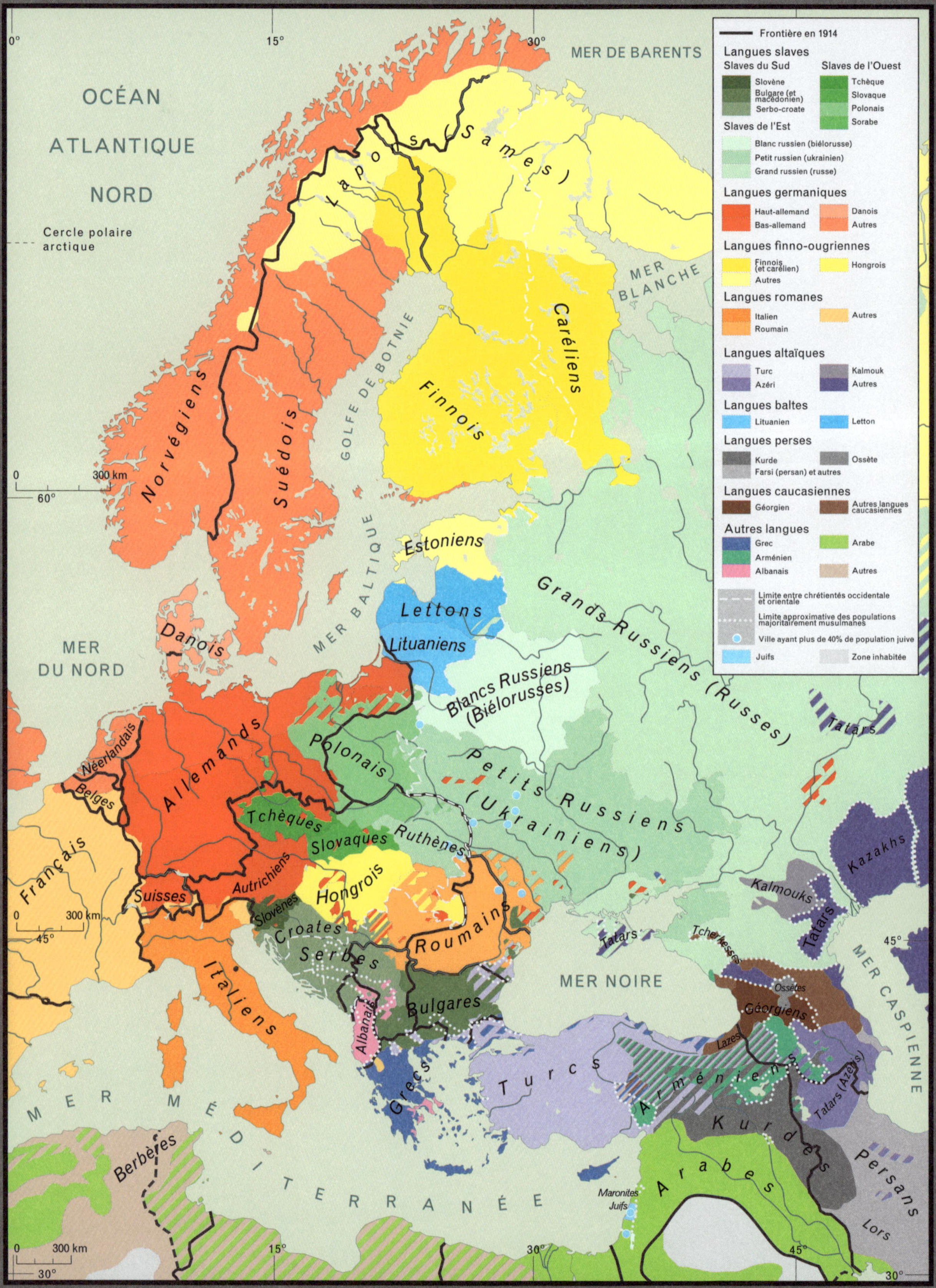

LA SUSPENSION DES FRONTIÈRES (FIN 1918)

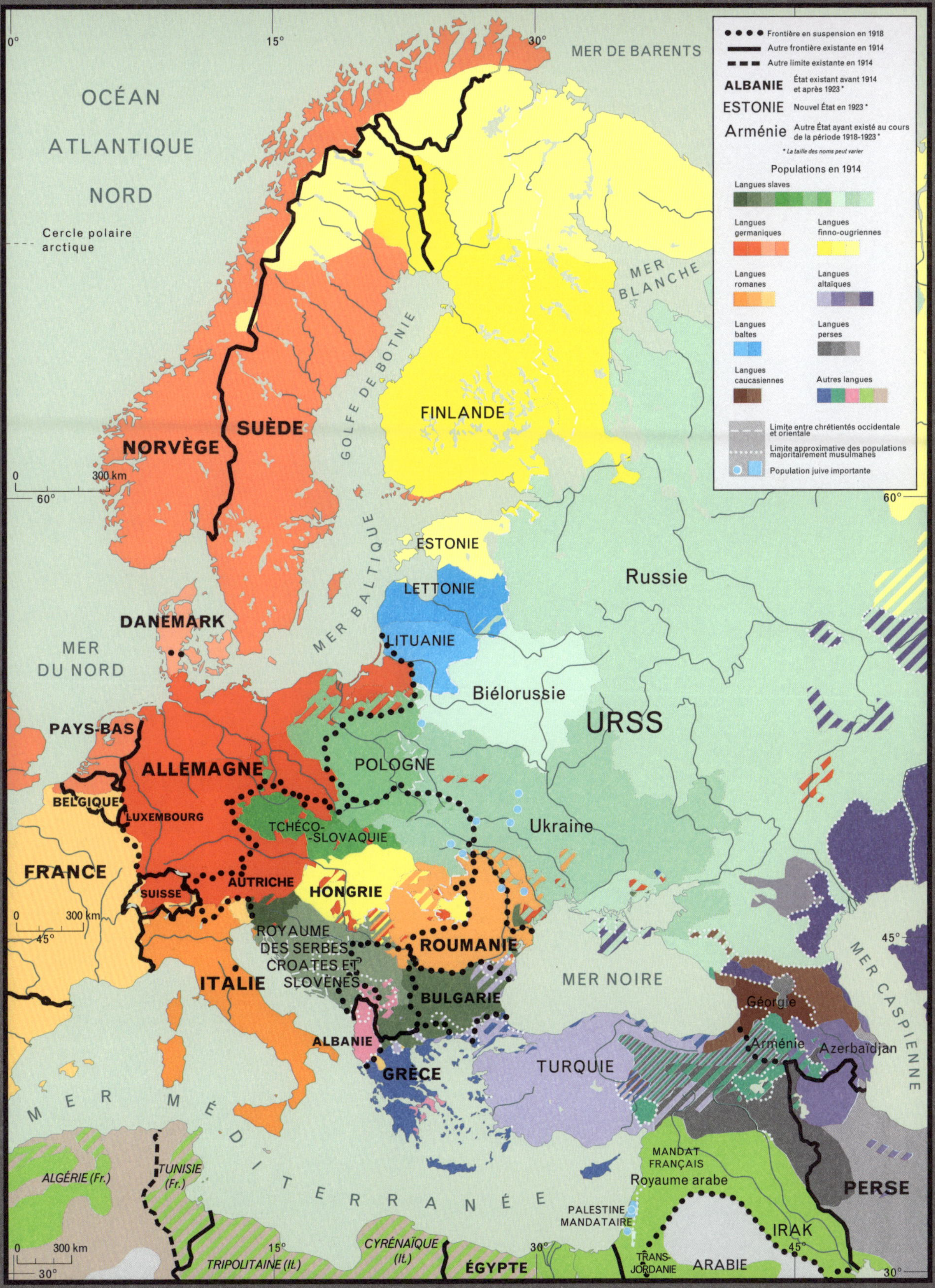

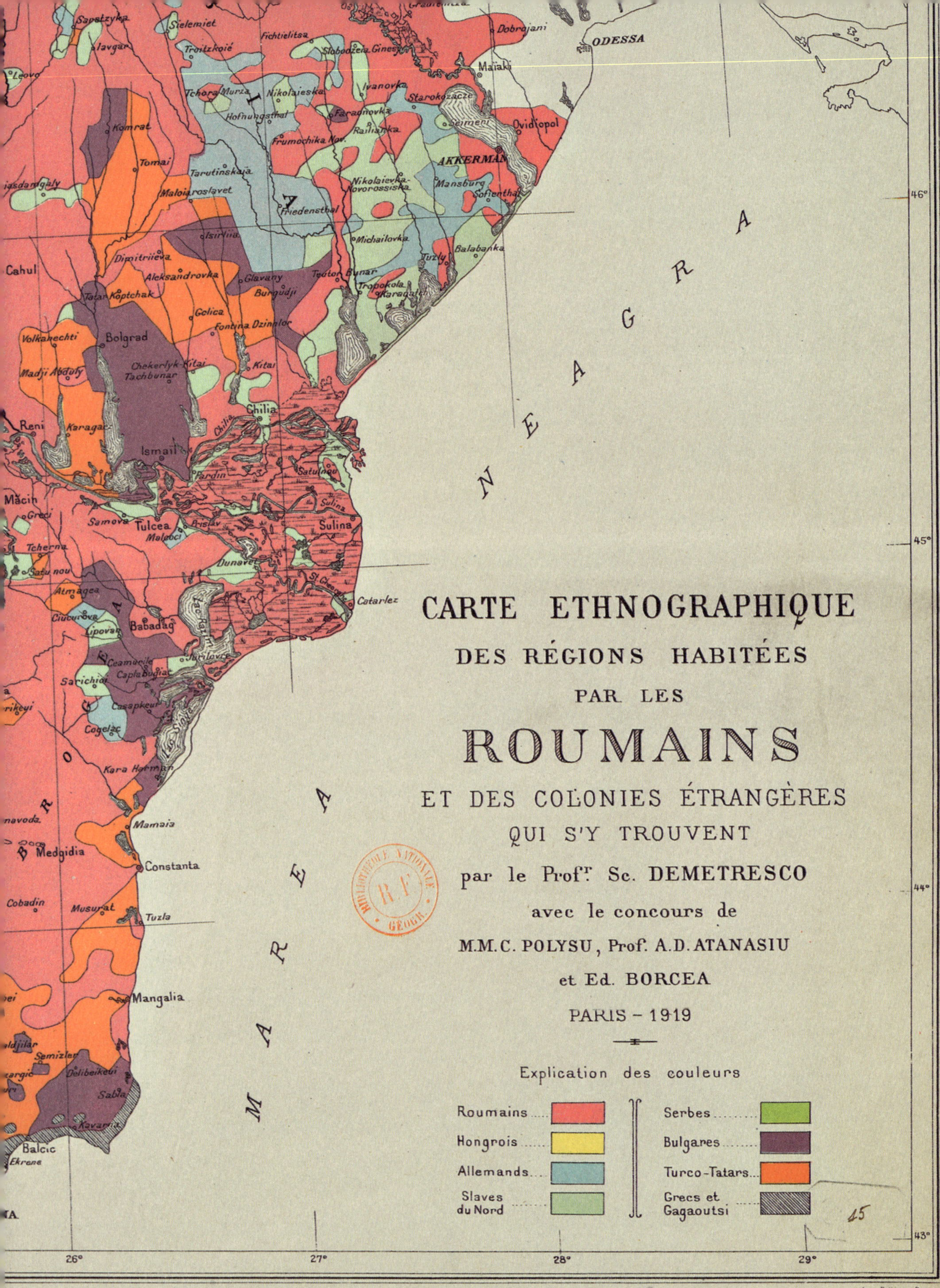
CARTE ETHNOGRAPHIQUE
DES RÉGIONS HABITÉES
PAR LES
ROUMAINS
ET DES COLONIES ÉTRANGÈRES
QUI S'Y TROUVENT
par le Prof.r Sc. DEMETRESCO
avec le concours de
M.M. C. POLYSU, Prof. A.D. ATANASIU
et Ed. BORCEA
PARIS – 1919
Explication des couleurs
Roumains
Hongrois
Allemands
Slaves du Nord
Serbes
Bulgares
Turco-Tatars
Grecs et Gagaoutsi
MAREA NEAGRA
ODESSA
AKKERMAN
Ovidiopol
Dobrojani
Maïaki
Bolgrad
Ismail
Cahul
Reni
Chilia
Sulina
Tulcea
Măcin
Babadag
Constanta
Mamaia
Tuzla
Mangalia
Medgidia
Cobadin
Balcic
Catarlez
46°
45°
44°
43°
26°
27°
28°
29°

ESSAIS

I
LES ACTEURS
DE LA CONFÉRENCE DE LA PAIX
P. 23

II
LE RÔLE DES EXPERTS
DANS LA FABRIQUE DE LA PAIX
P. 27

III
AUX CARTES !
DES GÉOGRAPHES POUR LA PAIX
OU POUR LA GUERRE ?
P. 33

IV
LA GRANDE FLAMME À L'EST :
GUERRE ET RÉVOLUTION
EN EUROPE ORIENTALE
P. 39

V
RÉVOLUTION
ET CONTRE-RÉVOLUTION
EN ALLEMAGNE
P. 47

VI
LA DISPARITION
DE L'AUTRICHE-HONGRIE
ET LA NAISSANCE DES ÉTATS SUCCESSEURS
P. 53

VII
LES BALKANS
P. 58

VIII
DE L'EMPIRE OTTOMAN
À LA RÉPUBLIQUE DE TURQUIE
P. 65

IX
LES FRANÇAIS AU LEVANT
P. 71

X
DES VIOLENCES EXTRÊMES
CONTRE LES CIVILS DES ANNÉES 1917-1923
À L'INVENTION DU CONCEPT DE GÉNOCIDE
P. 77

XI
LES RÉFUGIÉS À L'EST
P. 82

XII
GUERRE(S)
OU INTERVENTION(S) EXTÉRIEURE(S) ?
L'ARMÉE FRANÇAISE
DANS L'EST EUROPÉEN ET AU LEVANT,
1918-1923
P. 89

XIII
LES MUTINERIES DE LA MER NOIRE :
AGITATION RÉVOLUTIONNAIRE
OU MALAISE DANS LA MARINE ?
P. 99

XIV
AUTOUR D'ALBERT KAHN :
LA GUERRE SANS FIN D'UNE SOCIÉTÉ CIVILE
À L'OPINION ÉCLAIRÉE
P. 104

CAT. 18
Message du 8 janvier 1918 du Président Wilson au Congrès listant les Quatorze Points
Moins d'un mois après la paix séparée de Brest-Litovsk, qui a ravivé l'espoir de triompher chez les Puissances centrales, le président américain Wilson énonce des principes sur lesquels la paix doit être négociée. Les nouvelles frontières ne seront pas dessinées par le sort des armes mais par le sentiment national des populations. Ces Quatorze Points doivent devenir après la guerre le socle de nouvelles relations internationales où la sécurité des États ne repose plus sur des alliances mais sur un multilatéralisme garanti par une Société des Nations.
Vincennes, Service historique de la Défense, GR 4 N 76
P.C.

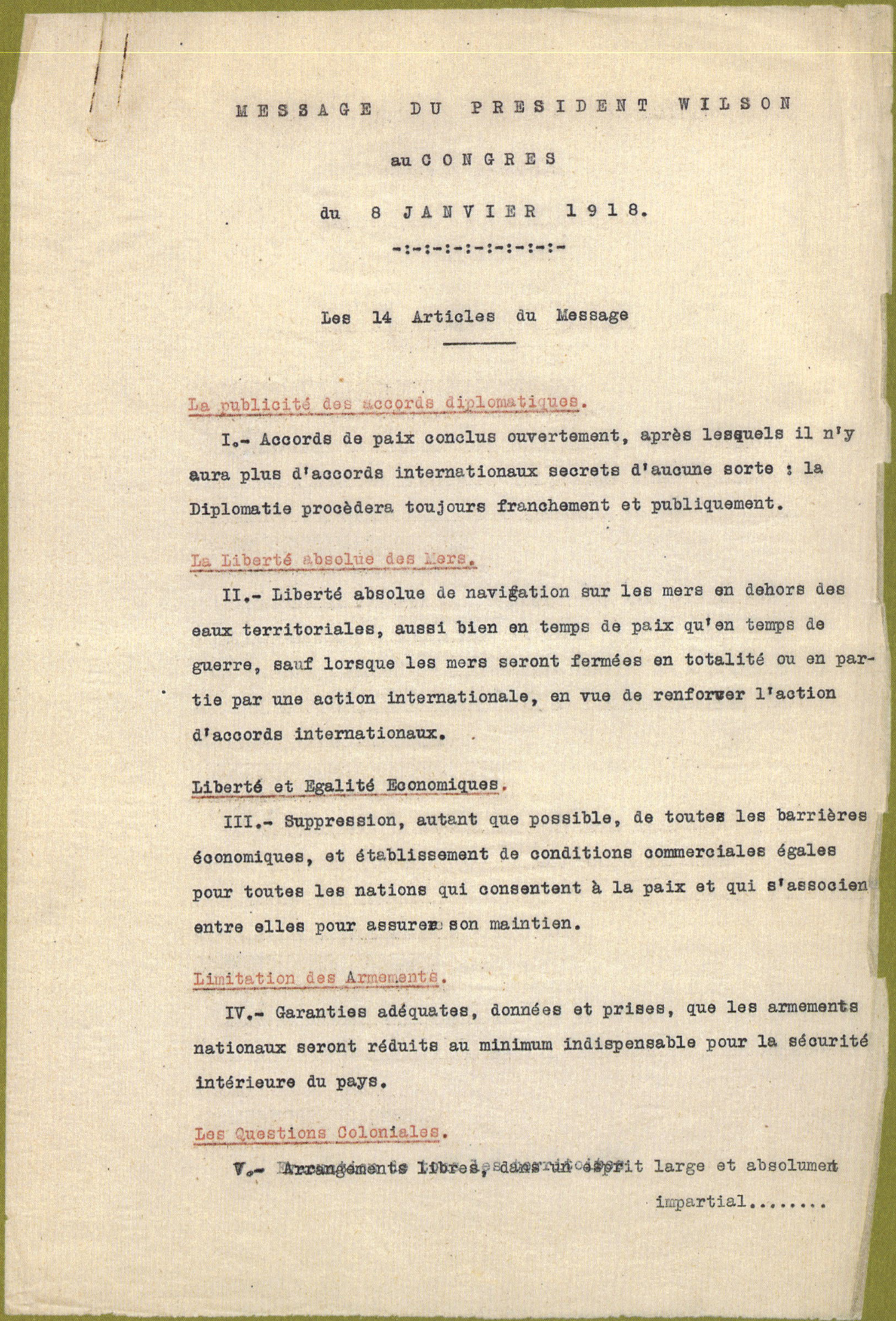

MESSAGE DU PRESIDENT WILSON

au CONGRES

du 8 JANVIER 1918.

-:-:-:-:-:-:-:-

Les 14 Articles du Message

La publicité des accords diplomatiques.

I.- Accords de paix conclus ouvertement, après lesquels il n'y aura plus d'accords internationaux secrets d'aucune sorte : la Diplomatie procèdera toujours franchement et publiquement.

La Liberté absolue des Mers.

II.- Liberté absolue de navigation sur les mers en dehors des eaux territoriales, aussi bien en temps de paix qu'en temps de guerre, sauf lorsque les mers seront fermées en totalité ou en partie par une action internationale, en vue de renforcer l'action d'accords internationaux.

Liberté et Egalité Economiques.

III.- Suppression, autant que possible, de toutes les barrières économiques, et établissement de conditions commerciales égales pour toutes les nations qui consentent à la paix et qui s'associent entre elles pour assurer son maintien.

Limitation des Armements.

IV.- Garanties adéquates, données et prises, que les armements nationaux seront réduits au minimum indispensable pour la sécurité intérieure du pays.

Les Questions Coloniales.

V.- Arrangements libres, dans un esprit large et absolument impartial.......

I

LES ACTEURS DE LA CONFÉRENCE DE LA PAIX

ISABELLE RICHEFORT
CONSERVATRICE GÉNÉRALE DU PATRIMOINE,
ADJOINTE AU DIRECTEUR DES ARCHIVES
DU MINISTÈRE DE L'EUROPE ET DES AFFAIRES ÉTRANGÈRES

Dès l'entrée en guerre des Américains, en 1917, la préparation technique de la réunion internationale chargée de négocier la paix, congrès ou conférence, commence en France, aux États-Unis et en Grande-Bretagne. Le président des États-Unis, Woodrow Wilson, s'affirme d'emblée comme un des principaux acteurs de la paix. S'il ne parvient pas à imposer Lausanne ou Genève comme siège de la conférence, il s'emploie à substituer au système de l'équilibre des puissances, jugé responsable des maux du continent européen, une nouvelle doctrine des relations internationales. Il en donne les grandes lignes dans les Quatorze Points présentés au Congrès le 8 janvier 1918, qui énoncent les principes résumés ci-après : fin de la diplomatie secrète, liberté des échanges économiques, limitation des armements, libre arrangement des dispositions coloniales, à l'Ouest évacuation allemande de tous les territoires belges et français (y compris l'Alsace-Lorraine) et rajustement limité des frontières italiennes, à l'Est évacuation des territoires russes, serbes, monténégrins, roumains, recréation de la Pologne, possibilité d'un développement autonome pour les populations d'Autriche-Hongrie et pour celles issues de l'Empire ottoman, enfin création d'une « association générale des nations ».

La conférence préparatoire organisée à Londres du 1er au 4 décembre 1918, dans l'attente de l'arrivée du président des États-Unis, afin de confronter les points de vue fait apparaître les divergences entre les grandes puissances. Les Quatorze Points ont été acceptés, non sans réticence, par les Européens : les Français parce que la restitution de l'Alsace-Lorraine en fait partie, les Britanniques en regrettant l'abandon des principes du Concert européen et les Italiens quoiqu'ils n'estiment pas assez prises en compte leurs revendications territoriales. C'est donc aux représentants des puissances qu'il appartient de définir le cadre de la paix au sein des instances de décision de la conférence.

LES REPRÉSENTANTS DES PUISSANCES

Seules les puissances alliées des cinq continents sont admises à participer aux négociations, tandis que les minorités ont la possibilité de faire valoir leurs revendications. L'Allemagne, après de longues discussions, et les autres vaincus, Autriche, Hongrie, Bulgarie et Empire ottoman, sont exclus de la conférence.

UNE CONFÉRENCE DES VAINQUEURS

Au total, vingt-sept États participent à la conférence. Chacun d'eux bénéficie d'un à cinq délégués plénipotentiaires en fonction de la part qu'il a prise dans le conflit. La France, les États-Unis, l'Empire britannique, l'Italie et le Japon – admis parmi les principales puissances grâce au soutien britannique – en obtiennent cinq ; trois sont accordés à la Belgique, au Brésil et à la Serbie ; deux à la Chine, à la Grèce, au Hedjaz, à la Pologne, au Portugal, à la Roumanie, au Siam et à la Tchécoslovaquie ; un aux autres États, latino-américains pour la plupart (Cuba, Guatemala, Haïti, Honduras, Nicaragua, Panama, Bolivie, Équateur, Pérou, Uruguay), et au Liberia. Au sein de l'Empire britannique, les dominions d'Australie, du Canada et d'Afrique du Sud bénéficient, tout comme les Indes, de représentants distincts de ceux de la Grande-Bretagne, à raison de deux chacun.

Les États qui participent à la conférence sont représentés non seulement par des délégués munis de pleins pouvoirs mais aussi par des délégués techniques, des experts, des diplomates et des officiers, qui participent aux travaux des commissions et des comités généraux et spécialisés, sur la base desquels sont prises les décisions. Dès 1917, en effet, compte tenu de la complexité des problèmes à résoudre lors de la Conférence de la paix, notamment territoriaux, les grandes puissances ont prévu de s'entourer d'experts pour éclairer leurs décisions[1]. Avec deux cents délégués environ auxquels s'ajoutent autant de collaborateurs, la délégation britannique est la plus considérable[2]. Les minorités sont aussi admises à faire valoir leurs revendications dans la recomposition des États et des territoires relevant des empires vaincus, Allemagne, Autriche-Hongrie et Empire ottoman.

LES DÉLÉGUÉS DES GRANDES PUISSANCES

Les États-Unis, la Grande-Bretagne, la France et l'Italie désignent des délégués plénipotentiaires au plus haut niveau de l'État.

Le président des États-Unis vient en personne à la conférence, décision qui lui vaut dans son pays des critiques de l'opposition républicaine et éveille en Europe les craintes d'un déséquilibre des négociations[3]. Il est accompagné du secrétaire d'État Robert Lansing, chef du département d'État chargé des Affaires étrangères et inspirateur des Quatorze Points, du colonel Edward House, conseiller du Président influent dans le domaine diplomatique, du général Tasker Howard Bliss, qui a représenté son pays au conseil suprême de guerre, et de Henry White, qui connaît la plupart des dirigeants européens et passe pour le diplomate américain le plus expérimenté de l'époque.

La Grande-Bretagne a envoyé son Premier ministre, David Lloyd George, le secrétaire d'État au Foreign Office, sir Arthur Balfour, un chef du parti conservateur, chancelier de l'Échiquier pendant la guerre, Andrew Bonar Law, un ancien chef du parti travailliste, ministre du Travail pendant la guerre, George N. Barnes, et sir William F. Lloyd, Premier ministre de Terre-Neuve.

Georges Clemenceau, président du Conseil, est le chef de la délégation française, qui comprend quatre autres membres : Stephen Pichon, Jules Cambon, Louis-Lucien Klotz et André Tardieu[4]. Pichon, diplomate expérimenté, ministre des Affaires étrangères pour la deuxième fois, fait partie des fidèles du président du Conseil. Cambon, ambassadeur de France, excellent connaisseur des États-Unis et de l'Allemagne, exerce l'essentiel de son activité au ministère de la Guerre, où il occupe un bureau proche de celui du président du Conseil[5]. Klotz, après avoir présidé au Palais-Bourbon les commissions du budget et des dommages de guerre, est ministre des Finances depuis le 12 septembre 1917. Quant à Tardieu, qui bénéficie de la pleine confiance de Clemenceau, il occupe une place centrale dans le dispositif. Après avoir fait un bref passage aux Affaires étrangères comme attaché d'ambassade, il est conseiller au cabinet du président du Conseil Waldeck-Rousseau avant d'entrer à l'Inspection générale du ministère de l'Intérieur.

Il s'engage pendant la guerre, devient bientôt collaborateur de Foch puis de Joffre, fait un temps de commandement dans les tranchées puis reprend sa place à la commission des armées de l'Assemblée nationale. Il est nommé en 1917 haut-commissaire aux États-Unis, afin d'accompagner l'entrée en guerre de l'Amérique aux côtés des Alliés. Clemenceau s'appuie sur cet homme brillant auquel il demande d'établir les positions françaises en confrontant les vues des membres du comité d'études et celles des représentants des ministères concernés au sein d'un comité consultatif qui se réunit, à Paris, rue du Boccador, à l'hôtel Langham, siège du commissariat général des affaires franco-américaines, dont Tardieu assure la direction à son retour des États-Unis[6]. Au total, la délégation française à la Conférence de la paix compte quatre catégories de membres, dont près du quart appartient au ministère des Affaires étrangères. Les délégués plénipotentiaires sont secondés par trente-cinq délégués et conseillers techniques, quatre-vingts experts techniques et le secrétariat général.

ILL. 2
Paris, Quai d'Orsay, salon de l'Horloge du ministère des Affaires étrangères, séance d'inauguration de la Conférence de la paix, 18 janvier 1919

L'Italie est représentée par le président du Conseil, Vittorio Emanuele Orlando, par son ministre des Affaires étrangères, le baron Sonnino, et par trois diplomates. Quant au Japon, il a désigné des diplomates expérimentés : le baron Makino, ancien ministre des Affaires étrangères, et le prince Saionji Kinmochi, ancien Premier ministre, qui ne rejoint la conférence qu'au mois de mars 1919.

LES INSTANCES DE DÉCISION

L'ASSEMBLÉE PLÉNIÈRE

L'ouverture officielle de la Conférence de la paix a lieu au salon des Ambassadeurs du Quai d'Orsay le 18 janvier 1919, après l'arrivée du Président Wilson, en présence des représentants de l'ensemble des puissances. Le président de la République française Raymond Poincaré rappelle dans son discours les principes qui doivent orienter les négociations : « Le temps n'est plus où les diplomates pouvaient se réunir pour refaire d'autorité, sur un coin de table, la carte des empires. Si vous avez à remanier la carte du monde, c'est au nom des peuples et à la condition de traduire fidèlement leurs pensées ; de respecter le droit des nations, petites et grandes, à disposer d'elles-mêmes et de le concilier avec le droit, également sacré, des minorités ethniques et religieuses[7]. » Le règlement de la conférence est adopté, Clemenceau en est nommé président et Paul Dutasta, ancien ambassadeur de France à Berne, secrétaire général.
La conférence se réunit ensuite en séance plénière à sept autres reprises jusqu'au 31 mai, sur les questions de première importance[8]. Au cours des quatre premières séances, auxquelles la presse est admise, la composition des grandes commissions ainsi que l'examen du projet de Société des Nations (25 janvier et 14 février) et celui des rapports présentés par les commissions du travail et de la SDN (11 et 28 avril) sont à l'ordre du jour. La séance suivante est consacrée aux conditions de paix avec l'Allemagne (6 mai) et les deux dernières à celles de la paix avec l'Autriche (29 et 31 mai). Le contenu des séances donne lieu à des procès-verbaux officiels signés du président Clemenceau, du secrétaire général Dutasta et des secrétaires de séance.

LE « CONSEIL DES DIX »

Constitué des chefs d'État et de gouvernement et des ministres des Affaires étrangères des « Cinq Grands » (Empire britannique, États-Unis, France, Italie, Japon), le « Conseil des Dix », autre appellation du Conseil suprême interallié, est, du 12 janvier 1919 au 21 janvier 1920, l'organe directeur de la conférence. Il ne tient pas moins de soixante-cinq réunions du 12 janvier au 24 mars 1919.
Au cours de la première séance du conseil sont adoptées les règles de procédure, établies sur la base des projets français de novembre 1918 et du 5 janvier 1919. Mais le plan des débats en cinq points proposé par Tardieu n'inspire que partiellement l'ordre des travaux. En matière territoriale, le règlement avec l'Allemagne est la priorité ; viennent ensuite l'organisation de l'Europe centrale, les questions orientales, les statuts des peuples balkaniques et le problème russe.
Devant le Conseil des Dix sont présentés les travaux des différentes commissions[9]. Dix d'entre elles[10], auxquelles sont associées les petites puissances, examinent les questions communes à tous les traités de paix. Quatre comités, dont deux sous la présidence de Foch[11], se consacrent aux questions militaires liées au renouvellement de l'armistice avec l'Allemagne, tandis qu'un comité central et quatorze comités, commissions et missions spécialisés par zones géographiques[12] prennent en compte les revendications territoriales des puissances à « intérêts particuliers ». Tardieu préside le comité central, les comités d'Alsace-Lorraine, de la Sarre, des affaires belges et danoises, et la commission des affaires roumaines et yougoslaves ; Cambon assure la présidence de deux commissions ; les diplomates Philippe Berthelot, Joseph Noulens et Henri de Manneville[13] ainsi que les généraux Henri Le Rond et Henri Niessel président les autres. Enfin, des commissions particulières débattent des questions spéciales aux traités avec l'Allemagne et avec l'Autriche, des observations des délégations des puissances ennemies sur les projets de traité, de l'exécution immédiate des traités, de la révision d'actes internationaux, des questions diverses et des questions économiques.

ILL. 3
André Tardieu (1876-1945)

LE « CONSEIL DES QUATRE » : CLEMENCEAU, LLOYD GEORGE, ORLANDO ET WILSON

Afin d'accélérer la prise de décision sur les questions capitales et de répondre aux questions urgentes qui se posent dans une Europe bouleversée par la guerre et la révolution russe, le Président Wilson invite les Premiers ministres de France, de Grande-Bretagne et d'Italie à constituer avec lui, à partir du 24 mars 1919, un conseil plus étroit, ou « Conseil des Quatre ». Ce conseil se réunit une à deux fois par jour, le plus souvent à l'hôtel Bischoffsheim, place des États-Unis, résidence du Président Wilson, et à quelques reprises chez Lloyd George (23, rue Nitot), dans le cabinet de Clemenceau au ministère de la Guerre ou dans celui de Pichon au Quai d'Orsay. Le Conseil des Quatre est assisté, pour les questions de moindre importance, par le Conseil des Cinq (ministres des Affaires étrangères). Le Conseil des Quatre tient cent quarante-cinq séances du 24 mars au 28 juin, date de la signature du traité de Versailles, puis laisse la place au Conseil des chefs de délégation.

1 Voir dans cet ouvrage Isabelle Davion, « Le rôle des experts dans la fabrique de la paix », p. 000.

2 Dimitri Kitsikis, *Le Rôle des experts à la Conférence de la paix de 1919*, Ottawa, Éditions de l'université d'Ottawa, 1972, p. 14.

3 Jacques-Alain de Sédouy, *Ils ont refait le monde. 1919-1920 : le traité de Versailles*, Paris, Tallandier, 2017.

4 Ils ont été nommés par décret du 17 janvier 1919. Voir Olivier Lowczyk, *La Fabrique de la paix*, Paris, Economica, 2010, p. 88.

5 Jean Baillou (dir.), *Les Affaires étrangères et le Corps diplomatique français*, t. II, *1870-1980*, Paris, Éditions du CNRS, 1984, p. 382.

6 O. Lowczyk, *La Fabrique…*, *op. cit.*, p. 93.

7 Extrait du discours de Raymond Poincaré, retranscrit le lendemain dans *Le Figaro*.

8 Conférence de la paix 1919-1920, *Recueil des actes de la conférence*, partie III, *Séances plénières de la conférence et réunions des représentants des puissances à intérêts particuliers*, Paris, Imprimerie nationale, 1922.

9 J. Baillou, *Les Affaires étrangères…*, *op. cit.*, p. 354-365.

10 Commission de la SDN ; commission des responsabilités des auteurs de la guerre et sanctions ; commission des réparations des dommages ; commission de la législation internationale du travail ; commission du régime international des ports, voies d'eau et voies ferrées ; commission financière ; commission économique ; commission des prisonniers de guerre ; commission de l'aéronautique ; commission de géographie.

11 Celui sur l'étude des moyens d'imposer à l'Allemagne l'exécution des conditions d'armistice et celui sur la détermination des conditions du désarmement de l'Allemagne (commission des clauses militaires, aériennes et navales).

12 Affaires tchécoslovaques ; affaires polonaises ; commission interalliée pour la négociation d'un armistice entre la Pologne et l'Ukraine ; frontières de l'est de l'Allemagne ; commission permanente interalliée de Teschen ; mission interalliée envoyée en Pologne ; commission mixte tchéco-polonaise de Cracovie ; commission interalliée du plébiscite de Teschen ; affaires roumaines et yougoslaves ; questions territoriales intéressant la Grèce et l'Albanie ; affaires belges et danoises ; commission interalliée pour l'évacuation des provinces baltiques ; Sarre ; nouveaux États ; protection des droits des minorités.

13 Joseph Noulens a été nommé ambassadeur à Petrograd en mai 1917 et Henri de Manneville a exercé les fonctions de conseiller d'ambassade à Berlin.

II

LE RÔLE DES EXPERTS DANS LA FABRIQUE DE LA PAIX

ISABELLE DAVION
MAÎTRESSE DE CONFÉRENCES D'HISTOIRE CONTEMPORAINE
À L'UNIVERSITÉ DE PARIS-SORBONNE

Les traités de paix ont longtemps véhiculé l'idée – héritée des révisionnistes des années 1930 – qu'ils avaient été concoctés par des négociateurs ignares. Le cliché des «Quatre Grands» sur le perron de leur Salon est venu occulter l'immense complexité de l'organigramme de la Conférence de la paix: la présence de centaines d'«experts» vient bien établir la dimension savante incontestable des travaux préliminaires aux traités. Dans la fabrique de la paix, ceux que l'on appelait alors les «conseillers techniques» ont joué un rôle central.

LES EXPERTS ET LES BUTS DE GUERRE

La complexification des activités couvertes par les relations internationales et la modernisation des États imposent à la fin du XIXe siècle la figure nouvelle de l'expert dans les négociations multilatérales. Présents aux conférences de La Haye de 1899 et 1907, les experts apportent déjà leurs compétences scientifiques aux diplomates, en fonction de leurs besoins, notamment sur l'élaboration d'une résolution juridique des conflits[1]. Une dizaine d'années plus tard, leur participation dès la phase de préparation des négociations, très en amont de la future Conférence de la paix, est en revanche un fait nouveau. Que ce soit dans le domaine économique, financier, juridique, etc., ou dans un champ géographique particulier (l'Allemagne, l'Europe danubienne, le Levant), l'expert est reconnu pour son savoir théorique dans un domaine précis. Ses compétences sont alors ponctuellement mobilisées pour faciliter la prise de décision diplomatique par la production d'études, de cartes géographiques, de statistiques ou encore d'enquêtes. Par procuration, son autorité scientifique vient donc consolider la position du négociateur à qui il fournit des éléments d'argumentation.

Les experts interviennent à partir de 1917, lorsque les Alliés commencent à préparer la sortie de guerre. En France, Aristide Briand, alors président du Conseil et ministre des Affaires étrangères, demande au député de la Seine (Fédération républicaine) Charles Benoist d'«entreprendre une série d'études en vue de déterminer, d'après les données de la géographie et les leçons de l'histoire, les bases du futur traité de paix[2]». Dans ce but, Benoist a carte blanche pour réunir les savants les mieux à même de pratiquer une science applicable à la diplomatie et à la stratégie. Il s'agit de réfléchir aux objectifs de paix français dans le respect des buts de guerre officiels et officieux, des engagements de la Triple – pour quelques mois encore – Entente et des responsabilités contractées à l'égard des peuples d'Europe centre-orientale. La Grande-Bretagne et les États-Unis se dotent dans le même temps de structures similaires. Emmenée par Alwyn Parker, bibliothécaire du Foreign Office, l'organisation britannique commence au printemps 1917 à réunir la documentation nécessaire à la conclusion de la paix; à Washington en septembre, Woodrow Wilson charge le colonel House de former un pool d'experts – cent vingt-cinq membres, tout de même! – dans le même but[3]. Le recrutement effectué par Charles Benoist offre un bel aperçu du paysage intellectuel, scientifique et académique français du début du XXe siècle. La présidence du comité d'études est confiée à l'historien Ernest Lavisse, dont le manuel d'histoire constitue «l'évangile de la République», tandis que le géographe Paul Vidal de La Blache est nommé vice-président. Parmi la trentaine de membres – tous enseignants, hormis le général Bourgeois, du Service géographique de l'armée –, la Sorbonne et l'École libre des sciences politiques sont particulièrement représentées. Entre le 28 février 1917 et le 2 juin 1919, ces personnalités se réunissent une fois par semaine en Sorbonne ou à l'École normale supérieure pour réfléchir aux futures frontières de l'Europe, c'est-à-dire repérer les litiges

et proposer des solutions[4]. En effet, les connaissances géographiques, historiques, philologiques doivent éclairer les difficultés, sans jamais se substituer aux décisions, qui restent l'apanage des politiques et diplomates. Si leurs études ont au bout du compte été peu lues par les grands négociateurs de la conférence, certains membres du comité Charles Benoist, à l'instar du géographe Emmanuel de Martonne, seront malgré tout convoqués auprès de la délégation française par André Tardieu[5]. Ces experts ont eu par ailleurs la prescience de certains arrangements territoriaux, comme la distinction entre les frontières militaires et territoriales de l'Allemagne, par exemple[6].
Enfin, Clemenceau a également réuni, dès novembre 1918, des juristes chargés d'étudier la possibilité d'établir la responsabilité pénale individuelle de Guillaume II dans le déclenchement de la Grande Guerre, et donc de réclamer l'extradition du Kaiser.

L'ORGANISATION DE LA CONFÉRENCE DE LA PAIX

Durant les jours qui précèdent l'inauguration de la Conférence de la paix, des conversations interalliées en fixent dans les grandes lignes la structure et le mode opératoire. Il est alors décidé, dans le prolongement des comités d'études mis en place depuis 1917, de s'assurer la collaboration de « délégués techniques » pour préparer les dossiers. S'ils peuvent exceptionnellement prendre la parole pour fournir des explications scientifiques et recommander des solutions, ils doivent se retirer des délibérations au moment de la prise de décision par les *peacemakers*[7].
Ainsi, chaque délégation de la conférence, en plus des délégués plénipotentiaires et du secrétariat général qui en constituent le cœur, est également composée de « conseillers » ou « experts » techniques, la différence entre ces deux catégories étant uniquement hiérarchique. Hors les experts officiels inscrits sur la liste d'avril 1919 (« Composition et Fonctionnement de la Conférence des Préliminaires de Paix »), des conseillers officieux, sortes de « visiteurs du soir », sont régulièrement consultés par les Grands et les experts eux-mêmes : le Britannique Robert William Seton-Watson sur l'Autriche-Hongrie par exemple, ou encore le pasteur anglican George Herron, que Wilson fait venir à Paris pour discuter de paix et d'Adriatique.

En plus des délégations nationales, les experts sont amenés à participer aux commissions internationales que les Quatre Grands décident de constituer à partir de février 1919. En tout, soixante commissions et sous-commissions sont chargées de préparer les clauses des traités de paix, par secteur ou par territoire : commission des réparations des dommages, commission du régime international des ports, voies d'eau et voies ferrées, commission des affaires roumaines et yougoslaves, commission de la frontière polono-tchécoslovaque, entre autres. Enfin, des experts peuvent également prendre part à des commissions itinérantes qui vont enquêter sur le terrain, à l'image de la commission d'enquête sur les incidents de Smyrne, ou bien de la commission américaine de Klagenfurt.
Il est demandé à ces spécialistes d'établir des normes scientifiques, c'est-à-dire de fixer des repères communs. À ce titre, leur impartialité est censée être leur engagement premier. Mais en dépit des protestations d'objectivité, leurs études ne se dégagent jamais totalement des logiques d'États, notamment parce que tous sont conscients que les décisions résultent d'un rapport de force. Ici, les cultures politiques comme les personnalités sont décisives : les experts américains se targuent d'une grande liberté de manœuvre – mais c'est beaucoup moins vrai en ce qui concerne le dossier de la SDN, qui seul intéresse intimement Wilson ; les experts italiens ont la réputation d'être uniquement concernés par leurs problématiques, mais surtout d'agir au service de leur gouvernement, qui leur aurait imposé un ferme cahier des charges – ils auraient été « liés par des instructions strictes qui leur imposaient de travailler en vue d'une solution particulière[8] ». Cependant, tous ces conseillers suivent le même cadre de référence, qui est également celui de l'ensemble des négociateurs liés juridiquement par l'acceptation des Quatorze Points de Wilson : le droit des peuples à disposer d'eux-mêmes.

GRANDEURS ET MISÈRES DE L'EXPERTISE

L'expert le plus célèbre de la Conférence de la paix reste sans conteste l'économiste John Maynard Keynes, « délégué et conseiller technique » britannique pour les questions financières.

CAT. 23
Comité national d'études sociales et politiques, première séance, mercredi 28 février 1917
Dès 1915, le président de la République Raymond Poincaré suggère d'entreprendre une série d'études pour déterminer les bases du futur traité de paix. Entre le 28 février 1917 et le 2 juin 1919, le comité d'études, composé de trente-trois membres, historiens et géographes, se réunit durant quarante-sept séances et travaille étroitement avec le Quai d'Orsay et le Service géographique de l'armée. Ses travaux, diffusés de manière restreinte, serviront néanmoins d'outil durant la Conférence de la paix de 1919.
Paris, Institut de France, inv. Ms 4543 Dossier 1
EPMA

CAT. 40
[page suivante]
Document produit par la commission interalliée des réparations, lettre de la section d'Autriche sur la liquidation de la banque austro-hongroise, 13 mai 1920
Les différents traités de paix signés en 1919 et 1920 prévoient la création d'une commission interalliée des réparations. Celle-ci siège à Paris à partir de janvier 1920. Elle est composée de plusieurs comités, notamment celui des biens cédés, et des services qui lui sont rattachés ouvrent à Berlin, Londres ou encore Vienne afin d'évaluer les dommages chez les puissances alliées et leur indemnisation.
La dissolution de la commission interalliée des réparations est décidée en août 1929, lors de la conférence de La Haye.
Pierrefitte-sur-Seine, Archives nationales, inv. AJ6 257
EPMA

COMITÉ D'ETUDES

—

Séance du Mercredi 28 Février 1917

à la Sorbonne, Salle des Cartes de l'Institut

de Géographie (Faculté des Lettres).-

—

Présents : M.M. BABELON, Charles BENOIST, Emile BOURGEOIS, Général BOURGEOIS, A.CHUQUET, E.DENIS, L.GALLOIS, E.LAVISSE, Emmanuel de MARTONNE, C.PFISTER, C.SCHEFER, SEIGNOBOS, Paul VIDAL DE LABLACHE (Monsieur JULLIAN excusé).

Le Président, en ouvrant la Séance à 3 heures, définit le but des travaux demandés au Comité d'Etudes. Il s'agit, non d'apporter des solutions, mais de constituer une série de dossiers utiles à ceux qui auront la responsabilité de représenter la France au Congrès de la Paix : Toutes les questions touchant l'Europe devront être examinées; les questions coloniales resteront en dehors. Toutefois, on pourra s'occuper de l'Empire Turc en Asie. Sur chaque point, un rapporteur sera désigné. Son rapport servira de base aux discussions; toutes facilités nous seront données pour faire polycopier ou imprimer les rapports définitifs.

Le Général BOURGEOIS s'offre à faite tirer au Ronéo ou même imprimer les Rapports au Service Géographique de l'Armée. Il mettra à la disposition de chacun des membres du Comité une collection complète des Notices rédigées par la Commission de Géographie du Service Géographique de l'Armée sur les Pays du Rhin, sur les Balkans et l'Asie Mineure. Ces Notices contiennent des documents géographiques et statistiques qui pourront être utiles.

Le.........

ANNEXE 261*a*.

LETTRE DE LA SECTION D'AUTRICHE
DEMANDANT LES POUVOIRS DE FAIRE PROCÉDER À LA LIQUIDATION
DE LA BANQUE AUSTRO-HONGROISE.

Paris, le 13 Mai 1920.

Le Secrétaire général de la Section d'Autriche de la Commission des Réparations,
À Monsieur le chef du Secrétariat interallié du C. O. C. R.

Monsieur,

J'ai l'honneur de vous informer que la Section d'Autriche, dans sa dernière séance du 12 mai, m'a chargé de vous communiquer la décision suivante, prise dans sa séance :

« La Section d'Autriche, se référant au paragraphe 7 de l'Annexe 2 de la Partie VIII du Traité de Saint-Germain combiné à l'Article 206, § 7 du dit Traité, demande à la Commission des Réparations de lui déléguer les pouvoirs de faire procéder à la liquidation de la Banque Austro-Hongroise.

« Pour effectuer cette liquidation dans les conditions d'économie recommandées par le C. O. C. R., la Section d'Autriche chargera, sous son contrôle effectif, son Service financier de toutes les opérations d'ordre technique. »

J'ai l'honneur de vous prier de bien transmettre cette demande au C. O. C. R. pour sa considération.

Veuillez agréer, Monsieur, mes salutations distinguées.

Le Secrétaire Général,

(Signé) : Bate.

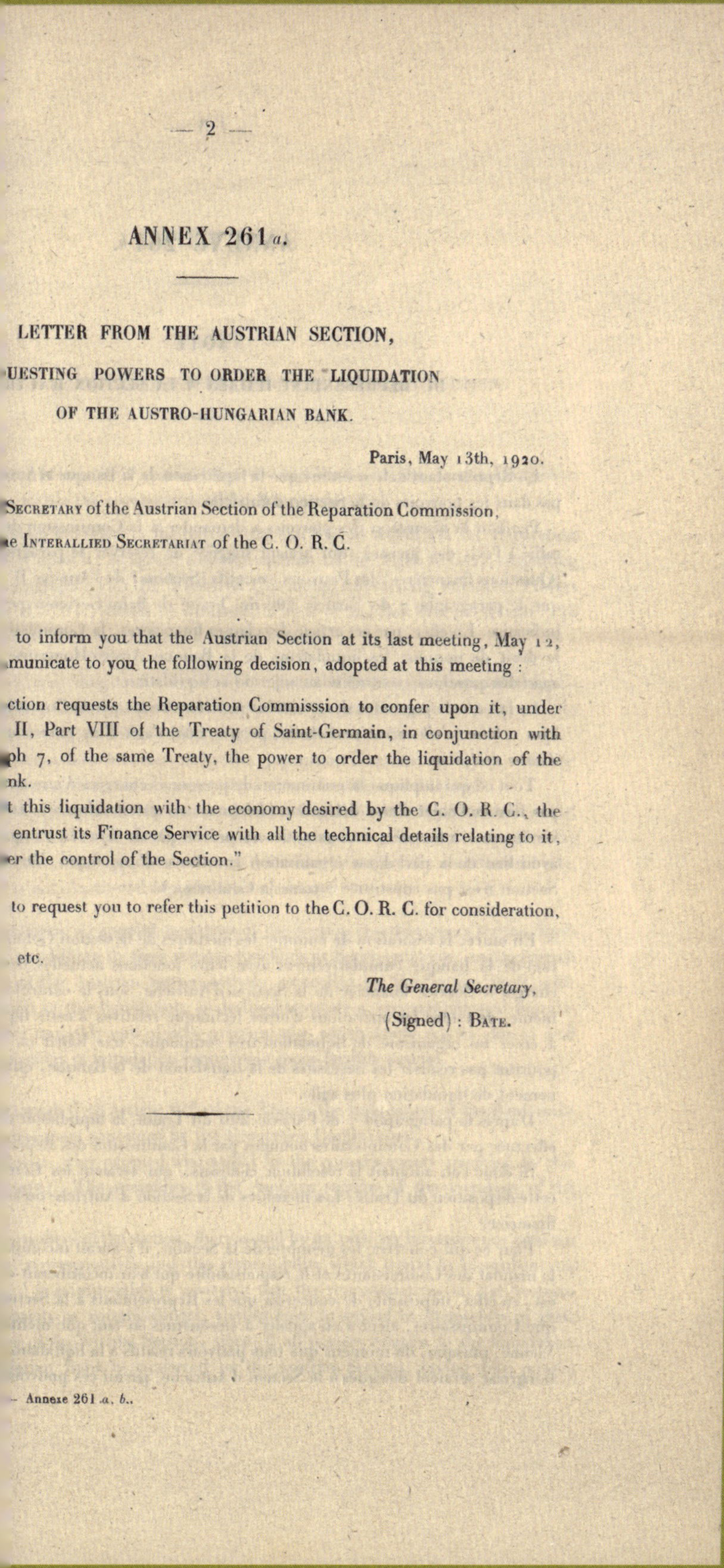

— 2 —

ANNEX 261 *a.*

LETTER FROM THE AUSTRIAN SECTION,
UESTING POWERS TO ORDER THE LIQUIDATION
OF THE AUSTRO-HUNGARIAN BANK.

Paris, May 13th, 1920.

SECRETARY of the Austrian Section of the Reparation Commission,
e INTERALLIED SECRETARIAT of the C. O. R. C.

to inform you that the Austrian Section at its last meeting, May 12,
municate to you the following decision, adopted at this meeting :

ction requests the Reparation Commisssion to confer upon it, under
II, Part VIII of the Treaty of Saint-Germain, in conjunction with
ph 7, of the same Treaty, the power to order the liquidation of the
nk.
t this liquidation with the economy desired by the C. O. R. C., the
entrust its Finance Service with all the technical details relating to it,
er the control of the Section."

to request you to refer this petition to the C. O. R. C. for consideration,

etc.

The General Secretary,
(Signed) : BATE.

– Annexe 261 *a, b.*

Mais sa postérité est moins due à ses travaux sur place qu'à sa démission, le 7 juin 1919, pour protester contre les clauses financières et économiques du traité de Versailles, suivie de la publication de son best-seller *Les Conséquences économiques de la paix*, déjà traduit en onze langues en 1924. Keynes est accusé par ses anciens homologues d'être un agent de propagande allemande : en 1920, l'expert américain de la commission des réparations, Bernard M. Baruch, maintient que ces clauses fixent le meilleur compromis alors possible.

Durant les travaux, tous les experts ne bénéficient pas de la même influence, laquelle dépend de leur surface publique autant que de l'importance du dossier : plus celui-ci est technique, plus leur influence est grande, tandis qu'ils sont souvent dépossédés des questions jugées les plus sensibles ou les plus clivantes. Ainsi, la commission de juristes sur la responsabilité des auteurs de la guerre comprend peu d'acteurs de premier plan en dehors du secrétaire d'État américain, Robert Lansing. En revanche, la commission de la Société des Nations, créée dès le 25 janvier 1919 pour élaborer le pacte de la future organisation, comprend tous les grands négociateurs, qui y cumulent les fonctions puisque Wilson y est expert désigné, au titre qu'il est le délégué américain le plus acculturé au dossier. À sa suite, chaque pays va également y nommer un représentant éminent, à l'image de Roman Dmowski, qui est à la tête de la délégation polonaise, ou de Karel Kramář, qui est chef du gouvernement tchécoslovaque. De même, si les conseillers techniques interviennent relativement peu sur les frontières de l'Allemagne, ils sont davantage présents sur celles de l'Europe centre-orientale, d'autant plus que les Grands sont en la matière plus assujettis à l'apport de connaissances extérieures. Cette dépendance à l'expertise culmine avec les Balkans, qui, témoigne le géographe américain Isaiah Bowman, nécessitent d'ensevelir les négociateurs sous les cartes et les statistiques[9]. Par ailleurs, les experts bénéficient avant tout de l'influence que les hommes politiques acceptent de leur accorder. En cas de divergence sur un sujet, l'argumentation savante est généralement reléguée ; s'il y a consensus, alors l'expert jouit d'une grande latitude pour apporter des argumentations scientifiques en renfort de la décision diplomatique.

Il faut enfin noter la quasi-absence des militaires au sein de ces groupes d'experts, surtout eu égard à la lourdeur des dossiers concernant le désarmement ainsi qu'aux enjeux stratégiques accompagnant la création des États successeurs. S'ils sont généralement présents dans les délégations des dites « petites puissances », ils sont invisibles ou carrément absents des équipes des Alliés. Cinq conseillers militaires, sur deux cents membres au total, accompagnent bien la délégation Grande-Bretagne-Dominions-Indes, mais il est de notoriété publique que Lloyd George préfère consulter les experts du Foreign Office. Aucun officier dans la délégation française ; le maréchal Foch a pourtant demandé à être entendu comme expert militaire, dans le but notamment de peser de toute son autorité sur la question de la Rhénanie, mais Clemenceau l'a écarté au prétexte qu'en tant que commandant en chef des armées alliées, il ne pouvait pas relever de la France exclusivement[10]. Foch sera par la suite très critique sur le « compromis rhénan » comme sur le tracé des frontières de la Tchécoslovaquie.

Par leur contribution à la Conférence de la paix, les experts démontrent que les traités ont été aussi faits de circulation des savoirs, de dialogues avec l'histoire et la géographie. Même si leur statut a souvent limité leurs interventions, ces spécialistes, par leur travail en amont et par les synthèses qu'ils en ont tirées, ont permis au Conseil des Quatre de fonctionner en tant qu'instance décisionnaire suprême.

ILL. 4
John Maynard Keynes (1883-1946)

1 Stanislas Jeannesson, Fabrice Jesné et Éric Schnakenbourg (dir.), *Experts et expertises en diplomatie : la mobilisation des compétences dans les relations internationales, du congrès de Westphalie à la naissance de l'ONU*, Rennes, Presses universitaires de Rennes, 2018.

2 Une première suggestion avait été faite en ce sens par Poincaré en 1915. Charles Benoist, *Souvenirs de Charles Benoist*, t. III, *1902-1933. Vie parlementaire, vie diplomatique*, Paris, Librairie Plon, 1934, p. 324.

3 Ce seront respectivement les *Peace Handbooks* (Londres, HM Stationery Office, 1920) et les *Records of the Inquiry* (US National Archives and Records Administration, Records of the American Commission to Negotiate Peace, cote 256.2).

4 *Les Experts français et les frontières d'après-guerre. Les procès-verbaux du comité d'études 1917-1919*, introduction et notes par Isabelle Davion, préface par Georges-Henri Soutou, *Bulletin de la Société de géographie*, hors-série, juin 2015.

5 André Tardieu, *La Paix*, Paris, Payot, 1921.

6 Comité d'études, *Travaux*, t. I, *L'Alsace-Lorraine et la frontière du Nord-Est*, Paris, Imprimerie nationale, 1918 ; t. II, *Questions européennes*, Paris, Imprimerie nationale, 1919.

7 Articles III et XIII du règlement adopté le 18 janvier 1919. Vincent Laniol, « Ferdinand Larnaude, un "délégué technique" à la Conférence de la paix de 1919 entre expertise et "culture de guerre" », *Relations internationales*, vol. 149, n° 1, 2012, p. 43-55.

8 Ainsi s'exprime l'expert américain Clive Day dans les mémoires d'Edward Mandell House, *Ce qui se passa réellement à Paris en 1918-1919. Histoire de la Conférence de la paix*, Paris, Payot, 1923.

9 Nicolas Ginsburger, *« La guerre, la plus terrible des érosions ». Cultures de guerre et géographes universitaires, Allemagne-France-États-Unis (1914-1921)*, thèse de doctorat sous la direction d'Annette Becker, 2010, en ligne : https://bdr.u-paris10.fr/theses/internet/2010PA100195.pdf.

10 Isabelle Davion, *Mon voisin, cet ennemi. La politique de sécurité française face aux relations polono-tchécoslovaques entre 1919 et 1939*, Bruxelles-Paris, Peter Lang, 2009.

AUX CARTES ! DES GÉOGRAPHES POUR LA PAIX OU POUR LA GUERRE ?

JEAN-PAUL AMAT
PROFESSEUR ÉMÉRITE DE GÉOGRAPHIE,
UNIVERSITÉ PARIS-SORBONNE,
PRÉSIDENT DE LA SOCIÉTÉ DES AMIS DU MUSÉE DE L'ARMÉE (SAMA)

Paris, début mai 1918. Douglas W. Johnson, professeur de géographie à l'université Columbia de New York, écrit : « De Martonne a été très serviable. J'ai déjeuné hier à son domicile, et demain, Cvijić et moi partagerons son hospitalité, après quoi nous irons au Service géographique [de l'armée, au 136 *bis*, rue de Grenelle] pour travailler. [...] Dimanche après-midi, nous continuerons la discussion sur des questions géographiques et stratégiques, avec quelques-unes de ses cartes devant nous[1]. »

En ce printemps de la dernière année de la guerre, Paris accueille les représentants des délégations qui préparent la future Conférence de la paix. Le professeur D. W. Johnson (1878-1944), major de l'armée américaine, est chef de la division géographie des frontières de l'Inquiry, organisation fondée en septembre 1917 pour conseiller l'administration américaine. Le Serbe Jovan Cvijić (1865-1927), professeur de géographie physique à l'université royale de Belgrade, fondateur et directeur de la Société serbe de géographie, est invité à la Sorbonne. Emmanuel de Martonne (1873-1955) y est professeur de géographie depuis 1909 ; ses deux thèses, ès lettres en 1902, ès sciences en 1907, portaient sur la Valachie roumaine et les Alpes de Transylvanie. Il a travaillé à la section des notices du Service géographique de l'armée (SGA), maître d'œuvre, depuis 1887, de la carte d'état-major. Le SGA réalisait aussi, avec le War Office britannique, des cartes d'Allemagne et des fronts de l'Est. En 1910, Martonne écrivait à son collègue Albert Demangeon (1872-1940) : « Je profite de mes matinées libres pour aller au Service géographique de l'armée où le général B. [Robert Bourgeois, 1857-1945] a mis à ma disposition tous les plans directeurs au 20/000e des Alpes[2]. » Il dirige le secrétariat du Comité d'études du ministère des Affaires étrangères : créé en février 1917, composé de trente-cinq universitaires, de deux experts civils et du général Bourgeois, ce comité est chargé de préparer la paix.

Paris, 22 juin 1921. Une note de service attire l'attention du secrétaire général du Quai d'Orsay sur l'imminent départ d'Emmanuel de Martonne pour la Roumanie, invité par la nouvelle université de Cluj (la Kolozsvár des Hongrois, la Klausenburg des atlas allemands), ville devenue, depuis le traité de Trianon du 4 juin 1920, la capitale de la nouvelle province de Transylvanie : « Ce géographe a une situation exceptionnelle en Roumanie en raison de ses travaux techniques et géographiques, de la part qu'il a eue dans les commissions de la Conférence de la paix. Il est considéré en Roumanie comme un des instigateurs de la réunion des nouvelles provinces à la mère patrie. Il jouit d'une influence considérable qui peut nous rendre les plus grands services[3]. »

DES GÉOGRAPHES EXPERTS POUR LA NOUVELLE EUROPE

À l'aube de la guerre, présents dans tous les grands pays du monde, les géographes universitaires avaient noué en un siècle un large réseau d'échanges. Reconnus comme experts territoriaux pour la Conférence de la paix, ils animent des groupes de réflexion (*think tanks*) et interviennent dans les discussions diplomatiques car leurs travaux scientifiques sont autant de cautions pour les négociateurs des futurs traités. Les sociétés savantes auxquelles ils appartiennent, telles les sociétés de géographie de Paris, Londres et Berlin, nées dans les années 1820, ou la New York American Geographical Society, fondée en 1851, les revues dans lesquelles ils écrivent (*Annales de géographie*, *Geographical Review*...) diffusent les analyses et les représentations cartographiques du monde. La guerre a renforcé les liens entre géographes universitaires et militaires. En France, le SGA contrôle la production des cartes et les officiers topographes fournissent aux professeurs les documents de base de leurs études[4].

Autour d'Emmanuel de Martonne, l'équipe de géographes comprend Lucien Gallois (1857-1941), Albert Demangeon, Maurice Fallex (1861-1929) et les jeunes Georges Chabot (1890-1975) et Jules Blache (1893-1970). Dans la délégation américaine conduite par le Président Wilson, Isaiah Bowman (1878-1950), professeur à l'université de Yale, directeur de l'American Geographical Society, est chef des questions territoriales et responsable de la cartographie. Jovan Cvijić est président de la commission des experts scientifiques de la délégation officielle des Serbes, Croates et Slovènes. Pál Teleki (1879-1941), secrétaire général de la Société hongroise pour la géographie, auteur de la célèbre « carte rouge » ethnographique de la Hongrie, est commissaire général de la délégation hongroise. Eugeniusz Romer (1871-1954), professeur à l'université de Lemberg (Lwów), est cartographe de la délégation polonaise, auteur en 1916 du *Grand Atlas géographico-statistique de la Pologne*, outil crucial pour l'établissement de la carte de la frontière occidentale de la nouvelle Pologne. Alan Gr. Ogilvie (1887-1954), lecteur à l'université de Manchester, est expert géographe auprès de la délégation britannique. Robert Dieger (1864-1926), professeur à l'université de Graz, est expert territorial de la délégation autrichienne. On a pu ainsi écrire que Paris, en ces années 1919 et 1920 de la Conférence de la paix, abritait un grand congrès international de géographie appliquée[5].

DE LA CARTE AU TERRITOIRE

Toute carte, avec son échelle et sa légende, est une représentation de l'occupation de l'espace. Espace et territoire sont des notions distinctes. L'espace, défini en coordonnées géographiques, est le cadre du territoire, entité construite par une société. Le territoire est un enjeu, la carte, un instrument de son aménagement comme de sa défense, militaire et diplomatique. Sur la carte politique, la ligne frontière matérialise les limites de souveraineté et de légitimité. Le Comité d'études propose au délégué à la conférence des tracés de frontière linéaires, dont le résultat final appartient aux diplomates. Sur le terrain, postes, poteaux et bornes matérialiseront ce tracé. Par exemple, le traité de paix de Saint-Germain-en-Laye entre les puissances alliées

CAT. 37
« Tout le Banat doit appartenir à la Roumanie », Albert Thomas (1878-1932), ministre français de l'Armement en 1916-1917
Carte postale, sans doute éditée par la Roumanie, des frontières revendiquées par celle-ci à la fin de la guerre. Région à cheval entre la Hongrie, la Roumanie et la Serbie, le Banat est promis par les Alliés à ces deux dernières. La commission Lord, chargée en 1918-1919 du tracé des frontières des États succédant à l'Empire austro-hongrois, veille à ce que les trois pays soient reliés par des voies ferrées stratégiques. Le traité de Trianon, signé le 4 juin 1920, accorde finalement la partie sud-ouest du Banat au royaume des Serbes, Croates et Slovènes.
Paris, Bibliothèque nationale de France, inv. GE F-2163
EPMA

nat doit appartenir à la Roumanie ».

Albert THOMAS.

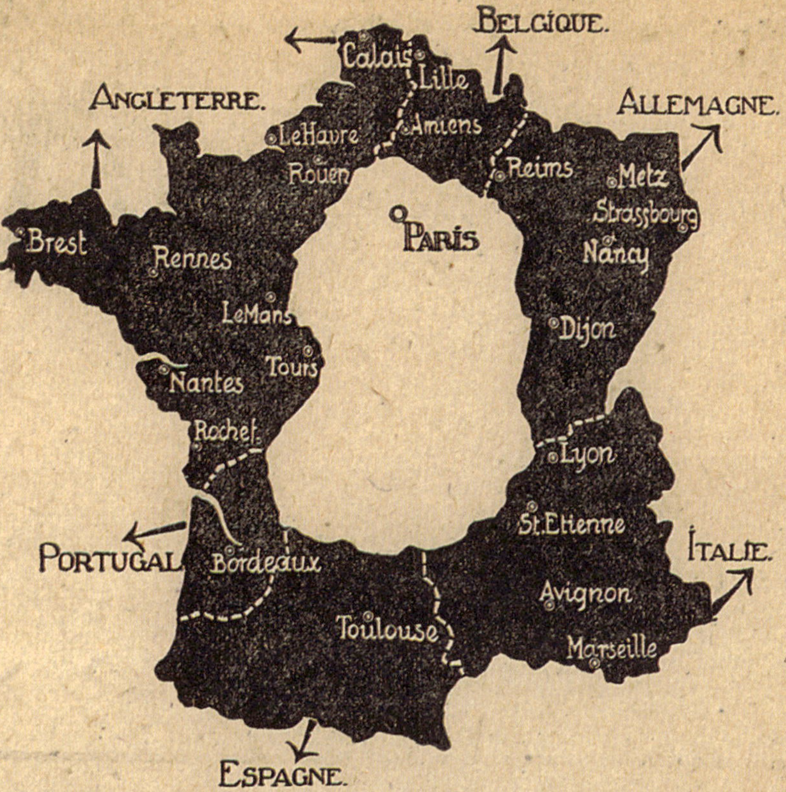

Français! Voudriez-vous signer cette paix?

C'est la même, que vous voulez imposer à la Hongrie!

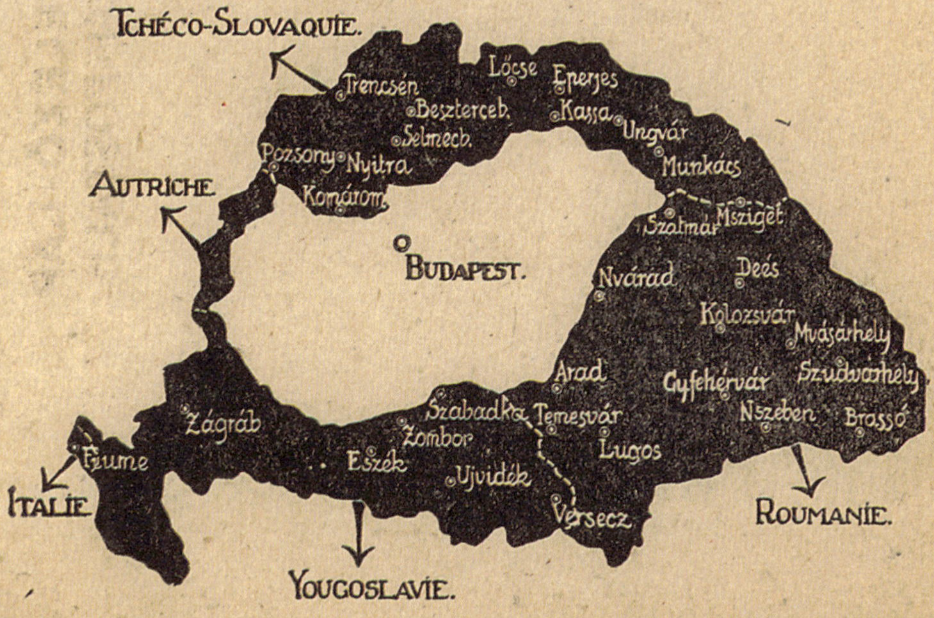

CAT. 151
« Français, voudriez-vous signer cette paix ? », carte postale montrant les effets du traité de Trianon s'il était appliqué à la France
Budapest, Magyar Nemzeti Múzeum (Musée national hongrois), inv. 95.54
EPMA

et associées et l'Autriche est ainsi libellé : « Les frontières décrites par le présent Traité sont tracées, pour leurs parties définies, sur des cartes au 1/1 000 000e annexées au présent Traité[6] » (article 28). « Des Commissions de délimitation [...] auront à tracer ces frontières sur le terrain. Elles auront tout pouvoir, non seulement pour la détermination des fractions définies sous le nom de "ligne à déterminer sur le terrain" mais encore [...] pour la révision des fractions définies par des limites administratives. [...] Elles s'efforceront, dans ces deux cas, de suivre au plus près les définitions données dans les Traités, en tenant compte autant que possible des limites administratives et des intérêts économiques locaux » (article 29).
La carte dite ethnographique est une des représentations spatiales du principe wilsonien des nationalités, dont Martonne donne la définition suivante : « Des groupes de population ethniquement très mélangés, unis par un ensemble de traditions et de pratiques d'ordre matériel ou moral. [...] Sans l'avoir discuté d'une façon approfondie, on admet généralement que le signe de la nationalité est la langue[7]. » Ces cartes ethnographiques sont les plus célèbres des cartes exploitées ou engendrées par la Conférence de la paix. Parmi elles, citées *supra*, la « carte rouge » de la Hongrie et celle titrée *La Répartition des nationalités dans les pays où dominent les Roumains*, élaborée par Martonne. Celle-ci, publiée à l'échelle du 1/1 000 000e dans l'atlas des travaux du Comité d'études, n'est pas la première traitant de la question des nationalités dans l'espace conflictuel de la frontière roumano-hongroise : quatre au moins l'ont précédée. En 1829, la carte de Johann von Csaplovics *Ethnographische Karte des Königreichs Ungern*, publiée à Pest (Hongrie), proposait une frontière ethnique très proche de celle retenue au traité de Trianon. En 1847, l'*Ethnographische Karte von Europa* du géographe autrichien Heinrich Berghaus (1797-1884) donnait une limite généreuse à l'espace ethnique roumain ; le gouvernement roumain y fera référence en 1919. En 1855, l'Autrichien Karl von Czoernig (1804-1889), directeur du service de la Statistique impériale, publiait une *Ethnographische Karte der Österreichischen Monarchie* à partir des données du recensement officiel autrichien ; elle aussi fixait des limites occidentales et septentrionales du bloc ethnique roumain similaires à celles de Trianon. De 1869 à 1887, Heinrich Kiepert (1818-1899), professeur de géographie à l'université de Berlin, réalisait à partir du recensement austro-hongrois de 1869 une série de cartes à diverses échelles ; après l'abandon par les nationalistes roumains de la revendication de la frontière « naturelle » de la rivière Tisza, la frontière roumano-hongroise de Kiepert apparaîtra comme une variante acceptable pour le traité de paix.
Pour sa carte, Martonne retient sept nationalités : Roumains, Hongrois, Bulgares, Turcs, Tartares, Slaves, Juifs, chacune représentée par une couleur – dont le rouge rosé pour les Roumains – à trois tons suivant la densité de population. « Dans les régions où aucune nationalité ne représente 75 % de la population, on a figuré les différents éléments par bandes de largeur égale s'ils sont en proportion sensiblement égale, de largeur inégale dans le cas contraire[8]. » Cette carte, destinée à des diplomates et à des militaires, porte les limites administratives : États, provinces, départements (*comitat* en Hongrie, *judetz* en Roumanie). Le département est coloré selon la majorité de la population rurale, à dominante roumaine, et non urbaine, à dominante magyare. Sur et par cette carte, « l'élément rural de la population d'une région est devenu le facteur décisif dans l'identification de l'ethnicité d'un territoire. Ainsi, une région entière comme la Transylvanie serait classée comme territoire roumain malgré les villes essentiellement magyares[9] ».
Pour les nouveaux États, Martonne fait accepter le principe de « viabilité des frontières ». Il argumente pour que soient prises en compte les infrastructures des territoires à naître : ressources minières, énergétiques, arables, climatiques ; routes, voies ferrées et fluviales ; données économiques. Ainsi la Roumanie et la Tchécoslovaquie obtiennent-elles, le long de leur frontière avec la Hongrie, des lignes de chemin de fer les reliant entre elles et à la Yougoslavie, malgré la présence, sur le tracé de ces voies, d'isolats à majorité de peuplement hongrois (Arad, Oradea-Nagyvárad, Satu Mare-Szatmárnémeti, Kosice-Kassa). Par ses travaux d'expertise cartographique, Martonne est un « traceur de frontières[10] ».
À l'instar du langage verbal et de son écriture, la représentation cartographique est un code, dont le déchiffrement peut engendrer des interprétations contrastées, voire opposées.

La question frontalière dans les Alpes de Carinthie, partie de l'ancienne Autriche-Hongrie, en offre un bel exemple. La chaîne des Karawanken sépare le bassin intra-montagnard de Klagenfurt, drainé par la Drave, au nord, de la haute vallée slovène de la Save et de sa capitale Ljubljana (Laybach) au sud. Partagé entre des influences linguistiques et culturelles slaves et germaniques, ce bassin est un enjeu de la future frontière austro-slovène. Au Comité d'études, Émile Haumant (1859-1942), historien, professeur de littérature russe à la Sorbonne, est chargé de l'expertise des frontières nord de la future Yougoslavie. Il reconnaît que la nouvelle frontière serait difficile à tracer : pas de limites politiques claires, pas de cours d'eau ou de lignes de crête pertinents. Partout, il faudrait « transiger ». Sont confrontées la carte de Martonne au 1/500 000e, de la Carinthie au Banat, et celle de Cvijić au 1/200 000e, centrée sur le bassin de Klagenfurt. « Là où le géographe français représente une zone ethnographique complexe où l'indécision de la distribution ethnique apparaît, le géographe serbe dénonce la colonisation germanique qui a créé des "poches de germanisation"[11]. » Sans accord entre les délégations, la conférence retient l'idée d'un plébiscite, inscrit dans le traité de Saint-Germain-en-Laye du 10 septembre 1919 (article 50), qui ratifie les frontières de la nouvelle Autriche. « Les limites de la zone de plébiscite ont été tracées de telle façon que l'Autriche conserve, quelle que soit la décision, la voie ferrée de Villach à Vienne par Saint Veit et Bruck. Elle passe à l'est de Villach, qui reste autrichien, sacrifiant le groupe slovène important de la vallée du Gail près d'Hermagor, et suit les crêtes au sud de la dépression[12]. » À l'issue du plébiscite, le 10 octobre 1920, la crête des Karavanken fixe la frontière entre la Yougoslavie et l'Autriche.

Les rapports des commissions de la Conférence de la paix sont émaillés de commentaires sur le sens, l'efficacité et la légitimité de l'outil cartographique, que reflètent certaines expressions, comme « anxiété cartographique » ou même « guerre des cartes ». Le géographe Isaiah Bowman a ainsi pu écrire : « Un nouvel instrument politique, le langage des cartes, a été inventé. Une carte vaut autant qu'une bonne affiche, mais étant une carte, elle prend une apparence respectable et authentique[13]. »

1 Cité dans Nicolas Ginsburger, « Réseaux académiques et circulations savantes entre guerres et paix (1912-1919). Les expertises de Jovan Cvijić et de ses collègues géographes à travers les cas de Trieste et Fiume », *Cybergeo, revue européenne de géographie*, 2016, p. 7, en ligne : http://journals.openedition.org/cybergeo/27690.

2 Taline Ter Minassian, « Les géographes français et la délimitation des frontières balkaniques à la Conférence de la paix en 1919 », *Revue d'histoire moderne et contemporaine*, t. 44, nº 2, 1997, p. 252-286.

3 Gavin Bowd, *Un géographe français et la Roumanie. Emmanuel de Martonne (1873-1955)*, Paris, L'Harmattan, 2012, p. 96.

4 Emmanuel de Martonne, « Essai de carte ethnographique des pays roumains », *Annales de géographie*, t. XXIX, nº 158, 1920, p. 81-98, p. 90, n. 1.

5 N. Ginsberger, « Réseaux académiques… », *op. cit.*, p. 6.

6 Texte du traité téléchargeable par exemple ici : www.roi-president.com/wp-content/uploads/2016/06/traitdepaixent00puis.pdf (édition canadienne), p. 18, deux citations.

7 E. de Martonne, « Essai de carte ethnographique… », *op. cit.*, p. 81-82.

8 Note intégrée à la légende de la carte.

9 Gilles Palsky, « Emmanuel de Martonne and the ethnographical cartography of central Europe (1917-1920) », *Imago Mundi, The International Journal for the History of Cartography*, vol. 54, I, 2002, p. 111-119, p. 115.

10 Emmanuelle Boulineau, « Un géographe traceur de frontières : Emmanuel de Martonne et la Roumanie », *L'Espace géographique*, t. 30, 2001, p. 358-369, en ligne : www.cairn.info/revue-espace-geographique-2001-4.htm.

11 Emmanuelle Boulineau, « Les géographes et les frontières austro-slovènes des Alpes orientales en 1919-1920. Entre la Mitteleuropa et les Balkans », *Revue de géographie alpine*, t. 89, 2001, p. 173-184, p. 180, en ligne : www.persee.fr/doc/rga_0035-1121_2001_num_89_4_3064.

12 Emmanuel de Martonne, « Le traité de Saint-Germain et le démembrement de l'Autriche », *Annales de géographie*, t. XXIX, nº 157, 1920, p. 1-11.

13 Edward Mandell House, *Ce qui se passa réellement à Paris en 1918-1919. Histoire de la Conférence de la paix*, Paris, Payot, 1923, p. 120.

IV

LA GRANDE FLAMME À L'EST : GUERRE ET RÉVOLUTION EN EUROPE ORIENTALE

ALEXANDRE SUMPF
MAÎTRE DE CONFÉRENCES EN HISTOIRE CONTEMPORAINE,
UNIVERSITÉ DE STRASBOURG

Début 1917, au terme de plus de deux années de guerre, la lassitude des combattants du front et des mobilisés dans l'effort de guerre menace la poursuite même du conflit. Grèves et mutineries se répètent, sur fond de disette aggravée dans les Empires centraux comme en Russie. Les fossés sociaux sont creusés, la domination russe sur les autres peuples est minée, l'autorité impériale érodée.
Une première révolution (révolution de Février) puis une deuxième (révolution d'Octobre) rompent l'équilibre des alliances. La remise en cause radicale de la guerre n'y met pas fin, mais la révolution se répand comme une traînée de poudre une fois la paix conclue, alors que le centre et l'est de l'Europe voient émerger de nouveaux États aux frontières disputées.
Guerre et révolution ont partie étroitement liée au cœur de la guerre civile russe. En outre, l'idéologie bolchevique pousse à la conquête des esprits et des territoires autant que la nécessaire défense du nouveau régime. Enfin, l'ambition de transformer le monde suscite à la fois des échos dans les nations vaincues et des contre-offensives armées de la part des vainqueurs du conflit mondial.

GUERRE ET RÉVOLUTION

En 1917, la Russie connaît deux révolutions successives. Début mars, la première met un terme à trois cents ans de dynastie et à un siècle d'autocratie. La liberté devient le maître mot, les groupes sociaux s'organisent pour la lutte politique. L'armée voit sa discipline bouleversée par le prikaze nº 1 du 13 mars, par lequel le soviet de Petrograd appelle les soldats à former des comités destinés à diriger les unités, remettant *de facto* en cause l'autorité des officiers. En dépit des efforts du haut commandement et d'un ministre qui fait une ascension fulgurante,

ILL. 5
1re armée de cavalerie de l'Armée rouge lors d'un exercice, 1918

Alexandre Kerenski, il devient impossible de lancer une offensive (échec du 18 juillet) et même de faire obéir la troupe, qui devient un foyer de bolchevisme. En effet, Vladimir Oulianov, dit Lénine, a annoncé dès son retour en Russie le 16 avril qu'il proposait une paix immédiate. Il s'oppose en cela non seulement aux libéraux modérés qui dirigent le premier Gouvernement provisoire, mais aussi aux partis socialiste-révolutionnaire et menchevique dominant le Soviet, qui se sont convertis à la défense coûte que coûte des acquis de la révolution et à une proposition internationale de paix (échec de la conférence de Stockholm). Les crises majeures de l'année se rapportent à la question de la paix, que soldats meurtris, ouvriers asservis et paysans ruinés appellent de leurs vœux ; à chaque fois, les bolcheviks gagnent en audience. Lénine n'a pas adopté cette position, qui a surpris jusqu'à ses fidèles, par pure tactique. Depuis les années 1890, ce penseur du communisme a théorisé le lien indéfectible, mécanique, entre guerre et révolution. La première conditionne la seconde, qui en retour utilise les armes de la guerre pour transformer radicalement la société. Comme il l'énonçait une nouvelle fois le 1er novembre 1914, il faut savoir « transformer la guerre impérialiste en guerre civile », déposer les armes face à l'ennemi extérieur pour mieux les retourner contre les adversaires intérieurs. La guerre civile ne fait pas peur à Lénine, alors que les leaders révolutionnaires sont paralysés par son spectre. Mais le tribut à payer se révèle très lourd. Le traité de Brest-Litovsk, signé le 3 mars 1918, ampute l'ancien empire de la Pologne, des pays baltes, de la Finlande et de l'Ukraine, ainsi que de territoires dans le Caucase.
La perte de régions industrielles et agricoles cruciales se double de clauses économiques impitoyables achevant de ruiner une nation saignée par la Première Guerre mondiale.
Si les combats n'ont pas affecté le sol de la Russie proprement dite, les conséquences de la guerre perdue sont lourdes. D'une part, l'armée allemande occupe, depuis la Grande Retraite de l'été 1915 puis les victoires de 1917, toute la frange occidentale de l'empire des tsars. Elle exploite intensément ces zones et leur population, mise en coupe réglée ; elle fait régner un ordre nouveau attesté par des pratiques d'enregistrement systématique.

CAT. 100
Carte n° 9 sur « l'offensive de l'Armée rouge dans les États baltes » de 1919
Au moment où les troupes allemandes se replient des pays qu'elles occupent à l'Est, à partir du 11 novembre 1918, l'Armée rouge lance une vaste offensive sur les régions limitrophes de l'ancien empire tsariste et tout particulièrement contre les États baltes. Il s'agit de reconquérir les pays perdus lors du traité de Brest-Litovsk. Au début de janvier 1919, les troupes bolcheviques occupent tout l'est de l'Estonie, les deux tiers de la Lituanie et la quasi-totalité de la Lettonie.
Nanterre,
La contemporaine, bibliothèque, archives, musée des mondes contemporains,
inv. G 2227
EPMA

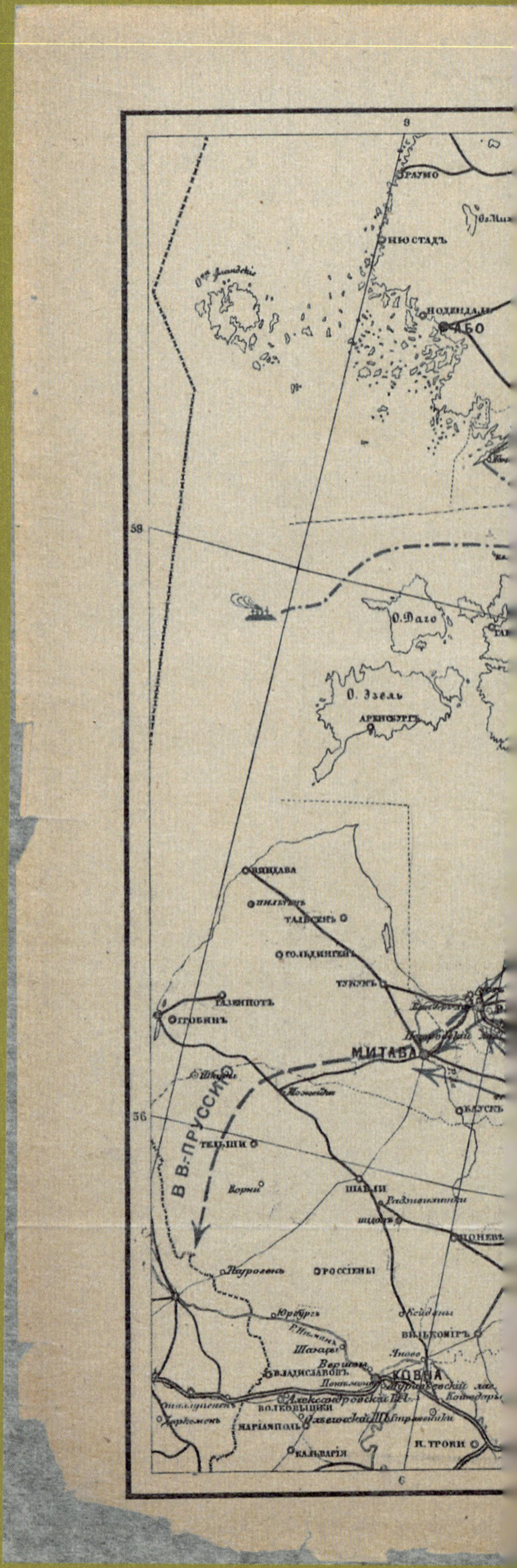

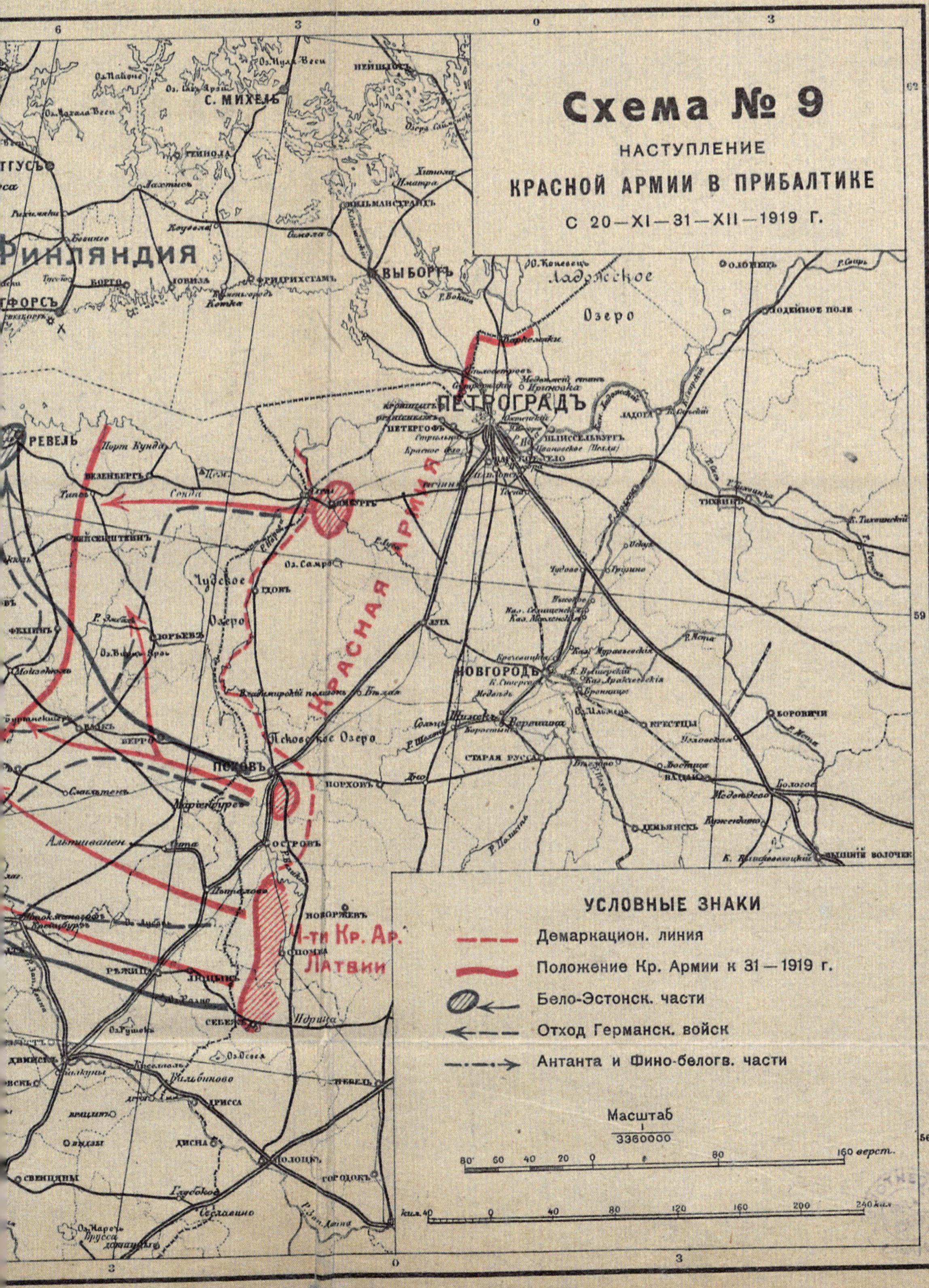
Схема № 9
НАСТУПЛЕНИЕ
КРАСНОЙ АРМИИ В ПРИБАЛТИКЕ
С 20—XI—31—XII—1919 Г.
УСЛОВНЫЕ ЗНАКИ
Демаркацион. линия
Положение Кр. Армии к 31—1919 г.
Бело-Эстонск. части
Отход Германск. войск
Антанта и Фино-белогв. части
Масштаб
1/3360000
80 60 40 20 0 80 160 верст.
кил. 40 0 40 80 120 160 200 240 кил.
Финляндия
С. МИХЕЛЬ
ВЫБОРГЪ
Ладожское
Озеро
ПЕТРОГРАДЪ
РЕВЕЛЬ
ЯМБУРГЪ
Красная Армия
Чудское
Озеро
ЮРЬЕВЪ
ГДОВЪ
ЛУГА
НОВГОРОДЪ
СТАРАЯ РУССА
Псковское Озеро
ПСКОВЪ
ПОРХОВЪ
ОСТРОВЪ
4-ти Кр. Ар.
Латвии
ВЕРРО
РЕЖИЦА
ДВИНСКЪ
ПОЛОЦКЪ
НЕВЕЛЬ
ГОРОДОКЪ
ТИХВИНЪ
БОРОВИЧИ
КРЕСТЦЫ
ДЕМЬЯНСКЪ
ВЫШНІЙ ВОЛОЧЕКЪ
ЛОДЕЙНОЕ ПОЛЕ
СВЕНЦЯНЫ
ДИСНА

ЧЕТВЕРТИЙ УНІВЕРСАЛ

УКРАЇНСЬКОЇ ЦЕНТРАЛЬНОЇ РАДИ.

Народе України!

Твоєю силою, волею, словом стала на землі Українській Вільна Народня Республіка. Справадилась колишня давня мрія батьків Твоїх, борців за вольности і права трудящих. Але в тяжку годину відродилась воля України. Чотире роки лютої війни знесилели наш Край і людність, фабрики товарів не виробляють, заводи спиняються, залізниці росхитані, гроші в ціні падают, хліба зменшилося, наступає голод. По краю розплодились юрби грабіжників і злодіїв, особливо коли посунуло з фронту військо, счинивши криваву різню, заколот і руїну на нашій Землі. Через все це не могли відбутися вибори в Українські Установчі Збори в приписаний нашим попереднім Універсалом час і сі Збори, призначені на нинішній день не могли відбутись, щоб прийняти з наших рук нашу тимчасову найвисщу революційну владу над Україною установити лад в Народній Республіці нашій і організувати нове Правительство. А тим часом, Петроградське Правительство Народніх Камісарів, щоб повернути під свою властъ Вільну Українську Республіку, оповістило війну Україні, і насилає на наші землі свої війська—красногвардейців, большевиків —які грабують хліб наших селян і без всякої платні вивозять його в Росію, не жаліючи навіть зерна, наготовленого на засів вбивають неповинних людей і сіють скрізь безладдя, злодіяцтво, безчинство.

Ми, Українська Центральна Рада, зробили все, щоб не допустити сеї братовбивчої війни двох сусідніх народів, але Петроградське Правительство не пішло нам на зустріч, і веде далі криваву боротьбу з нашим Народом і Республікою; крім того, те саме Петроградське Правительство Народніх Комісарів починає затягати мир і кличе на нову війну, називаючи її до того ще священною. Знов поллється кров, знов нещасний трудовий народ повинен класти своє життя.

Ми, Українська Центральна Рада, обрана з'їздами селян, робітників і салдатів України, не те пристати ніяк не можемо ніяких війн піддержувати не будемо, бо Український Народ хоче миру, і мир демократичний повинен бути як найшвидче. Але для того, щоб ні Руське правительство, ні яке инше не ставали Україні на перешкоді установити той бажаний мир, для того, щоб вести свій Край до ладу, до творчої роботи, до скріплення революції та волі нашої, ми, Українська Центральна Рада, сповіщаємо всіх громадян України: **однині Українська Народня Республіка стає самостійною, ні від кого не залежною Вільною Суверенною Державою Українського Народу.** Зо всіма сусідніми державами як то: Росія, Польща, Австрія, Руминія, Туреччина та инші, ми хочемо жити в згоді і приязні, але ні одна з них не може втручатися в життя Самостійної Української Республіки,—власть у ній буде належати тільки Народові України, іменем якого поки зберуться Українські Установчі Збори будемо радити ми, Українська Центральна Рада, представниця робочого народу селян, робітників і салдатів та наш виконавчий орган, який однині матиме назву „Ради Народніх Міністрів".

Насамперед приписуємо Правительству Республіки нашої Раді Народніх Міністрів від сього дня вести розпочаті нею вже переговори про мир з Центральними Державами цілком самостійно і довести їх до кінця, не зважаючи ні на які перешкоди з боку яких-небудь инших частин бувшої Російської Імперії і установити мир, щоб наш Край роспочав своє господарське життя в спокою і згоді

До так званих большевиків, та инших напасників, що нищать та руйнують наш Край, приписуємо Правительству Української Народньої Республіки твердо і рішуче взятись до боротьби з ними, а всіх громадян нашої Республіки закликаємо не жалуючи життя боронити добробут і свободу. Наша Народня Українська Держава повинна бути вичещена од насланих з Петрограду насильників, які топчут права Української Республіки.

Незмірна тяжка війна, розпочата буржуазними правительствами, тяжко змучила наш Народ, вже знищила наш Край, розбила господарство. Тепер тому мусе бути кінець, з тим як армія буде демобілізуватись, приписуємо одпускати де-яких; після підтвердження мирних переговорів роспустити армію зовсім. Потім, замісць постійної армії, завести народню міліцію, щоб військо наше служило охороною робочого народу, а не бажанням пануючих верств.

Поруйновані війною і демобілізацією місцевости мают бути відновлені за поміччю і заходом нашего Державного Скарбу. Коли вояки наші повернуться до дому, народні ради, волосні, повітові та городські думи мають бути перевибрані в час, який буде приписано, щоб і вояки наші мали в них голос, а тим часом, аби встановити на місцях таку власть, до якої б мали довірья і яка б опіралась на всі революційно-демократичні верстви народу. Правительство повинно закликати до співробітництва ради селянських, робітничих і салдатських депутатів, вибраних з місцевої людности.

В справі земельній комісія, вибрана на останній сессії нашій, уже виробила закон про передачу землі трудовому народові без викупу прийнявші за основу скасування власности соціалізацію землі, згідно з нашою постановою на восьмій сессії. Закон сей буде розглянено за кілька день в повній Центральній Раді.

Рада Народніх Міністрів вживе всіх заховів, щоб передача землі в руки трудящих ще до початку весняних робот через земельні комітети неодмінно відбулась

Ліси, води і всі багацтва підземні як добро Українського трудящаго народу, переходить в порядкування Української Народньої Республіки.

Війна також відібрала на себе всі трудові робочі сили нашої країни. Більшість заводів, фабрик, майстерень виробляли тільки те що було потрібно для війни, і народ зостався зовсім без товарів. Тепер війні кінець. Отож приписуємо Раді Народніх Міністрів негайно приступити до переведення всіх заводів і фабрик на мирний стан, на вироблення продуктів, потрібних насамперед трудящим масам.

Та сама війна наплодила сотні тисяч безробітних а також і інвалідів. В Самостійній Народній Республіці України не повинен терпіти ні один трудящий чоловік Правительство Республіки має підняти промисловість Держави; має розпочать творчу роботу в усіх галузях, де всі безробітні могли б найти працю і прикласти свою силу —вжити всіх заходів до забезпечення скалічених та потерпівших від війни.

За старого ладу торговці та ріжні посередники наживали з бідних пригноблених клясів величезні капитали. Однині Українська Народня Республіка бере в свої руки найважніші галузі торговлі і весь доход з неі потратить на користь народу. За товарами, які будуть перевозитись з за кордону і вивозитись за кордон, буде доглядати сама Держава наша, щоб не було такої дорожнечі, яку терплять найбіднійші кляси через спекулянтів. Правительству Республіки на виконня сього приписуємо зробити і представити на затвердження закон про це, а також про монополію заліза, шкури, тютюну і инших продуктів і товарів, з яких найбільше бралося прибутків з робочих клясів, на користь нетрудящихся.

Так само приписуємо встановити державно-народній контроль над всіма банками, які кредітами, позиками нетрудовим масам допомогали визискувати кляси трудові. Однині позичкова поміч банків має даватися головним чином на піддержку трудового населення та розвиток народнього господарства Української Народньої Республіки, а не на спекуляцію та ріжні банкові експльоатації і визиск.

На грунті безладдя, неспокою в житті та недостачі продуктів росте невдоволення серед де-якої части людности. Тим невдоволеннєм користуються ріжні темні сили і пидбивають несвідомих людей до старих порядків. Сі темні сили хочуть знову повернути всі вільні народи під єдине царське ярмо Росії Рара Народніх Міністрів повинна рішуче боротися з усіма контр-революційними силами. А всякого, хто кликатиме до повстання проти Самостійної Української Народньої Республіки, до повороту старого ладу, того карати, як за державну зраду

Всі демократичні свободи, проголошені третім Універсалом, Українська Народня Республіка підтверджує, і з-окрема проголошує: у Самостійній Народній Українській Республіці всі нації користуються правом національно-персональної автономії признаним за ними законом 9-го січня.

Всього, чого з вичисленого в сім Універсалі не встигнемо зробити, Центральна Рада, в найблизчих тижнях, те повно довершать, справлять і до останнього порядку приведуть Українські Установчі Збори. Ми наказуємо всім громодянам нашим провадити вибори до них як найпильніще, вжити всіх заходів, щоб підрахунок голосів закінчено як найскоріще, щоб за кілька тижнів зібралися сі наші Установчі Збори — найвищий господар і впорядчик Землі нашої — закріпили свободу, лад і добробут конституції Незалежної Української Народньої Республіки на добро всього трудящого народу—тепер і на будучину.

Сьому Найвищему нашому органові належатиме рішити про федеративний звязок народніми республіками бувшої Російської держави.

До того часу всіх громадян Самостійної Української Народньої Республіки кличимо непохитно стати на сторожі добутої волі та прав нашого Народу і всіма силами боронити свою долю від всіх ворогів селянсько-робітничої Самостійної Республіки Української.

Українська Центральна Рада.

У Київі 9-го січня року 1918.

Видання Інформаційного Бюро при Мін. Вн. Справ.

Друкарня Мініст. Внутр. Сп., Хрещатик № 31. Телефон 17-22

CAT. 84
Quatrième *Universal*, proclamation de l'indépendance de l'Ukraine
Après la révolution de février 1917, une Rada centrale – un corps représentatif – est instaurée en Ukraine le 17 mars. Le 23 juin, l'Ukraine devient autonome, avec à sa tête Mykhaïlo Hrouchevsky. Suite à la prise de Tsaritsyne (aujourd'hui Volgograd) par l'Armée rouge, une nouvelle République démocratique ukrainienne est proclamée le 20 novembre et une assemblée constituante est convoquée. L'invasion bolchevique conduit à la proclamation de l'indépendance de l'Ukraine le 22 janvier 1918. En mars, Hrouchevsky devient président de la Rada centrale.
Paris, bibliothèque ukrainienne Symon Petlura
EPMA

Cependant, le Kaiser n'entend accorder que le minimum d'autonomie aux pays baltes, à l'Ukraine ou à la Pologne. Cette dernière pose en outre le problème de la mobilisation de ses hommes dans trois armées impériales, qui augure une sortie de guerre complexe. Enfin, les contingents importants de prisonniers de guerre offrent un creuset pour la formation de légions nationales, une entreprise dans laquelle excelle l'Entente. Le meilleur symbole en est la Légion tchèque et slovaque assemblée en 1916. Dirigés vers Vladivostok, surpris par le coup d'État bolchevique, ces trente-cinq mille hommes se mutinent en mai 1918 et imposent leur loi pendant quelques mois dans l'Oural et en Sibérie. Leur épopée est adroitement utilisée par Tomáš Masaryk et Edvard Beneš pour accélérer la reconnaissance de leur État – le seul avec la Yougoslavie qui évitera de plonger dans les guerres civiles d'après 1918.

LA RECONQUÊTE ROUGE

L'empire disparu, Lénine doit composer avec les nationalités. Le 7 décembre 1917, il déclare indépendante la Finlande, un royaume déjà autonome avant-guerre. Il attend que la nouvelle République sollicite son agrégation à sa sœur soviétique – mais il obtient une guerre civile entre conservateurs et communistes.
La « conquête révolutionnaire » met le feu aux pays baltes, qui ont obtenu *in extremis* leur indépendance de l'occupant allemand. S'appuyant sur les unités de l'armée tsariste en Estonie, bolchévisées, un comité militaro-révolutionnaire s'empare du pouvoir le 27 octobre 1917. Contre lui se dresse le Comité estonien de salut, qui proclame l'indépendance du pays les 23-24 février 1918 ; Konstantin Päts dirige le gouvernement provisoire. Rouges et Blancs déchaînent la Terreur, qui fait mille cinq cents victimes des deux côtés. L'Armée rouge envahit l'Estonie en novembre 1918 après le départ des Allemands, puis à nouveau en février et décembre 1919. Soutenue par les Britanniques, les corps francs de la Baltique ou ses voisins lettons, la jeune République parvient à repousser les Rouges : le traité de Tartu signé le 2 février 1920 acte leur échec à l'incorporer au système soviétique.
La République démocratique de Géorgie n'a pas eu cette chance. Dans le cadre de la croisade bolchevique au Caucase, l'Armée rouge lutte à la fois contre les Turcs de Kemal, qui règnent en maîtres depuis le traité de Batoum de mai 1918, et la République indépendante de Transcaucasie proclamée au même moment. Dirigée par le menchevik Noi Jordania, qui applique un programme de mutation accélérée, la démocratie géorgienne ne peut résister à la reconquête russe à partir de la base créée en Azerbaïdjan en avril 1920. Après l'échec d'une insurrection locale de bolcheviks plus pressés que Lénine en mai, et malgré un traité de non-agression signé avec Moscou, la répression sert de prétexte à l'invasion soviétique, le 15 avril 1921, suivie de celle des Turcs le 23. Un mois plus tard, la Géorgie est devenue soviétique.
Si les rouges ont tardé à opérer son rattachement à l'URSS appelée à naître le 30 décembre 1922, c'est notamment qu'ils ont eu fort à faire en Ukraine.
La chute de l'autocratie et la démocratisation ont permis à la Rada centrale de se muer en assemblée nationale, avec son premier décret (*universal*) le 4 juin 1917. La bourgeoisie parvient à fédérer le peuple de paysans dans sa lutte contre l'administration russe dominant les villes, contre les grands propriétaires terriens polonais régnant sur les campagnes et contre les Juifs. Le 22 décembre 1917, des délégués ukrainiens s'invitent à Brest-Litovsk pour réclamer la reconnaissance de leur République populaire. Le traité du 9 février 1918 établit le droit de l'Ukraine à former un État, mais dans un lien de subordination avec la Quadruplice, incarné par l'hetman Skoropadski.
Le soulèvement des ouvriers de Kiev (usine Arsenal) échoue faute de soutien de l'Armée rouge. Celle-ci occupe une première fois Kiev entre février et août 1919, mais la ville est prise et reprise. Dans le reste de l'Ukraine, des expériences révolutionnaires alternatives voient le jour – que ce soient les communes autogérées ou l'anarchisme imposé les armes à la main par Nestor Makhno.
Le 14 décembre 1918, les nationalistes hostiles à l'occupation allemande instaurent une République populaire ukrainienne, à la tête de laquelle s'impose Symon Petlura début février 1919. En dépit des combats pour la Galicie de novembre 1918 à mai 1919, il s'allie avec le général polonais Jozef Piłsudski. Ce dernier promet le maintien de l'indépendance en échange de la Volhynie et de la Galicie.

À la suite du traité de Varsovie le 20 avril 1920, les Polonais font leur entrée dans Kiev, fédérant une entité avec la Lituanie et la Biélorussie. L'Armée rouge de Toukhatchevski les en chasse en juin et les poursuit jusqu'à Varsovie. Finalement, en mars 1921, le traité de Riga reconnaît la République soviétique socialiste d'Ukraine, où se structurent une administration et un système économique reproduisant fidèlement l'organisation russe.

OFFENSIVE COMMUNISTE ET CONTRE-OFFENSIVE DES DÉMOCRATIES

Ces conquêtes successives achèvent de convaincre l'Entente du danger que représente leur ancienne alliée. Si les efforts des puissances occidentales se sont au départ concentrés sur la poursuite à tout prix de la guerre contre l'Allemagne à l'Est, il s'est agi ensuite de prendre une forme de revanche sur un régime qui a trahi l'alliance, puis d'endiguer le communisme en Europe. Début mars 1919, à Moscou, Lénine a en effet inauguré une troisième Internationale des travailleurs devant une maigre assemblée. Ce n'est qu'un an plus tard, une fois le salut du régime assuré, qu'il édicte au deuxième congrès les vingt et une conditions d'adhésion qui vont forcer la scission des partis socialistes en Europe. Des grèves ouvrières et paysannes font alors trembler la France ou l'Italie, des insurrections se déclenchent en Allemagne, très durement réprimées. Les spartakistes Rosa Luxemburg et Karl Liebknecht, assassinés à Berlin en janvier 1919, ont toujours eu des mots durs pour Lénine et ne sont en aucune manière liés aux bolcheviks. Il n'empêche.
La révolution qui couve en Allemagne (République des conseils de Bavière en avril 1919) et en Slovaquie (République des conseils en juin-juillet 1919) amène les puissances occidentales à établir un «cordon sanitaire» contre la contagion communiste, quitte à pactiser avec l'ancien adversaire allemand et à fermer les yeux sur ses agissements en Ukraine ou dans les pays baltes.
Là, ce n'est pas l'armée allemande défaite qui intervient, mais les *Freikorps*, soutenus discrètement par le gouvernement du socialiste Friedrich Ebert. Ces soldats théoriquement démobilisés forment des milices entendant s'opposer à l'invasion bolchevique exploitant le retrait allemand, notamment en Lettonie. Bientôt rejoints par des volontaires recrutés en Allemagne, ils sont censés, comme pendant la guerre, favoriser l'élite germano-balte et instaurer un régime pro-allemand. Entre mars et juillet 1919, sous le commandement de Rüdiger von der Goltz, ils remportent des victoires et installent le gouvernement d'Andrievs Niedra à Riga. Les exactions commises par ces soldats qui n'ont pas la discipline d'une armée régulière poussent les dirigeants lettons à demander leur départ. Mais ils refusent de rendre les armes et soutiennent un aventurier russe, le général Pavel Bermondt-Avalov, en déchaînant la violence. Ils rentrent finalement en Allemagne, dépités et avides de revanche contre les communistes.
En Hongrie, c'est cette fois une coalition d'armées régulières qui met fin à l'éphémère République des conseils. Béla Kun l'a instaurée le 21 mars 1919 à la place de la République démocratique qui avait surgi des décombres du royaume vaincu en novembre 1918. Le régime applique rapidement un programme de nationalisation de l'économie et de répression des opposants politiques. Béla Kun ne se réclame pas vraiment du bolchevisme et, surtout, n'obtient qu'un soutien politique de Lénine – la Russie des Soviets peine alors elle-même à faire face à l'offensive des armées blanches. L'armée franco-roumaine et franco-serbe débande l'armée rouge hongroise et met fin à cent trente-trois jours de communisme – un record hors de Russie. La répression des communistes prend là aussi la forme de la Terreur : la violence militaire a contaminé durablement le champ politique à l'est du continent.
Depuis le traité de Brest-Litovsk, l'Entente soutient matériellement et militairement tout parti susceptible de soulever le peuple russe contre les bolcheviks. Si les Occidentaux assurent vouloir maintenir l'unité de la Russie, Clemenceau a de plus ambitieux projets et les Britanniques entendent faire de la Baltique leur chasse gardée. Sur fond de rivalité entre les deux puissances, les Britanniques soutiennent l'établissement du Gouvernement du Nord de Tchaïkovski, dans la zone de Mourmansk et Arkhangelsk, tête de pont de leur débarquement. Les Français investissent, eux, les ports de la mer Noire dans l'intention de soutenir l'Armée des volontaires de Denikine et d'exploiter les ressources appétissantes de la Russie méridionale.
Face à l'avancée de l'Armée rouge et faute d'hommes en nombre suffisant, Français et Grecs repartent dès avril 1919. Les mutineries des marins de la mer Noire compliquent la retraite plutôt qu'ils ne la provoquent ; le lien des militants d'Odessa et de Sébastopol avec les insurgés est plus humanitaire que politique, et les autorités soviétiques ne paraissent pas avoir téléguidé une révolte découlant surtout des conditions à bord. André Marty, l'un des conjurés qui projetaient de livrer leur navire aux bolcheviks, sera cela dit l'une des figures marquantes du futur Parti communiste français, créé à Tours en novembre 1920.
La révolution bolchevique, née de la Grande Guerre, a lancé une autre guerre contre l'impérialisme occidental et le nationalisme des peuples de l'Empire, une guerre de conquête par les armes et la propagande. Cependant, ses moyens sont modestes, son audience médiocre hors de l'Empire russe ; seules les contradictions internes des adversaires de l'Armée rouge ont permis son succès final en Ukraine et dans le Caucase. Si le soviétisme est endigué dans les pays baltes, arrière-cour britannique et allemande, et en Pologne, fidèle alliée de la France, et si les communistes sont durement réprimés en Europe orientale, le communisme de Moscou joue désormais sa partition à l'Ouest, avec pour arme l'idéologie et le discours.

CAT. 172
Affiche révolutionnaire *Fegyverbe! Fegyverbe!* («Aux armes! Aux armes!»), par Róbert Berény, 1919
Róbert Berény, peintre hongrois, a étudié la peinture à Paris et exposé notamment au Salon d'automne et au Salon des indépendants. De retour à Budapest, il fait partie du groupe d'artistes d'avant-garde et d'inspiration fauviste *Les Huit*. Berény réalise cette affiche de recrutement pour le compte du Comité national de propagande de la République des conseils de Hongrie. Budapest, Magyar Nemzeti Múzeum (Musée national hongrois), inv. 57.029
EPMA

CAT. 67
Casque allemand figurant la tête de mort des *Freikorps*, troupes paramilitaires constituées de soldats démobilisés à la suite de la défaite allemande de 1918, modèle 1918
Riga, Latvijas Kara Muzejs (musée letton de la Guerre), inv. 1485-VI
EPMA

V

RÉVOLUTION ET CONTRE-RÉVOLUTION EN ALLEMAGNE

ROBERT GERWARTH
PROFESSEUR D'HISTOIRE CONTEMPORAINE ET DIRECTEUR DU CENTRE FOR WAR STUDIES, UNIVERSITY COLLEGE, DUBLIN

Lorsque la révolution éclata en Allemagne début novembre 1918, l'effondrement du régime impérial de Guillaume II fut accueilli avec beaucoup d'enthousiasme par la plupart des Allemands. Le 10 novembre, jour du départ en exil de l'empereur Guillaume, le célèbre rédacteur en chef du quotidien libéral *Berliner Tageblatt*, Theodor Wolff, publia un texte enthousiaste pour faire l'éloge des événements, qu'il qualifia de « la plus grande de toutes les révolutions » : « Telle une puissante tempête, la plus grande de toutes les révolutions a renversé le régime impérial, ainsi que tout ce qu'il impliquait, en haut comme en bas de l'échelle. Nous pouvons l'appeler la plus grande des révolutions, car jamais encore on n'avait fait tomber d'un seul coup une Bastille aussi solide et aux murs aussi épais [...]. Hier matin, à Berlin du moins, tout était encore là. Hier après-midi, tout avait disparu. » L'enthousiasme de Wolff s'expliquait aussi par le fait que la révolution avait atteint ses objectifs – la paix et la démocratie – sans effusion de sang. Pourtant, ses contemporains changèrent rapidement d'avis sur la façon de percevoir cette révolution, notamment après la radicalisation de celle-ci au cours de l'hiver 1918-1919 et la violence qui s'ensuivit dans les rues allemandes.

En janvier 1919, lors de la « révolte spartakiste » menée par Rosa Luxemburg et Karl Liebknecht, le gouvernement dirigé par le socialiste modéré Friedrich Ebert fit appel à des formations de volontaires – les tristement célèbres *Freikorps* (corps francs) – pour réprimer ce que beaucoup d'Allemands percevaient comme une tentative de prise du pouvoir à la manière bolchevique. Composés d'anciens officiers, de cadets nationalistes et d'étudiants de droite, les *Freikorps* et les *Einwohnerwehren*

ILL. 6
Karl Liebknecht s'adresse à la foule pour protester contre la tentative de coup d'État contre-révolutionnaire qui a eu lieu la veille, 25 décembre 1918

ILL. 7
[double page suivante]
Les rebelles spartakistes s'emparent d'un bâtiment à Berlin, 5 janvier 1919

– des milices locales créées pour écraser une supposée révolution communiste dans les villes et villages – purent atteindre un effectif total de cent mille hommes. Ebert savait très bien qu'aucun d'entre eux ne s'était enrôlé parce qu'il soutenait la République. Cependant, il estimait que le danger du bolchevisme était plus grave et immanent qu'un putsch de droite. Et bien qu'il n'eût pas lui-même ordonné l'assassinat brutal de Luxemburg et de Liebknecht par les soldats des *Freikorps* en janvier 1919, après la révolte spartakiste, il dut se sentir soulagé de se trouver débarrassé de ses détracteurs les plus virulents d'extrême gauche. L'opposition d'Ebert à une révolution plus radicale en 1918-1919 laissa un héritage amer qui, aujourd'hui encore, divise les deux partis allemands se réclamant du socialisme, le SPD et *Die Linke*.
L'assassinat de Liebknecht et Luxemburg ne mit pourtant pas fin à la violence politique dans les premières années de la République de Weimar, bien au contraire. Au printemps 1919, les *Freikorps* mirent un terme brutal à l'éphémère République des conseils de Bavière et réprimèrent durement les communistes à Berlin, où quelque mille personnes trouvèrent la mort à l'issue de combats incluant des bombardements aériens et des tirs d'artillerie.
L'explosion de violence après 1918 ne se limita pas non plus aux seules frontières allemandes. La région de la Baltique était sillonnée de soldats allemands des *Freikorps* en quête de terres, de gloire et d'aventure. Ici, l'effondrement de la Russie impériale avait fait naître des zones d'instabilité et d'anarchie dans lesquelles les conflits frontaliers se superposaient à la guerre civile russe, de plus en plus féroce. Les campagnes militaires allemandes qui se poursuivirent dans cette région tout au long de l'année 1919 furent sensiblement différentes des combats qui s'étaient déroulés lors des quatre années précédentes, principalement parce que les camps et les combattants n'étaient pas clairement identifiables. Des combattants ethniquement russes, des Lettons et même d'anciens prisonniers de guerre allemands rejoignaient les bolcheviks, souvent vêtus d'uniformes improvisés ou bien déguisés en civils, ce qui augmentait le sentiment dans les rangs des *Freikorps* de se retrouver pris dans une guerre de guérillas, de celles dans lesquelles les ennemis combattent et tuent sans pitié ni remords. Comme le formula un volontaire germano-balte, Alfred von Samson-Himmelstjerna, les circonstances ne se prêtaient guère à la chevalerie: «Il ne pouvait y avoir de survivants.»
Dans les récits autobiographiques de la campagne balte, les descriptions de violences extrêmes sont légion. Citons par exemple celui de Rudolf Höss, le futur commandant d'Auschwitz, qui servit comme volontaire en Lettonie après 1918: «Les combats dans les pays baltes se distinguaient par un caractère acharné et sauvage tel que je n'en avais jamais connu auparavant. Il n'y avait pas de front dans le sens précis du mot: l'ennemi était partout. Chaque engagement se transformait en massacre poursuivi jusqu'au complet anéantissement.» Le récit de Höss, écrit peu avant son exécution en 1947 pour les crimes de guerre et crimes contre l'humanité qu'il avait perpétrés en Pologne, doit bien sûr être accueilli avec une grande prudence, dans la mesure où il tentait de justifier la manière dont sa propre brutalisation était apparue à une époque de guerre et de sauvagerie. Toujours est-il qu'il ne fait aucun doute que la campagne militaire allemande dans les pays baltes fut caractérisée par une extrême violence et que les civils suspectés de sympathies bolcheviques y furent délibérément pris pour cible. Rien qu'à Mitau (Jelgava), les soldats des corps francs exécutèrent quelque cinq cents civils lettons accusés de complicité avec les bolcheviks; 325 autres furent assassinés dans les villes de Tuckum (Tukums) et Dünamunde (Daugavgrīva). Certes, les violences exercées contre les civils n'avaient pas été chose inconnue les années précédentes, notamment sur le front de l'Est, mais elles étaient restées exceptionnelles, du moins dans le contexte général d'une guerre majeure entre combattants en uniforme. Après 1918, le fait que des soldats, affranchis des lois et des règles militaires conventionnelles, prennent pour cible des civils «suspects» devint tout simplement la norme – une tendance qui culmina avec l'assaut nazi contre l'Europe de l'Est après 1939-1941, lorsque l'extermination de civils ne relevait plus d'une conséquence indirecte de la guerre, mais faisait partie intégrante de la campagne idéologique dans son ensemble.

ILL. 8
Freikorps dans Berlin lors de la guerre civile, mars 1919

Il convient également de noter que les conflits qui éclatèrent à l'intérieur et hors des frontières du Reich après 1918 survinrent après un siècle au cours duquel l'Allemagne – à l'instar de la plupart des États européens – était plus ou moins parvenue à affirmer son monopole de la violence légitime : les armées nationales étaient devenues la norme, si bien qu'il était possible de codifier à l'échelle internationale la distinction fondamentale entre combattants et non-combattants – quand bien même cette distinction fut souvent négligée pendant la Première Guerre mondiale. Les conflits d'après-guerre, comme la campagne militaire dans les pays baltes, inversèrent cette tendance à contrôler les effets de la guerre par des codes de conduite. En l'absence d'État opérationnel dans les anciens territoires impériaux, des milices de toute tendance politique assumèrent pour leur compte le rôle d'armée nationale, et les limites entre combattants et civils se brouillèrent d'une terrifiante manière.

Lorsque, par exemple, les survivants allemands de la campagne balte retournèrent en Allemagne en 1919, beaucoup d'entre eux rejoignirent des cellules terroristes de droite, comme la fameuse organisation Consul, dont les membres assassinèrent des hommes politiques célèbres liés à l'armistice de 1918 ou à la République de Weimar. Leurs victimes les plus connues sont Matthias Erzberger, qui avait signé l'armistice de Compiègne en novembre 1918, et Walther Rathenau, de confession juive, ministre des Affaires étrangères de la République de Weimar et héritier d'AEG (Allgemeine Elektricitäts-Gesellschaft), l'une des plus grandes sociétés commerciales au monde.

Rathenau fut assassiné parce qu'il était un républicain éminent et parce qu'il était juif, ce qui témoignait d'un nouveau type d'antisémitisme militant et laïc qui avait essaimé en Allemagne après 1917-1918. Paradoxalement, l'extrême droite considérait les Juifs à la fois comme des agents du capitalisme mondial, des profiteurs de guerre (comme dans le cas de Rathenau), et comme les principaux acteurs et bénéficiaires du bolchevisme. À Munich, le réfugié germano-balte – et futur ministre nazi des Territoires de l'Est – Alfred Rosenberg écrivait dans un article de mai 1919 : « Lénine est le seul non-Juif parmi les commissaires du peuple ; il fait pour ainsi dire office de vitrine russe d'un business juif [...].

Mais l'on peut se rendre compte, et toutes les dernières informations vont dans ce sens, que, malgré la terreur, la haine contre les Juifs en Russie continue à grandir [...]. Si le gouvernement actuel est renversé, il ne restera pas un Juif vivant dans toute la Russie; l'on peut affirmer avec certitude que ceux qui ne seront pas tués seront chassés du pays. Où ça? Les Polonais les tiennent déjà à distance, si bien qu'ils viendront dans la bonne vieille Allemagne, où nous adorons tellement les Juifs que nous leur gardons les meilleures places.»

L'idée selon laquelle les Juifs sont les principaux acteurs et bénéficiaires du bolchevisme tirait clairement son origine de Russie, principalement de la propagande blanche, et essaima bientôt partout en Europe. Le fait qu'un nombre relativement élevé de Juifs aient joué des rôles de premier plan dans les révolutions qui déchirèrent l'Europe centrale en 1918-1919 – Rosa Luxemburg à Berlin, Kurt Eisner à Munich, Béla Kun en Hongrie ou encore Victor Adler à Vienne – semblait rendre ces accusations plausibles, y compris en France et en Grande-Bretagne. Ces considérations étaient par ailleurs alimentées par l'immense circulation internationale d'un faux, *Les Protocoles des Sages de Sion* – les prétendues minutes d'une réunion qu'auraient tenue les dirigeants juifs à la fin du XIXe siècle pour discuter de la manière dont les Juifs allaient asseoir leur domination mondiale. À partir de 1919, le texte des *Protocoles des Sages de Sion* fut traduit dans la majorité des langues d'Europe occidentale, des traductions le plus souvent financées par de riches individus, à l'instar de l'industriel américain Henry Ford, qui fit imprimer sur ses deniers plus de cinq cent mille exemplaires du livre pour les distribuer aux États-Unis. La révélation qu'il s'agissait d'un faux, en 1921, ne diminua pas l'énorme impact qu'eurent *Les Protocoles des Sages de Sion* sur l'imaginaire contre-révolutionnaire.

Si l'antisémitisme n'était donc nullement confiné à l'Allemagne, c'est ici, et notamment dans le Munich postrévolutionnaire, qu'il fut poussé à l'extrême. L'antisémitisme biologique – l'idée selon laquelle la judéité était avant tout un virus incurable qu'il fallait éradiquer pour assurer la survie de la société «hôte» – était au cœur de l'idéologie national-socialiste, telle que formulée dans l'autobiographie programmatique d'Hitler, *Mein Kampf*. Le nombre de personnes qui souscrivaient à l'idéologie d'Hitler en 1924 était certes très réduit, mais ses idées allaient avoir des conséquences terribles une fois que la législation antisémite serait introduite en Allemagne dans les années 1930.

Cependant, entre le putsch raté d'Hitler à Munich en novembre 1923 et la fin des années 1920, les partisans des partis extrémistes se trouvèrent diminués et la violence fut temporairement canalisée, en grande partie grâce à la relative stabilisation politique et économique en Allemagne qui débuta à la fin de 1923. Pourtant, en 1929, l'Allemagne fut de nouveau plongée dans la crise et le désordre. La Grande Dépression, qui commença par le krach boursier de Wall Street d'octobre 1929, mit un terme définitif à la brève période de stabilité que connaissait alors la République de Weimar. La crise économique et politique en Europe après 1929 sapa fatalement tout ce qui pouvait rester de foi dans la démocratie et intensifia la quête d'un nouvel ordre capable de guérir le capitalisme occidental de ses maladies et de corriger les injustices imposées à l'Allemagne et aux États vaincus d'Europe en 1918-1920. Les partis d'extrême gauche et d'extrême droite, qui avaient tous depuis longtemps dénoncé la démocratie comme un système politique «étranger» et adopté contre la volonté du peuple, reçurent un soutien croissant de la population. Les gens furent de plus en plus nombreux à accorder leur foi à leurs promesses populistes et à l'idée qu'ils pourraient résoudre les crises économiques et politiques grâce à des moyens pour le moins radicaux.

Ce constat est particulièrement vrai de l'Allemagne, où le parti nazi d'Hitler, jusque-là relégué aux marges de la vie politique, fut soudainement projeté au centre de la scène grâce à la crise.

Si les nazis ne furent pas à l'origine de la crise économique et politique de l'Allemagne, ils en furent clairement les principaux bénéficiaires. L'Allemagne fut plus durement touchée par la Grande Dépression car sa reprise économique dépendait en grande partie de prêts à court terme américains, prêts qui furent révoqués, précipitant dans la faillite les banques et les entreprises de tout le pays. De nombreux électeurs considéraient de plus en plus les nazis comme la seule alternative viable au parti communiste, qui, lui aussi, gagnait toujours plus de soutiens à la faveur de la crise. L'apparente incapacité de la démocratie libérale à résoudre la crise économique et un conflit social violent joua un rôle de premier plan dans les succès électoraux d'Hitler entre 1929 et 1933.

Cette nouvelle logique de violence engendrée par la Grande Guerre et ses conséquences laissa des séquelles terribles en Allemagne et dans toute l'Europe. Les civils appartenant aux minorités ethniques ou religieuses, tout comme ceux soupçonnés d'avoir des sympathies communistes, étaient de plus en plus souvent considérés par l'extrême droite comme des obstacles à une renaissance nationale. Leur exclusion de la communauté nationale – que ce soit par des expulsions ou, après 1939, par des massacres de plus en plus systématiques – devint un objectif central dont la mise en œuvre aboutit à transformer radicalement l'Allemagne et l'Europe de l'Est, en remplaçant un espace multiethnique par un système homogène d'États-nations après 1945.

VI

LA DISPARITION DE L'AUTRICHE-HONGRIE ET LA NAISSANCE DES ÉTATS SUCCESSEURS

MARK CORNWALL
PROFESSEUR D'HISTOIRE CONTEMPORAINE DE L'EUROPE, UNIVERSITÉ DE SOUTHAMPTON

Une semaine après la signature de l'armistice avec l'Italie le 3 novembre 1918, le dernier monarque des Habsbourg accepta finalement de ne plus jouer aucun rôle dans le gouvernement des deux moitiés de son empire, l'Autriche et la Hongrie. L'empereur Charles n'abdiqua cependant pas formellement : il essaya, à deux reprises en 1921, de récupérer le trône de Hongrie. Mais les Républiques autrichienne et hongroise avaient été officiellement proclamées à Vienne et à Budapest, ce qui renforçait l'idée, à travers toute l'Europe centrale et l'Europe de l'Est, qu'avec la fin des hostilités la monarchie séculaire des Habsbourg était morte et enterrée. Sur ses ruines, six « États successeurs » principaux émergèrent lentement. Ils devaient en théorie être composés de personnes de la même nation ou de la même ethnie.

Trois de ces États étaient entièrement situés sur l'ancien territoire impérial : l'Autriche, la Hongrie et la nouvelle entité multiethnique de Tchécoslovaquie ; le présent essai est consacré à ces trois États. Les trois autres États, la Pologne, la Yougoslavie et la Roumanie, contenaient de larges pans du territoire des Habsbourg, annexés afin de réaliser l'unification nationale. La nouvelle République polonaise revendiquait toute la Galicie autrichienne, qu'elle mit un an à conquérir dans une lutte acharnée contre les séparatistes ukrainiens. Les royaumes existants de Serbie et de Roumanie étaient également déterminés à défendre des objectifs de guerre ambitieux. La réalisation de ces objectifs fut considérablement facilitée lorsque, le 13 novembre 1918, le nouveau Premier ministre hongrois, Mihály Károlyi, accepta un armistice spécial avec le commandant des forces alliées dans les Balkans, le général Franchet d'Espèrey. Cet armistice de Belgrade imposa aux troupes hongroises de se retirer à l'intérieur du pays, loin des frontières de la Hongrie. La ligne de démarcation permit aux armées alliées, principalement françaises, d'avancer vers le sud de la Hongrie et facilita l'occupation des terres yougoslaves par la Serbie. Les troupes roumaines ayant de leur côté repris les deux tiers de la Transylvanie, le futur règlement territorial de la Hongrie paraissait assez sombre.

En fait, l'inégalité de traitement des États successeurs lors de la Conférence de la paix de Paris, de 1919 à 1920, allait déterminer leur destin. Quatre d'entre eux furent considérés comme des alliés, du côté des puissances victorieuses, et deux furent traités comme des États vaincus, incarnant la responsabilité de l'Autriche-Hongrie dans le déclenchement de la guerre. La Tchécoslovaquie, la Pologne, la Yougoslavie et la Roumanie attendaient toutes un traitement favorable de Paris. En 1918, les dirigeants émigrés tels qu'Edvard Beneš, le ministre tchèque des Affaires étrangères, avaient adressé une pétition aux alliés occidentaux relativement à leurs revendications territoriales. Les Français en particulier réagirent positivement, désireux de dessiner une carte de l'après-Habsbourg qui leur donnerait de l'influence et assurerait également la stabilité dans le vide territorial situé entre l'Allemagne et la Russie bolchevique.

Cependant, la domination de quatre des États successeurs lors de la conférence de Paris entraîna une réduction radicale de l'Autriche et de la Hongrie, dont les nouveaux dirigeants ne furent pas autorisés à défendre leur cause devant la Conférence de la paix. L'Autriche s'attendait au moins à être autorisée à s'unir à l'Allemagne, mais la France rejeta totalement toute expansion territoriale de cette dernière. La Hongrie s'en sortit encore plus mal, avec une perte massive de territoire – les deux tiers – lors du traité de Trianon. Sans surprise, les principaux affrontements militaires après 1918 furent des batailles sur le territoire de la Grande Hongrie : la guerre se transforma en une lutte entre anciens citoyens de la monarchie des Habsbourg.

Ces affrontements reflétaient largement la polarisation de la fin de l'empire, où nombreux étaient ceux qui considéraient Vienne et Budapest comme les principaux centres d'oppression. Tout au long de l'année 1918, les armées des Habsbourg se désagrégèrent lentement et, au moment de l'armistice, l'arrière-pays comptait un quart de million de déserteurs. Le moral des militaires avait été sapé par la désintégration intérieure, en particulier dans la moitié autrichienne de l'empire. Là, au milieu d'une crise alimentaire chronique, des politiciens slaves attaquaient un gouvernement autrichien dont le seul objectif était de poursuivre une « course germanique » victorieuse aux côtés de l'Allemagne. Les dirigeants tchèques, craignant la domination allemande dans la région, exigèrent l'union avec les Slovaques de Hongrie, tandis que, dans le Sud, une campagne avait commencé pour l'unité des Slaves du Sud au sein d'un empire fédéralisé.
Durant l'été, ces différents objectifs devinrent de plus en plus radicaux : les politiciens nationalistes créèrent des conseils nationaux et se préparèrent à prendre le pouvoir en cas de défaite de l'Autriche-Hongrie. Lorsque les troupes alliées commencèrent à progresser dans les Balkans, la fin était évidente et de nouveaux conseils nationaux se multiplièrent dans tout l'empire – à Zagreb, à Cracovie, et même à Budapest sous Károlyi. En novembre, ils avaient tous pris le pouvoir et déclaré leur indépendance par rapport aux Habsbourg. Pour des populations exténuées par la guerre, la paix semblait enfin imminente.
Pourtant, au milieu de l'année 1919, le ministre de la Défense tchécoslovaque déclara : « Ce n'est pas un temps de paix. » Les hostilités et la violence avaient persisté car nombreux étaient les espoirs et les craintes quant au caractère des nouveaux États. Si les petites guerres de 1919 étaient le signe le plus évident de la lutte acharnée pour le territoire (hongrois), une autre dimension militariste fit rapidement surface dans les Républiques autrichienne et hongroise défaites. Alors que les soldats refluaient des différents fronts, des groupes d'autodéfense parfaitement armés furent mis en place pour maintenir l'ordre et protéger les intérêts régionaux. En Autriche, le nouveau gouvernement socialiste créa une armée volontaire (*Volkswehr*) qui servit de base à l'armée autrichienne.

Dans le même temps, de multiples forces irrégulières de droite apparurent également au Tyrol et en Styrie, issues du mouvement *Heimwehr*. Ces unités attirèrent des hommes qui refusaient de se démobiliser, qui croyaient au sacrifice au nom de nouveaux idéaux. La plupart défendaient leur nation contre les attaquants extérieurs ou la révolution sociale, mais d'autres étaient uniquement avides de violence continue. À la frontière sud de l'Autriche, au printemps 1919, ces paramilitaires autrichiens furent majoritairement présents pour défendre la Carinthie contre l'invasion de l'armée yougoslave.
Pour les États successeurs « victorieux », l'une des priorités après l'armistice fut d'occuper chacun son territoire le plus rapidement possible afin de créer un fait accompli avant que les Alliés ne finalisent les frontières. À ce titre, le régime tchécoslovaque fut le plus performant. En février 1919, il avait le contrôle virtuel de l'ensemble de son futur territoire. Avec une petite force armée composée de soldats et de volontaires de retour, les Tchèques eurent peu de difficultés à prendre le contrôle des zones frontalières allemandes (les Sudètes). Mais la conquête de la Slovaquie, région chaotique où les loyautés nationales étaient incertaines, fut beaucoup plus problématique.
La Légion tchécoslovaque était encore piégée en Sibérie et la France apportait peu d'aide (trois régiments seulement jusqu'en 1919). Les Tchèques ne réunirent donc au début que six mille hommes pour envahir la Slovaquie occidentale. Une levée en masse immédiate des Slovaques était impossible.
Les progrès ne commencèrent qu'à partir de décembre 1918 lorsque les légionnaires tchèques revinrent d'Italie. Puisque les Alliés avaient finalement accepté, le 23 décembre, les arguments d'Edvard Beneš en faveur d'une ligne de démarcation slovaque-hongroise précise, ces forces tchèques purent progresser jusqu'à la nouvelle frontière. Encore une fois, tout ceci préfigurait la Conférence de la paix. Beneš estimait en particulier que son pays devait apparaître le plus stable possible pour garder la confiance des Alliés. Ainsi, en janvier 1919, lorsque les troupes tchèques attaquèrent soudainement une force d'occupation polonaise à Těšin (« guerre des sept jours ») et que les Alliés protestèrent, Beneš fit aussitôt marche arrière et accepta une frontière temporaire.

CAT. 19

Acte par lequel l'empereur d'Autriche Charles Ier (1887-1922) renonce à l'exercice du pouvoir

Après la défaite face à l'Italie lors de la bataille de Vittorio Veneto et la signature de l'armistice de Villa Giusti entre l'Empire austro-hongrois et les Alliés, Charles Ier, dernier empereur d'Autriche, renonce le 11 novembre 1918 à ses pouvoirs impériaux sans abdiquer officiellement. Le lendemain, la république d'Autriche allemande est officiellement proclamée. La République démocratique hongroise est quant à elle proclamée le 16 novembre.
Vienne, Österreichische Nationalbibliothek (Bibliothèque nationale autrichienne), inv. PLA16304011
EPMA

Seit Meiner Thronbesteigung war Ich unablässig bemüht, Meine Völker aus den Schrecknissen des Krieges herauszuführen, an dessen Ausbruch Ich keinerlei Schuld trage.

Ich habe nicht gezögert, das verfassungsmäßige Leben wieder herzustellen und habe den Völkern den Weg zu ihrer selbständigen staatlichen Entwicklung eröffnet.

Nach wie vor von unwandelbarer Liebe für alle Meine Völker erfüllt, will Ich ihrer freien Entfaltung Meine Person nicht als Hindernis entgegenstellen.

Im voraus erkenne Ich die Entscheidung an, die Deutschösterreich über seine künftige Staatsform trifft.

Das Volk hat durch seine Vertreter die Regierung übernommen. Ich verzichte auf jeden Anteil an den Staatsgeschäften.

Gleichzeitig enthebe Ich Meine österreichische Regierung ihres Amtes.

Möge das Volk von Deutschösterreich in Eintracht und Versöhnlichkeit die Neuordnung schaffen und befestigen. Das Glück Meiner Völker war von Anbeginn das Ziel Meiner heißesten Wünsche.

Nur der innere Friede kann die Wunden dieses Krieges heilen.

Karl m. p.

Lammasch m. p.

ILL. 9
Entrée des unités roumaines dans Budapest après avoir mis en déroute l'armée rouge hongroise, 4 août 1919

Mais la bataille pour la Slovaquie n'était pas terminée. Au printemps 1919, de nouvelles hostilités éclatèrent. Bien que les frontières fussent encore provisoires, Paris avait tendance à soutenir les aspirations tchécoslovaques et roumaines. En novembre 1918, des rumeurs couraient encore selon lesquelles les troupes françaises occuperaient Budapest et la Slovaquie afin de maintenir l'ordre. Károlyi s'attendait également à ce que la France protège l'armistice de Belgrade et bloque toute invasion tchèque en Slovaquie. Toutes ces attentes s'étant avérées illusoires, les troupes roumaines, comme on pouvait s'y attendre, franchirent la ligne de démarcation en Transylvanie. Le fragile régime de Károlyi, soumis (comme l'Autriche) à un blocus économique par les Alliés et attaqué de l'intérieur par la gauche et par la droite, ne put supporter ces nouveaux coups portés à sa légitimité. Condamné par Paris le 20 mars 1919 à abandonner toute la Transylvanie, Károlyi refusa et démissionna, laissant les communistes de Béla Kun prendre le pouvoir à Budapest.

Du fait de sa foi naïve en Paris, Károlyi n'avait offert que peu de résistance militaire à l'agression extérieure. Kun, en revanche, cherchait à propager la révolution «en cours» dans toute l'Europe de l'Est et à créer un contact avec l'Armée rouge russe. Bénéficiant de l'empressement de nombreux Hongrois à récupérer le territoire de leur nation, ainsi que de la solide tradition militaire de la Hongrie, le régime de Kun réussit à rassembler une «armée rouge» volontaire de 200 000 hommes.

Les voisins de la Hongrie s'en inquiétèrent. Alors que la loi martiale était proclamée dans toute la Slovaquie, l'armée roumaine – avec le soutien de la France – passa à l'offensive, mais fut arrêtée par l'armée rouge très disciplinée de Kun. Le 20 mai, Kun lança sa propre offensive en Slovaquie, cherchant à séparer les forces tchèques et roumaines et à se frayer un passage jusqu'à la Russie bolchevique. Bien que le général français Pellé ait été nommé commandant en chef de l'armée tchécoslovaque, celle-ci n'était absolument pas préparée. Comme le rappelle un historien, «l'armée rouge progressa comme un couteau dans du beurre». Elle prit les deux tiers de la Slovaquie, atteignit la frontière polonaise et établit même une République soviétique slovaque de courte durée.

Il ne fut mis fin à cette guerre révolutionnaire nationale que lorsque Paris exigea que l'armée rouge se retire de Slovaquie en échange d'une cessation générale des hostilités. Kun jugea cette approche tactiquement possible, car il pensait – à tort – que la révolution était de toute façon imminente en Tchécoslovaquie et en Autriche. En fait, sa révolution commençait maintenant à se défaire. Les Hongrois étaient fatigués de l'expérience bolchevique radicale, et encore plus de la guerre intérieure, ou «Terreur rouge», contre les ennemis intérieurs du régime. Dans le même temps, les Roumains refusaient de se retirer. Alors que les rouges se désintégraient, ils progressèrent de leur côté et, le 4 août, ils occupaient Budapest. Bien que Paris jugeât qu'une présence armée «alliée» était nécessaire, Budapest dut subir trois mois de pillage horribles avant le retrait des forces roumaines.

Les combats de 1919 eurent un impact durable dans la région. Ils accentuèrent la division entre vainqueurs et victimes, renforcèrent les craintes relatives à la révolution socialiste et inspirèrent ceux des vétérans désireux de poursuivre la lutte armée. Ces derniers comprenaient une partie des soixante mille légionnaires tchécoslovaques qui, en 1920, revinrent de Russie avec un état d'esprit antibolchevique et déterminés à soutenir la victoire nationale tchèque. Certains devinrent membres de l'armée permanente qui, sous le commandement français, fut mobilisée avec succès en octobre 1921 lorsque l'empereur Charles tenta de revenir en Hongrie.

En revanche, pour l'Autriche et la Hongrie après 1919, les opportunités de nouvelles aventures militaires semblaient improbables dans la mesure où les traités de paix de Paris limitaient leurs forces armées – à trente mille hommes pour l'Autriche et trente-cinq mille hommes pour la Hongrie. Ces limitations eurent pour résultat le développement d'une culture paramilitaire qui devint endémique. Dans les deux États, les années 1918 à 1923 furent formatrices tant pour les nationalistes fervents que pour les ex-officiers des Habsbourg. Après la victoire de la droite aux élections parlementaires autrichiennes en octobre 1920, les irréguliers de droite étendirent encore plus leur influence avec, dans la seule Carinthie, un effectif de quarante mille hommes.

Les efforts pour fonder une *Heimwehr Union* entièrement autrichienne échouèrent systématiquement, mais, en 1923, un réseau paramilitaire fit son apparition partout en Autriche tandis que le gouvernement fermait les yeux. Alors que la guerre civile couvait, les socialistes créèrent leur propre ligue de défense armée (Schutzbund) pour défier la droite en cas de tentative de coup d'État.

Mais c'est la Hongrie qui devint le principal terreau des militants radicaux de droite. Pendant le régime de Kun, des officiers de droite s'étaient réunis à Szeged en une nouvelle armée nationale de trente mille hommes. À partir d'août 1919, ils progressèrent vers le nord, promouvant la «Terreur blanche» contre les socialistes, les Juifs et autres «traîtres à la nation»: jusqu'à six mille personnes moururent, victimes des violences de paramilitaires tels que le sadique Pál Prónay. À partir de novembre, sous le nouveau régime hongrois de Miklós Horthy, ces fanatiques ne furent que lentement maîtrisés. Ils continuèrent à refaire surface dans les régions frontalières, remettant en cause la brève occupation autrichienne du Burgenland au milieu de 1921. Plus dangereux encore, ils s'institutionnalisèrent.

La Hongrie, après avoir signé le traité draconien de Trianon en juin 1920, était déterminée à le renverser. Les forces clandestines souterraines, qui reprirent à leur compte le slogan national «*Nem, nem soha!*» («Non, non jamais!»), étaient des partisans extrêmes de ce programme d'État.

En 1934, le journaliste tchèque Ferdinand Peroutka expliquait: «La paix ne peut pas surgir soudainement dans un monde non préparé.» Peu s'attendaient à un effondrement aussi rapide de l'Autriche-Hongrie. Alors que de nouveaux États comblaient le vide, de petites guerres éclatèrent dans la lutte pour les territoires et les frontières, mais aussi pour l'avenir idéologique de cette «Nouvelle Europe». Le conflit du temps de guerre se retrouvait au cœur même de l'ex-empire des Habsbourg avec un nouvel objectif. En 1923, une paix précaire prévalait, mais, dans chacun des principaux États successeurs, la démobilisation n'était pas réellement terminée. Les nationalistes allemands et hongrois en particulier étaient occupés à élaborer la meilleure manière de miner les accords de paix de Paris.

VII

LES BALKANS

ROMAN KRAKOVSKY
CHERCHEUR ASSOCIÉ AU CENTRE D'ÉTUDES
DES MONDES RUSSE, CAUCASIEN ET CENTRE-EUROPÉEN (CERCEC/EHESS)
ET À L'INSTITUT D'HISTOIRE DU TEMPS PRÉSENT (IHTP/CNRS),
CHARGÉ DE COURS AU GLOBAL STUDIES INSTITUTE, UNIVERSITÉ DE GENÈVE

LES CONDITIONS DE LA PAIX

Après la signature de l'armistice, les vainqueurs de la guerre se retrouvent dans les Balkans devant la tâche difficile de devoir réconcilier la demande d'autodétermination des peuples avec la nécessité de stabilité politique. Il était clair que la question des minorités ne pouvait pas être réglée par le simple tracé des frontières : la carte ethnolinguistique de l'Europe du Sud-Est était trop complexe. Aussi, l'élaboration des conditions d'une paix durable dans cette région dépendait d'un traitement satisfaisant de la question des nationalités.

Dès 1917, le président américain Woodrow Wilson penche vers le rétablissement de la paix selon le principe de l'autodétermination des peuples. Devant le Sénat, le 22 janvier 1917, il appelle à un nouveau principe démocratique du « droit des peuples à disposer d'eux-mêmes » qui seul garantirait la liberté et l'égalité à toutes les nations. Un an plus tard, le 8 janvier 1918, il présente devant le Congrès son programme en quatorze points pour mettre fin à la guerre et reconstruire l'Europe. À propos de l'Europe centrale, ce programme stipule qu'« aux peuples d'Autriche-Hongrie, dont nous désirons voir sauvegarder et assurer la place parmi les nations, devra être accordée au plus tôt la possibilité d'un développement autonome ». Il étend le même principe aux Balkans : « Les relations des États des Balkans entre eux devraient être déterminées par une entente amicale le long de lignes historiquement établies d'allégeance et de nationalité ; des garanties internationales quant à l'indépendance politique et économique et à l'intégrité territoriale des États des Balkans devraient également être introduites. » En mettant les petits peuples de la région sur le même pied d'égalité que les grands, il révolutionne la traditionnelle diplomatie de l'équilibre des puissances et met fin à la complaisance des grands à l'égard des petits. Au passage, il légitime leurs aspirations à l'indépendance.

Mais Wilson, diminué physiquement et politiquement, ne parvient pas à persuader le Congrès que la paix et la sécurité en Europe sont la condition de la prospérité américaine. Les États-Unis se retirent des affaires européennes et laissent l'organisation de l'après-guerre à leurs alliés. Ces derniers poursuivent leurs propres intérêts. Pour la France, il s'agit de réduire la puissance allemande en remplaçant l'empire de Guillaume II par un État confédéral faible. En avril 1918, Georges Clemenceau propose la dissolution de l'Empire austro-hongrois au nom du respect du principe d'autodétermination des peuples. Ainsi, l'Allemagne se trouverait entourée d'États tampons dont le tracé des frontières diminuerait sa puissance et avec lesquels Paris signerait des « alliances de revers » lui permettant de contrer la puissance allemande. Quant à la Grande-Bretagne, pour maintenir l'équilibre continental et limiter l'expansionnisme français, elle soutient Washington dans sa volonté de maintenir l'Allemagne unie tout en acceptant la dissolution de l'Autriche-Hongrie et la création de petits États successeurs.

Contrairement à l'idéalisme de Wilson, qui appelle en 1918 à une « paix sans victoire », les puissances victorieuses font porter aux perdants l'entière responsabilité de la guerre : l'article 231 du traité de Versailles stipule que « l'Allemagne et ses alliés sont responsables [...] de toutes les pertes et de tous les dommages [...] de la guerre ». Pour la première fois depuis le traité de Westphalie (1648), un congrès de paix se déroule en l'absence des vaincus : les délégations allemande, autrichienne, hongroise et bulgare sont exclues des négociations et le principe du « droit des peuples à disposer d'eux-mêmes » est appliqué à leur détriment. La Transylvanie, la Slovaquie du Sud et la Voïvodine, avec leurs trois millions de Hongrois, sont intégrées respectivement à la Roumanie, à la Tchécoslovaquie et à la Yougoslavie, sans se préoccuper outre mesure du principe du droit des peuples à disposer d'eux-mêmes.

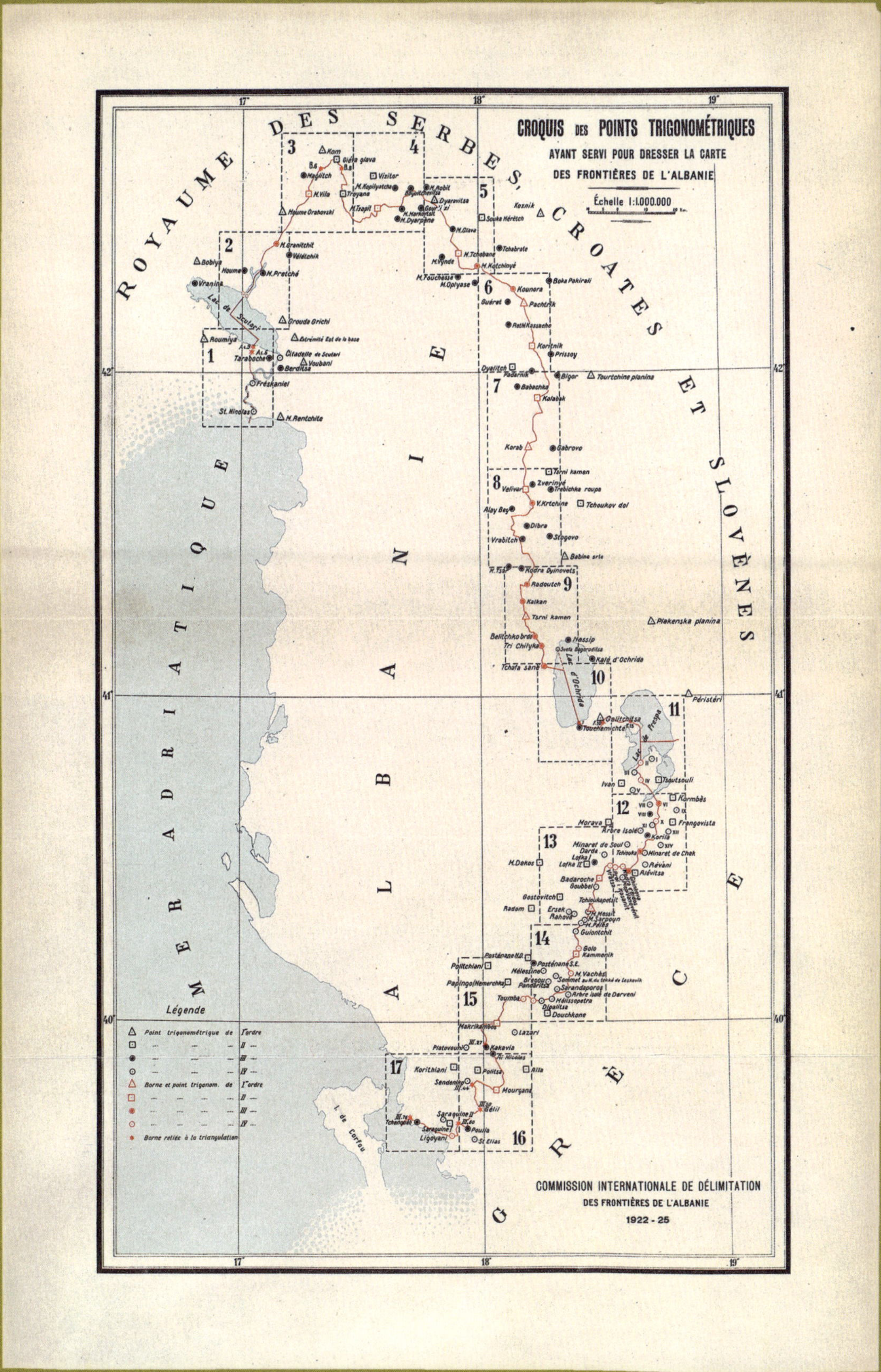

CAT. 152

Croquis des points trigonométriques ayant servi à dresser la carte des frontières de l'Albanie

Carte imprimée à l'échelle 1/1 000 000e. Instituée en novembre 1921, la commission de délimitation des frontières de l'Albanie élabore ses propositions dans un climat tendu, marqué par l'assassinat des membres de la commission chargée du tracé des frontières entre la Grèce et l'Albanie, en août 1923. La publication d'un « Protocole de délimitation de la frontière albano-yougoslave », complété par un livret des « Données des points trigonométriques ayant servi pour les levés et des bornes reliées au réseau », clôt ces travaux en 1926.
Nantes, Archives du ministère de l'Europe et des Affaires étrangères, commission de délimitation des frontières en Europe, inv. 4POI/1/110

A. C. B.

CAT. 38

Carte de la Bulgarie dressée par le Service géographique de l'armée française, 15 novembre 1919

Cette carte précède de quelques jours la signature du traité de Neuilly entre les Alliés et la Bulgarie, le 27 novembre. Elle prend déjà en compte des territoires cédés au royaume des Serbes, Croates et Slovènes (plusieurs districts), à la Roumanie et à la Grèce (une grande partie de la Thrace occidentale, le long de la mer Égée).

Paris, Bibliothèque nationale de France, inv. GE C-15430

EPMA

LGARIE
Ge C 15430
Ge C 15430
25°
26°
27°
28°
29°
30°
44°
43°
42°
41°
MANIE
BUCUREȘTI
Ploești
Constanța
Silistra
Turtukaia
Rusciuk
Razgrad
Varna
Sumen
Provadia
Balčik
Tirnovo
Gabrovo
Sevlievo
Elena
Kazanlik
Stara Zagora
Nova Zagora
Sliven
Jambol
Karnobat
Burgas
Karlovo
PLOVDIV
Haskovo
Harmanli
Kirdjali
Gumuldjina
EDIRNE (ADRIANOPLE)
Kirk Kilisse
Lule Burgas
Rodosto
Gallipoli
Chanak
BRUSA
Mudania
Ismid
Scutari
ISTAMBUL (CONSTANTINOPLE)
Dedeagatch
GARIE
KARA DENIZ
(BLACK SEA)
MERMER DENIZI
(SEA OF MARMARA)
DENIZ
EAN SEA
IMROS
Echelle de 1:1,000,000
S.G.A. le 15/11/19
o not require to be delimited on the ground
limited on the ground
rative Boundaries
States
Frontiere per le quali non occorrono determinazioni sopra luogo
Frontiere per le quali occorrono determinazioni sopra luogo
Tratte di confine amministrativo
Frontiere d'altri Stati
Antiche frontiere
L'orthographe des surcharges est conforme aux Cartes d'Etat-Major Autrichiennes.

CAT. 159
Timbres de l'État
des Slovènes,
Croates et Serbes [1]
et variantes utilisées
dans le condominium
de Bosnie-Herzégovine [2]
et en Croatie [3]
Cet État précède
le royaume des Serbes,
Croates et Slovènes [4].
Timbre du comitat
de Baranya, dont la partie
nord est intégrée à la
Hongrie après le traité
de Trianon et la partie sud
au royaume des Serbes,
Croates et Slovènes [5]
Belgrade, société
Adligat, Library Lazic
(depuis 1882), Book and
Travel Museum
EPMA

[1]

[2]

[3]

[4]

[5]

La Hongrie perd ainsi deux tiers de son territoire historique et la moitié de sa population de 1914. Après le traité de Trianon (4 juin 1920), un Hongrois sur trois se retrouve en dehors des frontières du pays et la révision du traité devient le point principal de la politique extérieure hongroise dans l'entre-deux-guerres.

La situation n'est réglée de manière satisfaisante nulle part. Parfois, les États procèdent à un échange de populations, comme entre la Hongrie et la Roumanie, la Turquie et la Bulgarie ou bien la Grèce et la Turquie (cas qui concerne près de deux millions de personnes). Malgré ces transferts, l'extrême diversité ethnique et religieuse reste la principale caractéristique des nouveaux États-nations balkaniques. Souvent, les communautés majoritaires sont sérieusement contestées par les minorités, qui représentent jusqu'à un tiers de la population : c'est le cas de la Roumanie ou de la Yougoslavie. Ailleurs, le problème se pose inversement : une partie importante des nationaux se trouve à l'extérieur des frontières de l'État-nation, souvent dans les pays limitrophes ; c'est le cas de la Hongrie, de l'Albanie et de la Bulgarie.

Les nouveaux États-nations balkaniques héritent ainsi des anciens empires de la question des minorités. Pour obtenir la reconnaissance de leurs frontières à la Conférence de la paix, ils doivent s'engager à respecter les droits des minorités. Les traités concernant la protection de celles-ci leur garantissent la citoyenneté, l'égalité devant la loi, la liberté de religion et le droit à certaines structures collectives comme les écoles. Après 1918, la question des minorités reste ainsi un facteur d'instabilité politique majeur et alimente le nationalisme défensif et l'antisémitisme – les Juifs étant largement considérés comme des éléments étrangers à la communauté nationale.

LE BILAN HUMAIN DE LA GUERRE ET LES POLITIQUES DE RÉGÉNÉRESCENCE NATIONALE

Avant la Grande Guerre, les Balkans ont connu une période de croissance démographique sans précédent. Le conflit interrompt brutalement ce cycle ascendant. L'Europe du Sud-Est est durement touchée : l'Autriche-Hongrie décompte 1,5 million de victimes, taux comparable à celui de la France (1,7 million) mais beaucoup moins qu'en Allemagne (2,5 millions) ou en Russie (3,3 millions). Proportionnellement, c'est en Serbie que les conséquences démographiques de la guerre sont les plus spectaculaires : le pays perd 28 % de sa population, également à cause d'une épidémie de typhus qui tue 200 000 personnes en 1915. La Roumanie perd 9 % de sa population, loin devant la France (4,3 %), l'Allemagne et la Bulgarie (3,4 % chacune), le Royaume-Uni et l'Autriche-Hongrie (3 % chacun). La saignée du premier conflit mondial provoque un déficit de naissances considérable et contribue au vieillissement de la population, en particulier de la population active, sur laquelle repose l'effort de la reconstruction. Enfin, la guerre modifie aussi les équilibres entre les sexes et laisse derrière elle un flot d'orphelins ou d'enfants abandonnés qui se livrent à la mendicité, au vol et à la prostitution pour survivre. Pour une grande partie des populations des Balkans, l'avenir sera désormais synonyme de pauvreté et d'insécurité.

Cette évolution renforce les peurs du « déclin » de la nation. En 1915, le gynécologue hongrois János Bársony déplore la baisse de la natalité en Hongrie : « La famille de six enfants est désormais considérée comme un phénomène rare et, dans des régions entières, le système de l'enfant unique domine. » Dans *La Guerre et l'Hygiène raciale* (1916), l'eugéniste austro-hongrois Géza von Hoffmann demande à ce que la protection du capital biologique de la nation soit une des premières missions de l'État : « En gardant à l'esprit les principales lois d'hérédité, nous devrions avoir pour objectif de garantir la descendance nombreuse des individus remarquables et la faible descendance des individus en dessous de la moyenne. » Vers la fin de la Grande Guerre, la Hongrie instaure les consultations matrimoniales et l'assistance médicale pour lutter contre les maladies vénériennes.

La tâche de « régénérer la nation » se poursuit après la guerre. Les nouveaux États-nations de la région doivent se construire une identité alors que leurs communautés sont constituées de nombreuses minorités qui sont perçues comme un danger pour la nation. L'idéologie de « régénérescence nationale » permet alors de justifier les demandes d'exclusion des individus jugés « dégénérés » ou étrangers à la nation. En Hongrie, un *numerus clausus* limite dès septembre 1920 l'accès des Juifs à l'université. La loi bulgare sur la santé de la nation (1929) instaure des conseils prémaritaux qui préviennent des dangers d'un mariage « entre des personnes physiquement ou mentalement malades ». L'Église est associée à ces réflexions et intervient même parfois pour encourager les politiques pro-natalistes : en Hongrie, l'Église réformée s'implique dans les programmes de repeuplement des régions dont le caractère ethnique hongrois est menacé et l'Église protestante saxonne poursuit les mêmes initiatives en Transylvanie. La crise économique de 1929 et la montée du fascisme dans les années 1930 renforceront cette évolution.

La Grande Guerre accélère également dans les Balkans les réflexions sur les responsabilités collectives à l'égard de l'individu. Au sortir de la guerre, la prise en charge des populations en besoin est encore en grande partie assurée par des acteurs privés, qu'il s'agisse des structures communautaires (hôpitaux, maisons de retraite et orphelinats confessionnels ou professionnels), des organisations internationales comme la Croix-Rouge ou des structures philanthropiques comme la Fondation Rockefeller, qui mène plusieurs missions sanitaires dans la région et participe à la diffusion de nouvelles pratiques médicales. Mais, progressivement, les autorités publiques se mobilisent.

Les tentatives révolutionnaires de l'immédiat après-guerre poussent les nouveaux États des Balkans vers des réformes sociales.

Des ministères de la Santé publique sont créés dès 1918 suivant le modèle allemand : leur but est de prendre en charge les populations devenues dépendantes suite à la guerre.

La plupart des pays introduisent après 1918 des systèmes d'assurance maladie, vieillesse et accident de travail. Toutefois, ces assurances fonctionnent sur le principe de branches ou de secteurs et visent avant tout les populations citadines et la classe ouvrière : les paysans en restent exclus. En Yougoslavie, l'assurance maladie et accident (1922) ne couvre pas les travailleurs agricoles, les domestiques et les employés de maison. En Hongrie, le système d'assurance maladie introduit sous le gouvernement d'István Bethlen (1921-1931) reste limité aux populations urbaines.

Mais la mise en œuvre de ces systèmes d'assurance témoigne d'une évolution des mentalités et de la notion de solidarité. Elle constitue le premier pas d'une réflexion sur les systèmes d'assurance universelle, qui sera encore renforcée par la Grande Dépression et la Seconde Guerre mondiale et qui aboutira, après 1945, aux systèmes d'État-providence socialistes.

LA DIFFICILE RECONSTRUCTION ÉCONOMIQUE

La Grande Guerre se solde en Europe par une exténuation économique sans précédent et des pénuries généralisées. C'est en Europe centrale et orientale que « se produisent les maux matériels les plus effroyables que l'homme puisse endurer », observe John Maynard Keynes dans *Les Conséquences économiques de la paix* (1919). Généralement, plus on se déplace vers l'est du continent, plus la situation empire. En 1918, la production agricole en Bulgarie est divisée par deux par rapport à l'avant-guerre. La Hongrie, productrice traditionnelle de céréales, n'arrive même pas à satisfaire sa demande intérieure. Une grande partie de l'outillage industriel est endommagé ou déplacé par les forces d'occupation. Les pénuries de combustibles et de matières premières empêchent tout retour à la normale. En Roumanie, la production de pétrole passe de 1,9 à 0,9 million de tonnes par an entre 1913 et 1919. En Hongrie, la production industrielle des biens de consommation courante ne représente en 1918 qu'un tiers de son niveau d'avant-guerre ; en 1919, elle recule encore de 20 %.
Pour financer la guerre, les États ont introduit des politiques inflationnistes et accumulé des dettes colossales. Tout cela, conjugué au poids de la reconstruction et, dans certains pays, à celui des réparations de guerre, provoque une dramatique hyperinflation. Les pays vaincus sont les plus durement touchés, comme la Hongrie, où un franc suisse vaut 1,8 million de couronnes en 1924.
Après 1918, les grandes puissances cherchent à restaurer l'environnement économique d'avant-guerre, avec le libre-échange, un taux de change fixe et une intervention minimale de l'État dans l'économie. Mais le retour à la stabilité monétaire et à la convertibilité des monnaies s'avère difficile alors que la valeur des devises est devenue extrêmement flottante et que la plupart des pays souffrent d'un sévère déséquilibre de leur balance commerciale et des paiements. La similarité des problèmes qui se posent à l'est et à l'ouest de l'Europe incite à une réponse globale. Dans *Les Conséquences économiques de la paix*, Keynes plaide pour une intervention à l'échelle du continent. Le Britannique Lloyd George et le Français Aristide Briand arrivent à une conclusion similaire. En 1922, ils préconisent une réponse globale au problème de la reconstruction européenne : « Les marchés de l'Europe centrale et orientale sont essentiels à la santé de l'industrie européenne. Si l'on ne parvient pas à les reconstituer, l'Europe de l'Est et du Sud-Est perdra des millions d'habitants et la reconstruction deviendra de plus en plus difficile. [...] Le rétablissement économique de l'Europe sera alors impossible. L'inflation continuera, le coût de la vie augmentera [...] et, à l'ouest comme à l'est de l'Europe, la faim et la sous-alimentation ravageront la fibre même des classes salariées et des professions libérales. »
Au départ, les Britanniques et les Français cherchent à établir un consortium d'investissement international pour injecter du capital privé en Europe centrale et dans les Balkans. L'instabilité politique de la région décourage les banquiers et démontre la nécessité d'une intervention publique. Avec la contribution de la Société des Nations, des accords financiers entre les États et les actionnaires permettent finalement de trouver les fonds nécessaires. Le premier accord, en octobre 1922, octroie à l'Autriche un emprunt de 650 millions de couronnes, sous condition de stabiliser le budget et de créer une banque centrale. Cet emprunt permet de couvrir le déficit, de stabiliser la couronne et de retrouver une croissance inespérée de 10 % en 1924. Le schilling, garanti par les réserves d'or, est mis en circulation en 1925.
Les pays des Balkans s'engagent sur le même chemin avec quelques années de retard. En Hongrie, l'hyperinflation mène à l'écroulement des monnaies et à l'introduction de nouvelles devises, avec l'assistance internationale.
En juin 1924, la Société des Nations accorde un emprunt à la Hongrie pour couvrir le déficit du pays en échange d'une réforme monétaire. Un équilibre budgétaire est atteint dès juillet et une nouvelle monnaie, le pengő, est mise en circulation en 1925. La Bulgarie, la Roumanie et la Yougoslavie parviennent à contenir l'inflation dans des proportions raisonnables, évitant l'hyperinflation à la hongroise ou à la polonaise. À partir du milieu des années 1920, la stabilisation des prix sur les marchés internationaux permet à ces pays exportateurs de matières premières de retrouver une situation plus stable que les prêts internationaux contribuent de sécuriser. Entre 1922 et 1927, l'aide internationale permet ainsi aux gouvernements des pays de l'Europe du Sud-Est de stabiliser leurs devises, de restaurer l'étalon-or et de retrouver, vers le milieu des années 1920, une certaine « normalité ».

VIII

DE L'EMPIRE OTTOMAN À LA RÉPUBLIQUE DE TURQUIE

EDHEM ELDEM
PROFESSEUR AU COLLÈGE DE FRANCE,
CHAIRE D'HISTOIRE TURQUE ET OTTOMANE

S'il est vrai que la période allant de 1918 à 1923 correspond à une transition rapide, voire violente, d'un empire agonisant à un État-nation défini comme turc, cette transformation ne peut être bien comprise si l'on ne tient pas compte d'un long processus de changement graduel entamé dès la seconde moitié du XIXe siècle. Pour arbitraire que cela puisse paraître, il semble bien que les événements de 1876-1878 aient constitué un tournant décisif dans le parcours de modernisation et d'occidentalisation de l'État. Jusque-là, l'objectif avait été de combiner ces objectifs avec la nature pluriethnique et pluriconfessionnelle de l'empire, ainsi qu'en attestait le décret « des réformes » de 1856, reconnaissant l'égalité de tous les sujets du sultan, indifféremment de leur race ou de leur religion. C'était là un premier et sérieux pas vers la constitution d'une nation et d'une citoyenneté ottomanes transcendant une hiérarchie religieuse traditionnelle mais évitant aussi une homogénéisation nationale à l'occidentale.

Face au poids de la tradition d'une part et à la pression du nationalisme dans les Balkans de l'autre, ce projet avait peu de chances de réussir. Le gouvernement ottoman joua pourtant le jeu, ouvrant la fonction publique à un nombre croissant de non-musulmans, ébauchant ainsi une forme de pluralisme au sein de l'élite administrative qui fit des émules parmi les classes aisées des grands centres urbains. Il suffit cependant d'une crise financière (1875) et politique (1876) suivie d'un conflit désastreux avec la Russie (1877-1878) pour que ce fragile édifice s'effondrât, cédant la place au régime autocratique du sultan Abdülhamid II (r. 1876-1909). En moins de trois années, la faillite financière de l'empire, l'échec d'une expérience constitutionnelle bâclée, la mise au ban de l'Empire ottoman suite aux massacres de Bulgarie et le violent exode auquel la population musulmane des Balkans fut soumise à la suite de la défaite de 1878 eurent raison des derniers espoirs de voir se réaliser le rêve d'une union ottomane multinationale et pluriconfessionnelle. Tout au contraire, la perte des territoires balkaniques et l'afflux de réfugiés musulmans vers l'Anatolie ne firent qu'accentuer et étoffer la politique d'islamisation menée par Abdülhamid. Démographie et idéologie contribuèrent à un glissement graduel de l'État vers une identité proto-nationale fortement teintée d'un caractère islamique de rite sunnite. Si la révolution jeune-turque de 1908, sous la poussée d'une alliance entre divers mouvements d'opposition – surtout musulmans et arméniens –, parvint à rétablir la Constitution et à ébaucher une redéfinition plurielle de l'État, ce « printemps » des peuples ottomans fut de bien courte durée.

La présence d'un noyau dur de jeunes officiers au sein du comité Union et Progrès, combinée avec un état de guerre ininterrompu en Tripolitaine (1911-1912) et dans les Balkans (1912-1913), engendra une militarisation qui aboutit à un régime dictatorial aux forts relents nationalistes. C'est donc fortement affaibli par ces défaites consécutives, mais éperonné par les ambitions personnelles et le nationalisme exacerbé de la dictature unioniste, que l'Empire ottoman se retrouva engagé dans le conflit mondial aux côtés de l'Allemagne.

L'entrée en guerre de l'Empire ottoman fut loin de produire les résultats escomptés par l'Allemagne. La déclaration de la guerre sainte (*jihad*) ne parvint guère à mobiliser les populations musulmanes des Empires français et britannique. L'offensive menée par Enver Pacha contre la Russie se solda par une cuisante défaite en janvier 1915, lorsque environ 80 000 hommes d'une armée de 90 000 périrent du froid et de la maladie à Sarıkamış. Une campagne contre le canal de Suez, bien moins meurtrière, échoua de même, laissant espérer que l'empire ne résisterait guère face à l'Entente. Pourtant, les revers essuyés aux Dardanelles en mars 1915 par les forces britanniques – appuyées par la marine française – changèrent radicalement le cours des événements.

Au lieu de prendre Istanbul et de porter le coup de grâce à l'empire, les Alliés, incapables de forcer les détroits, s'enlisèrent dans une guerre de tranchées dans la péninsule de Gallipoli. Ils ne purent s'en extirper qu'en évacuant la région, en janvier 1916 ; les Ottomans remportèrent ainsi une éclatante mais coûteuse victoire qui leur accorda un répit inespéré. Ce n'était toutefois qu'un sursis : dès 1917, l'avancée inexorable des troupes britanniques, appuyées par la révolte du chérif Hussein, en Mésopotamie, en Palestine et en Syrie sonnait le glas de l'empire qui avait conquis ces contrées quatre siècles plus tôt. Si le retrait russe du conflit en 1917 permit à Enver Pacha de se lancer dans une autre aventure caucasienne qui mena les troupes ottomanes jusqu'en Azerbaïdjan, ce n'était là qu'une fuite en avant qui ne pouvait empêcher l'effondrement final de l'empire.

L'armistice du 30 octobre 1918 consacra la défaite d'un empire pratiquement réduit à néant. Décimée par les pertes au combat mais aussi par de très nombreuses désertions, l'armée ottomane ne comptait guère plus qu'une centaine de milliers d'hommes sur un total de 800 000 mobilisés. La guerre avait exacerbé les conflits internes, notamment entre les musulmans et les communautés chrétiennes, grecque et, surtout, arménienne. Perçue dans sa totalité comme une cinquième colonne en raison de volontaires rejoignant l'armée russe, la population arménienne de l'empire fut soumise à une déportation, doublée de massacres, dont le résultat final fut l'éradication presque totale de cette communauté des territoires restés sous contrôle ottoman. La rupture entre musulmans et chrétiens était consommée, mettant fin aux dernières illusions de coexistence impériale, préfigurant déjà les intransigeances et inimitiés nationales qui viendraient à dominer les années suivant la fin de la Grande Guerre.

Les termes de l'armistice prévoyaient que toute portion du territoire ottoman pouvait être occupée si nécessaire. Les provinces arabes, déjà perdues, l'étaient de fait par la France et la Grande-Bretagne selon le tracé des accords secrets Sykes-Picot, signés en 1916 et divulgués par le gouvernement bolchevique en novembre 1917. La France établira un mandat sur la Syrie et le Liban ; les Britanniques en feront de même sur l'Irak et la Palestine. La capitale, Istanbul (Constantinople), occupée dès le 13 novembre 1918 par les troupes de l'Entente, fut officiellement investie le 8 février 1919 avec l'entrée triomphale du général Franchet d'Espèrey, commandant en chef des armées alliées de Salonique. Le 16 mars 1920, cette occupation fut renforcée par des mesures militaires doublées d'un état de siège. C'est en 1919 que l'occupation de certaines régions de l'Anatolie débuta, de concert avec la démobilisation de l'armée ottomane. La région de Kars fut attribuée en avril à la jeune et éphémère République démocratique d'Arménie, tandis que les Italiens débarquèrent à Antalya avec la claire intention d'occuper l'Anatolie méridionale et peut-être plus.

ILL. 10
Mehmed VI (1861-1926)

Cependant, l'événement le plus décisif fut sans aucun doute l'occupation de Smyrne (Izmir) par les troupes grecques le 15 mai 1919 : c'était la goutte d'eau qui fit déborder le vase, un affront fait à l'amour-propre de la population musulmane, une humiliation qui venait s'ajouter au choc de la débâcle.
Cette occupation « par procuration » dont les conséquences seraient si déterminantes était le fruit du philhellénisme du Premier ministre britannique Lloyd George et de l'incapacité et de la réticence de la Grande-Bretagne et de la France à s'engager elles-mêmes dans la gestion militaire de la région. La Grèce d'Elefthérios Venizélos était plus qu'heureuse de prendre sur elle cette besogne qui lui ouvrait la perspective d'une expansion vers des territoires qu'elle considérait historiquement grecs ; les forces de l'Entente, soulagées de cette tâche ingrate et coûteuse, y trouvaient un moyen de contenir les ambitions italiennes. Le patriotisme ottoman, arborant des couleurs islamiques de plus en plus teintées de nationalisme turc, s'en trouva d'autant plus enflammé que le traité de Sèvres du 10 août 1920, censé mettre fin au conflit avec l'Empire ottoman, le réduisit à une peau de chagrin coincée entre des territoires cédés à la France, à la Grande-Bretagne, à la Grèce, à l'Arménie, sans compter la zone démilitarisée des détroits, la zone d'influence italienne et le projet d'un Kurdistan indépendant.
La situation était compliquée par la crise politique à laquelle l'empire lui-même était confronté. Au lendemain de l'armistice, Enver, Talaat et Cemal Pachas – le triumvirat unioniste – avaient fui le pays, craignant des représailles et des accusations de crimes de guerre pour leur rôle dans l'extermination de la population arménienne. Au sultan Mehmed V Reşad, mort en juillet 1918, avait succédé Mehmed VI Vahideddin, ravi de voir le comité Union et Progrès évincé. Après une courte période de transition, celui-ci fut remplacé au gouvernement par son rival, muselé depuis 1913, le parti de la Liberté et de l'Entente, mené par Ferid Pacha, beau-frère du nouveau sultan. La partie n'était pas gagnée : même chassés du gouvernement, les unionistes restaient extrêmement présents dans l'administration, la police et les vestiges de l'armée. Cependant, le véritable défi des gouvernements d'Istanbul était le maintien d'une forme de légitimité face à la montée en puissance d'une résistance armée en Anatolie.
Cette résistance avait débuté de manière informelle et désorganisée, reposant sur des bandes armées irrégulières et sur les efforts des cadres provinciaux du comité Union et Progrès, renforcés par des officiers et partisans fuyant la capitale occupée.
Dans toutes les régions menacées d'occupation surgirent des « sociétés pour la défense des droits » faisant allusion au douzième des Quatorze Points du Président Wilson (janvier 1918), reconnaissant la souveraineté des territoires « turcs » de l'empire. Toutefois, c'est le débarquement grec à Smyrne et

ILL. 11
Mustafa Kemal, dit Atatürk (1881-1938)

la transformation de cette intervention en une véritable invasion avec la bénédiction de la Grande-Bretagne qui constituèrent le catalyseur le plus puissant de cette résistance, fédérant des groupes extrêmement variés autour d'un objectif commun. Un officier sut tirer le plus grand profit de cet élan : Mustafa Kemal Pacha – le futur Atatürk –, qui s'était illustré aux Dardanelles et en Syrie et qui s'était opportunément distancié des unionistes avant la Grande Guerre, chargé d'une mission d'inspection des restes de l'armée ottomane en Anatolie, entreprit d'organiser cette résistance militaire en y apportant la dimension politique qui lui manquait.

Il débarqua à Samsun le 19 mai 1919, quelques jours après le début de l'occupation grecque ; deux congrès en Anatolie orientale – Erzurum en juillet et Sivas en septembre – jetèrent les bases d'un programme commun dont Mustafa Kemal prit la tête. Ces développements donnèrent au mouvement anatolien assez de visibilité et de poids pour commencer à influer sur les décisions politiques prises à Istanbul. Ferid Pacha s'y opposait encore et avait même tenté d'organiser une opération armée contre les « rebelles » d'Anatolie.

Sa démission, le 1er octobre, ouvrit la voie à des communications de plus en plus poussées entre la résistance et Istanbul : c'est ainsi que les élections parlementaires de la fin de 1919 se firent sous le contrôle direct des nationalistes et que, le 28 janvier 1920, l'assemblée qui en résulta vota un « Pacte national » qui reprenait les principes de souveraineté territoriale énoncés par les leaders nationalistes d'Anatolie. La suite des événements ne fit qu'accentuer le glissement politique vers Ankara, désormais le centre de la résistance. L'occupation militaire d'Istanbul par les Britanniques, le 16 mars 1920, entama sérieusement les derniers vestiges de légitimité du gouvernement du sultan ; près d'une centaine de députés se replièrent sur Ankara, où ils se joignirent aux représentants locaux pour se constituer en Grande Assemblée nationale le 23 avril.

Si le retour de Ferid Pacha au pouvoir se traduisit par des tentatives de mettre Mustafa Kemal et ses camarades hors la loi et de fomenter des insurrections contre leurs forces, la balance penchait désormais irréversiblement vers Ankara. Le fait d'avoir accepté de signer le traité de Sèvres avait réduit la légitimité de Ferid Pacha à néant ; mais c'était surtout le combat mené contre l'envahisseur grec qui faisait la force des partisans de Mustafa Kemal. Une situation similaire en Anatolie orientale s'était soldée par une victoire aussi rapide que décisive : de septembre à décembre 1920, les troupes kémalistes eurent raison de l'armée arménienne, tandis que les bolcheviks mettaient fin à une éphémère Arménie indépendante.

Sur le front occidental, les troupes grecques réalisèrent des avancées qui, jusqu'en 1921, les amenèrent jusqu'à Eskişehir, à peu de distance d'Ankara. En août, obtenant les pleins pouvoirs de l'Assemblée pour trois mois, Mustafa Kemal organisa une défense désespérée pour stopper l'avancée grecque sur les rives de la Sakarya. Au bout d'une campagne meurtrière d'un mois, les Grecs furent battus et obligés de se retirer. C'était le début de la fin. S'ils parvinrent à se maintenir en place pendant près d'un an, l'armée était à bout de souffle, de même que la Grèce, qui ne pouvait plus assurer la logistique d'une guerre en laquelle plus personne ne croyait. La contre-attaque turque débuta un an plus tard, le 26 août 1922, provoquant une déroute qui se termina en débâcle : le 9 septembre, les troupes kémalistes reprirent Smyrne, que l'armée grecque et une partie de la population avaient abandonné en toute hâte.

Le vent avait tourné. La France, la première, l'avait senti et entama un rapprochement avec le gouvernement d'Ankara. Dès mars 1921, Briand avait négocié un retrait français de Cilicie qui fut en fin de compte signé par Franklin-Bouillon en octobre à Ankara. Les Italiens suivirent cet exemple et, si les Britanniques maintinrent une position plus intransigeante, ils finirent aussi par s'adapter à cette nouvelle situation. Le gouvernement d'Ankara s'était révélé capable de prouesses militaires et de détermination politique. Le sultan et son gouvernement avaient perdu toute légitimité, permettant à Ankara de couper les ponts avec l'ancien régime. Le sultanat fut aboli le 1er novembre 1922 ; le dernier grand vizir démissionna le 4, cédant tous ses pouvoirs au représentant du gouvernement d'Ankara ; et, le 17 novembre, le sultan déchu quitta Istanbul pour l'exil. Le dernier survivant de la junte unioniste, Enver Pacha, lancé dans une ultime aventure panturquiste, tomba sous les balles d'un bataillon soviétique en août 1922 en Asie centrale.

Devant un tel revirement de fortune, il était évident que le traité de Sèvres devait être renégocié et révisé. Une fois l'armistice de Mudanya signé et le conflit anatolien officiellement achevé le 11 octobre 1922, le gouvernement turc fut invité à envoyer une délégation à Lausanne pour entamer de nouveaux pourparlers. Ceux-ci débutèrent le 20 novembre et, malgré une rupture des négociations de février à avril 1923, le traité de Lausanne fut signé le 24 juillet et entra en vigueur un an plus tard, une fois ratifié par toutes les instances concernées. De manière générale, le traité confirmait la plupart des conditions avancées par la Turquie, couronnant ainsi les efforts des forces kémalistes d'une reconnaissance internationale de la souveraineté d'une Turquie indépendante et désormais distincte de l'Empire ottoman. La fin de l'occupation d'Istanbul le 6 octobre et la promulgation de la République le 29 parachevèrent ce processus en jetant les bases d'un État aux prétentions d'homogénéité nationale. En instituant un échange des populations entre la Grèce et la Turquie, en soumettant les populations non musulmanes du pays à un statut de minorité et en refusant ce statut à des groupes ethniques de confession musulmane, le traité de Lausanne servira de fondement à une définition de la nation turque en des termes religieux qui, malgré la laïcité des décennies suivantes, resteront puissamment ancrés dans la pratique sociale et politique.

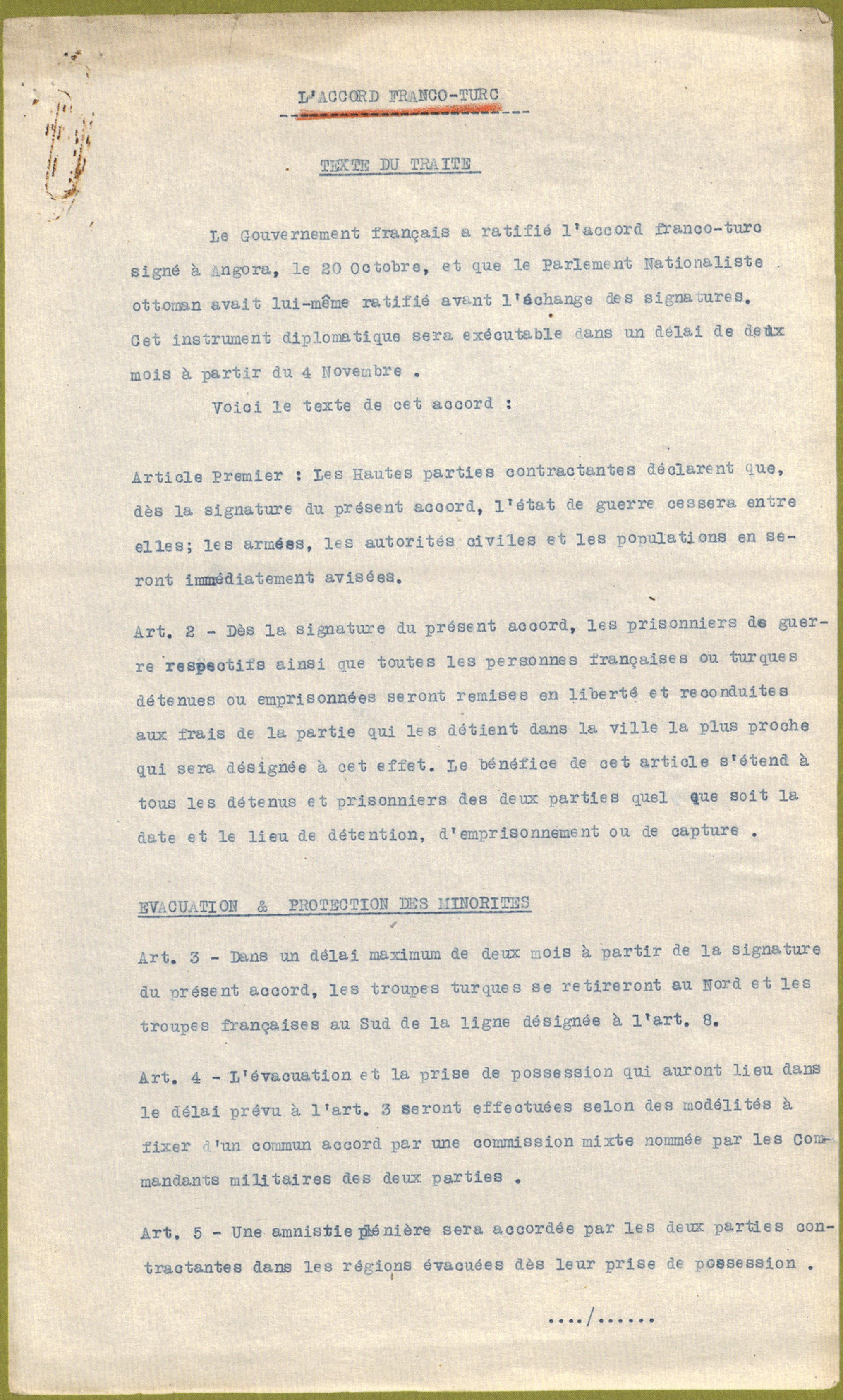

L'ACCORD FRANCO-TURC

TEXTE DU TRAITE

Le Gouvernement français a ratifié l'accord franco-turc signé à Angora, le 20 Octobre, et que le Parlement Nationaliste ottoman avait lui-même ratifié avant l'échange des signatures. Cet instrument diplomatique sera exécutable dans un délai de deux mois à partir du 4 Novembre .

Voici le texte de cet accord :

Article Premier : Les Hautes parties contractantes déclarent que, dès la signature du présent accord, l'état de guerre cessera entre elles; les armées, les autorités civiles et les populations en seront immédiatement avisées.

Art. 2 - Dès la signature du présent accord, les prisonniers de guerre respectifs ainsi que toutes les personnes françaises ou turques détenues ou emprisonnées seront remises en liberté et reconduites aux frais de la partie qui les détient dans la ville la plus proche qui sera désignée à cet effet. Le bénéfice de cet article s'étend à tous les détenus et prisonniers des deux parties quel que soit la date et le lieu de détention, d'emprisonnement ou de capture .

EVACUATION & PROTECTION DES MINORITES

Art. 3 - Dans un délai maximum de deux mois à partir de la signature du présent accord, les troupes turques se retireront au Nord et les troupes françaises au Sud de la ligne désignée à l'art. 8.

Art. 4 - L'évacuation et la prise de possession qui auront lieu dans le délai prévu à l'art. 3 seront effectuées selon des modélités à fixer d'un commun accord par une commission mixte nommée par les Commandants militaires des deux parties .

Art. 5 - Une amnistie plénière sera accordée par les deux parties contractantes dans les régions évacuées dès leur prise de possession .

..../......

CAT. 232
Copie du texte de l'accord franco-turc signé à Angora le 20 octobre 1921
L'accord d'Angora, appelé également accord d'Ankara, est signé entre le diplomate français Henry Franklin-Bouillon et le ministre turc des Affaires étrangères Youssef Kemal Bey. Il met fin à la guerre entre les deux pays et fixe la frontière entre la Turquie et la zone de la Syrie sous mandat français. Les clauses du traité sont plutôt favorables à la Turquie, qui obtient la Cilicie, comprenant des mines et des terres à coton, même si la France conserve le sandjak d'Alexandrette.
Vincennes, Service historique de la Défense, GR 20 N 1112
C. B. B.

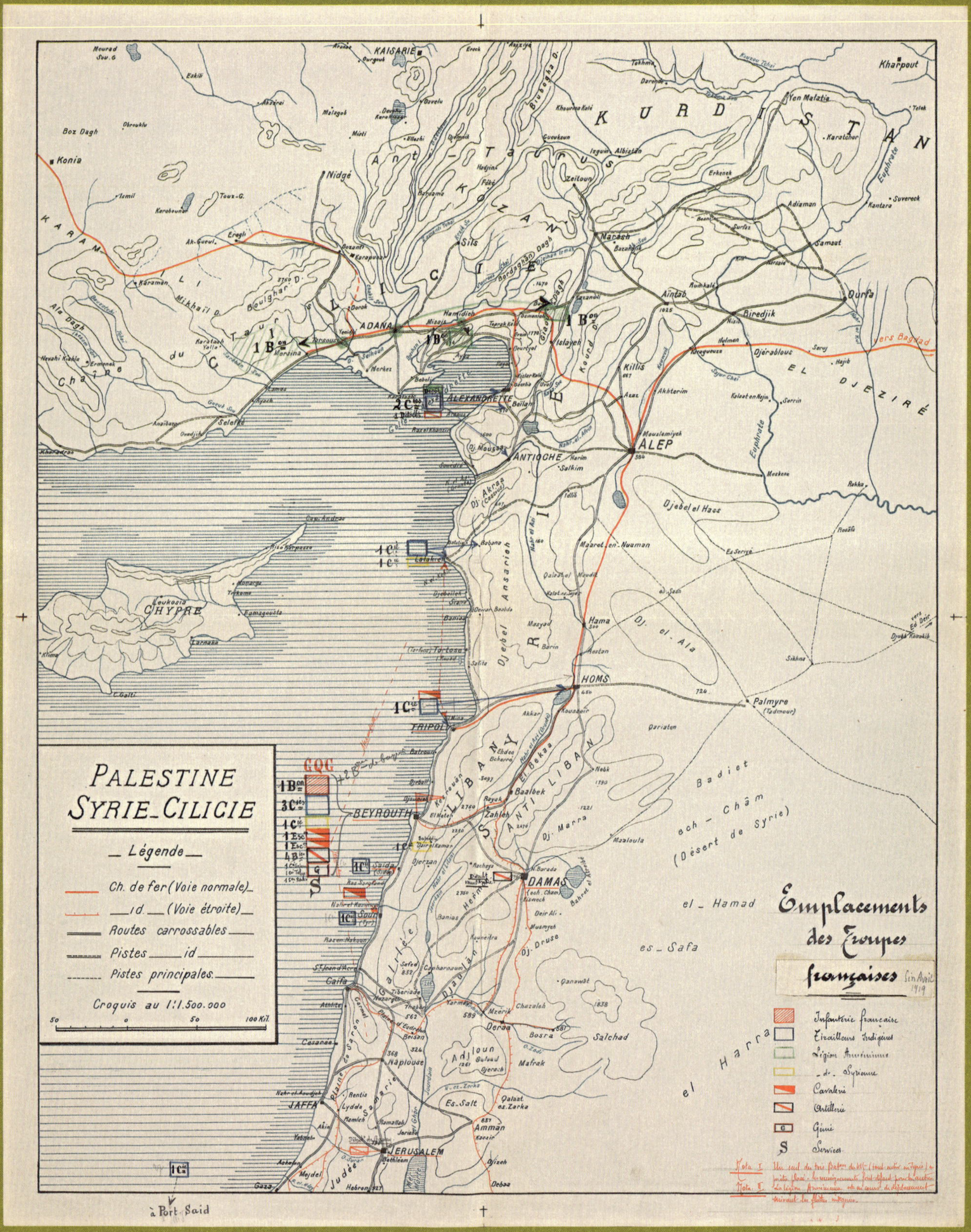
PALESTINE
SYRIE_CILICIE
Légende
Ch. de fer (Voie normale)
id. (Voie étroite)
Routes carrossables
Pistes id
Pistes principales
Croquis au 1:1.500.000
50 0 50 100 Kil.
Emplacements des Troupes françaises
Infanterie française
Tirailleurs Indigènes
Légion Arménienne
Cavalerie
Artillerie
Génie
Services
KURDISTAN
CILICIE
CHYPRE
KAISARIE
Kharpout
Konia
Nidgé
Sis
Zeitoun
Marash
Adana
Mersina
Tarsous
Aintab
Biredjik
Ourfa
Alexandrette
Antioche
Alep
Killis
Hama
Homs
Palmyre
Tripoli
Beyrouth
Saida
Damas
Baalbek
Jaffa
Jérusalem
Naplouse
Caiffa
Amman
Es-Salt
Deraa
Gaza
EL DJEZIRÉ
Euphrate
Djebel el Haas
Dj. el Ala
Badiet ech-Châm (Désert de Syrie)
el Hamad
es Safa
el Harra
Vers Bagdad
à Port Saïd
GQG
1 B^on
2 Cies
3 Cies
1 Cie

IX

LES FRANÇAIS AU LEVANT

JULIE D'ANDURAIN
PROFESSEUR DES UNIVERSITÉS EN HISTOIRE CONTEMPORAINE,
UNIVERSITÉ DE LORRAINE, METZ

Loin de s'arrêter à la fin de 1918 avec les armistices (celui de Moudros pour l'Empire ottoman, celui de Rethondes pour l'Europe), la guerre reprend de plus belle en Orient à partir de 1919. L'épisode guerrier n'est ni fugace ni éphémère. Il s'inscrit dans la durée avec des variations dans le temps : de faible importance en 1919, il connaît son apogée en 1920 et en 1921 avant de décroître progressivement en 1922-1923 en touchant l'ensemble du Levant, autrement dit le territoire syrien, qui comprend alors la Syrie proprement dite, le Liban, la Cilicie et, pour les tenants d'une « Grande Syrie », la Palestine. L'ancien vilayet de Syrie – agrandi de l'hinterland désertique en vertu des accords Sykes-Picot – a attendu toute la durée de la guerre d'être définitivement libéré du « joug turc » de façon à organiser un gouvernement indépendant. Mais appauvri par le conflit, divisé par des populations diverses – Arabes, Turcs, chrétiens dont maronites et grecs-orthodoxes – toutes travaillées par « le droit des peuples à disposer d'eux-mêmes », le territoire peine à sortir de la guerre. En réalité, il s'agit d'une exportation ou d'une délocalisation de la guerre afin de régler par les armes ce que la Conférence de la paix n'a pas pris la peine ou le temps de négocier.

Le conflit au Levant apparaît à la fois comme la conséquence de la Grande Guerre, son prolongement inévitable, fruit des négociations hâtives des traités de 1919, et, de façon plus sourde, comme la résurgence d'un conflit colonial classique entre deux grandes puissances européennes.

Du fait des divisions et des tensions existant à son arrivée, certains font crédit au général Gouraud d'avoir su établir un certain ordre au sein de cette Syrie nouvelle entre 1919 et 1923, tandis que d'autres affirment que c'est précisément son arrivée en Syrie qui aurait mis le feu aux poudres. Gouraud a été nommé haut-commissaire de la France en Syrie et commandant en chef de l'armée du Levant par Clemenceau, le 8 octobre 1919, pour accompagner la mise sur pied d'un « royaume arabe » sous l'égide de Fayçal, fils du chérif de La Mecque. Il est fort difficile de saisir aujourd'hui pourquoi un officier colonial est envoyé là par le Tigre alors que celui-ci est un fervent défenseur d'une Syrie indépendante ; il l'est plus encore de déceler les raisons qui motivent un officier général, qui a remis la Légion d'honneur à Fayçal à Strasbourg en décembre 1918, à combattre le « roi de Syrie » à Khan Meyssaloun en juillet 1920. Contrairement à une idée encore fort répandue, Gouraud ne s'est comporté comme un va-t-en-guerre ni à l'encontre de Fayçal ni à l'encontre des Turcs, avec qui il a accepté rapidement de négocier les accords d'Angora. Comme tout officier, il a agi sur ordre de Paris, tout particulièrement sur l'ordre de Millerand, qui a remplacé Clemenceau en janvier 1920.

Il faut rechercher les raisons du retour de la guerre dans les accords contradictoires du temps de guerre, dans les évolutions des négociations européennes, fortement marquées par les personnalités politiques, puis dans la manière dont les notables locaux réagissent aux décisions de Paris. Seule une chronologie fine des événements couplée à une analyse de la situation aux différentes échelles (internationale, nationale et locale) permet de saisir les inflexions successives de cette sortie de guerre douloureuse.

Pendant le conflit, avec la question de l'ouverture des fronts secondaires, les Britanniques et les Français ont tenté de soulever les Arabes contre les Turcs, soutenant pour cela les intérêts dynastiques des Hachémites représentés essentiellement par Hussein, chérif de La Mecque, et quatre de ses fils (Ali, Abdallah, Fayçal et Zeid). En juin 1916, le chef religieux déclenche la « révolte arabe » contre les Turcs et confie à Fayçal le commandement de son armée. Grâce à l'aide de Lawrence d'Arabie, il inflige de sérieux revers aux Turcs. Dans le même temps, en raison de l'existence d'une correspondance secrète avec Henry McMahon, haut-commissaire britannique en Égypte, et grâce aux succès de son armée, Hussein se croit fondé à se déclarer « roi des Arabes » (29 octobre 1916) tandis que la Grande-Bretagne, la France et l'Italie lui concèdent le titre de « roi du Hedjaz ».

CAT. 223
[page précédente]
Carte de «l'emplacement des troupes françaises» au Levant, à la fin du mois d'avril 1919
La Courneuve, Archives du ministère de l'Europe et des Affaires étrangères, inv. 166 PAAP/ 405
EPMA

À partir de la fin 1917, en raison d'une absence criante de moyens militaires, les Français se laissent distancer en Syrie alors même que les accords secrets Sykes-Picot de mai 1916 stipulaient que les deux puissances coloniales se répartiraient des zones d'influence au Proche-Orient à l'issue de la guerre. En 1918, l'armée britannique en Orient, dirigée par Edmund Allenby, est désormais infiniment supérieure à celle des Français. Elle a accompagné l'entrée des troupes arabes dans Damas le 1er octobre 1918 en minorant volontairement le rôle des Français. Fayçal, chef des troupes chérifiennes, a pu occuper la ville sainte des Omeyyades et arborer le drapeau du Hedjaz.
Les Français ont d'emblée regardé l'installation du royaume arabe de Damas non seulement comme une provocation, mais encore comme un risque de remise en cause des accords Sykes-Picot, déjà largement contestés.
Dès la fin des combats, le consul général, François Georges-Picot, cherche à s'installer de nouveau en Orient.
Ce diplomate connaît bien désormais le dossier syrien. Nommé consul à Beyrouth en 1914, il a été détaché en Égypte dès le début de la Grande Guerre puis envoyé en Angleterre afin de participer à la négociation des accords Sykes-Picot en mai 1916. Nommé officiellement haut-commissaire en Syrie et en Palestine au Liban le 9 avril 1917, mais sans moyens militaires autres que les maigres forces du détachement français de Palestine et de Syrie du colonel Piépape et du général Hamelin, il lui est très difficile de discuter d'égal à égal avec les Britanniques car non seulement ceux-ci disposent d'une armée bien supérieure à celle des Français, mais ils ont acquis le prestige d'avoir libéré, avec les Arabes, une grande partie des villes de Syrie et de Palestine. Pour ne pas se laisser distancer complètement, les Français ont pris soin de prendre les Britanniques de vitesse dans la libération des villes littorales, Beyrouth, Tripoli, Lattakieh. Comme les autorités britanniques acceptent de leur céder le commandement de toute la région qui va de Beyrouth à Alexandrette, Georges-Picot peut débarquer le 10 novembre 1918 à Beyrouth, qui fait alors office de capitale administrative de la Syrie.
À peine est-il installé qu'on se plaint déjà dans son entourage, tant civil que militaire, de l'indécision qui prévaut du côté français et de «l'ingérence» croissante des Britanniques dans les affaires de la Syrie. Il existe en réalité deux Syrie: la «zone ouest», sur laquelle les Français peuvent agir, et la «zone est», où ils ne le peuvent guère du fait de la présence active des Anglais et des Arabes sous la tutelle de Fayçal. Les Français attendent que les Britanniques, leurs alliés dans la guerre, leur cèdent la place en vertu des accords Sykes-Picot, qui ont partagé l'ensemble des provinces arabes de l'ancien Empire ottoman en deux parts à peu près égales: aux Britanniques la Mésopotamie (ou Irak), aux Français la Syrie, autrement dit le Liban, la Syrie et la Cilicie. Seule la question de Palestine est restée en suspens.
Or, une fois les combats achevés, le général Allenby montre peu d'empressement à retirer ses troupes, et moins encore à permettre aux Français de prendre en main la Syrie. Début 1919, dans les courriers privés des officiers et diplomates, des voix s'élèvent pour dénoncer les agissements «anti-français» du général britannique, qui non seulement a découpé le territoire de la Syrie en quatre «zones» (ouest pour le Liban, est pour la Syrie intérieure, nord pour les territoires turco-arméniens, sud pour la Palestine) sans en avertir ses alliés, mais interdit en outre aux Français de circuler en dehors de leur «zone ouest», c'est-à-dire les cantonne à la frange littorale syrienne. Du fait de l'indécision en Europe sur le sort de

ILL. 12
Drapeau (avers) français offert au général Gouraud par des femmes syriennes
Paris, musée de l'Armée, don de la famille Gouraud, 1947, inv. 06780

la Syrie, seul le règlement militaire du général Allenby s'impose dans cette région. Pour faire pièce à cette autorité militaire indiscutée et de plus en plus ouvertement hostile, les Français ne voient pas d'autre solution que de réclamer le remplacement du diplomate Georges-Picot par une autorité militaire susceptible de s'imposer au général Allenby. Dès janvier 1919, le vice-amiral de Bon, commandant en chef de l'armée navale en Méditerranée orientale, avance le nom du général Gouraud.

Si la substitution d'un commandement militaire français à un commandement militaire britannique ne constitue pas l'opération la plus difficile à mener, il faut en revanche forger de toutes pièces un corps de troupe, alors même que la France commence à entreprendre la démobilisation. Il faut également trouver un accord à propos du royaume arabe promis à Fayçal. Après des discussions préparées par un état-major interallié créé en février 1919 et des négociations poursuivies par sir Henry Wilson, chef d'état-major impérial britannique, et André Tardieu, conseiller de Clemenceau, Français et Britanniques s'aperçoivent qu'ils sont en désaccord profond : les Anglais veulent donner naissance à un État arabe indépendant sous l'égide des Hachémites et renégocier la carte des accords Sykes-Picot, les Français le refusent et s'en tiennent désormais au respect de l'accord Sykes-Picot. En apprenant que les Anglais sont allés jusqu'à expulser de Syrie l'émir Saïd al Jazaïri, petit-fils d'Abd el-Kader, perçu comme un concurrent pour Fayçal, les Français savent désormais que, derrière le projet britannique, il s'agit de mettre en place un État arabe hachémite pro-anglais. Seule une avalanche de difficultés – aux colonies, en Irlande et en Angleterre – finit par faire fléchir les Britanniques. En septembre 1919, sacrifiant partiellement Fayçal et ses espoirs d'État arabe indépendant, ils acceptent de signer la convention sur la relève britannique.

Il a fallu neuf mois pour aboutir à un accord sur la relève ; il ne faut guère de temps à Clemenceau pour choisir le général Gouraud. Le président du Conseil le convoque à son bureau le 5 octobre 1919 et lui laisse moins d'une journée pour se décider. En termes de grade et de notoriété, Gouraud est l'un des rares généraux français à pouvoir imposer son autorité à Allenby. Clemenceau le connaît déjà pour être allé l'embrasser « vingt fois, sur les joues, sur les yeux, sur le front » après le tournant du 15 juillet 1918 qui a permis la reprise de la guerre de mouvement. Le Tigre voit dans cet officier moins un colonial que le général commandant en chef la IVe armée de Champagne, qui a libéré Strasbourg. Courtois, poli, affable, Gouraud est surtout perçu comme un général capable de s'entendre avec les Britanniques, comme en témoigne son séjour aux Dardanelles en 1915. Il dispose d'une expérience administrative de premier plan depuis son passage au Maroc et, en tant que catholique modéré, émule de Lyautey, il est capable de rassurer la communauté maronite sans effrayer les musulmans. Enfin, militairement, le général Gouraud passe pour un officier combatif, efficace, qui dispose de la « baraka ».

Pendant que Clemenceau continue à négocier avec Fayçal et signe avec lui un accord provisoire, Gouraud arrive en Syrie le 21 novembre 1919. Il a reçu l'assurance d'une hausse des effectifs militaires afin de pouvoir assurer la relève et la mission de devoir concilier l'indépendance d'une grande Syrie unitaire avec la formation d'un Grand Liban. Son arrivée constitue le point de départ d'une installation massive des Français en Syrie, mais également des tensions. En Turquie, Mustafa Kemal a fini par créer un gouvernement nationaliste à Angora (Ankara) sur le plateau anatolien. Tout en se prononçant contre un quelconque mandat sur des terres

ILL. 12
Drapeau (revers) français offert au général Gouraud par des femmes syriennes

«turques», il a commencé à forger une armée pour contester la présence française en Cilicie, c'est-à-dire au sud de la Turquie. Quand le général Gouraud arrive, les combats font rage dans le Nord. «C'est la guerre, avec l'insurrection quasi générale dans les territoires de l'Est», affirme le général Dufieux, commandant en chef la région d'Adana, qui craint une alliance entre les Turcs au Nord et les Arabes au Sud. Comprenant qu'il n'a pas les moyens de lutter sur deux fronts, Gouraud décide d'emblée de temporiser avec les forces kémalistes tandis qu'il adopte une attitude plus ferme à l'égard de Fayçal. En échange de la formation d'une «Grande Syrie» sous tutelle française, il exige de lui la suppression des «bandes armées» qui attaquent régulièrement les convois sur les voies de chemins de fer. Même si Fayçal et Gouraud collaborent un temps à la construction d'un projet politique syrien viable, la situation reste chaotique.
Les difficultés s'accroissent à partir de janvier 1920, moment où, à Paris, Clemenceau cède sa place à Millerand. Ce dernier ne souhaite en aucune façon l'installation d'un royaume arabe de Syrie, mais faute de pouvoir revenir ouvertement sur l'accord Clemenceau-Fayçal de janvier 1920, laisse le haut-commissariat sans consignes et sans moyens. La situation se dégrade alors très vite. En mars, les nationalistes qui entourent Fayçal le proclament «roi de Syrie». Politiquement, il s'agit d'un coup de force à l'encontre de la Conférence de la paix de Paris, qui coupe Fayçal de ses soutiens en France et en Grande-Bretagne; au même moment, Kemal proclame un gouvernement indépendant à Angora et ordonne la mobilisation générale des forces turques de façon à pouvoir se donner les moyens de renégocier le traité de Sèvres. En confirmant en avril l'attribution des mandats – la France recevant la Syrie et le Liban, le Royaume-Uni la Palestine, la Syrie du Sud (Transjordanie) et l'Irak –, la conférence de San Remo entraîne un regain de violence. Les partisans arabes de l'indépendance complète refusent le texte tandis que les Français ne voient plus aucune raison de maintenir la formule de la «zone ouest» et de la «zone est». Convoqué à Paris pour s'expliquer auprès de la Conférence de la paix, Fayçal ne cesse d'ajourner son départ, convainquant de plus en plus difficilement Gouraud et ses officiers de sa bonne foi.
Devant les attaques répétées des forces françaises par les bandes syriennes et l'humiliation que cela entraîne au niveau international, Millerand finit par donner ordre au général Gouraud de marcher sur Damas, en mai 1920.
Le règlement du conflit avec Fayçal prend du temps car Gouraud ne dispose pas des moyens militaires pour combattre les Arabes. En attendant de les recevoir, les autorités françaises élaborent l'ultimatum remis à Fayçal le 14 juillet 1920. Elles réclament la disposition absolue de la voie ferrée Rayak-Alep, l'abolition de la conscription chérifienne, l'acceptation du mandat français, celle de la monnaie syrienne, le châtiment des criminels de droit commun réfugiés chez les chérifiens, partisans de Fayçal. De nouveau confronté aux atermoiements de Fayçal, perçus comme des manœuvres dilatoires, Gouraud donne l'ordre au général Goybet d'investir la capitale de la Syrie. Les troupes chérifiennes sont battues dans le défilé de Khan Meyssaloun le 24 juillet 1920. Damas est investi par les Français le lendemain tandis que Fayçal fuit vers le Sud. Dans les jours qui suivent, le Grand Liban est déclaré indépendant. Cet épisode marque un tournant du côté arabe car il clôt pratiquement les épisodes guerriers, tandis que, du côté des Turcs, les négociations sont en bonne voie dès la fin 1920. Début 1921, avec l'accord de Londres, qui attribue aux Turcs la totalité de la Cilicie, le golfe d'Alexandrette, l'Amamus et la plaine syrienne située au pied des monts d'Anatolie, le retrait des troupes est envisagé.
Après les tensions de 1919-1920, les années 1921-1923 apparaissent fort calmes. Elles sont consacrées à la construction administrative du territoire syrien, avec un succès tout relatif car le principe de la formation d'une Syrie fédérale – formule réclamée par les notables locaux et envisagée par le haut-commissariat non pas comme une application du «diviser pour mieux régner», comme on le dit trop souvent, mais comme le respect d'une certaine forme de droit des peuples à décider pour eux-mêmes – bute en réalité sur le financement d'une organisation politique compliquée. L'incapacité des Français à financer les «États de Syrie» finit par condamner le système même du mandat et réveille du même coup le sentiment nationaliste syrien en 1925.

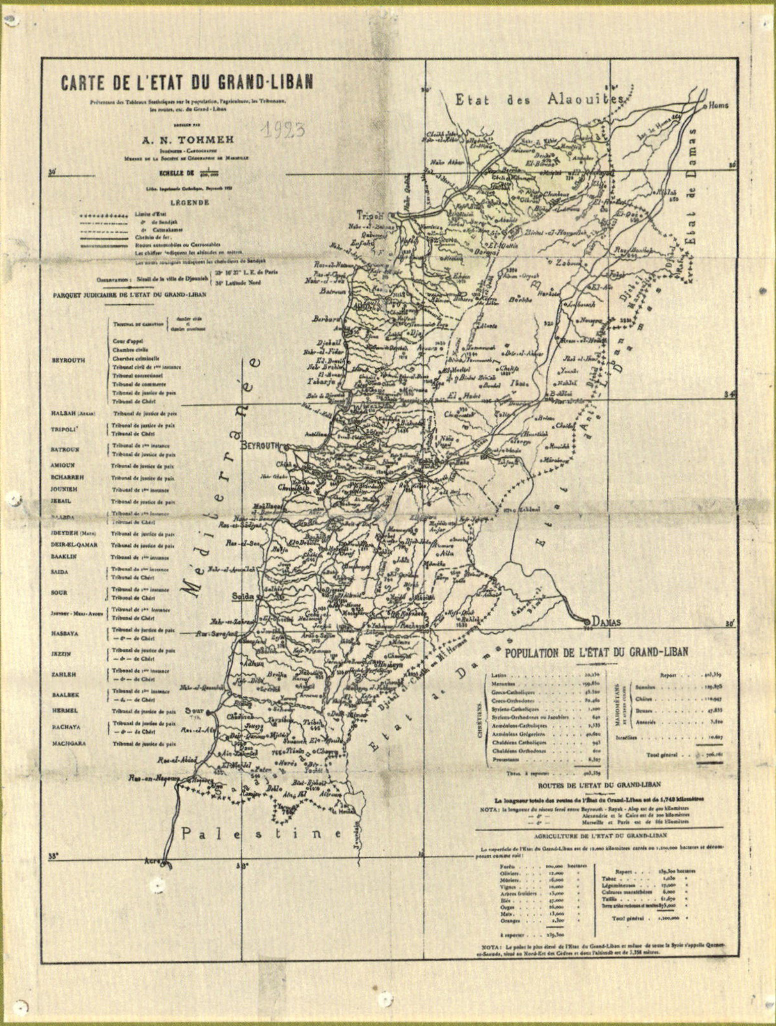

217

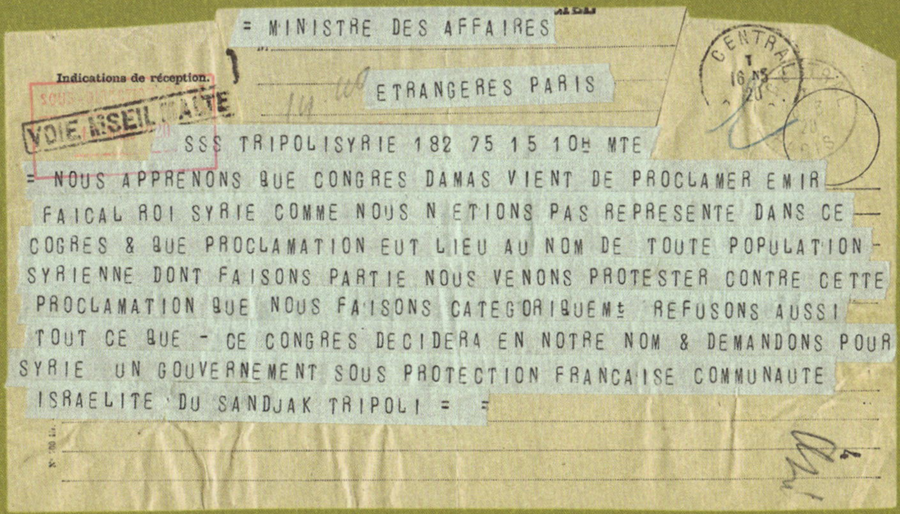

Indications de réception.

VOIE MSEIL ALTE

= MINISTRE DES AFFAIRES

ETRANGERES PARIS

SSS TRIPOLISYRIE 182 75 15 10H MTE

= NOUS APPRENONS QUE CONGRES DAMAS VIENT DE PROCLAMER EMIR FAICAL ROI SYRIE COMME NOUS N ETIONS PAS REPRESENTE DANS CE COGRES & QUE PROCLAMATION EUT LIEU AU NOM DE TOUTE POPULATION SYRIENNE DONT FAISONS PARTIE NOUS VENONS PROTESTER CONTRE CETTE PROCLAMATION QUE NOUS FAISONS CATEGORIQUEMt REFUSONS AUSSI TOUT CE QUE - CE CONGRES DECIDERA EN NOTRE NOM & DEMANDONS POUR SYRIE UN GOUVERNEMENT SOUS PROTECTION FRANCAISE COMMUNAUTE ISRAELITE DU SANDJAK TRIPOLI = =

228

CAT. 217
Carte de l'État du Grand Liban Échelle 1/400 000e, dressée par A. N. Tohmeh
La Courneuve, Archives du ministère de l'Europe et des Affaires étrangères, inv. 399 PAAP/139
EPMA

CAT. 228
Télégramme de protestation contre l'élection de Fayçal à la couronne syrienne adressé au ministre français des Affaires étrangères par la communauté juive de Tripoli, 16 mars 1920
Le 7 mars 1920, le Congrès syrien, instance élue où dominent les nationalistes, décide de proclamer l'indépendance d'une Grande Syrie dans ses « frontières naturelles » (Palestine et Liban inclus), avec l'émir Fayçal pour roi. Il signifie ainsi son refus de tout contrôle étranger sur la région et son opposition à la déclaration Balfour en faveur d'un « foyer national juif » en Palestine. La communauté juive de Tripoli récuse la décision, prise au nom du peuple syrien par un Congrès où toutes les composantes du peuple n'ont pas été admises. La protestation qu'elle adresse au Quai d'Orsay vient rejoindre le flot de télégrammes déjà reçus venant d'autres communautés, grecques, maronites et groupes divers, qui jugent illégale la décision prise en leur nom et en appellent à la protection de la France.
La Courneuve, Archives du ministère de l'Europe et des Affaires étrangères, 50CPCOM45, fol. 4
EPMA

CAT. 206
Télégramme de Zabel Essayan (1878-1943) daté du 24 février 1920 portant sur le massacre d'Arméniens à Marach, en Cilicie
Zabel Essayan, romancière arménienne née à Constantinople, adresse ce télégramme à la délégation arménienne, représentée par Boghos Nubar (1851-1930), à la Conférence de la paix à Paris. La garnison française de la ville de Marach, en Cilicie, est impuissante à maintenir l'ordre entre les Turcs et les Arméniens malgré des renforts. Face à l'ampleur de la situation et à la faiblesse de leurs moyens, les troupes françaises évacuent la ville le 10 février 1920. Cette affaire coûte aux troupes françaises sept cents hommes tués, blessés et disparus, mais provoque surtout le massacre de vingt mille Arméniens.
Paris, bibliothèque arménienne Nubar, inv. ADNA, février 1920
EPMA

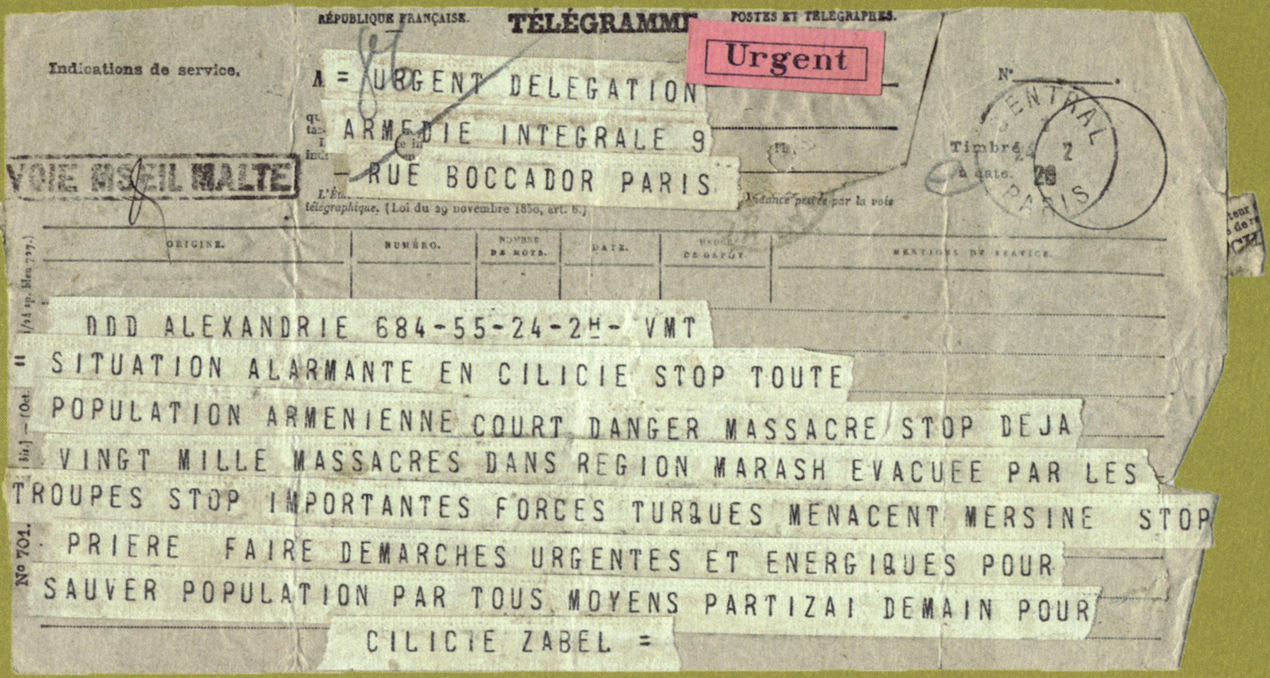
RÉPUBLIQUE FRANÇAISE. TÉLÉGRAMME POSTES ET TÉLÉGRAPHES.
Urgent
Indications de service.
A = URGENT DELEGATION
ARMEDIE INTEGRALE 9
- RUE BOCCADOR PARIS
VOIE MALTE
DDD ALEXANDRIE 684-55-24-2H- VMT
= SITUATION ALARMANTE EN CILICIE STOP TOUTE
POPULATION ARMENIENNE COURT DANGER MASSACRE STOP DEJA
VINGT MILLE MASSACRES DANS REGION MARASH EVACUEE PAR LES
TROUPES STOP IMPORTANTES FORCES TURQUES MENACENT MERSINE STOP
PRIERE FAIRE DEMARCHES URGENTES ET ENERGIQUES POUR
SAUVER POPULATION PAR TOUS MOYENS PARTIZAI DEMAIN POUR
CILICIE ZABEL =

X

DES VIOLENCES EXTRÊMES CONTRE LES CIVILS DES ANNÉES 1917-1923 À L'INVENTION DU CONCEPT DE GÉNOCIDE

ANNETTE BECKER
PROFESSEURE D'HISTOIRE CONTEMPORAINE, UNIVERSITÉ PARIS NANTERRE,
MEMBRE DU CONSEIL D'ADMINISTRATION DU MUSÉE DE L'ARMÉE

« La libération et la résurrection de la Belgique et de la Serbie ont été deux des plus splendides résultats de la Guerre mondiale, quand la débâcle en Russie et le martyre de l'Arménie ont été ses plus grandes tragédies[1] », disait Punch, quasi banalement, en 1919. Peu d'observateurs pouvaient alors dépasser la description et la condamnation des « tragédies » et encore moins mettre des mots sur ce qui s'était passé. Or, les violences des années de guerre avaient été de loin les pires dans les Empires ottoman et russe, en recomposition interne. Les déplacements de populations y avaient pris dès la fin de 1914 la forme de réassemblages sociaux ou ethniques, d'où l'extermination des Arméniens et les déportations des populations dites suspectes de Russie, à commencer par les Juifs, dont l'immense majorité en Europe se trouvait justement dans la zone de résidence qui leur avait été affectée au temps des tsars[2]. Le prolongement du premier conflit mondial dans la nouvelle Turquie en guerre contre la Grèce, dans la Russie en révolution puis en guerre civile et dans les nouveaux pays qui naissaient sur ces terres de frontières allait catalyser encore ces phénomènes. Peu d'observateurs, pourtant, perçurent alors que ce temps fut celui d'un formidable accélérateur de violences ; d'ailleurs, le terme de « génocide » ne sera inventé qu'en 1943 par Raphael Lemkin et celui de « nettoyage ethnique » dans les années 1990[3].

VIOLENCES À L'EST CONTRE LES JUIFS

Ces violences extrêmes à l'est du continent européen trouvent leur origine dans les anciennes fureurs antisémites, appuyées sur l'idée bien ancrée du Juif – singulier de péjoration – « traître », « infidèle », « accapareur », « spéculateur » ; la guerre a offert l'impunité, on pouvait « casser du youpin ». L'historien juif Simon Doubnov s'est s'interrogé sur cet engrenage dès 1915 : « Souvent je pense : d'où vient une telle judéophobie à un tel moment ? Psychologiquement, c'est explicable. À sa manière, le bourreau craint sa victime. Les judéophobes qui tyrannisent les Juifs depuis trente ans voient leur conscience leur suggérer que les Juifs doivent se venger de leurs persécuteurs, et cette probabilité, dans l'esprit des bourreaux, se transforme en chose véritable[4]. » À ces pogroms de guerre s'ajoutent des sévices de plus en plus cruels durant les deux révolutions et la guerre civile en Russie, puis lors de la guerre russo-polonaise de 1920. On assiste à une radicalisation à la frontière entre la nouvelle Pologne en guerre contre la Russie, l'Ukraine, la Biélorussie et l'ancienne Galicie autrichienne : des quasi « *Aktions* d'extermination » au futur sens nazi[5]. Dans ces confins, les nouveautés de la Grande Guerre se prolongent : plus de civils que de militaires y sont agressés, déportés, tués.

La modernité de la guerre totale a tout emporté entre 1914 et les années 1920, et, dans ces « terres de sang », les Juifs ont payé un prix d'autant plus élevé que les bolcheviks les ont traités comme des êtres humains ordinaires, pour la première fois de leur histoire. Ceux qui luttent contre l'Armée rouge s'acharnent alors contre les Juifs, perçus comme « judéo-bolcheviks » et comme des organismes impurs qui détruisent le corps sain (saint) de la Russie, de la Pologne, de l'Ukraine, etc. Ainsi les Croix-Rouges nationales, tout en se rejetant les violences les unes sur les autres et sur les « bolchévistes », retrouvent-elles un accord contre les Juifs, responsables principaux des « hideuses cruautés qui sont une honte pour l'humanité. [...] Les juifs [*sic*] tuèrent plusieurs prisonniers blessés et valides, ils leur crevaient les yeux. [...] 150 soldats faits prisonniers par un détachement bolchévistes [*sic*] furent massacrés sur place – on ne fit grâce de la vie qu'aux israélites, les blessés furent noyés ou bien achevés à coups de bâtons –, dans un autre endroit on coupa aux prisonniers les mains et les pieds et ensuite les têtes[6]. »

Pendant la préparation du traité de Versailles, même si les Britanniques sont très réticents à une protection stricte des minorités qui les obligerait aussi, de l'Irlande à leurs colonies, ils ne peuvent finalement pas s'opposer à l'article 93, qui somme la Pologne de protéger ses minorités religieuses et linguistiques. Pour accélérer l'application du traité, le Président Wilson établit une commission d'enquête sur la situation des Juifs de Pologne, dont la présidence est confiée à Henry Morgenthau, ancien ambassadeur des États-Unis dans l'Empire ottoman, qui a été le témoin de l'extermination d'une partie des minorités chrétiennes de l'empire désormais désintégré, à commencer par les Arméniens.

ILL. 13
Affiche polonaise antibolchevique de la guerre russo-polonaise caricaturant Trotski.
Auteur : Skabovski

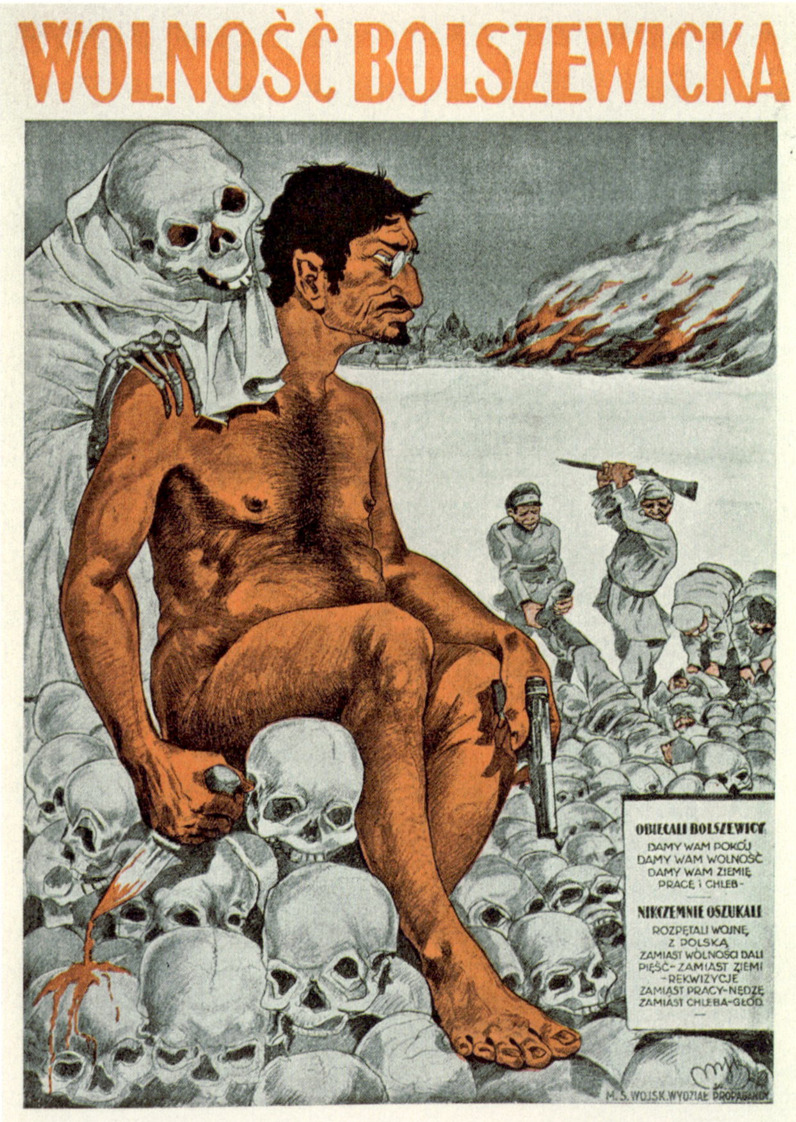

DE L'EXTERMINATION DES ARMÉNIENS À LEUR DISPARITION DE L'ESPACE EUROPÉEN

L'« annihilation » ou l'« extermination totale » des Arméniens a été une attaque inouïe au sens étymologique. Pour les Jeunes-Turcs, l'Arménien – singulier de nouveau – est en effet traître par essence, « franc-tireur », « nuisible ». L'ennemi de l'intérieur est animalisé, sa qualité ontologique d'humain niée. Reste à le « mettre à l'écart », euphémisme pour meurtre[7]. En 1918 encore, un journal turc de langue française n'hésite pas à dénoncer la barbarie ; celle des Arméniens : « On frémit devant les tableaux des atrocités commises par eux. [...] Ils ont tué tous ceux qu'ils ont rencontrés, ils ont brûlé les villages, abattu les animaux. [...] Les organisations arméniennes appliquent systématiquement leur plan d'anéantissement de la race turque. [...] L'histoire se prononcera certainement un jour sur le compte de ces criminels civilisés. [...] Ce n'est pas à une poignée d'Arméniens [...] qu'il est donné d'exterminer la race turque : celle-ci est si forte qu'elle est garantie par la nature et Dieu même contre l'anéantissement. Tout au plus ces crimes et ces atrocités provoqueront-ils une indignation inoubliable dans le vaste monde. [...] Voilà le seul résultat auquel peuvent aboutir tant de crimes[8] ! » Conviction négationniste des bourreaux qui se pensent eux-mêmes en victimes ; en un effet de miroir spécifique des assassins de masse que Doubnov avait bien perçu, les Turcs attribuent leurs propres infamies à leurs victimes et prétendent se défendre de ces « criminels civilisés », oxymore qui les définit si exactement, eux qui sont la proie d'un « racisme apocalyptique[9] ». Les Ottomans ont perdu la guerre, mais ils ont réussi à anéantir l'essentiel des Arméniens. Ceux qui n'ont pas été exterminés physiquement ont été détruits autrement. Les viols, les conversions et les mariages forcés, les vols d'enfants élevés comme musulmans les ont anéantis en tant que peuple, en tant que chrétiens ; les églises et les bibliothèques, leur culture millénaire, ont été ravagées. Quant à l'accaparement des biens, il allait permettre de gagner économiquement la paix turque. Sans Arméniens... et aussi sans Syriaques et sans Grecs, les transferts de populations légalisés par la Société des Nations continuant à homogénéiser les territoires après la terrible guerre gréco-turque. Winston Churchill écrit aux ministres des Dominions à propos de « l'orgie infernale » du sac de Smyrne par les Turcs en septembre 1922, quand douze mille personnes périssent dans les

ILL. 14
Victimes de la famine dans la région de la Volga durant la guerre civile en Russie, été 1921

flammes dans la partie chrétienne de la ville : « On ne peut pas trouver dans l'histoire des crimes de l'humanité l'exemple d'atrocités aussi délibérément planifiées et méthodiquement exécutées[10]. » Or, si les crimes des Jeunes-Turcs ont été bien connus et relayés dans l'opinion en temps réel, ils ont été mal compris, parce que pendant la guerre ils avaient été instrumentalisés par la propagande de l'Entente, une façon de frapper les Puissances centrales par le truchement de leurs alliés ottomans. C'est ce qui a amené en 1919 le président du Comité international de la Croix-Rouge, en une démarche très inusuelle, à adjurer le Président Wilson de faire cesser le silence sur les Arméniens : « On connaît le massacre systématique de plus d'un million de ces chrétiens si malheureux, et les souffrances incroyables des survivants des familles brisées. L'indignation du monde civilisé s'est élevée et les Arméniens auraient pu légitimement espérer que la victoire des Alliés mettrait fin à leur terrible épreuve. [...] Or l'armée turque est reconstituée ; la plus grande part du pays qui avait été libérée est réoccupée ; les Arméniens ne peuvent retourner chez eux d'où ils ont été extirpés par la violence ; des milliers d'entre eux ont trouvé des asiles temporaires où ils vivent dans la terreur constante de nouveaux massacres. [...] Est-ce que les Arméniens oubliés vont être enterrés dans une tombe scellée pour toujours[11] ? »

ILL. 15
Raphael Lemkin
(1900-1959)

DE L'« ÉNIGME » AU CONCEPT : NOMMER LES VIOLENCES EXTRÊMES

Heinrich Vierbücher, traducteur pour le général Liman von Sanders dans les Dardanelles, témoigne : « Les cinquante longs mois de terreur de la Grande Guerre n'ont pas trouvé leur climax sur les champs de bataille de Vaux et de Douaumont mais dans les passes du Caucase, ce Golgotha pour les Arméniens qui va au-delà de toute imagination de l'horreur. [...] L'extermination de tout un peuple avec l'exécution consciente des femmes et des enfants – c'est un progrès pour lequel le passé barbare n'était sans doute pas "mûr". Il faut penser aux méfaits d'un Pizarre au Pérou, à la guerre d'extermination de la race rouge par les blancs, aux chasses d'hommes des "chrétiens" anglais en Tasmanie, en Nouvelle-Zélande, aux barbaries dans la guerre des Boers, à l'extermination par la soif des Hereros, pour entrevoir seulement ce qui s'est passé près de Kémach en 1915. [...] La tragédie de 1915 nous paraît comme l'énigme la plus sanguinaire et la plus inquiétante de l'histoire[12]. » D'autres vont tenter de donner un nom « au crime sans nom[13] ». Pour le juriste juif polonais Raphael Lemkin, l'extermination n'était pas une cruauté accidentelle mais l'essence de ce type de guerre contre les civils dans la volonté d'homogénéiser peuples et religions. Aussi, quand le gouvernement britannique décide de libérer en 1921 cent cinquante criminels turcs qui avaient été internés en 1919, il réagit très fortement, scellant le reste de sa vie : « Je fus choqué. [...] Pourquoi punit-on un homme quand il tue un autre homme, pourquoi le meurtre d'un million est-il un moindre crime que celui d'un seul individu[14] ? » Or, Talaat Pacha, l'ordonnateur principal du crime, qui avait été exfiltré en 1919 à Berlin, y est assassiné par Soghomon Tehlirian en 1921[15]. Puis Shalom Schwartzbard exécute à Paris, en 1926, Symon Petlura, considéré comme le principal responsable des pogroms de 1918-1920 en Ukraine. Un Arménien et un Juif dont les familles avaient été victimes de crimes collectifs s'étaient fait justice dans les pays où ils avaient trouvé refuge, l'Allemagne et la France. Les sociétés allemande et française qui les jugeaient ne pouvaient ni les condamner ni les acquitter ; aussi, dans les deux cas, ils furent estimés irresponsables de leurs actes.

En 1933, Lemkin saisit l'occasion du rapport qui lui est confié sur la qualification des atteintes aux droits des gens pour la Ve conférence pour l'unification du droit pénal de la SDN pour proposer une loi internationale. Ce texte est un moment déterminant de rupture. Persuadé qu'à la modernité des crimes doit répondre la modernité du droit, Lemkin propose deux qualifications, «actes de vandalisme», ou crimes contre les cultures, et «actes de barbarie»: «Actes exécutés sur une population sans défense. Ce sont les massacres, les pogroms, les cruautés collectives sur les femmes et les enfants, le traitement des hommes d'une façon qui humilie leur dignité. [...] L'homme qui a pris part aux actes de barbarie dans son pays ne peut séjourner tranquille et impuni sur le terrain d'un autre État, mais devrait être poursuivi et puni où il se trouvera.» Lemkin est allé alors aussi loin qu'il a pu sur le chemin d'une formule juridique liant les crimes contre des individus appartenant à certaines collectivités et contre des cultures. En 1943, devenu lui-même victime d'un tel crime en tant que Juif, il invente le mot «génocide», composé de deux parties: le collectif visé, peuple ou ethnie, *genos*, et celui qui tue, *occidere*. En mêlant une racine grecque et une latine, l'excellent linguiste a volontairement construit un monstre sémantique, un barbarisme, pour exprimer la barbarie des barbaries, «le crime des crimes». Dès 1945, certains Arméniens, tel Chavarche Missakian, s'en empareront[16].

1 Charles Graves, *Mr. Punch's History of the Great War*, New York, Frederick A. Stokes Company, 1919, p. 270.
2 Collectif de l'Historial de la Grande Guerre, John Horne (dir.), *Vers la guerre totale. Le tournant de 1914-1915*, Paris, Tallandier, 2010.
3 Annette Becker, *Messagers du désastre*: *Raphael Lemkin, Jan Karski et les génocides*, Paris, Fayard, 2018.
4 Simon Doubnov, *Le Livre de ma vie : souvenirs et réflexions, matériaux pour l'histoire de mon temps*, Paris, Le Cerf, 2001, p. 720-722 (17-16 mai 1915).
5 Nicolas Werth, «Dans l'ombre de la Shoah, les pogroms des guerres civiles russes», introduction, *in Le Livre des pogroms. Antichambre d'un génocide : Ukraine, Russie, Biélorussie, 1917-1922*, Paris, Calmann-Lévy, 2010.
6 Genève, archives du CICR, ACICR ACS-061/id, Pologne, Russie, Ukraine, télégramme du 19 juin 1920 et rapport du 23 août 1920 émanant de la Pologne.
7 Anonyme, *Vérité sur le mouvement révolutionnaire arménien et les mesures gouvernementales 1916 Constantinople*, 15 pages, document turc envoyé au pape Benoît XV, Rome, archives du Vatican, ASV, Guerra 14-18. 244, fasc. 110.
8 *Hilal*, 14 mars 1918.
9 Philippe Burrin, *Ressentiment et apocalypse. Essai sur l'antisémitisme nazi*, Paris, Le Seuil, 2004.
10 Cité par Martin Gilbert, *Winston S. Churchill*, Londres, 1975, vol. IV, 3e partie, p. 2070 (avril 1921-novembre 1922).
11 Genève, archives du CICR, A VM EN-006.
12 Heinrich Vierbücher, *Arménie 1915. Ce que le gouvernement impérial a caché aux sujets allemands : le massacre d'un peuple civilisé par les Turcs*, 1930, traduction de l'allemand par Louise Gessarentz, à compte d'auteur, Montélimar, 1987 (BnF).
13 Winston Churchill, août 1941.
14 Donna-Lee Frieze (éd.), *Totally Unofficial. The Autobiography of Raphael Lemkin*, New Haven, Yale University Press, 2013, p. 19.
15 Hans-Lukas Kieser, *Talaat Pasha*: *Father of Modern Turkey, Architect of Genocide*, Princeton, Princeton University Press, 2018.
16 Chavarche Missakian, *Face à l'innommable. Avril 1915*, Marseille, Parenthèses, 2015.

XI

LES RÉFUGIÉS À L'EST

DR. ALEX DOWDALL
SIMON RESEARCH FELLOW,
SCHOOL OF ARTS, LANGUAGES AND CULTURES,
UNIVERSITY OF MANCHESTER

La Première Guerre mondiale créa des déplacements de populations sans précédent partout en Europe. À l'Ouest, pendant l'invasion allemande de l'automne 1914, des communautés entières furent poussées à abandonner leurs domiciles du fait des combats, des atrocités ainsi que des paniques, rumeurs et craintes engendrées par l'arrivée des troupes allemandes. Le front de l'Ouest se stabilisa au milieu des régions les plus peuplées et les plus industrialisées de France, et de plus en plus de réfugiés partirent pour l'intérieur tout au long de la guerre.
En septembre 1918, le nombre total de réfugiés en France atteignit un maximum de 1,85 million – dont 1,56 million de Français et 290 000 alliés ; 1,5 million de Belges quittèrent leur pays occupé pour chercher refuge en France, en Grande-Bretagne, en Irlande et aux Pays-Bas.
De l'autre côté de l'Europe, les déplacements de populations eurent lieu à une plus grande échelle encore. Fin 1914, l'avance russe en Prusse-Orientale poussa presque 870 000 Allemands à fuir vers l'Ouest. Comme sur le front de l'Ouest, ces gens fuyaient les combats et les atrocités, cette fois perpétrées par l'armée russe, et diffusèrent la peur de la « barbarie » russe, qui joua un rôle fondamental dans la mobilisation culturelle allemande.
Plus au Sud, l'avance russe en Autriche-Hongrie – en Galicie et en Bucovine – généra encore plus de réfugiés. En 1914 et 1915, plus d'un million de personnes abandonnèrent ces régions pour le cœur de l'Empire austro-hongrois, où un grand nombre passa la guerre dans des camps d'internement. Le pire était encore à venir en 1915, quand l'armée allemande envahit les territoires du nord-ouest de la Russie en même temps que les troupes austro-hongroises reconquéraient la Galicie. De nombreux civils quittèrent leurs domiciles par peur d'exactions des forces venant d'Allemagne et d'Autriche-Hongrie.
Mais les troupes russes en retraite se livrèrent elles aussi à des atrocités sur les civils russes, repoussant un grand nombre des sujets du tsar vers l'intérieur de l'Empire russe. Leur politique de la terre brûlée reposait sur des préjugés raciaux concernant la fiabilité de certaines ethnies : une grande partie des civils enlevés par l'armée russe étaient perçus comme de possibles alliés des Allemands – tels les sujets allemands du tsar, mais aussi les Polonais, les Ukrainiens et les Gitans. Les Juifs furent particulièrement brutalisés, et nombre d'actions à leur encontre ressemblaient aux pogroms d'avant-guerre. Conséquence de ces violences : en 1917, il y avait au moins six millions de réfugiés à l'intérieur de l'Empire russe, la plupart venant des zones de conflit dans les régions frontalières occidentales (aujourd'hui Lettonie, Lituanie, Pologne, Biélorussie et Ukraine). En ajoutant à ces chiffres les presque 100 000 personnes déplacées du front italien vers l'intérieur soit de l'Italie, soit de l'Autriche-Hongrie, les 500 000 chassées par l'invasion de la Serbie par l'Autriche et la Bulgarie, et les quelque 250 000 Arméniens qui fuyaient le génocide dans l'Empire ottoman, on arrive à une estimation raisonnable d'au moins douze millions de personnes déplacées pendant la Grande Guerre[1].
L'armistice du 11 novembre 1918 permit aux réfugiés français et belges de l'Europe de l'Ouest de commencer le long processus du retour et de la reconstruction. À l'Est, beaucoup de leurs homologues n'eurent pas cette possibilité. Ici, les guerres après la guerre non seulement forcèrent des réfugiés de la Première Guerre mondiale à demeurer en exil, mais aussi créèrent de nouvelles personnes déplacées. À cause de la guerre civile russe, de celle entre la Pologne et la Russie soviétique et des transferts de populations forcés entre la Grèce et la Turquie, les réfugiés restèrent une part significative de la population européenne après 1918.
En Europe de l'Est, les expériences des réfugiés après la révolution russe furent à bien des égards définies par le contexte politique de la région, où des empires multinationaux étaient remplacés par des États-nations.

Peuples de toutes les Russies
et d'autres Pays soumis au Tsar.

Carte publiée par la " SOCIÉTÉ des AMIS du PEUPLE RUSSE et des PEUPLES ANNEXÉS ", 24, Rue Dauphine, PARIS (VIe)

Carte dressée par **ÉLISÉE RECLUS**

Prix : 20 centimes

Ko-005

N'EST PAS VALABLE POUR RÉSIDER A CONSTANTINOPLE

BUREAU INTERALLIÉ DE CONTROLE
DES PASSEPORTS
SECTION FRANÇAISE

Constantinople, le 11. 3. 1922

№ 5017

LAISSEZ-PASSER

33

Nom et prénoms Joseph Zenkoff
Nationalité russe
Age et lieu de Naissance Stanitsa Vechinskaya gour. du don - 32 ans
Domicile. 1° *en Russie* Avenue de Platoff 63 Novotcherkask
2° *à Constantinople* rue Idjadie N 14 Caucaldi
Profession avocat
Marié non
Nom et nationalité de la femme avant le mariage —

VU AU DEPART
Constantinople, le 8/IV/22

Se rendant à Hongrie via Bulgarie
Par voie de terre
Motif travailler

Je certifie l'exactitude des renseignements ci-dessus
Signature de l'intéressé: J. Zenkoff

Laissez-Passer valable pour le Voyage seulement qui est effectué aux risques et périls de l'interessé.

Pièces d'identité passeport N 6958 emis par le consul des Pays Bas à Cons-ple le 18.12.20

BUREAU INTERALLIÉ DE CONTROLE DES PASSEPORTS EN ORIENT
SECTION FRANÇAISE
VU AU DEPART
pour Bulgarie
Constantinople, le 5-4-22
LE VICE-CONSUL DÉLÉGUÉ FRANÇAIS

Visa Interallié

IMP. ..., L. MOURKIDES.

CAT. 8
[page précédente]
***Peuples de toutes les Russies et d'autres Pays soumis au Tsar,* carte dressée par Jacques Élisée Reclus (1830-1905) et éditée en 1905**
Cette carte du géographe anarchiste Élisée Reclus a été réalisée pour le compte de la Société des amis du peuple russe et des peuples annexés, créée en 1905 par Octave Mirbeau et Anatole France. Ce groupe prône la rupture de l'alliance entre la France et la Russie tsariste, dont il dénonce l'oppression sur les peuples non russes, et milite en faveur du droit des peuples de l'empire à disposer d'eux-mêmes.
Paris, Bibliothèque nationale de France, inv. GE D-5285
EPMA

CAT. 241
Laissez-passer du Russe blanc Joseph Zenkoff émis par la section française du bureau interallié de contrôle des passeports à Constantinople
Archive Andrei Korliakov,
EPMA

CAT. 244
[page suivante]
Rapport sur les travaux du Haut-Commissariat pour les réfugiés présenté à la Société des Nations par le docteur Nansen en 1923
La Courneuve, Archives du ministère de l'Europe et des Affaires étrangères, inv. 51CPCOM62
EPMA

Dans le cas de la Russie, les réfugiés contribuèrent de manière importante à la chute de l'empire tsariste, parce que le gouvernement, qui ne voulait pas d'une intervention de l'État, décentralisa une grande partie de l'assistance aux réfugiés à des groupements de la société civile.
Ceux-ci comprenaient des comités diocésains, des associations caritatives privées, des *zemstva* (autorités rurales locales) et, plus important, une série de comités organisés selon les affiliations nationales. Dans l'Empire russe, les élites nationales lituanienne, lettone et polonaise s'engagèrent pour aider « leurs » réfugiés, en distribuant de la nourriture, des vêtements, du linge, du savon et autres denrées. Souvent, ces comités nationaux étaient dirigés par de jeunes professionnels dans les domaines du droit, de la médecine et des lettres, et ils développèrent rapidement une perspective politique contraire à l'autocratie tsariste. Leurs actions eurent des conséquences que le gouvernement ne sut pas anticiper.
En prenant la route, les réfugiés étaient arrachés à une communauté locale très unie. Cette expérience du déplacement et surtout les comités d'assistance nationaux leur offrirent l'occasion d'accéder à une communauté nationale nouvelle et plus large.
Les comités fournissaient de l'assistance aux réfugiés sur la base de leur appartenance à une communauté nationale particulière et, par conséquent, aidaient à promouvoir le sens de leur identité nationale, que beaucoup n'auraient pas ressenti avant-guerre. C'était, de fait, un objectif déclaré des comités, et les élites nationales qui les dirigeaient essayaient délibérément d'invoquer ce sens d'appartenance. Un militant polonais, par exemple, a parlé de la nécessité de « préserver le réfugié au nom de la patrie[2] ». Pour y parvenir, les comités se livraient à une campagne culturelle et éducative active au moyen de clubs, de journaux et de conférences, qui ébranla la base sociale de l'empire multinational.
Dans le cas du comité letton, par exemple, l'assistance aux réfugiés coïncida avec une radicalisation progressive de la pensée nationale, qui évolua d'une demande d'autonomie politique dans une structure fédérale russe à celle d'une indépendance absolue. Déjà en 1915, l'éditeur d'un journal pour les réfugiés était convaincu que « la plupart de ceux qui jusqu'à présent s'appelaient "Russes" commencent maintenant à penser à eux-mêmes comme des Polonais, des Juifs, des Ukrainiens, des Arméniens, des Lettons, plutôt que des Russes[3] ». De tels développements radicaux minèrent les idées établies sur le statut et le contrôle social et défièrent les pratiques politiques, sociales et culturelles habituelles, contribuant à un processus plus général de fragmentation sociale à l'approche de la révolution de 1917[4].
L'empire tsariste ne pouvait classer des réfugiés comme des citoyens, avec un droit à l'assistance, car cela aurait ébranlé les principes autocratiques de l'État. En conséquence, des réfugiés commencèrent à s'identifier – ou à être identifiés – comme membres de nations émergentes. Ce processus explique pourquoi, après 1917, ils jouèrent également un rôle fondamental dans la formation des États-nations sortis des ruines du régime tsariste.
Le traité de Brest-Litovsk de mars 1918 offrit l'occasion, pour ceux qui avaient passé des années à l'intérieur de la Russie, de revenir chez eux, dans des zones désormais situées dans des États nouvellement indépendants, quoique sous tutelle et occupation militaire de l'Allemagne. Entre mars et novembre 1918, par exemple, jusqu'à 400 000 personnes retournèrent de Russie vers la Lettonie, la Lituanie, la Pologne et l'Ukraine, toutes occupées par l'armée allemande. Puis, en novembre 1918, l'effondrement allemand inaugura une nouvelle période de guerre, d'instabilité politique et de privations économiques en Europe de l'Est, le tout occasionnant de nouveaux déplacements de populations à grande échelle. La Russie soviétique et les États indépendants qui émergeaient de ces « guerres après la guerre » étaient tous préoccupés par la définition de leurs frontières ainsi que par la consolidation de leur sécurité intérieure et de leur cohésion sociale. Les gouvernements de Pologne, de Lettonie, de Lituanie et leurs voisins ressentirent comme une nécessité impérieuse de « fixer » et de « stabiliser » leurs populations, souvent mobiles, et de décider qui avait et qui n'avait pas droit à la citoyenneté.
Ceci impliquait de contrôler les importantes et mouvantes populations de réfugiés qui se trouvaient sur leurs territoires, ainsi que de surveiller le retour de ceux qui avaient passé des années à l'intérieur de la Russie.

Dans ce contexte, des réfugiés ayant la « mauvaise » appartenance nationale furent présentés comme une menace grave pour la sécurité nationale, alors que ceux qui relevaient de la « bonne » appartenance étaient vus comme une base sur laquelle édifier la nouvelle nation. Les réfugiés furent ainsi intimement liés à la politique de nationalité accompagnant la création des nouveaux États. Après 1918, leurs trajectoires continuèrent à être appréhendées en fonction des communautés nationales auxquelles ils appartenaient ou n'appartenaient pas. Au cours de cette période, l'un des problèmes cruciaux des réfugiés fut d'être confrontés à l'adoption du modèle ethnique de la nation par les États d'Europe centrale et orientale. Soit ouvertement, soit tacitement, ces nouveaux États essayaient d'homogénéiser leurs communautés nationales. Processus qui eut des conséquences profondes pour les réfugiés, car il impliquait que leurs opportunités de retour et de relocalisation fussent définies par leur appartenance, ou non, à une communauté nationale donnée. En effet, les réfugiés pouvant, sur la base de leur identité nationale, prouver leur droit légitime à la citoyenneté furent bien accueillis, comme susceptibles de renforcer le noyau du nouvel État-nation, alors que les autres furent perçus comme des menaces à neutraliser ou à expulser. Dans certaines situations, ceux qui ne purent apporter la preuve de leur appartenance à la nationalité dominante de l'État firent face à l'oppression et à la discrimination. Dans les cas les plus graves, on leur dénia entièrement le droit de revenir chez eux. En Lituanie, par exemple, après 1918, le gouvernement appuya activement le retour des réfugiés d'origine ethnique lituanienne alors que, en même temps, il entravait le retour d'autres populations – ainsi des Juifs et des Polonais. Parmi les réfugiés d'origine ethnique lituanienne déplacés en Russie après 1914, 14 % seulement ne retournèrent pas en Lituanie après 1918, contre 50 % des Juifs[5].

Pire encore, dans cette région de conflits continus, les définitions ethniques de la communauté nationale eurent des traductions concrètes. Ce fut surtout le cas en Pologne, en guerre contre la Russie soviétique de février 1919 à mars 1921. Le retour de réfugiés qui voulaient quitter la Russie pour la Pologne mais qui étaient soupçonnés d'avoir développé des sympathies bolcheviques fut entravé. Les bolcheviks, pour leur part, entreprirent de « dénationaliser » leurs anciens ennemis de la guerre civile et, en décembre 1921, ils retirèrent leur citoyenneté à des milliers de personnes, dont une grande partie de ceux qui avaient combattu dans les rangs des blancs. Il en résulta la création d'une nouvelle catégorie de réfugiés apatrides. Leur cas fut pris en compte par Fridtjof Nansen, le nouveau haut-commissaire pour les réfugiés de la Société des Nations. L'introduction en 1922 du « passeport Nansen » pour les réfugiés apatrides leur permit de circuler d'un pays à un autre, réduisant ainsi un peu leur détresse, mais cette catégorie de réfugiés resta particulièrement vulnérable tout au long des années 1920. Les déplacements forcés constituèrent donc une composante fondamentale de la chute des empires et de la création des États-nations en Europe orientale après 1918. Pendant la Première Guerre mondiale, les réfugiés furent progressivement « nationalisés » ; après 1918, les nouveaux États qui sortirent des décombres des empires imposèrent leurs représentations de la nation aux réfugiés et les utilisèrent dans le processus de reconstruction nationale. Dans tous les cas, la situation des réfugiés en Europe centrale et orientale fut déterminée par un tissu complexe d'affiliations politico-nationalistes émergeant de cette guerre sans fin.

1 Peter Gatrell, *The Making of the Modern Refugee*, Oxford, Oxford University Press, 2013, p. 26-31.

2 Peter Gatrell, « War, population displacement and state formation in the Russian borderlands, 1914-24 », *in* Nick Baron et Peter Gatrell (dir.), *Homelands : War, Population and Statehood in Eastern Europe and Russia, 1918-1924*, Londres, Anthem Press, 2004, p. 14.

3 P. Gatrell, *The Making…*, *op. cit.*, p. 46.

4 Peter Gatrell, *A Whole Empire Walking : Refugees in Russia during World War 1*, Bloomington, Indiana University Press, 1999, p. 4.

5 Tomas Balkelis, « In search of a native realm : the return of World War One refugees to Lithuania, 1918-24 », *in* N. Baron et P. Gatrell, *Homelands…*, *op. cit.*, p. 83.

9

[Communiqué au Conseil, aux Membres de la Société et aux Délégués à l'Assemblée.]

A. 30. 1923. XII.

SOCIÉTÉ DES NATIONS

GENÈVE,
le 4 septembre 1923.

Rapport sur les travaux du Haut Commissariat pour les réfugiés

présenté à la quatrième Assemblée par le Docteur Fridtjof Nansen

RÉSUMÉ.

1. Les réfugiés russes.

Avant d'exposer en détail les travaux accomplis par le Haut Commissariat depuis la dernière Assemblée, il est peut-être utile de donner un bref aperçu général des tâches dont a été chargé le Haut Commissariat, à différentes reprises, par l'Assemblée et par le Conseil, ainsi que des résultats obtenus.

Le Haut Commissariat a été institué, vers la fin de 1921, en vue de résoudre les problèmes créés par la présence de plus d'un million et demi de réfugiés russes dispersés dans toute l'Europe. La plupart de ces réfugiés étaient dénués de toutes ressources et se trouvaient dans une situation d'autant plus difficile qu'ils ne possédaient aucun passeport, sinon des passeports reconnus par un très petit nombre de gouvernements. C'est par suite de l'impossibilité où se sont trouvés les gouvernements particuliers de résoudre ce problème, chacun pour sa part, que la Société a été invitée à s'occuper de leur bien-être.

Grâce à la collaboration des divers gouvernements intéressés aux efforts du Haut Commissariat et au précieux appui qui lui a été accordé par différentes organisations bénévoles de secours, il a été possible d'améliorer considérablement la situation des réfugiés, bien que la dépression économique générale, qui règne dans toute l'Europe, ait, jusqu'ici, empêché de résoudre complètement le problème.

Il a été reconnu, dès le début, que la question présentait deux phases bien distinctes, l'une transitoire, l'hospitalité à accorder aux réfugiés dans différents pays et l'autre, permanente, le rapatriement en Russie au fur et à mesure que la situation de ce pays deviendrait plus favorable. Des progrès notoires ont été réalisés pour ce qui touche à la période transitoire : trente et un gouvernements, y compris l'Allemagne et le Mexique, acceptent aujourd'hui le modèle de certificat d'identité pour les réfugiés russes recommandé par le Haut Commissariat. En fait, parmi tous les pays intéressés au problème des réfugiés russes, seules la Chine et la Turquie se sont abstenues, jusqu'ici, d'adopter ce système de certificat d'identité, bien que les négociations récemment entamées avec les Gouvernements de ces pays nous encouragent à croire qu'ils accepteront, à bref délai, d'adhérer à ce système. L'adoption de ce système a été extrêmement précieuse pour les réfugiés eux-mêmes, car elle a mis fin à leur situation illégale de « gens sans patrie ». En outre, elle a eu des résultats extrêmement heureux pour les pays où les réfugiés sont concentrés en nombre considérable, car elle leur a accordé diverses facilités pour se rendre dans d'autres pays où ils ont la possibilité de trouver du travail ou de rencontrer des amis.

Le Haut Commissariat s'est également efforcé d'améliorer la situation matérielle des réfugiés par d'autres moyens. C'est ainsi que le problème des réfugiés de Constantinople, qui, à l'époque où le Haut Commissariat a été créé, avait pris des proportions inquiétantes et préoccupait sérieusement les représentants des Puissances alliées, a été, pour ainsi dire, résolu par suite de l'évacuation, dans quarante-quatre pays différents, de plus de 20.000 réfugiés.

Constantinople a été le théâtre de nombreuses tragédies, mais il est malaisé de croire que les catastrophes antérieures aient pu aboutir à une somme de misères humaines égale à celles qu'ont provoquées les trois invasions successives de réfugiés russes, turcs et grecs. Ces trois hordes distinctes de malheureux êtres humains chassés de leurs foyers par la crainte de la mort, ravagés par les épidémies et rendus incapables de tout effort économique productif, se sont abattues, depuis novembre 1920, sur Constantinople qui, occupée par les Alliés, leur offrait, tout au moins, un asile sûr.

Pour des centaines de milliers d'êtres humains, Constantinople a été la première étape d'un voyage long et toujours pénible, au terme duquel ceux qui ont eu le bonheur de survivre pouvaient reprendre le fil de leur existence dans d'autres pays.

170.000 Russes, 75.000 Turcs, 155.000 Grecs et Arméniens, tels sont les chiffres qui peuvent donner quelque idée de l'importance du problème des réfugiés, auquel il a fallu faire face à Constantinople.

S. d. N. 100 (F) + 100 (A) + 1350 (F) + 1250 (A) 9/23 Imp. Jent, S. A.

CAT. 233
Tenue des unités de tirailleurs sénégalais au Levant
Paris, musée de l'Armée, inv. GA 615
EPMA

GUERRE(S) OU INTERVENTION(S) EXTÉRIEURE(S) ? L'ARMÉE FRANÇAISE DANS L'EST EUROPÉEN ET AU LEVANT, 1918-1923

COLONEL (E.R.) FRÉDÉRIC GUELTON
HISTORIEN, ANCIEN CHEF DU DÉPARTEMENT DE L'ARMÉE DE TERRE
DU SERVICE HISTORIQUE DE LA DÉFENSE (SHD)

Évoquer les interventions de l'armée française de 1918 à 1923, c'est-à-dire du temps des armistices à celui des traités, puis les localiser, sans même chercher à les qualifier, suppose la réalisation d'un inventaire à la Prévert. Quoi de commun entre des interventions dans le Schleswig, à Memel, Arkhangelsk, Varsovie, Damas, Odessa, Homs, Marienwerder, en Cilicie, dans le Banat, en Ukraine, en Crimée, à Constantinople, Sofia, Vladivostok, Alep, Sébastopol, Gallipoli... ?

Tous ces lieux avaient en commun de se situer sur le territoire des quatre grands empires déchus, allemand, austro-hongrois, ottoman et russe, auxquels s'ajoutait la Bulgarie. Quant aux interventions, elles visaient, à la fois et avec des intensités variables, à faire exécuter les armistices puis les traités en Hongrie, à défendre les intérêts des alliés de la France dans le Banat, à participer à la renaissance d'États effacés de la carte sur la Vistule, à créer un État nouveau dont les frontières étaient contestées en Tchécoslovaquie, à en aider un autre à s'agrandir en Transylvanie, à faire appliquer des décisions de la jeune Société des Nations en Haute-Silésie, à évacuer des réfugiés en Crimée et, enfin, à tenter d'élaborer une nouvelle politique de sécurité tout en étant contraint d'assumer, *volens nolens*, le rôle inattendu, contraignant et inapproprié de « grande puissance militaire ».

Ces interventions prirent des formes inédites pour leurs acteurs, c'est-à-dire pour les militaires français eux-mêmes. Habitués depuis plus de quatre ans à se battre dans des tranchées, à progresser en rangs serrés sous le feu de l'artillerie lourde et le tir des mitrailleuses, ils découvrirent des formes d'engagement jusque-là insoupçonnées. S'ils participèrent à des opérations de guerre en Pologne et en Ukraine, ce fut pour combattre en terrain libre, sans voisins, ni appuis, ni renforts, avec des déplacements qui se comptaient en centaines de kilomètres par semaine. Ailleurs, comme en Haute-Silésie, ils découvrirent les missions d'interposition entre fractions ennemies dans le cadre d'un mandat de la Société des Nations. D'autres, à mille kilomètres de là, participèrent à la première mission humanitaire à grande échelle lorsqu'il fallut évacuer de la Crimée vers Constantinople cent cinquante mille Russes blancs menacés d'extermination par les bolcheviks.

Ces interventions s'inscrivirent dans un contexte international et national nouveau et souvent paradoxal. Sur le plan international, elles mirent en évidence les relations nouvelles et souvent ambiguës qui se tissaient avec les adversaires et alliés de la veille, lorsque, par exemple à Memel, Français et Allemands se défendirent ensemble contre les Lituaniens, ou encore lorsqu'au Levant les Britanniques jouèrent la carte chérifienne contre les Français.

En France, enfin, où la guerre était considérée comme terminée par la grande majorité de la population depuis le 11 novembre 1918, la société exigeait du gouvernement une démobilisation rapide de l'armée et un retour « à la maison » des mobilisés, alors que le seul traité de Versailles ne fut promulgué qu'en janvier 1920. Cette attente caractérisa, mieux que tout autre phénomène, l'évolution de la nature profonde de ces interventions dans leur dimension humaine. Une évolution marquée par une démobilisation régulière des troupes d'origine métropolitaine, à l'exception des unités d'active et des engagés, et des relèves dans lesquelles les troupes de l'armée d'Afrique et de l'armée coloniale occupèrent une place de plus en plus importante – comme le montre par exemple l'arrivée en 1919 de renforts au profit de l'armée de Hongrie, composés d'unités de tirailleurs malgaches et sénégalais. Une évolution suffisamment visible pour que le haut commandement britannique au Levant en fasse le reproche à son homologue français, notant avec une pointe de sarcasme qu'il devait mieux veiller à son image locale ! Mais cette représentation courante d'une France qui n'envoyait par le monde que des troupes impériales doit être nuancée. Non pas qu'elle fût erronée mais parce qu'elle était également perçue, par ceux qui la vécurent, comme l'expression de la puissance militaire et plus généralement de l'engagement politique de la France. Ainsi, lorsque, en 1920, l'Armée rouge menaçait Varsovie, la population polonaise attendait avec confiance l'envoi par la France « des Sénégalais » qui allaient renverser la situation à son profit et la sauver du désastre. Les « Sénégalais », c'était la France. Ainsi, la participation importante des troupes impériales fut bien une réalité, mais une réalité dont les perceptions varièrent. Encore faut-il ajouter qu'elle résulta en premier lieu d'une volonté politique de démobiliser les troupes métropolitaines, mais qu'elle fut aussi la conséquence naturelle d'une dynamique issue de la guerre dans la mesure où les engagements les plus importants s'effectuèrent dans la zone d'action de l'armée française d'Orient. En effet, cette dernière avait été, dès sa création, celle qui comptait la plus grande proportion de troupes africaines et coloniales, même si les troupes métropolitaines y demeurèrent majoritaires.

Il est en conséquence possible d'examiner cette armée française en opération après 1918 dans les deux principales aires géographiques de son engagement en caractérisant chacune d'elles par une des missions nouvelles qu'elle y accomplit. Cette approche permet de retrouver une certaine cohérence là où la dispersion géographique suggère l'incohérence.

Le premier ensemble, le plus important, correspond aux théâtres d'opérations de l'armée française d'Orient. Il s'étendit des Balkans à la Russie méridionale et au Levant. On y découvre une armée française qui s'efforçait de faire exécuter les traités en Hongrie, qui combattit les forces bolcheviques et évacua des ressortissants russes de Crimée, et enfin qui découvrit au Levant que l'Entente cordiale qui l'unit pendant quatre ans à l'armée britannique cédait le pas aux rivalités et à l'inimitié.

Le second ensemble couvre l'Europe du Nord-Est, du Danemark à la Russie septentrionale. On y vit l'armée française participer à la création d'armées nationales, en Pologne et en Tchécoslovaquie, à des opérations de guerre contre l'Armée rouge sous Varsovie et à une mission d'interposition dans le cadre de la SDN naissante en Haute-Silésie.

AVEC L'ARMÉE D'ORIENT

L'ARMÉE DU DANUBE OCCUPE ODESSA

Après la signature des armistices, les engagements de l'armée française dans une aire géographique qui s'étendait des rives du Danube à celle du Dniepr furent à la fois le prolongement naturel et l'évolution paradoxale de la dynamique victorieuse enclenchée en septembre 1918 par le général Franchet d'Espèrey : prolongement naturel vers le Nord, parce que Franchet d'Espèrey aurait aimé poursuivre son effort victorieux en direction de l'Allemagne ; mais aussi évolution paradoxale lorsque Georges Clemenceau imposa sa réorientation vers la Russie du Sud.

La volonté et la vision géostratégique de Clemenceau eurent pour conséquence la création d'une armée nouvelle, l'armée du Danube, confiée au général Berthelot. Cette armée fut constituée à partir de trois des huit divisions que comptait l'armée d'Orient, renforcée par une division britannique. Avant de se lancer vers le territoire de l'ancien Empire russe, elle pénétra en Roumanie et y réorganisa l'armée. Puis, le 1er décembre 1918, le général Berthelot participa, aux côtés du couple royal, à l'entrée triomphale des troupes alliées dans Bucarest. Dans les jours qui suivirent, l'une des divisions de l'armée du Danube, la 156e DI, renforcée par des unités grecques et roumaines, s'embarqua pour Odessa et Sébastopol avec à sa tête le général d'Anselme. Alors que ce dernier ne commandait que trois petites divisions, il reçut l'ordre d'exercer le contrôle sur une région qui s'étendait de la Crimée et de la région d'Odessa au bassin du Donets.

Les Français débarquèrent à Odessa le 17 décembre 1918, où ils furent accueillis par les compagnies de débarquement de la marine nationale et des unités de l'Armée des volontaires (russes). Ils découvrirent une situation compliquée dans une ville environnée par les partisans nationalistes ukrainiens de Petlura, des unités bolcheviques et des troupes allemandes. D'Anselme, qui prit sous son commandement des unités de l'Armée des volontaires, une division polonaise et un train blindé, donna la priorité à la mise en place d'un système défensif solide. Parallèlement, depuis Bucarest, Berthelot positionna deux divisions sur le Danube et le Dniestr au nord d'Odessa afin d'établir un espace terrestre continu et tenu par ses troupes. Sage décision car, très rapidement, les Français prirent conscience des périls qu'ils couraient, avec des forces immergées dans une population hostile, sur un espace parcouru par des bandes armées, des unités allemandes plus ou moins « soviétisées » et sous la pression permanente de l'Armée rouge. En janvier et en février 1919, les Français tentèrent d'établir, avec les unités grecques, un système défensif avancé en direction de Kherson et de Nikolaïev, mais en vain. Il leur fallut, au début du mois de mars, se replier sur Odessa, où la situation devenait chaque jour plus tendue. Berthelot, qui avait parfaitement compris que les moyens dont ils disposaient ne lui permettraient jamais d'atteindre les objectifs fixés, en informa Paris le 12 mars : « L'évacuation forcée de Kherson et de Nikolaïev due à l'insuffisance de nos effectifs, à l'hostilité de la population, à l'attitude énigmatique des Allemands demeurés en Russie et à l'incompréhension de la situation manifestée par les volontaires de Denikine pose, d'urgence, la question de notre mission en Russie méridionale. »

À Odessa, d'Anselme entreprit de transformer la ville en camp retranché et prépara un plan d'évacuation militaire et civile par terre et par mer. Le 29 mars, le Conseil des Quatre décida de l'évacuation, qui fut aussitôt déclenchée. Elle se termina le 6 avril, pour les militaires mais aussi pour trente mille civils de différentes nationalités, évacués par la marine française. Le même scénario se reproduisit à Sébastopol, où un régiment d'infanterie métropolitaine, deux bataillons de tirailleurs algériens, un bataillon de tirailleurs sénégalais et une unité de fusiliers marins, soit quelque 6 500 hommes, tinrent tête du 15 au 26 avril à plus de 30 000 bolcheviks, permettant ainsi une évacuation en bon ordre.

À l'issue de ces évacuations, le dispositif « français », fort de deux divisions grecques, d'une division polonaise et de trois divisions françaises dont une coloniale, fut repositionné sur le Dniestr, de son embouchure à la région de Tiraspol. Puis, en juin, des divisions roumaines relevèrent les divisions françaises.

Sur les trois divisions françaises, l'une fut dissoute sur place afin de permettre la démobilisation de plusieurs classes d'âge et les deux restantes, réorganisées, furent dirigées vers la Bulgarie et devinrent une des composantes des troupes alliées d'occupation de la Bulgarie.

EN OCCUPATION AVEC L'ARMÉE DE HONGRIE

L'armée de Hongrie fut créée le 1er mars 1919, elle aussi à partir des divisions de l'ancienne armée française d'Orient.

CAT. 180
Fanion de la 156e division d'infanterie française
Paris, musée de l'Armée, don de la famille Dufieux, 1998, inv. 998.191
EPMA

CAT. 181
[page suivante]
Ordonnance du gouverneur français de la ville de Szeged, en Hongrie, à destination de ses habitants, rédigée le 15 juin 1919
Cette affiche est placardée dans la ville en réaction à la formation sur place d'une armée nationale hongroise par l'amiral Miklós Horthy, dans le cadre du gouvernement contre-révolutionnaire.

Le 1er août 1919, le gouvernement pro-communiste de Béla Kun quitte Budapest. Le 6 août, les armées roumaine et française, conduites par le général Henri Berthelot, entrent dans Budapest et occupent la ville. L'armée nationale menée par l'amiral Horthy entre à Budapest le 16 novembre 1919.
Budapest, Magyar Nemzeti Múzeum (Musée national hongrois), inv. 62.0526
EPMA

Gouvernement Militaire
de Szeged.

ORDONNANCE.

1\. Le Général Gouverneur rappelle aux habitants de la Ville de Szeged que

toute manifestation est strictement interdite.

2\. Tout attroupement, tout cortège, toute réunion dans la rue seront aussitôt dispersés par la force, s il en est besoin.

3\. Il invite la population à rester calme, et à s' abstenir de toute provocation à l' égard de qui que ce soit.

4\. L' intérêt général exige que le travail reprenne au plus tôt, aucune contrainte ou violence **tendant à supprimer la liberté dutravail ne sera tolérée.**

5\. Les commerçants devront continuer á vendre á tout acheteur et dans les conditions normales leurs denrées ou articles nécéssaires à la vie courante.

6\. **Le Général Gouverneur fait appel au bon sens et au droit jugement des habitants de la ville de Szeged;** la volonté du Commandement Français est que l' ordre et la

tranquillité regnent dans la ville.

Il appartient á chacun d'y contribuer loyalement pour sa part.

Szeged, le 15 Juin 1919.

Le Général de Gondrecourt,
Gouverneur de la Ville.

62.526.

Szeged Váro
Kormány

1\. **A**
méte
lakos
min
meg

2\. **A**
csopo
kell, a

3\. **Ny**
ja, ho
tózko

4\. **A**
mielő
szaba
semr
által

5\. **A**
den v
lett, a
szerel

6\. **A**
Váro
helye
azt ó
város
Minc
becsi

Szeged, 1919

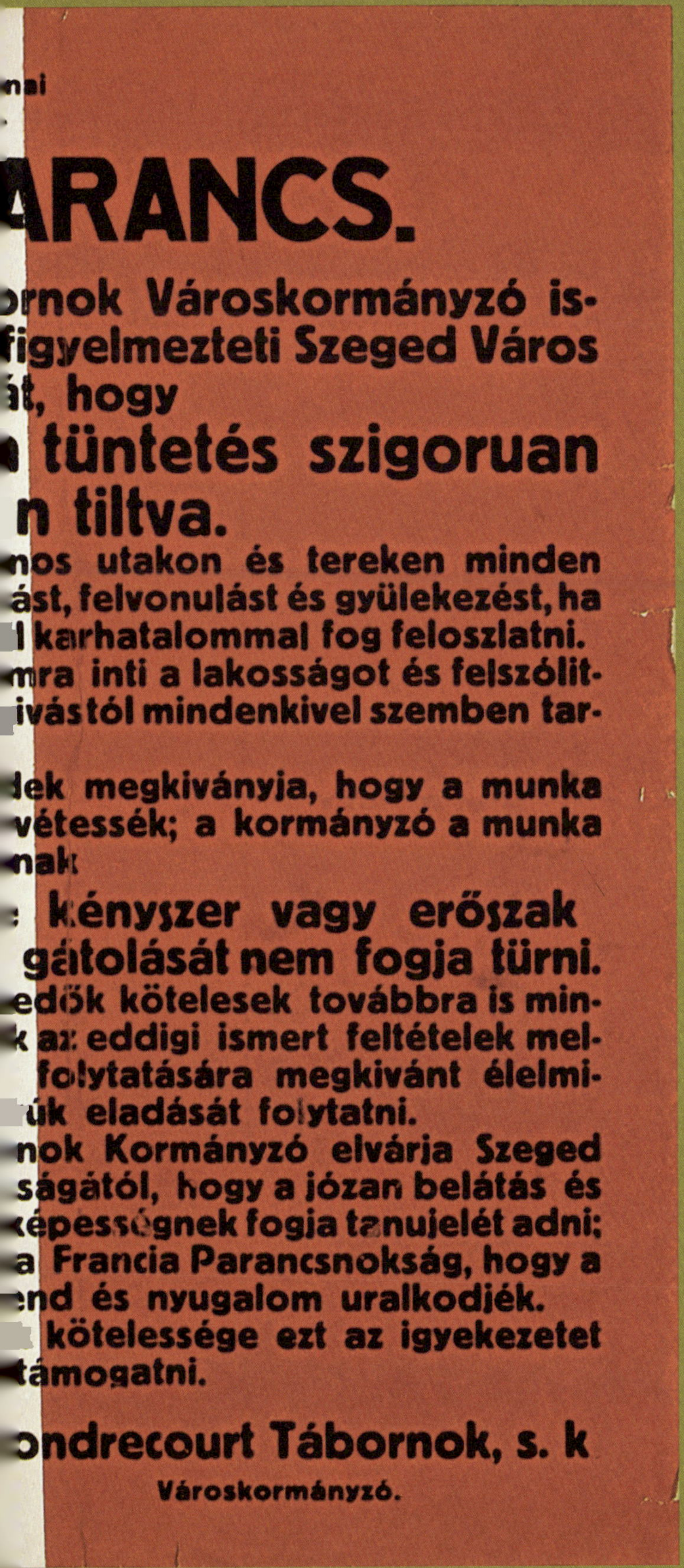
nai

ARANCS.

rnok Városkormányzó is-
figyelmezteti Szeged Város
át, hogy
tüntetés szigoruan
n tiltva.
nos utakon és tereken minden
ást, felvonulást és gyülekezést, ha
l karhatalommal fog feloszlatni.
mra inti a lakosságot és felszólít-
ivástól mindenkivel szemben tar-

lek megkivánja, hogy a munka
vétessék; a kormányzó a munka
nak
kényszer vagy erőszak
gátolását nem fogja türni.
edők kötelesek továbbra is min-
k az eddigi ismert feltételek mel-
folytatására megkivánt élelmi-
úk eladását folytatni.
nok Kormányzó elvárja Szeged
ságától, hogy a józan belátás és
képességnek fogja tanujelét adni;
a Francia Parancsnokság, hogy a
end és nyugalom uralkodjék.
kötelessége ezt az igyekezetet
támogatni.

ondrecourt Tábornok, s. k
Városkormányzó.

Comptant lors de sa mise sur pied trois divisions d'infanterie, dont deux coloniales, elle reçut pour mission de faire exécuter en Hongrie les clauses de l'armistice puis des décisions de la Conférence de la paix. Ce qui l'amena, pendant les huit mois de son existence, à assurer, successivement ou parfois simultanément, des missions de médiation, d'interposition et de coercition entre les différents acteurs régionaux, hongrois, roumains et serbes. Elle occupa une partie du Banat, que Serbes et Roumains souhaitaient s'approprier dans son intégralité, ainsi que la région située à l'est du Theisse (Tisza) afin d'éviter que Hongrois et Roumains ne s'y affrontent.
Le 21 mars 1919, à l'issue de la démission du gouvernement Károlyi et de la constitution du premier gouvernement de la République des conseils, l'armée de Hongrie, tout en continuant à remplir sa mission d'interposition, regroupa une partie de ses forces autour de Szeged, Temesvar et Arad afin de pouvoir réagir en cas de guerre ouverte avec l'armée du nouveau gouvernement hongrois. Tout au long du printemps, et en dépit d'une tension croissante, la démobilisation et le rapatriement des hommes se poursuivirent régulièrement. Ce qui se traduisit, coïncidence parlante, par la dissolution d'une division le 15 avril… jour même du début des opérations hongroises contre la Roumanie.
À l'issue de cette réorganisation, l'état-major de l'armée mit en place un système de relèves mensuelles qui stabilisa l'effectif de l'armée de Hongrie autour de vingt-deux mille hommes, dont quatre bataillons d'infanterie métropolitaine, neuf bataillons de tirailleurs algériens, cinq bataillons de tirailleurs sénégalais et plusieurs unités malgaches, soit 75 % de troupes issues de l'empire.

LE CORPS D'OCCUPATION DE CONSTANTINOPLE, DE L'OCCUPATION MILITAIRE À L'ACTION HUMANITAIRE

L'implication militaire française en Turquie commença par l'exécution de l'armistice de Moudros. À cette occasion, une division française (122e DI), forte de cinq bataillons métropolitains et trois sénégalais, placée sous commandement britannique, pénétra en Turquie d'Europe et occupa la presqu'île de Gallipoli et la région de Constantinople. Dans les semaines qui suivirent, les contingents métropolitains démobilisés furent régulièrement remplacés par une majorité de tirailleurs sénégalais. Et, que ce soit pour concurrencer les Britanniques ou parce que la proximité du Levant l'imposait, les relèves, fait rare, furent supérieures aux départs. Cela donna lieu à la création *ex nihilo*, en octobre 1919, d'une division territoriale de Turquie forte de deux bataillons métropolitains et quatre sénégalais. Peu après, le regroupement de cette division territoriale de Turquie avec la 122e DI, les troupes françaises de Thrace occidentale et les troupes françaises de Bulgarie donna naissance aux troupes françaises d'Orient. Le quartier général, expression du glissement de l'effort français vers l'ancien Empire ottoman, fut installé à Constantinople, avec à sa tête le général Claudel.

À la fin du mois d'avril 1920, il fut décidé d'envoyer d'importants renforts au Levant afin d'y étayer une présence française qui peinait à s'imposer.

Ce départ entraîna une énième réorganisation et la naissance en août du Corps français d'occupation de Constantinople (COC), fort d'environ vingt mille hommes. Ce COC devait veiller, avec les Alliés, à l'application de l'article 178 du traité de Sèvres, qui prévoyait la sécurisation d'une zone démilitarisée autour de Constantinople. Paris y ajouta une autre mission, celle de la défense des intérêts français à Constantinople et à Zonguldak, dont les mines de charbon étaient indispensables à la flotte française. C'est alors que, à la fin du mois de novembre 1920, en pleine phase de rapatriement des démobilisés et d'envoi de renforts au Levant, ce qui faisait chuter l'effectif du COC à douze mille hommes, survint la question de l'accueil des réfugiés russes de Crimée.

Cet accueil et l'évacuation qui le précéda furent l'épilogue tragique d'une période ouverte par la reconnaissance par la France du gouvernement de la Russie du Sud en août 1920. Au début du mois de novembre, la déroute imminente des armées de Wrangel poussa la France à évoquer « la nécessité qui pourrait se présenter d'évacuer les soldats blessés et les familles des fonctionnaires », soit quelques dizaines de milliers de personnes. La mission en fut confiée à l'amiral Dumesnil, placé à la tête de la division légère de la mer Noire. Il appareilla le 8 novembre en direction de Théodosie (Feodossia), Yalta, Sébastopol et Eupatoria (Yevpatoria). À peine débarqué à Sébastopol, Dumesnil télégraphia à Paris que la ville était susceptible d'être occupée « par les troupes rouges dans quarante-huit heures ». Il reçut l'ordre de procéder, « pour des raisons d'humanité », précisa le gouvernement français, à une évacuation générale. Le 14 novembre, l'embarquement commença. Il se fit à bord d'environ cent cinquante navires, majoritairement russes, qui appareillèrent avec le pavillon français en tête de mât et la bannière marquée de la croix de Saint-André à la poupe. Il se déroula bien, vu les circonstances, et se termina sous le feu de l'artillerie rouge. En trois jours, la marine française, qui pensait évacuer environ 30 000 personnes, en évacua 150 000 ! Ce sont ces 150 000 réfugiés russes que le COC accueillit, soigna, hébergea et nourrit jusqu'en avril 1922 dans une indifférence internationale presque totale.

CAT. 235
Album photographique des unités françaises du corps d'occupation français de Constantinople, présent entre 1921 et 1922 et commandé par le général Charles Charpy
Paris, musée de l'Armée, 1997, inv. 997.779
EPMA

EN CONFLIT AVEC LES BRITANNIQUES AU LEVANT

L'engagement militaire français au Levant peut être observé à travers une double temporalité rythmée par une occupation sous commandement britannique qui dura de la fin des combats jusqu'à son départ en novembre 1919 puis par une prise en main, progressive et complexe, par les Français des territoires attribués dans le cadre du mandat de la Société des Nations acté en avril 1920. Nous nous limitons ici à la première période, tant la seconde forma un ensemble homogène différent avec une temporalité spécifique qui ne prit fin qu'avec la fin du mandat en 1946. D'un point de vue militaire, la période initiale fut caractérisée dès 1917, et c'est sa grande originalité, par une subordination au commandement britannique. Cette situation vit le jour lorsque le gouvernement français décida d'adjoindre à l'Egyptian Expeditionary Force britannique un détachement français

symbolique, le Détachement français de Palestine (DFP) du lieutenant-colonel Philpin de Piépape, afin de ne pas être absent d'un théâtre d'opérations qui intéressait historiquement les Français et dont le devenir avait été *a priori* décidé lors des accords Sykes-Picot de mai 1916. Le Détachement français de Palestine, régulièrement renforcé, fut successivement rebaptisé Détachement français de Palestine-Syrie (DFPS) puis Troupes françaises du Levant (TFL) afin de marquer, à peu de frais, les ambitions françaises. Il demeura, jusqu'au départ britannique, incapable de peser face aux onze divisions du général Allenby, même si, comme les Français, les Britanniques virent leurs effectifs diminuer au rythme des démobilisations. Il en résulta une lutte d'influence déséquilibrée dans laquelle les Britanniques opposèrent à la volonté française d'exister le poids de leur hiérarchie militaire et l'omniprésence de leur armée. Ils s'appuyèrent également sur la vitalité de leurs relations avec les chérifiens et sur les promesses faites au chérif Hussein. Cet ensemble donna naissance à un climat de méfiance et souvent d'hostilité vis-à-vis des Français qui peut être illustré par cette remarque de Mark Sykes: «Nous saurons bien dégoûter la France de la Syrie et la Syrie de la France.» Il prit des formes multiples, dont l'attentat perpétré le 24 juillet 1919 contre l'amiral Mornet, commandant la division navale de Syrie, au cours duquel il fut grièvement blessé, ou encore l'arrestation par les Britanniques de l'émir Saïd, petit-fils d'Abd el-Kader. Ces événements furent considérés à Paris comme suffisamment graves pour que le gouvernement adressât à son homologue britannique plusieurs notes diplomatiques peu ambiguës.
Face à cette situation, et alors que François Georges-Picot estimait que la France devait envoyer au Levant vingt mille hommes afin d'y asseoir ses ambitions, Paris commença par y envoyer le général Hamelin afin de tenter de modifier le rapport de force avec le général Allenby. Le choix était judicieux car Hamelin, précédemment chef de la section Afrique à l'état-major des armées (EMA), connaissait parfaitement la situation sur le terrain dans la mesure où le Levant lui était rattaché. Dès son arrivée, il écrivit au ministre de la Guerre: «Le commandement du DFPS que j'exerce à dater d'aujourd'hui ne peut s'immiscer dans l'administration des territoires occupés. Il est sous les ordres du général Bulfin commandant le XXIe corps. [Je] ne pourrai vous soumettre qu'ultérieurement des propositions pour améliorer cette situation qui ne paraît pas répondre à vos intentions.» Puis il consacra une grande partie de son énergie à obtenir de l'EMA les renforts nécessaires à la préparation du départ des Britanniques tout en demeurant sous le feu de leurs remarques, comme lorsque le général Bulfin lui fit remarquer que la France devrait déployer au Levant des unités davantage métropolitaines qu'impériales: «Vous commettez une faute politique en vous abstenant d'envoyer ici une troupe française, il y va de votre prestige. Il vous faut à Beyrouth au moins un bataillon de Français métropolitains et une musique.»
Il est vrai que le DFPS puis, au début de 1919, les Troupes françaises du Levant formaient un ensemble militaire original. Lors de la signature de l'armistice de Moudros, le DFPS comptait environ 7 500 hommes principalement répartis en trois régiments. Le premier était constitué de tirailleurs algériens. Le deuxième, formé à partir de la Légion d'Orient, était constitué de Français appartenant à l'infanterie territoriale, d'une compagnie syrienne et de deux bataillons arméniens. Le troisième régiment était un régiment de cavalerie constitué essentiellement de spahis et de quelques chasseurs d'Afrique.
La démobilisation, au début de 1919, des classes anciennes appartenant principalement à l'infanterie territoriale ainsi qu'aux unités d'appui et de soutien, puis l'arrivée de renforts syriens et surtout arméniens accentuèrent la tendance initiale.
Ainsi, au printemps 1919, l'essentiel des quelque 10 500 hommes qui formaient les Troupes françaises du Levant provenait pour 4 500 d'entre eux de la Légion arménienne, pour 2 500 des tirailleurs et spahis algériens, et pour 700 du bataillon syrien.

EN EUROPE DU NORD ET DU NORD-EST

En Europe du Nord et du Nord-Est, l'armée française intervint dans un espace qui s'étendait du Danemark à la Russie du Nord en passant par la Prusse, la Pologne, les pays baltes et la Haute-Silésie. Les interventions en Pologne et en Haute-Silésie furent les plus significatives en raison de la nature des forces engagées, des missions poursuivies et des résultats obtenus.

LA PARTICIPATION À LA RENAISSANCE DE LA POLOGNE

En Pologne, d'avril 1919 à l'été 1920, l'armée française intervint sous trois formes différentes mais avec un objectif unique: «Aider l'État polonais à se constituer librement à l'abri des interventions extérieures ennemies qui pourraient se produire sur ses frontières.»
En premier lieu, entre avril et juin 1919, les militaires qui s'étaient portés volontaires participèrent à l'ultime réorganisation et à l'encadrement de l'armée Haller, avec laquelle ils partirent pour la Pologne.
Au même moment, une mission militaire française importante, dirigée par le général Henrys, quitta la France pour Varsovie. Parmi les quelque mille officiers qui la composaient initialement, le capitaine Charles de Gaulle. Sur place, elle contribua à fonder une armée polonaise unique à partir des Polonais qui avaient servi pendant la guerre dans les rangs des armées allemande, russe, austro-hongroise ainsi que dans l'armée Haller et dans les brigades de Piłsudski. Elle élabora les règlements d'emploi de l'armée polonaise en veillant à la simple traduction des règlements français et organisa sur tout le territoire polonais une vingtaine d'écoles militaires, principalement des écoles d'officiers. Lorsque la Pologne entra en guerre contre l'Armée rouge, les militaires français reçurent l'interdiction formelle du ministère de la Guerre de participer aux opérations.
Enfin, l'influence de la France devint militairement déterminante lors de l'invasion de la Pologne par l'Armée rouge, conduite entre autres par les généraux Toukhatchevski et Boudienny. Elle se concrétisa par l'envoi d'une mission franco-britannique, diplomatique et militaire, au sein de laquelle le général Weygand joua un rôle déterminant de conseil auprès de l'état-major polonais et du chef de l'État. Qui plus est, lorsqu'en juillet 1920 Toukhatchevski et son armée franchirent la «limite fixée par le conseil suprême interallié le 8 décembre 1919», les Français de la mission militaire furent autorisés à participer aux opérations. C'est ainsi que le capitaine de Gaulle y participa comme officier opérations dans l'armée commandée par le général Rydz-Smigly. Le retournement qui se produisit alors permit à la Pologne d'être victorieuse lors de la bataille de Varsovie du 15 août 1920. Cette victoire fut rendue possible par la capacité

qu'eurent Français et Polonais à faire la somme de leurs qualités militaires, les premiers apportant la rigueur de la bataille préparée, qu'ils avaient pratiquée pendant quatre ans, les seconds la fougue de ceux qui défendent l'existence de leur patrie. La bataille gagnée, Foch donna depuis Paris sa conception sur les limites qu'il fallait apporter à la contre-offensive polonaise. Elles étaient proches de sa vision de la frontière franco-allemande : il faut détruire l'ennemi et « connaître les territoires raisonnablement convoités par les Polonais, y diriger une action militaire conséquente, y asseoir une occupation définitive basée sur des frontières naturelles intentionnellement recherchées et sur des organisations militaires complémentaires entreprises sans délai ».

UNE MISSION D'INTERPOSITION EN HAUTE-SILÉSIE

L'intervention militaire française en Haute-Silésie résulta de la volonté des Alliés de mettre en place, là où cela était nécessaire, des commissions internationales de contrôle et d'organisation de plébiscites. Ces commissions étaient accompagnées de contingents internationaux chargés d'assurer des missions de police, de pacification, d'interposition entre des populations opposées et, *in fine*, de surveillance de la bonne exécution des plébiscites.

La force internationale envoyée en Haute-Silésie fut placée sous la haute autorité d'un Français, le général Le Rond, un autre général français, Jules Gratier, assurant le commandement direct de la force internationale. Cette force était composée d'une division française renforcée par un régiment de cavalerie, des automitrailleuses et des chars, d'une division légère britannique et de quatre bataillons italiens, soit plus de quinze mille hommes. On peut remarquer ici que la division française engagée, la 46e DI, avait été choisie parce que c'était celle que commandait en France le général Gratier. Le fait que la commission et la force internationale aient été commandées par des Français fut d'emblée une source de mécontentement qui plaça ces derniers dans une situation délicate. Quelle que fût la réalité de l'action des militaires français, ils furent régulièrement accusés, par les Allemands de Haute-Silésie et de Berlin et par les Britanniques, de favoriser les desseins polonais. Cela poussa le général Gratier à adopter une posture originale qui correspondait en fait au rapport de force local. Conscient qu'il lui était impossible d'intervenir par la force avec quinze mille hommes face à quelque quarante mille Polonais et cinquante mille Allemands en armes qui ne pensaient qu'à en découdre, il prit le parti de montrer sa force pour ne pas avoir à l'employer : « Le prestige que donnent les victoires remportées en commun par les armées alliées qui fournissent ces contingents peut seul, pour le moment, permettre à ces derniers de remplir leur lourde tâche. » Observant ce qu'il appelait une « neutralité stricte », il parvint à maintenir un équilibre précaire entre les deux communautés jusqu'aux élections de mars 1921. L'annonce des résultats du plébiscite fut en revanche à l'origine d'une insurrection puis d'opérations militaires proches de l'état de guerre. Elles placèrent les forces internationales dans une situation extrêmement délicate. Celles-ci y firent face en abandonnant les postes trop dispersés sur le territoire puis en s'efforçant de protéger au mieux les populations des exactions des deux camps. Elles y parvinrent jusqu'à ce que l'arrivée de renforts et les pressions internationales poussent les deux camps à cesser le combat. Les troupes alliées s'efforcèrent alors de marquer à nouveau leur présence en organisant des colonnes mobiles qui sillonnèrent la région jusqu'à ce que les décisions ultimes de séparation du territoire entre Allemands et Polonais fussent prises. Lorsque la mission prit fin, les Alliés déploraient environ soixante-dix tués et cent vingt blessés, dont vingt-six tués et cent blessés parmi les Français.

CAT. 222
Drapeau du régiment colonial de marche du Levant
Paris, musée de l'Armée, cession du 22e régiment d'infanterie coloniale, 1929, inv. 04607
EPMA

SOLDATS FRANÇAIS! CAMARADES!

Vous avez été les témoins de la grande révolution sociale qui s'est accomplie dans notre pays sans effusion de sang. Vous voyez le communisme victorieux, vous voyez le communisme, que les bourgeois s'efforaçient d'assimiler à l'anarchie et au crime, au vol et au désordre, maintenir l'ordre et conduire au but tout un peuple délivré dont les rangs, serrés et ordonnés, se pressent autour des héros qui ont eu le courage de lever la bannière de liberté, d'égalité et de fraternité.

Venez à nous frères français! Votre pays est celui de l'aurore des idées qui nous enflamment, des idées qui servent de base à la société que nous venons de fonder, des idées qui seront celles autour desquelles se grouperont toutes les sociétés futures! C'est votre pays qui nous a donné les premiers martyrs du communisme et de l'Internationale! Votre pays a été celui des Louis Blanc, des Fourrier, des Proudhon et Jaures! Ne l'oubliez pas, frères français!

On veut vous ruer contre nous! La bourgeoisie capitaliste et impérialiste, alliée à l'aristocratie et au cléricalisme, se sert de vous, masses prolétaires, pour étouffer les idées qui seront, magré tout, celles de sa perte!

Oserez-vous commetre ce crime, prolétaires français, courir aux armes et ensanglanter vos mains et votre conscience en combattant contre les prolétaires hongrois, vos frères, qui ne désirent qu' une chose, le ralliement de tous les peuples autour du drapeau rouge du communisme et de l'Internationale? Assez de sang versé pour la cause des empereurs et des rois, des démocraties bourgeoises! Assez de sang versé pour la cause du capital!

Nous ne voulons plus de sang versé mais, s' il le faut, nous saurons combattre comme des bêtes féroces contre le régime qui, pendant des siècles, a tenu les peuples dans la boue, la honte et la misère!

Venez à nous frères français! Enrôlez-vous dans les armées rouges russe et hongroise! Un soleil radieux de liberté brillera sous peu sur la terre entière! Partout, de l'Oural aux Pyrenées, de la Tamise au Bosphore et jusque dans les sables des déserts égyptiens le sol tremble sous l'avalanche des peuples qui se levent en masse pour la cause de la justice! Serez-vous les derniers, frères français?

Venez à nous! Venez à nous! Cést l'heure qui annonce l' apothéose de la victoire des proletaires, des peuples des travailleurs, ouvriers et paysans! Vive la Commune!! Vive l'Internationale!!

12.

LES MUTINERIES DE LA MER NOIRE : AGITATION RÉVOLUTIONNAIRE OU MALAISE DANS LA MARINE ?

PIERRE CHANCEREL
CONSERVATEUR DU PATRIMOINE,
ADJOINT AU CHEF DU DÉPARTEMENT DES FONDS D'ARCHIVES,
CENTRE HISTORIQUE DES ARCHIVES, SHD

Le sud de la Russie est emblématique d'une guerre qui continue bien après la fin de l'année 1918. Dès octobre-novembre de cette même année, pour lutter contre les bolcheviks et parce que la signature des différents armistices lui ouvre les portes de la mer Noire, le président du Conseil Georges Clemenceau ordonne une intervention française destinée à apporter un soutien technique aux formations qui luttent contre l'Armée rouge. L'opération est décidée à la légère et s'avère mal organisée. Mal renseigné, Clemenceau estime que les troupes françaises vont bénéficier d'un appui de la population locale, alors que celle-ci est hostile aux Alliés, qu'elle rend responsables de ses mauvaises conditions de ravitaillement. De plus, les forces françaises ne bénéficient d'aucun soutien des Britanniques et ne peuvent compter que sur l'aide de quelques unités grecques. L'opération dans le sud de la Russie repose essentiellement sur la deuxième escadre, placée sous les ordres de l'amiral Amet, qui occupe les ports de la mer Noire. Celle-ci doit rapidement affronter plusieurs difficultés : séparatisme ukrainien, armée blanche aux effectifs squelettiques, pénurie de charbon et difficultés de ravitaillement... Dès lors, l'évacuation des bases navales jusqu'alors occupées est décidée dès le mois de mars 1919.

C'est dans ce contexte qu'éclatent les mutineries de la mer Noire, au mois d'avril 1919[1], dont André Marty, embarqué à bord du *Protet*, est un des personnages centraux. Il est arrêté le 16 avril dans la base navale de Galatz après qu'on a découvert à bord des documents de son écriture attestant un complot pour remettre le bâtiment aux bolcheviks. Si ce mécanicien a été en contact avec des organisations révolutionnaires à Galatz, sa conduite résulte en définitive d'une dépression provoquée par une série de deuils familiaux. L'opération échoue et Marty est transféré à bord du *Waldeck-Rousseau*. L'affaire en reste là, même si, en juin, l'enseigne de vaisseau Pirot, du commandement de la base navale de Galatz, identifie dix matelots qui, à des degrés divers, font preuve d'indiscipline et qu'il demande d'éloigner de la base.
Dès l'entre-deux-guerres, le Parti communiste français a développé une mythologie autour de ces événements et fait du mécanicien principal Marty l'organisateur et la figure essentielle des mutineries de la mer Noire. Celles-ci ne se réduisent pourtant pas à l'affaire Marty. Le phénomène a concerné en effet une grande partie de la flotte en mer Noire stationnée dans le port de Sébastopol. Dans la soirée du 19 avril 1919, des manifestations éclatent à bord de *La France*, provoquées par une dizaine de marins qui protestent contre une corvée de charbonnage prescrite le lendemain, jour de Pâques. Un groupe de cent cinquante hommes réunis sur le gaillard d'avant crient « À Toulon ! ». L'agitation se propage à bord du *Jean-Bart*, amarré à proximité. Malgré des interventions d'officiers et d'officiers mariniers qui restent sans succès, des marins chantent *L'Internationale* jusqu'à minuit sur les deux navires. Des troubles éclatent également à bord de *La Justice* mais sont réprimés immédiatement grâce à l'action énergique du commandant, tandis que les autres bâtiments de l'escadre restent en dehors de l'agitation.
Le lendemain matin, l'agitation reprend sur *La France* et *Le Jean-Bart*, à bord desquels le pavillon rouge est hissé. Elle se propage aux cuirassés *Justice*, *Mirabeau* et *Vergniaud*, qui sont amarrés à proximité les uns des autres et dont les équipages entonnent *L'Internationale* et hissent un drapeau rouge. La journée est également marquée par la nomination de « délégués d'équipages » que le commandement perçoit comme des relais d'information, mais qui contribuent aussi à maintenir l'agitation à bord des bâtiments. Des délégués de *La Justice* montent à bord du *Jean-Bart*, tandis que ceux de *L'Algol* se rendent à bord de *La Justice* et chantent « Ah ! Ça ira ». Parallèlement, l'amiral Amet autorise les officiers mariniers, quartiers-maîtres et matelots « de bonne conduite » à descendre à terre jusqu'à 17 heures 30.

CAT. 174
[page précédente]
Tract de propagande du parti communiste hongrois à l'attention des soldats français basés en Roumanie, les invitants à rejoindre le Komintern, 1919
Budapest, Hadtörténeti Múzeum (institut et musée d'Histoire militaire), inv. 79.172.1/Nyt
EPMA

Dès leur arrivée, ces marins sont acclamés par des révolutionnaires russes et défilent précédés du drapeau rouge dans les rues de Sébastopol. Le cortège se heurte à un détachement de soldats grecs qui font feu. Se reformant un peu plus loin, il est de nouveau la cible de tirs d'un détachement d'hommes du *Jean-Bart*. Un matelot trouve la mort et cinq autres sont blessés au cours de cet épisode. Très choqués, les marins regagnent rapidement les bâtiments de l'escadre. La rude répression dont les permissionnaires ont fait les frais accroît dans un premier temps l'excitation des marins à bord, avant de contribuer finalement à calmer les esprits dans la soirée. Dès lors, le mouvement se scinde entre les meneurs qui veulent poursuivre jusqu'au bout et la masse des marins qui souhaitent arrêter l'agitation.

Sur le cuirassé *France*, la tension se maintient toute la journée du 21 avril si bien que le commandement prend des mesures énergiques pour ramener le calme. Pour l'isoler de l'agitation, le chef de l'escadre décide que ce bateau se rendra seul à Constantinople. L'état-major prend les armes et se prépare un réduit de défense en cas d'insurrection. En effet, deux cents hommes restent surexcités, mais les délégués parviennent à éviter un drame. C'est le départ effectif du bâtiment, le 23 avril, qui met fin à l'agitation à bord.

Quelques jours plus tard, du 26 au 29 avril, le croiseur cuirassé *Waldeck-Rousseau*, stationné devant Odessa, est également touché par une vague de mutineries qui a des traits particuliers. Informé le 25 avril des événements de Sébastopol par l'arrivée d'un ravitailleur en provenance de ce port, l'équipage s'agite et nomme des délégués qui font part de leurs revendications au commandement. Cet événement fait éclater un mouvement préparé en réalité depuis plusieurs semaines par un comité secret nommé Lucullus dont l'objectif est de mettre fin à l'intervention française en mer Noire et de rentrer en France. Or, le *Waldeck-Rousseau* n'a quitté Toulon que depuis six semaines. Il a donc passé peu de temps en mer et son équipage est composé essentiellement de jeunes marins qui n'ont pas été mobilisés en 1914. Si l'objectif de ces jeunes, fortement politisés, est la fin de l'intervention militaire en Russie, ils ont su mobiliser le reste de l'équipage sur des thèmes plus fédérateurs pour tenir tête au commandement.

De manière générale, les motivations révolutionnaires de soutien aux bolcheviks n'ont pas été absentes, mais sont le fait d'une minorité. Ainsi, dans son rapport sur les événements daté du 28 avril, le contre-amiral Lejay explique l'agitation par la présence à bord de *La France* de « quelques mauvaises têtes qui avaient lié partie avec les comités révolutionnaires bolcheviks à terre ». Le service de renseignements de la marine atteste que des civils russes étaient à bord de ce bâtiment dans la nuit du 19 au 20 avril et que, lors de conversations fréquentes dans les jardins de l'hôtel Kist, des Russes poussaient les marins français à quitter le pays, mais également à exporter les troubles en France. La mutinerie aurait ainsi été orchestrée par un groupe d'antimilitaristes qui souhaitaient ramener en France l'ensemble de l'escadre pour le 1er mai. Néanmoins, dans leur majorité, les mutins sont mus par d'autres motivations et ne saisissent d'ailleurs pas complètement la portée de leurs actes et des symboles qu'ils manipulent. Leur attitude lors de la manifestation à Sébastopol est à cet égard très significative : ayant suivi le cortège par curiosité, ils ont interprété la fusillade des Grecs comme un guet-apens sans envisager les enjeux politiques. En fait, la grande majorité des mutins sont motivés par la lassitude et parce qu'ils ont le sentiment de participer à une opération navale qui s'éternise sans résultat. Ainsi, à bord du *France* et du *Jean-Bart*, le calme revient dans la matinée du 20 avril dès que l'amiral Amet annonce qu'il demandera le retour des bâtiments en France. Surtout, les marins ne comprennent pas le sens de la campagne à laquelle ils participent alors qu'ils ne combattent pas et qu'ils sont convaincus que l'armistice a marqué la fin de la guerre. L'équipage de *La Justice* s'écrie ainsi le soir du 20 avril : « Nous ne sommes pas en guerre contre les Russes, nous voulons rentrer en France. » À cet égard, le rétablissement de la distribution aux marins du courrier et de journaux joue un rôle majeur dans le déclenchement des mutineries. Les marins reçoivent le *Journal officiel* et apprennent alors que, lors de discussions à la Chambre du 24 au 29 mars, des députés socialistes ont dénoncé la guerre contre la Russie et déclaré que l'intervention navale était inutile.

Les conditions matérielles à bord expliquent également le découragement de la grande majorité des marins.

ILL. 16
Navires des marines alliées et de la marine russe en mer Noire

ILL. 17
[page suivante]
Foyer des marins et soldats français à Sébastopol, 1919

FOYER DES SOLDATS ET MARINS
DE LA GARNISON DE SÉBASTOPOL

Les équipages manquent d'habillement, notamment de vêtements chauds pour les hivers rigoureux, tandis qu'ils doivent supporter une nourriture peu variée, des épidémies de grippe, une distribution du courrier aléatoire et de multiples corvées monotones. Par ailleurs, les bâtiments ont quitté la France depuis longtemps et les permissions sont beaucoup plus rares et courtes que pour les hommes de l'armée de terre.
La situation est connue des autorités de la marine puisque, dès le 12 février 1919, le vice-amiral Amet attirait l'attention sur la baisse du moral des hommes de la 2e escadre, en ayant identifié toutes ces causes.
Les mutations qu'a connues la marine pendant la Grande Guerre jouent également un rôle. Dans les nouvelles formes de combat que le conflit a fait apparaître, les petites unités dédiées à la lutte anti-sous-marine ont pris une importance majeure, au détriment des cuirassés. Cette tendance a contribué à donner un sentiment d'inutilité aux équipages des grands bâtiments. En outre, l'escadre a perdu des hommes au profit de ces unités. Les équipages sont clairsemés ou complétés par des volontaires jeunes qui n'ont pas été formés à suivre une discipline rigoureuse et sont étrangers aux traditions de la marine. Dans leurs rapports, tous les commandants insistent sur le fait que les états-majors des bâtiments sont affaiblis car réduits au tiers de leurs effectifs.
Les mutineries de la mer Noire se prolongent, au cours de l'été et de l'automne 1919, par une nouvelle vague qui concerne les ports militaires de Cherbourg, Brest, Lorient, Toulon et Bizerte, ainsi que les croiseurs *Guichen* et *Diderot* en Méditerranée orientale. Elles se caractérisent par des actes plus violents qu'au printemps puisque des officiers sont frappés et que, dans les ports, les marins tentent de s'emparer par la force des bâtiments représentant l'autorité navale, telles la préfecture maritime et la prison. Les acteurs de cette deuxième vague apparaissent également plus jeunes et plus politisés et poursuivent des objectifs de nature véritablement révolutionnaire. Ne trouvant pas de relais parmi les organisations syndicales et politiques de gauche et étant finalement lâchés par la grande masse des matelots, qui ne partagent pas leurs revendications, les mutins de la deuxième vague voient leur action condamnée à l'échec.
En définitive, les mutineries sont marquées principalement par des manifestations d'insatisfaction de la part des marins de la 2e escadre. Ceux-ci n'ont pas eu l'intention de renverser le commandement, mais ont surtout cherché à exprimer en haut lieu un mécontentement dû à la fatigue, à l'incompréhension de l'intervention en mer Noire et à la déception de poursuivre la guerre après l'armistice. Ils sont restés respectueux des officiers et ne s'en sont pas pris au matériel, pour concentrer leur insubordination sur les officiers mariniers. Le vice-amiral Amet, pour minimiser sa responsabilité dans l'affaire, va même jusqu'à écrire qu'il s'agit « d'une manifestation de mécontentement et non d'une mutinerie militaire ».
Ces mutineries ont-elles permis d'obtenir satisfaction ? Dès le printemps 1919, les organisations révolutionnaires ont répandu le bruit que les mutineries avaient abouti au retrait de la flotte de la mer Noire. En réalité, celles-ci ont eu lieu à un moment où l'échec de l'intervention en mer Noire était déjà entériné. Ainsi, l'évacuation d'Odessa avait été ordonnée dès le 30 mars et le ministre de la Guerre avait demandé au général Franchet d'Espèrey de « prendre les mesures nécessaires à l'évacuation de Sébastopol et de la Crimée » par un télégramme du 12 avril. Les mutineries ont seulement accéléré une évacuation déjà décidée. Enfin, le gouvernement étant soucieux de ne pas s'aliéner les forces politiques de gauche, les sanctions prononcées à l'encontre des marins mutins en 1919 se sont avérées peu nombreuses, avant que les condamnés ne bénéficient d'une amnistie en 1922.

1 Les documents essentiels à la connaissance des mutineries de la mer Noire sont conservés par le Service historique de la Défense à Vincennes sous la cote MV SS Ed 30. Il convient de se reporter également à la thèse de Philippe Masson, *La Marine française et la mer Noire (1918-1919)*, Paris, Publications de la Sorbonne, 1982.

AUTOUR D'ALBERT KAHN : LA GUERRE SANS FIN D'UNE SOCIÉTÉ CIVILE À L'OPINION ÉCLAIRÉE

ANNE SIGAUD,
CHARGÉE DE RECHERCHES AU MUSÉE DÉPARTEMENTAL ALBERT-KAHN,
DOCTORANTE EN HISTOIRE CONTEMPORAINE
À L'UNIVERSITÉ PARIS-SORBONNE (SIRICE)

ILL. 18
Bosnie, Buna, vue prise du pont sur l'ensemble de la mosquée et les ruines, mission Jean Brunhes et Auguste Léon dans les Balkans, octobre 1912

Dans le nouveau contexte républicain de la fin du XIXe siècle, une partie de la société civile entend participer à la conduite des affaires publiques en s'auto-investissant d'une fonction de conseil, d'influence, mais aussi de soutien ou de promotion de l'action de l'État. Le banquier Albert Kahn (1860-1940) est une personnalité caractéristique de ce mouvement. Après avoir fait fortune, il finance entre 1898 et 1932 une dizaine de fondations de statuts divers (fondations universitaires, cercles privés, entreprise...) qui sont autant d'espaces d'échanges, de discussions, d'information et de documentation sur les politiques publiques. Ces lieux sont fréquentés par des personnalités influentes qui proviennent des milieux d'affaires, parlementaires, gouvernementaux, intellectuels ou encore journalistiques et qui ont deux points communs principaux : une très bonne connaissance des enjeux nationaux sur le plan intérieur comme extérieur et une conscience aiguë de l'internationalisation des problèmes qui se posent, de jour en jour, à la France.
Les archives des fondations d'Albert Kahn (procès-verbaux de discussions, archives de fonctionnement) et les matériaux documentaires qu'elles ont produits (ouvrages et bulletins imprimés, images) sont un formidable support d'étude de l'opinion de ce milieu éclairé et informé. Leur examen permet notamment d'observer de quelle manière cette société, habituée dès avant la guerre à fonctionner au sein de réseaux internationaux, réagit au nouvel ordre mondial qui se met en place après le conflit, en y résistant, en s'y adaptant ou en y participant, en tout cas en négociant en permanence entre internationalisme et défense des intérêts nationaux.
Albert Kahn lui-même définissait l'ensemble de ses fondations comme une vaste entreprise de documentation destinée à accompagner

les gouvernements dans la conduite des affaires du monde[1]. Parmi sa production documentaire figure une collection visuelle originale, constituée entre 1912 et 1932 par des opérateurs de prises de vue salariés par lui et qu'il a nommée les Archives de la Planète[2]. Nous nous référerons ici à ces images qui, composées de captations d'événements d'actualité ponctuels, de reportages plus structurés tournés à l'étranger, de portraits de personnalités, etc., sont largement mises à contribution dans la présente exposition. Nous appuierons également notre propos sur deux autres fondations d'Albert Kahn : la Société Autour du Monde (SAM), cercle privé fondé en 1906 pour rassembler des personnalités intéressées à créer et à entretenir un « esprit international »[3], et le Comité national d'études sociales et politiques (CNESP), groupe de discussion fondé en 1916 dans le but d'étudier « des questions d'ordre social et politique d'un intérêt général »[4]. Quelle vision les Archives de la Planète, la SAM et le CNESP donnent-ils donc de la « guerre sans fin » en ces années 1918 à 1923 ? Quel vécu de l'intelligentsia, dont elle est le miroir culturel, cette documentation reflète-t-elle ?

UN MILIEU QUI NE DÉSARME PAS

Comme l'a écrit John Horne[5], la démobilisation des esprits ne s'est pas faite en un jour et les images des Archives de la Planète reflètent les étapes d'un long processus post-traumatique qui commence pour les Français par une quête de reconnaissance du sacrifice national, de la responsabilité de l'ennemi et du droit à la réparation. Les missions de prises de vue dans les régions dévastées tiennent ainsi une grande place dans l'immédiat après-guerre et la documentation est principalement crispée jusqu'en 1924 sur la question des réparations. Procédant à la fois de l'espoir de voir le nouvel ordre mondial se fonder sur la poursuite de la coopération interalliée et d'une adhésion pleine et entière au projet du maréchal Foch sur la rive gauche du Rhin, l'occupation des pays rhénans est également abondamment documentée. La figure de Foch est par ailleurs régulièrement valorisée, dans la lignée d'une longue tradition iconographique de célébration du « grand homme » tout autant que de sa philosophie politico-militaire.

Dans les débats et dans les images, la question de la sécurité nationale est cardinale. L'attachement à un concert européen qui maintiendrait une place à une Russie non bolchevique et à une Autriche-Hongrie fédérative et respectueuse de ses minorités prévaut, jusqu'au soutien officiel aux nationalités déclaré par le gouvernement français en mai 1918. Les « nationalités opprimées » sont alors présentées à la SAM et le droit des peuples à disposer d'eux-mêmes est discuté au CNESP, mais entre Français. En 1919, en marge de la Conférence de la paix, les « représentants des nationalités » sont invités à faire entendre leur propre voix devant le CNESP, mais ce cercle de privilégiés est restreint aux États sur lesquels la France entend faire reposer son système de sécurité[6].

Les fondations d'Albert Kahn entretiennent dès les origines des liens étroits avec l'Université de Paris et le Collège de France, et ce sont principalement des universitaires qui les dirigent et les animent. Ce sont ces personnalités qui introduisent dans le milieu kahnien les représentants des nouveaux États-nations. Spécialistes des civilisations étrangères, ces intellectuels jouent souvent un rôle d'experts pour le gouvernement et se font les champions des dirigeants étrangers francophiles et en capacité de répandre le modèle culturel, démocratique et juridique français sur le terrain des anciens Empires centraux et ottoman.

ILL. 19
Serbie, Struga, la grande rue de Struga qui conduit au pont bâti, mission Jean Brunhes et Auguste Léon dans les Balkans, printemps 1913

Après la reconnaissance officielle de ces nouveaux États, qu'ils ont contribué à crédibiliser auprès des grandes puissances, ces universitaires sont les artisans de la diplomatie culturelle de la France et de sa stratégie d'influence. La SAM est ainsi un lieu de rapprochements et de conclusions d'échanges interuniversitaires important, en particulier avec la Tchécoslovaquie, et les Archives de la Planète sont régulièrement employées dans le cadre de conférences de «propagande intellectuelle» à l'étranger.

AU SERVICE DE LA PUISSANCE DE LA FRANCE

Les fondations d'Albert Kahn relaient une autre grande préoccupation de l'après-guerre : la nécessité de maintenir la France au rang de grande puissance, ce qui implique, au-delà du déploiement d'actions de *soft power*, une stratégie d'expansion territoriale. Dès janvier 1918, alors que se précise l'effondrement prochain de l'Empire ottoman, la question de la Palestine est débattue au CNESP. Sous la caution du juriste Albert de Lapradelle, on y milite pour la défense des prérogatives françaises sur les lieux saints, tandis que les Archives de la Planète participent à une mission de la section photographique et cinématographique de l'armée en Arabie auprès de la mission Pisani. Un soutien est également apporté à l'effort de propagande photographique et cinématographique qui entoure fin 1919 l'installation du général Gouraud en Syrie et la visite très diplomatique du cardinal Dubois à Jérusalem. La défense et la promotion du mandat français en Syrie est encore assurée en 1921 par une mission photographique dirigée par le géographe Jean Brunhes en personne, directeur scientifique de la collection, qui consacre ensuite à la Syrie une année de son cours au Collège de France.

Autour d'Albert Kahn gravite également un large cercle de financiers, d'industriels, d'hommes d'affaires et d'économistes, qui pensent la puissance de la France en termes économiques. La propriété privée du banquier à Boulogne-sur-Seine est le lieu de toute une infra-diplomatie qui sert le projet d'expansion économique de la France. Au sein de ses fondations prévaut une pensée économique réaliste. La nécessité du relèvement de l'Autriche pour le bien de l'Europe est admise dès avant l'armistice et une mission des Archives de la Planète envoyée à Vienne en 1920 en constate le délabrement. Bien que l'Allemagne demeure l'ennemi numéro un jusqu'à son admission à la Société des Nations en 1926, l'opportunité d'une négociation directe avec ses industriels est discutée au CNESP dès 1922 et les images photographiées et filmées dans la Ruhr pendant l'occupation témoignent en creux de la tenue de ces discussions à partir du moment où Poincaré les autorise officieusement[7]. Le calendrier des invitations de personnalités russes à Boulogne reflète pour sa part des atermoiements quant au régime avec lequel faire des affaires, étant entendu qu'il ne peut être question des Soviétiques avant 1924. La Pologne suscite beaucoup de méfiance jusqu'aux accords passés par le gouvernement français en 1921 et le CNESP, conscient des intérêts sidérurgiques à préserver au sein de ce nouvel État client, lui apporte un vigoureux soutien après le plébiscite en Silésie, où une mission de prise de vue des Archives de la Planète est organisée. On note également un intérêt nouveau pour les nationalités du Caucase à partir de 1921, lorsque les avancées des négociations impliquant la Russie soviétique, la Turquie et la Grande-Bretagne autour du pétole de Bakou nécessitent que la France se positionne.

ILL. 20
Combattants des forces arabes du Hedjaz, mission Paul Castelnau au Proche-Orient pour la Société cinématographique et photographique des armées (SCPA), 2 mars 1918

Le réalisme encore, économique et politique, engendre dans les mêmes années, au CNESP et dans les Archives de la Planète, un renversement spectaculaire. De 1912 à 1919, la Grèce y faisait l'objet de toutes les attentions et ses prétentions territoriales dans les Balkans comme en Asie Mineure étaient accueillies avec beaucoup de bienveillance, au nom de l'hellénisme et d'un esprit démocratique défendu comme inhérent à la nation grecque par des personnalités comme Jean Brunhes ou Maurice Croiset. L'Arménie également avait été auditionnée au CNESP en 1918, et considérée sous l'égide d'Antoine Meillet comme complémentaire avec la Grèce pour assurer un rempart démocratique et francophile à l'obscurantisme musulman et au péril turc. À partir de mars 1922, un véritable putsch s'opère au CNESP en faveur du mouvement national turc, moyennant la mobilisation d'une ambassadrice de charme soutenue par les généraux Gouraud, Malleterre et Debeney, qui protestent du plus véhément patriotisme quant aux récents accords d'Angora dont s'inquiète l'auditoire pro-arménien.
À la fin de la même année, les Archives de la Planète confirment cette prise de parti pour la jeune Turquie, avec l'envoi en Anatolie et dans la région de Smyrne d'une mission de prises de vue destinée d'une part à documenter l'installation du nouveau pouvoir dans sa nouvelle capitale, d'autre part à réaliser un contre-reportage contredisant les accusations contre la Turquie de la Grande-Bretagne pro-grecque. On l'aura compris, parmi les ressorts patriotiques qui animent le projet kahnien, la rivalité avec l'Angleterre compte également. Récurrente et en écho parfait avec la chronologie de l'évolution des relations entre les deux pays, renforcée par une puissante amertume consécutive au délitement de la coopération interalliée et aux oppositions de fond qui émaillent les négociations sur les réparations, c'est encore un angle d'analyse pertinent pour la compréhension du projet documentaire et de ses grandes dynamiques à l'époque de cette « guerre sans fin » qui se joue beaucoup entre Européens.
Les Archives de la Planète présentent le grand mérite d'être une collection qui non seulement possède des vertus illustratives, pour avoir mis en images de façon très complète les années 1918 à 1923, mais aussi dont le contexte de fabrication est suffisamment documenté pour nous renseigner sur l'outillage mental et les processus intentionnels qui en guident la réalisation. Envisagées comme un élément d'un projet documentaire plus vaste et confrontées aux sources d'une autre nature qui sont produites conjointement, elles permettent d'analyser un courant d'opinion et révèlent à quel point une société civile particulièrement éclairée et ouverte sur le monde, consciente des enjeux globaux, adhère à la stratégie gouvernementale de défense des intérêts nationaux, y coopère et vit comme légitime la poursuite de la guerre, qu'elle s'effectue de manière formelle, par le biais de l'action militaire, ou informelle, par le biais de l'action économique et culturelle.

1 Albert Kahn, *Des droits et devoirs des gouvernements*, imprimerie de Vaugirard, 1918.
2 Cette collection rassemble aujourd'hui 72 000 autochromes (premier procédé de photographie en couleurs véritables) et 100 000 mètres de films muets en noir et blanc. Elle est conservée par le département des Hauts-de-Seine au musée départemental Albert-Kahn.
3 Jeanne Beausoleil, Pascal Ory (dir.), *Albert Kahn 1860-1940, Réalités d'une utopie*, Boulogne-Billancourt, musée Albert-Kahn, 1995, 407 p., p. 237-241. Collectif, *Albert Kahn, singulier et pluriel*, Paris, Lienart, Boulogne-Billancourt, Albert Kahn musée et jardins départementaux, 2015, 303 p., p.253-271.
4 *Ibid.* p. 227-236, 313-329 ; *ibid.*
5 John Horne, « Demobilizing the Mind : France and the Legacy of the Great War, 1919-1939 », *French History & Civilization*, vol. 2, 2009, p. 101-119.
6 Georges-Henri Soutou, *La grande illusion : quand la France perdait la paix, 1914-1920*, Paris, éditions de Noyelles, 2015, 376 p., p. 346-348.
7 Stanislas Jeannesson, *Poincaré, la France et la Ruhr (1922-1924). Histoire d'une occupation*, Strasbourg, Presses universitaires de Strasbourg, 1998, 432 p., p. 314.

ILL. 21
Syrie, Antioche, gorges de Bab el-Hadid, mission Jean Brunhes et Frédéric Gadmer au Liban et en Syrie, 26 octobre 1921

PORTRAITS

JULES CAMBON

Avocat de formation, issu du corps préfectoral, il est nommé gouverneur général de l'Algérie en 1891, poste qui l'oriente vers la diplomatie. Il y accède en 1897 par la grande porte : ambassadeur à Washington, à Madrid, puis à Berlin de 1907 à 1914. Premier secrétaire général du Quai d'Orsay en 1915, sa position et ses qualités le désignent pour représenter la France à la Conférence de la paix, comme seul diplomate nommé – à soixante-quatorze ans – « délégué plénipotentiaire » pour seconder Clemenceau aux côtés de Tardieu, Klotz et Pichon. Il œuvre au retour de l'Équilibre européen, qui, selon lui, doit guider l'action diplomatique, en empêchant que les petites nations soient absorbées par les grandes puissances et en facilitant l'accession à l'indépendance de la Pologne. Il préside notamment la Commission des affaires grecques, chargée de résoudre les différends entre la Grèce et l'Italie. Après la signature du traité de Versailles, il reste, comme président de la Conférence des ambassadeurs, responsable de l'application du traité jusqu'à sa retraite en 1931.

I. N.

(1845-1935)

MAURICE PALÉOLOGUE

Après une carrière en Chine puis à Sofia, il est nommé en 1912 par Poincaré directeur des affaires politiques et commerciales du Quai d'Orsay, puis, en janvier 1914, ambassadeur à Petrograd. Rentré en France après la révolution bolchevique, il se voit confier en janvier 1920 par le président du Conseil Millerand le secrétariat général du Quai d'Orsay. Millerand, qui doit mettre en œuvre le traité de Versailles et fait une priorité du redressement intérieur de la France, ne veut pas consacrer tout son temps aux questions internationales : Paléologue, diplomate expérimenté, réputé pour son intelligence et sa culture, a mission de suivre l'exécution des traités en Europe centrale et orientale. Il n'a pas gardé de son ambassade à Petrograd des liens étroits avec l'aristocratie russe, lui donnant une position uniformément hostile aux soviets. Il s'efforce surtout de reconstituer l'Équilibre européen mis à mal par le principe des nationalités, en renouant avec les traditions de la diplomatie française. La Pologne, qu'il fait soutenir militairement en 1920, lui doit son indépendance.

J. P. D.

(1859-1944)

PHILIPPE BERTHELOT

Chef de cabinet du ministre des Affaires étrangères Stephen Pichon en 1913, directeur adjoint des affaires politiques et commerciales en 1914, il dirige le cabinet d'Aristide Briand de novembre 1915 à mars 1917 puis est le principal collaborateur de Pichon, de nouveau ministre de novembre 1917 à janvier 1920. S'opposant aux tentatives de paix séparée, prônant le principe des nationalités contre les Empires austro-hongrois et ottoman, il soutient le Comité national tchèque. Lors de la Conférence de la paix, il siège à la commission du statut des États nouveaux et est un des auteurs des clauses territoriales. Directeur, en juin 1919, des affaires politiques et commerciales au Quai d'Orsay, il soutient la Tchécoslovaquie et la constitution de la Petite Entente ; hostile à la diplomatie wilsonienne, il recherche l'entente avec les Britanniques, qui ménagent l'Allemagne. Secrétaire général du ministère en septembre 1920, il est l'éminence grise de Briand quand celui-ci retrouve le Quai en janvier 1921. Mais, accusé, à l'été, d'avoir fait soutenir abusivement la banque de son frère André, Berthelot doit remettre sa démission en décembre. G. E.

(1866-1934)

JULES LAROCHE

Il fait carrière au Quai d'Orsay dans le sillage de Philippe Berthelot, qui l'emploie pour contrer Maurice Paléologue. Il participe à toutes les grandes conférences internationales qui suivent la Conférence de la paix. Il s'occupe notamment du partage de la Haute-Silésie, obtenant un tracé favorable à la Pologne. Il privilégie la voie du compromis avec l'Allemagne et recherche un accord global européen, suivant les propositions de la Grande-Bretagne et de son influent économiste, Keynes. En décembre 1921, il élabore, à la demande de Briand, un ambitieux projet d'alliance franco-britannique et de pacte de non-agression englobant l'Allemagne, l'Italie et la Belgique. Son rejet par Millerand, en janvier 1922, entraîne la démission de Briand. Mais les principes qu'il illustre annoncent les accords de Locarno, puis le projet d'entente européenne élaboré pour Briand par Alexis Léger. En 1922, Laroche participe aux négociations aboutissant au traité de Lausanne : il y défend la Turquie de Kemal contre la Grande-Bretagne, dans l'idée de ménager les intérêts de la France « grande puissance musulmane ».

J. P. D.

(1872-1961)

PAUL DUTASTA

Intégré au Quai d'Orsay par la voie normale du concours en 1898, Dutasta, grâce à la protection de Clemenceau, connaît une progression éclair. Homme d'affaires par ailleurs, il se met en disponibilité entre 1911 et 1918. En février 1918, il est nommé, à la surprise générale, ambassadeur en Suisse, poste qu'il cumule, à partir du 17 janvier 1919, avec la fonction de secrétaire général de la Conférence de la paix. À Berne, il œuvre à rapprocher, sur le plan économique et diplomatique, la Suisse neutre de la France. Il défend les droits de la Confédération sur le Rhin et veille à la confirmation, dans le traité de Versailles, de la neutralité suisse. De Berne, il joue aussi les médiateurs dans les discussions officieuses avec les Autrichiens. La fin de sa mission est marquée par une campagne de presse l'accusant de trahison, en raison de sa participation au conseil d'administration de la Berna Milk SA, société enrichie durant la guerre par le commerce du lait avec les puissances centrales. Il renonce à la diplomatie en 1921.

I. N.

(1873-1925)

LOUIS FRANCHET D'ESPÈREY

Officier d'infanterie issu de l'ESM de Saint-Cyr, promu général en 1912, il commande le 1er CA de Lille lorsque la guerre éclate, puis une armée et un groupe d'armées jusqu'à son envoi à Salonique, en juin 1918, pour prendre le commandement des armées alliées d'Orient. Il est l'auteur de l'offensive décisive de septembre 1918 qui précipite l'effondrement des Puissances centrales. Le 29 septembre, il signe le premier armistice allié de la guerre, avec les Bulgares. Il propose ensuite de marcher vers l'Allemagne : on le lui interdit, les Britanniques souhaitant une réorientation de l'effort allié vers la Turquie. Franchet d'Espèrey, depuis son quartier général nouvellement installé à Constantinople, le regrette. Lucide, il constate avec ironie et amertume : « Personne ne commande, Clemenceau absorbé par le Congrès, Foch dans son rêve, Pétain dans sa réserve... Or, nous avons la prétention d'arbitrer en Adriatique, de maintenir l'ordre en Hongrie, [...] de conquérir la Russie et de conserver nos positions en Turquie ! »

F. G.

(1856-1942)

HENRI MATHIAS BERTHELOT

Officier d'infanterie issu de l'ESM de Saint-Cyr, dont il sort classé quatrième, il est premier aide-major général de Joffre au Grand Quartier général lorsque la guerre commence. Il commande ensuite un groupe de divisions de réserve puis un corps d'armée à Verdun jusqu'en octobre 1916. C'est alors qu'il est nommé à la tête de la Mission militaire française envoyée en Roumanie, forte d'un bon millier d'officiers. Il y réorganise l'armée roumaine défaite. Après un séjour en France au cours duquel il commande la 5e armée, il retourne en Roumanie en octobre 1918 et prend le commandement de l'armée du Danube, mise sur pied afin de concrétiser les visées politiques de la France au profit de la Roumanie et en direction de la Russie du Sud. Devenu par son engagement personnel le « parrain » de la Grande Roumanie, il s'y voit offrir en 1923 en Transylvanie une « principauté française dans un royaume roumain », rebaptisée pour l'occasion « General Berthelot », et dont il décide que les revenus seront versés sous la forme de bourses au profit d'étudiants roumains séjournant en France.

F. G.

(1861-1931)

HENRI LE ROND

Polytechnicien, officier d'artillerie, il occupe principalement des postes dans son arme jusqu'à la fin de la guerre sur le front français. Il est alors attaché à l'état-major du maréchal Foch. Lors de la Conférence de la paix, il travaille à la délimitation des frontières de l'Europe centrale et orientale. En novembre 1919, il est mis à la disposition du ministère français des Affaires étrangères afin d'occuper, en application de l'article 88 du traité de Versailles, la fonction de président de la commission interalliée de gouvernement et de plébiscite de la Haute-Silésie. Il s'emploie sur place, à Oppeln (Opole), à calmer les esprits des populations allemandes et polonaises, inquiètes de leur avenir, et à organiser le plébiscite, qui se déroule en mars 1921. Il est confronté à une opposition permanente des Britanniques, qui l'accusent de partialité au profit des Polonais. Le désaccord est tel que Philippe Berthelot estime qu'il peut conduire « directement à un conflit franco-anglais où l'on verra la Grande-Bretagne appuyer ouvertement l'Allemagne contre la France ».

F. G.

(1864-1949)

HENRI NIESSEL

Officier d'infanterie sorti major de sa promotion de Saint-Cyr, quelques années plus tard stagiaire à l'École supérieure de guerre, dont il sort classé deuxième, il effectue un premier voyage en Russie. Pendant la guerre, il commande sur le front français une brigade, une division puis un corps d'armée. Au cours de l'été 1917, il est envoyé en Russie par Foch. Il y demeure jusqu'en mai 1918. Il en tirera un livre, *Le Triomphe des bolcheviks et la paix de Brest-Litovsk, souvenirs, 1917-1918* (Plon, 1940). En octobre 1919, il est nommé président de la commission interalliée chargée du contrôle de l'évacuation des provinces baltiques par les troupes allemandes, puis, en septembre 1920, de la Mission militaire française en Pologne jusqu'en décembre 1921. À Varsovie, il se heurte aux dirigeants polonais, qui manquent « du respect dû au représentant de notre armée », d'où son retour prématuré en France. À Paris, le chef d'état-major de l'armée, le général Buat, juge que Niessel est probablement « plus fait pour le commandement actif que pour les missions diplomatiques ».

F. G.

(1866-1955)

MAXIME WEYGAND

Né à Bruxelles de parents inconnus, il fait Saint-Cyr à titre étranger. Il en sort officier de cavalerie. Ayant obtenu la nationalité française, il poursuit une carrière ordinaire jusqu'à la guerre. En 1914, il devient, dans des conditions extraordinaires, chef d'état-major de Foch. Il demeure jusqu'à la fin de la guerre son plus proche collaborateur et son confident. Au début de l'été 1920, alors que la Pologne est menacée dans sa jeune existence par l'invasion de l'Armée rouge, il est envoyé sur place comme conseiller du chef de l'État et de l'état-major polonais. Alors que beaucoup pensent que la situation est désespérée, il s'active et se dépense sans compter. Il participe à la réorganisation des pratiques du haut commandement polonais, auquel il insuffle les méthodes françaises. Il contribue aussi à l'élaboration du plan de la bataille d'arrêt puis de la contre-offensive conduite directement par Piłsudski depuis les rives du la rivière Wieprz, qui sauve la Pologne lors de la bataille de Varsovie, encore appelée « miracle de la Vistule ».

F. G.

(1867-1965)

MILAN STEFANIK

Sujet slovaque de l'Empire austro-hongrois, il arrive en France en 1904, titulaire d'un doctorat en astronomie obtenu à Prague. Il travaille notamment à l'observatoire de Meudon et se passionne pour l'aéronautique naissante. Ayant acquis la nationalité française et reçu la Légion d'honneur pour services rendus à la France, il est mobilisé comme simple soldat lorsque la guerre éclate. Il devient peu après pilote et gagne ses galons d'officier. Il entreprend, aux côtés de Tomas Masaryk et d'Edvard Beneš, de promouvoir une idée qui donne naissance, en 1918, à un État européen nouveau : la Tchécoslovaquie. S'intéressant particulièrement aux questions militaires, il s'occupe du recrutement de la future armée tchécoslovaque et à ce titre parcourt le monde. Il participe enfin, auprès du général Janin, avec le grade de général à titre temporaire, à la Mission militaire française envoyée en Sibérie pour y recueillir la Légion tchécoslovaque, qui tient la ligne du Transsibérien, et assurer son transport depuis les ports d'Extrême-Orient jusqu'à la Tchécoslovaquie.

F. G.

(1880-1919)

JULES GRATIER

Officier d'infanterie issu de l'ESM de Saint-Cyr, il commande un régiment d'infanterie en 1914 et une division lorsque la guerre se termine sur le front français. Considéré comme un chef «énergique et autoritaire», le général Gratier est, en 1919, envoyé en Haute-Silésie avec sa division. Nommé commandant supérieur des troupes alliées en Haute-Silésie, majoritairement françaises, mais aussi britanniques et italiennes, il est apprécié de tous, y compris des Allemands. À la fin de l'été 1921, il est néanmoins relevé de son commandement par Paris, à la suite de la polémique née lors de l'assassinat du chef de bataillon Montalègre, chef de corps du 27ᵉ BACP – polémique née de l'inimitié entre Gratier et le général britannique Heneker, ainsi que des relations difficiles de Gratier avec le général Le Rond, le premier estimant que le second s'immisce trop souvent dans les affaires militaires relevant de sa compétence. Lors de son départ, il est unanimement loué, y compris par le président du Conseil Aristide Briand.

F. G.

(1863-1956)

EUGÈNE MITTELHAUSER

Officier d'infanterie issu de l'ESM de Saint-Cyr, il commande notamment, pendant la guerre, la 1ʳᵉ brigade marocaine devant Verdun. Il accompagne en 1919 le général Pellé en Tchécoslovaquie en tant que chef d'état-major. Il joue un rôle militaire central dans la défense de la Tchécoslovaquie lors de la campagne de Slovaquie contre les Hongrois. Quand Pellé part pour Constantinople, il lui succède à la tête de la Mission militaire française et comme chef d'état-major de l'armée tchécoslovaque. Jusqu'à son départ de Prague en 1925, il est en butte à une opposition permanente qui traduit l'évolution divergente des politiques de sécurité de la France et de la Tchécoslovaquie, la première s'inquiétant de l'Allemagne, la seconde davantage de la Hongrie. Dès 1922, il redoute «l'irrémédiable neutralité tchécoslovaque vis-à-vis de l'Allemagne» et, en cas de rapprochement entre celle-ci et la Russie soviétique, le risque de voir la Tchécoslovaquie «se dégager de ses obligations occidentales pour se solidariser avec la Russie».

F. G.

(1873-1949)

PAUL HENRYS

Officier de cavalerie issu de l'ESM de Saint-Cyr, c'est aussi un officier de l'armée d'Afrique, qui ne rejoint la France métropolitaine qu'en 1916 pour commander la 59ᵉ DI puis le 17ᵉ CA. En décembre 1917, il part pour Salonique prendre le commandement de l'Armée française d'Orient (AFO) puis participe, sous les ordres de Franchet d'Espèrey, à l'offensive victorieuse de l'automne 1918. Il signe pour la France, aux côtés du voïvode Michitch pour la Serbie, l'armistice avec la Hongrie. Au printemps 1919, il est envoyé à Varsovie commander la Mission militaire française, qui y arrive en même temps que l'Armée bleue du général Haller. Il joue un rôle central dans la réorganisation militaire de la Pologne en créant ou en recréant des écoles militaires dans tout le pays. Proche de Piłsudski, il défend les intérêts de la Pologne face à la Tchécoslovaquie, où le général Pellé exerce des responsabilités identiques aux siennes. Ce qui amènera Louise Weiss à écrire dans *Combat pour l'Europe, 1919-1934*: «Je descendis du train à Varsovie... Je vis le général Henrys, l'ennemi du général Pellé.»

F. G.

(1862-1943)

JOSEPH KESSEL

L'auteur du *Chant des partisans* et de *L'Armée des ombres*, né en Argentine dans une famille d'origine juive russe, élevé dans l'Oural puis en France, prend part à la Première Guerre mondiale comme volontaire brancardier puis aviateur. C'est à ce titre qu'il participe à la Mission militaire française dépêchée en Sibérie à la fin de la guerre. Mêlant mémoire familiale et expérience personnelle, il écrit en 1922 *La Steppe rouge*, en 1926 *Makhno et sa Juive* et en 1928 *Les Nuits de Sibérie*. Son héros y est un jeune officier pilote français de «l'armée Janin» qui vient de faire la connaissance d'un lieutenant russe du Détachement spécial mandchou de Grigori Semenov: «Je vous aime bien, vous autres les Français. Vous êtes les seuls étrangers tolérables. On sent que vous n'avez pas d'arrière-pensées politiques comme les Anglais, ni commerciales ou, ce qui est pire, morales, comme les Américains. Vous êtes gais et vous aimez les femmes. Nous préférons le vin et le sang. Avec ces goûts-là on peut s'entendre...»

F. G.

(1898-1979)

MAURICE PELLÉ

Polytechnicien, officier d'artillerie, il est aussi un «officier-diplomate». Avant la guerre, il sert sous Joffre à Madagascar, est attaché militaire à Berlin auprès de Jules Cambon, commande un régiment d'artillerie et est chef d'état-major de Lyautey au Maroc. Pendant la guerre, il sert au Grand Quartier général, où Joffre vante une intelligence qu'il qualifie d'ouverte et de déliée, puis commande une division et un corps d'armée. En janvier 1919, il est envoyé à Prague comme chef de la Mission militaire française. Sur place, il devient le premier chef d'état-major de l'armée tchécoslovaque puis son premier commandant en chef lors de la campagne de Slovaquie contre la Hongrie. À la fin de cette guerre, il est à l'origine de la première loi militaire tchécoslovaque. Il quitte Prague pour Constantinople, qu'il rejoint au début de 1921. Il y occupe la fonction de haut-commissaire de la République française en Orient. En 1923, il participe aux travaux de la conférence de Lausanne, qui met un terme à la guerre gréco-turque.

F. G.

(1863-1924)

MAURICE JANIN

Officier d'infanterie issu de l'ESM de Saint-Cyr, il effectue, à l'issue de sa scolarité à l'École supérieure de guerre, dont il sort classé deuxième, un voyage d'études en Russie, puis il fait partie de la délégation chargée d'accueillir le tsar Nicolas II lors de sa première visite en France. Il est ensuite stagiaire à l'Académie de guerre Nicolas à Saint-Pétersbourg. En avril 1916, il est nommé chef de la Mission militaire française en Russie. De retour en France fin 1917, il commande la Mission militaire franco-tchécoslovaque puis devient le chef de l'armée tchécoslovaque. L'année suivante, il est envoyé en Sibérie, où il assure «la direction supérieure des opérations au nom des Alliés». Décrivant son action en Sibérie, le général Buat écrit: «Ses sages conseils lui valent l'inimitié de puissants personnages qui aiment peu entendre parler de course à l'abîme. Le général Janin est en outre gêné par les intrigues anglaises et japonaises qui veulent capter à leur profit les avantages de la réussite.»

F. G.

(1862-1946)

HENRI GOURAUD

Entre 1919 et 1923, le général Gouraud commande aux destinées de la Syrie et du Liban. Nommé haut-commissaire de la République française en Syrie et commandant en chef de l'armée du Levant en octobre 1919 par Clemenceau, président du Conseil, il a pour mission première d'assurer la relève des troupes britanniques, puis d'accompagner la formation d'une «Grande Syrie» indépendante sous l'égide de Fayçal, fils de Hussein, chérif de La Mecque, une fois les décisions de la Conférence de la paix connues. Or, dans la mesure où celles-ci ne correspondent pas aux attentes des populations arabes et turques, le Moyen-Orient s'embrase: en Syrie intérieure d'abord, ce qui contribue à accroître les tensions avec le voisin libanais, en Cilicie ensuite, c'est-à-dire au sud du plateau anatolien, où les Turcs, sous les ordres de Mustafa Kemal, entreprennent de reconquérir un territoire qu'ils jugent leur appartenir. Les combats s'achèvent au début de l'année 1922, date à laquelle le général Gouraud demande à rentrer en France.

J. A.

(1867-1946)

JULES HAMELIN

Officier passé par le Maroc et l'Algérie, le colonel Hamelin est le chef de la section d'Afrique et d'Orient à l'état-major de l'armée de 1916 à 1918. Promu général de brigade en septembre 1918 et nommé commandant en chef des troupes françaises du Levant, il se hâte de déployer ses quelque dix mille hommes sur le littoral libanais à la fin de 1918 de façon à éviter un fait accompli britannique qui remettrait définitivement en cause les clauses territoriales des accords Sykes-Picot. Renforçant les liens entre la division navale de Syrie et l'armée de terre, réclamant en vain des troupes métropolitaines, il entreprend surtout de développer le recrutement de supplétifs (Tcherkesses et Alaouites). Son commandement est de courte durée puisque, le 21 novembre 1919, il le cède au général Gouraud, qui a reçu une double fonction civile et militaire et l'assurance de disposer de trente-cinq mille hommes. Hamelin quitte la Syrie pour prendre la tête de la Mission militaire française en Hongrie au début de l'année 1921.

J. A.

(1866-1958)

FERNAND VIX

Officier d'infanterie coloniale sorti de l'ESM de Saint-Cyr en 1898, il sert dans l'infanterie coloniale et en état-major jusqu'à la guerre. En 1918, lors de l'offensive alliée dans les Balkans, il est, avec le grade de lieutenant-colonel, chef d'état-major de la 17e division d'infanterie coloniale. Ses qualités font qu'il est désigné, après l'armistice avec la Hongrie (13 novembre), pour être le «représentant du général commandant l'armée près le gouvernement hongrois afin de servir d'intermédiaire pour toutes les questions relatives au règlement de l'armistice». Sur place, tous – Hongrois, Tchécoslovaques, Roumains, Polonais, Britanniques et Allemands – louent son «attitude calme, impartiale et conciliante»... jusqu'aux 20-21 mars 1919, où, avec la démission du gouvernement Karolyi et la prise de pouvoir de Béla Kun, la mission Vix, assiégée, sa garde désarmée, se trouve *de facto* prise en otage. Il faut l'envoi de six canonnières sur le Danube, la menace de l'arrivée de cinq divisions serbes et un ultimatum de l'armée de Hongrie pour régler l'incident.

F. G.

(1876-1941)

CHARLES HENRI DUMESNIL

Officier de marine formé à l'École navale, il occupe jusqu'à la guerre des postes à la mer et à Paris. Il est en 1911 aide de camp du ministre de la Marine, l'amiral Boué de Lapeyrère. Pendant les opérations des Dardanelles, il commande le *Latouche-Tréville*. En 1916, il participe à l'évacuation de l'armée serbe des côtes albanaises vers l'île de Corfou. En 1920, il commande la division légère de Méditerranée orientale. À la suite de l'effondrement du gouvernement et de l'armée de Wrangel, le gouvernement français lui ordonne, le 12 novembre, de «prendre toutes les mesures pour aider à la défense par mer de la Crimée [et] assurer le départ des missions, nationaux et protégés, ainsi que, dans la mesure du possible, les Russes spécialement compromis», soit environ trente mille personnes. Utilisant plus d'une centaine de navires russes disponibles dans les ports de Crimée et repavillonnés aux couleurs françaises, Dumesnil évacue vers Constantinople, en trois jours, environ cent cinquante mille réfugiés, militaires et civils, hommes, femmes et enfants.

F. G.

(1868-1946)

ANTOINE PHILPIN DE PIÉPAPE

Officier de cavalerie passé par Madagascar et le Maroc avant la guerre, le lieutenant-colonel de Piépape est nommé commandant de la division française de Palestine en 1917. Servant sous les ordres du général en chef britannique, Sir Edmund Allenby, il entre avec lui dans Jérusalem le 11 décembre 1917. Promu colonel en 1918, il reçoit le poste d'administrateur en chef de la «zone nord», espace correspondant à la ville de Beyrouth et son sandjak, et aux sandjaks de Tripoli et de Latakieh. La collaboration avec le général Allenby se révèle si difficile qu'il accueille avec soulagement la relève des troupes britanniques par les troupes françaises du général Gouraud à la fin de l'année 1918. Nommé commandant des troupes françaises de Cilicie en mai 1919, il se distingue comme commandant en chef de la brigade de cavalerie des troupes françaises du Levant. Figure incontournable de la politique française au Moyen-Orient au cours de la sortie de guerre, il est promu général de brigade en décembre 1923.

J. A.

(1870-1946)

CHARLES DE GAULLE

Après l'armistice du 11 novembre 1918, le capitaine de Gaulle, saint-cyrien, de retour d'Allemagne où il était prisonnier, est envoyé à Saint-Maixent, avec les autres officiers revenus d'Allemagne, pour une période de remise à niveau qui lui convient peu. Il demande à servir dans l'armée d'Orient, ce qui lui est refusé, puis, à deux reprises, à partir pour la Pologne avec la Mission militaire française. Sa deuxième demande aboutit. Entre 1919 et 1920, il séjourne deux fois à Varsovie, instructeur à l'école d'infanterie de Rembertów puis officier d'état-major au front pendant la guerre polono-bolchevique de 1920. Témoignant de son retour victorieux à Varsovie en août 1920, il écrit: «Il faut avoir longé les interminables files de femmes, d'hommes, d'enfants hagards, attendant des heures à la porte du boulanger municipal le morceau de pain noir hebdomadaire, [...] pour comprendre que notre civilisation tient à bien peu de chose, et que toutes les beautés, toutes les commodités, toutes les richesses dont elle est fière, auraient vite disparu sous la lame de fureur aveugle des masses désespérées.»

F. G.

(1890-1970)

LE PROCESSUS DE RATIFICATION DES TRAITÉS DE PAIX SIGNÉS ENTRE 1919 (VERSAILLES) ET 1923 (LAUSANNE) À LA LUMIÈRE DES ARCHIVES DU MINISTÈRE DES AFFAIRES ÉTRANGÈRES

ANNE LISKENNE
CONSERVATEUR EN CHEF DU PATRIMOINE, RESPONSABLE DE LA COLLECTION DES TRAITÉS À LA DIRECTION DES ARCHIVES DU MEAE

Les traités internationaux signés entre 1919 et 1923 pour rétablir la paix en Europe et dans le monde et redessiner la carte des États formés à la suite de la disparition des Empires centraux, considérés comme responsables du conflit, illustrent un processus juridique complexe qui se met en place au xixe siècle: après s'être accordé sur le texte d'un traité multilatéral, l'ensemble des États parties désigne un dépositaire qui devra en assurer le suivi juridique et la conservation. Si l'Acte final du congrès de Vienne du 9 juin 1815 est généralement considéré comme le premier exemple de traité collectif indiquant un dépositaire (l'Autriche), le premier traité multilatéral conforme est le traité de paix du 30 mars 1856 qui met fin à la guerre de Crimée, conclu dans le cadre de la conférence de Paris (article 34: «Le présent traité sera ratifié et les ratifications en seront échangées à Paris dans l'espace de quatre semaines.»).
En 1919, la France, qui accueille la Conférence de la paix, est désignée comme dépositaire des traités multilatéraux signés à l'issue des négociations. Les clauses finales des traités de Versailles, signé le 28 juin 1919 avec l'Allemagne (article 440), de Saint-Germain-en-Laye le 10 septembre 1919 avec l'Autriche (article 381), de Neuilly-sur-Seine le 27 novembre 1919 avec la Bulgarie (article 296), de Trianon le 4 juin 1920 avec la Hongrie (article 364), de Sèvres le 10 août 1920 (article 433) avec la Turquie, non appliqué et remplacé par celui de Lausanne le 24 juillet 1923 (article 143), stipulent que le gouvernement français établira les procès-verbaux des dépôts de ratification et en remettra les copies certifiées conformes aux puissances signataires. Il leur indiquera également la date d'entrée en vigueur des traités. À l'exception de celui de Lausanne, les traités dits de l'Île-de-France sont rédigés en français, anglais et italien, la version française faisant foi. Leur longueur, plusieurs centaines d'articles, est exceptionnelle: le traité de 1856 ne comptait que trente-quatre articles, celui de Versailles, quatre cent quarante.
La France reçoit ainsi les pouvoirs de signature de tous les plénipotentiaires, le texte des traités - un seul exemplaire est signé par l'ensemble des États membres -, les ratifications de toutes les parties. S'y ajoutent les procès-verbaux de dépôt des instruments de ratification. Le rôle du dépositaire est désormais de rassembler l'ensemble des pièces constitutives du traité, d'en vérifier la validité et d'en suivre l'exécution.
Cet ensemble de pièces devra être «déposé dans les archives du gouvernement de la République française». Il est aujourd'hui conservé dans une cinquantaine de cartons à la direction des archives du ministère des Affaires étrangères, à La Courneuve. Ce volume important s'explique à la fois par le nombre des pays signataires (Belgique, Bolivie, Brésil, Chine, Cuba, Équateur, Grèce, Guatemala, Haïti, Hedjaz, Honduras, Liberia, Nicaragua, Panama, Pérou, Pologne, Portugal, Roumanie, État serbe-croate-slovène, Siam, Tchécoslovaquie, Uruguay) mais aussi par la présence, dans chacune des ratifications signées par les chefs d'État et souverains des pays concernés, de l'intégralité du texte du traité. Ces documents uniques ne peuvent être communiqués sous forme originale mais sont décrits dans une base de données des accords et traités accessible sur le site France Diplomatie et consultables sous forme numérique.

TRAITÉS, INSTRUMENTS ET POUVOIRS PRÉSENTÉS DANS L'EXPOSITION

NOM DU TRAITÉ	LANGUES DU TRAITÉ	DATE DE SIGNATURE	DANS L'EXPOSITION
TRAITÉ DE VERSAILLES	FRANÇAIS ET ANGLAIS	SIGNÉ PAR LA FRANCE LE 28 JUIN 1919	INSTRUMENT DE RATIFICATION FRANÇAIS ET CUBAIN
TRAITÉ DE SAINT-GERMAIN-EN-LAYE	FRANÇAIS ET ANGLAIS	SIGNÉ PAR LA FRANCE LE 10 SEPTEMBRE 1919	INSTRUMENT DE RATIFICATION AUTRICHIEN
TRAITÉ DE NEUILLY-SUR-SEINE	FRANÇAIS ANGLAIS ET ITALIEN	SIGNÉ PAR LA FRANCE LE 27 NOVEMBRE 1919	INSTRUMENT DE RATIFICATION ROUMAIN
TRAITÉ DE TRIANON	FRANÇAIS ANGLAIS ET ITALIEN	SIGNÉ PAR LA FRANCE LE 4 JUIN 1920	INSTRUMENT DE RATIFICATION DU ROYAUME DES SERBES, CROATES ET SLOVÈMES
TRAITÉ DE SÈVRES	FRANÇAIS ANGLAIS ET ITALIEN	SIGNÉ PAR LA FRANCE LE 10 AOÛT 1920	POUVOIR DE SIGNATURE DE L'ARMÉNIE
TRAITÉ DE LAUSANNE	FRANÇAIS	SIGNÉ PAR LA FRANCE LE 24 JUILLET 1923	TRAITÉ, INSTRUMENT DE RATIFICATION TURC

CAT. 1

Traité de paix dit « traité de Versailles » signé à Versailles le 28 juin 1919 : original de l'instrument de ratification français, signé à Paris le 13 octobre 1919

Le traité de Versailles est signé pour la partie française par cinq plénipotentiaires : Georges Clemenceau, président du Conseil et ministre de la Guerre, Stephen Pichon, ministre des Affaires étrangères, Louis-Lucien Klotz, ministre des Finances, André Tardieu, commissaire général aux Affaires de guerre franco-américaines, et Jules Cambon, ambassadeur de France. D'après les termes de la Constitution de la IIIe République, il doit passer devant le Parlement, qui en approuve le texte ; il est ensuite signé par le représentant du pouvoir exécutif, le président Raymond Poincaré. Le 10 janvier 1920, le premier procès-verbal de dépôt des ratifications du traité est signé, permettant l'entrée en vigueur du traité de paix avec l'Allemagne le même jour.

La Courneuve, Archives du ministère de l'Europe et des Affaires étrangères, inv. TRA19190007/326

A. L.

CAT. 2

Traité de Versailles signé par la France le 28 juin 1919 : original de l'instrument de ratification cubain, signé à La Havane le 5 février 1920

Placée dans la sphère d'influence politique des États-Unis, la république de Cuba était entrée en guerre contre l'Allemagne un jour après les Américains, le 7 avril 1917. Contrairement à son grand voisin, le Congrès cubain accepte pourtant de ratifier le traité de Versailles. Cuba fait partie des petites puissances dont la ratification n'entraîne ni le retard ni le déclenchement de l'entrée en vigueur du traité puisque celui-ci est applicable dès janvier 1920. Sa participation illustre cependant le caractère mondial du conflit et de sa résolution internationale à partir de 1919.

La Courneuve, Archives du ministère de l'Europe et des Affaires étrangères, inv. TRA19190007/251

A. L.

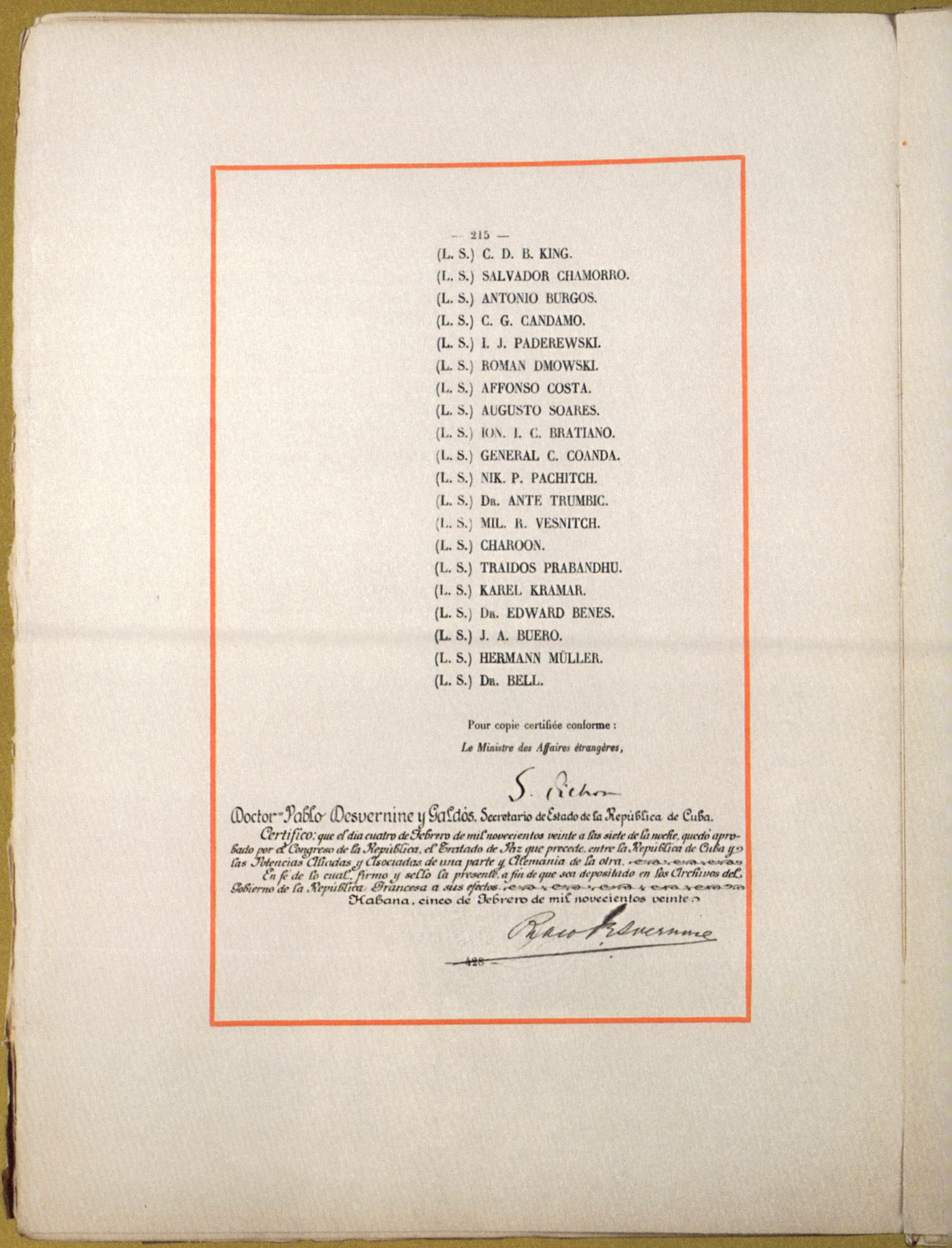

— 215 —

(L. S.) C. D. B. KING.
(L. S.) SALVADOR CHAMORRO.
(L. S.) ANTONIO BURGOS.
(L. S.) C. G. CANDAMO.
(L. S.) I. J. PADEREWSKI.
(L. S.) ROMAN DMOWSKI.
(L. S.) AFFONSO COSTA.
(L. S.) AUGUSTO SOARES.
(L. S.) ION. I. C. BRATIANO.
(L. S.) GENERAL C. COANDA.
(L. S.) NIK. P. PACHITCH.
(L. S.) Dr. ANTE TRUMBIC.
(L. S.) MIL. R. VESNITCH.
(L. S.) CHAROON.
(L. S.) TRAIDOS PRABANDHU.
(L. S.) KAREL KRAMAR.
(L. S.) Dr. EDWARD BENES.
(L. S.) J. A. BUERO.
(L. S.) HERMANN MÜLLER.
(L. S.) Dr. BELL.

Pour copie certifiée conforme :

Le Ministre des Affaires étrangères,

S. Pichon

Doctor Pablo Desvernine y Galdós, Secretario de Estado de la República de Cuba.

Certifico: que el dia cuatro de Febrero de mil novecientos veinte a las siete de la noche, quedó aprobado por el Congreso de la República, el Tratado de Paz que precede, entre la República de Cuba y las Potencias Aliadas y Asociadas de una parte y Alemania de la otra.

En fé de lo cual, firmo y sello la presente, a fin de que sea depositado en los Archivos del Gobierno de la República Francesa a sus efectos.

Habana, cinco de Febrero de mil novecientos veinte.

Pablo Desvernine

— 428 —

CAT. 3

Traité de Saint-Germain-en-Laye signé le 10 septembre 1919 : original de l'instrument de ratification autrichien, signé à Vienne le 25 octobre 1919

Presque aussi long que le traité de Versailles (381 articles contre 440), le traité signé au château de Saint-Germain-en-Laye statue sur les conditions de la paix avec l'ancien empire d'Autriche, considéré avec l'Allemagne comme le principal responsable du conflit. Approuvé par la représentation nationale le 17 octobre 1919, il est ratifié par le chancelier et secrétaire des Affaires étrangères Karl Renner le 25 octobre, précédant ainsi la rédaction de la Constitution du nouvel État en 1920. Le futur ambassadeur de France à Vienne, Henri Allizé, est alors chef d'une mission chargée de garantir la séparation avec la puissante Allemagne et d'assurer l'existence d'une Autriche économiquement viable et indépendante.

La Courneuve, Archives du ministère de l'Europe et des Affaires étrangères, inv. TRA19190004/070

A. L.

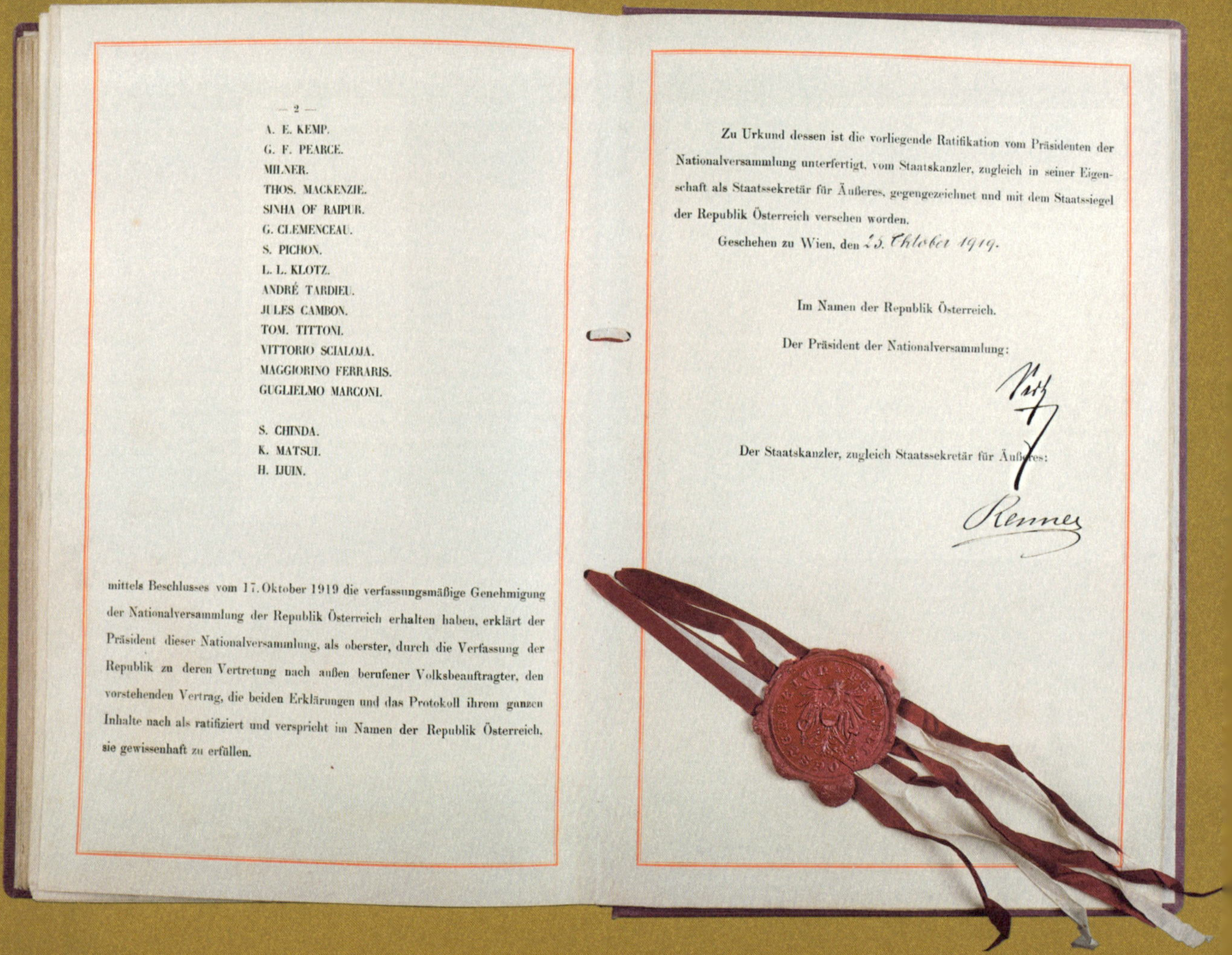

— 2 —

A. E. KEMP.
G. F. PEARCE.
MILNER.
THOS. MACKENZIE.
SINHA OF RAIPUR.
G. CLEMENCEAU.
S. PICHON.
L. L. KLOTZ.
ANDRÉ TARDIEU.
JULES CAMBON.
TOM. TITTONI.
VITTORIO SCIALOJA.
MAGGIORINO FERRARIS.
GUGLIELMO MARCONI.

S. CHINDA.
K. MATSUI.
H. IJUIN.

mittels Beschlusses vom 17. Oktober 1919 die verfassungsmäßige Genehmigung der Nationalversammlung der Republik Österreich erhalten haben, erklärt der Präsident dieser Nationalversammlung, als oberster, durch die Verfassung der Republik zu deren Vertretung nach außen berufener Volksbeauftragter, den vorstehenden Vertrag, die beiden Erklärungen und das Protokoll ihrem ganzen Inhalte nach als ratifiziert und verspricht im Namen der Republik Österreich, sie gewissenhaft zu erfüllen.

Zu Urkund dessen ist die vorliegende Ratifikation vom Präsidenten der Nationalversammlung unterfertigt, vom Staatskanzler, zugleich in seiner Eigenschaft als Staatssekretär für Äußeres, gegengezeichnet und mit dem Staatssiegel der Republik Österreich versehen worden.

Geschehen zu Wien, den 25. Oktober 1919.

Im Namen der Republik Österreich.

Der Präsident der Nationalversammlung:

Der Staatskanzler, zugleich Staatssekretär für Äußeres:

Renner

CAT. 4

Traité de Neuilly-sur-Seine signé le 27 novembre 1919 ; original de l'instrument de ratification roumain, signé à Bucarest le 20 août 1920

Deux rois d'Europe centrale, Ferdinand Ier de Roumanie, qui accède au trône en octobre 1914 et a ratifié l'instrument présenté, et Ferdinand Ier, roi des Bulgares, qui abdique en octobre 1918, se croisent dans les années de la Grande Guerre. La Bulgarie, en s'alliant à l'Allemagne en 1915, espérait gagner des territoires sur la Serbie et la Roumanie, qu'elle occupe pendant trois ans. Le traité de Neuilly la prive notamment de la Dobroudja du Sud, située au nord-est du pays, rendue à la Roumanie.
La Courneuve, Archives du ministère de l'Europe et des Affaires étrangères, inv. TRA19190006/725

A. L.

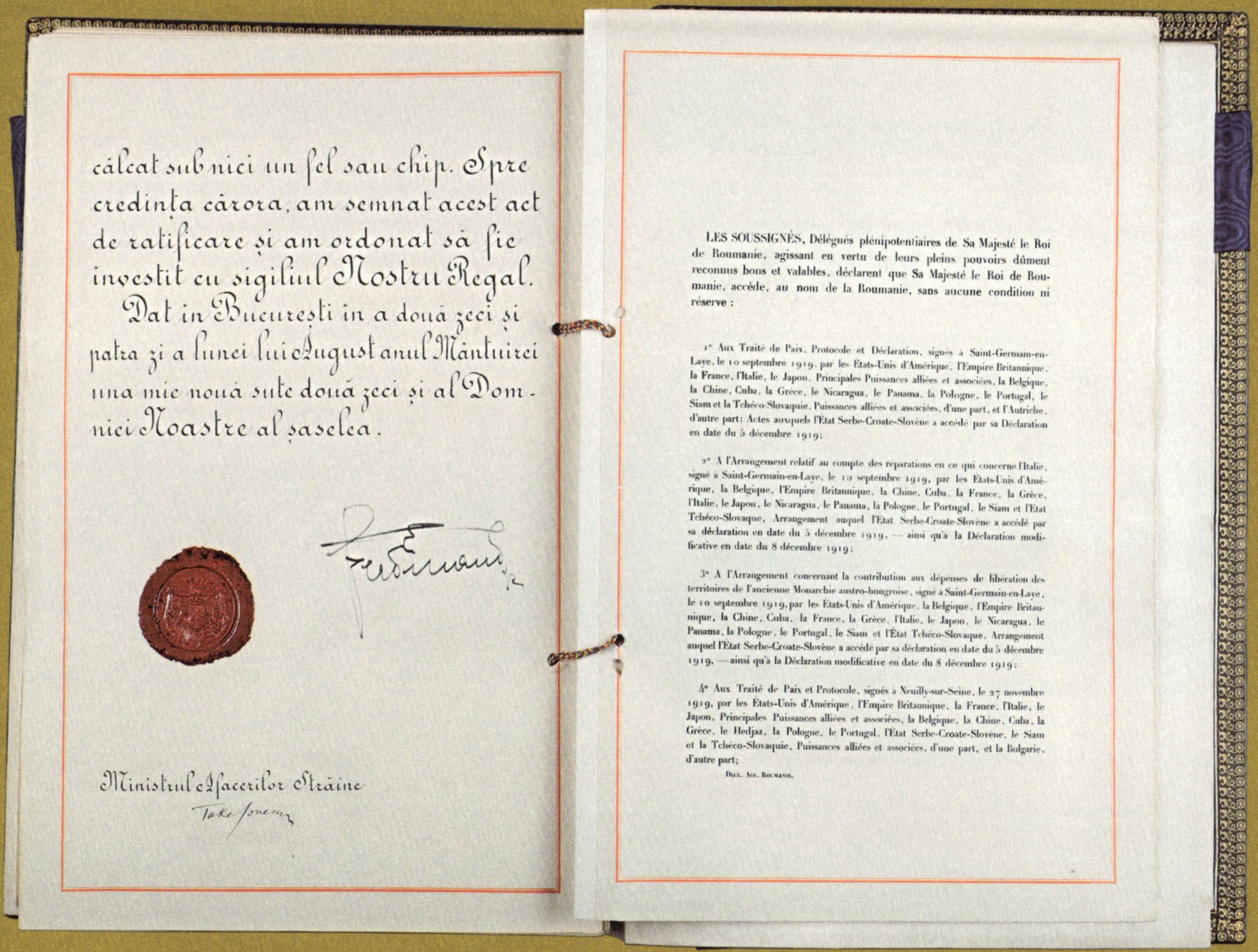

călcat sub nici un fel sau chip. Spre credința cărora, am semnat acest act de ratificare și am ordonat să fie investit cu sigiliul Nostru Regal.

Dat în București în a două zeci și patra zi a lunei lui August anul Mântuirei una mie nouă sute două zeci și al Domniei Noastre al șaselea.

Ministrul Afacerilor Străine

LES SOUSSIGNÉS, Délégués plénipotentiaires de Sa Majesté le Roi de Roumanie, agissant en vertu de leurs pleins pouvoirs dûment reconnus bons et valables, déclarent que Sa Majesté le Roi de Roumanie, accède, au nom de la Roumanie, sans aucune condition ni réserve :

1° Aux Traité de Paix, Protocole et Déclaration, signés à Saint-Germain-en-Laye, le 10 septembre 1919, par les États-Unis d'Amérique, l'Empire Britannique, la France, l'Italie, le Japon, Principales Puissances alliées et associées, la Belgique, la Chine, Cuba, la Grèce, le Nicaragua, le Panama, la Pologne, le Portugal, le Siam et la Tchéco-Slovaquie, Puissances alliées et associées, d'une part, et l'Autriche, d'autre part: Actes auxquels l'État Serbe-Croate-Slovène a accédé par sa Déclaration en date du 5 décembre 1919;

2° A l'Arrangement relatif au compte des réparations en ce qui concerne l'Italie, signé à Saint-Germain-en-Laye, le 10 septembre 1919, par les États-Unis d'Amérique, la Belgique, l'Empire Britannique, la Chine, Cuba, la France, la Grèce, l'Italie, le Japon, le Nicaragua, le Panama, la Pologne, le Portugal, le Siam et l'État Tchéco-Slovaque, Arrangement auquel l'État Serbe-Croate-Slovène a accédé par sa déclaration en date du 5 décembre 1919, — ainsi qu'à la Déclaration modificative en date du 8 décembre 1919;

3° A l'Arrangement concernant la contribution aux dépenses de libération des territoires de l'ancienne Monarchie austro-hongroise, signé à Saint-Germain-en-Laye, le 10 septembre 1919, par les États-Unis d'Amérique, la Belgique, l'Empire Britannique, la Chine, Cuba, la France, la Grèce, l'Italie, le Japon, le Nicaragua, le Panama, la Pologne, le Portugal, le Siam et l'État Tchéco-Slovaque, Arrangement auquel l'État Serbe-Croate-Slovène a accédé par sa déclaration en date du 5 décembre 1919, — ainsi qu'à la Déclaration modificative en date du 8 décembre 1919;

4° Aux Traité de Paix et Protocole, signés à Neuilly-sur-Seine, le 27 novembre 1919, par les États-Unis d'Amérique, l'Empire Britannique, la France, l'Italie, le Japon, Principales Puissances alliées et associées, la Belgique, la Chine, Cuba, la Grèce, le Hedjaz, la Pologne, le Portugal, l'État Serbe-Croate-Slovène, le Siam et la Tchéco-Slovaquie, Puissances alliées et associées, d'une part, et la Bulgarie, d'autre part;

Décl. Acc. Roumanie.

CAT. 5

Traité de Sèvres signé le 10 août 1920 : pouvoirs de signature de l'Arménie donnés à M. Seskis, M. Tschakste et M. Meijerowitzs, signés à Constantinople le 21 avril 1920

Le traité de Sèvres clôt la série des actes internationaux destinés à redessiner une Europe sans ses anciens Empires centraux. L'Empire ottoman y est démembré en 433 articles. Par l'article 88 de la section VI sur l'Arménie, la Turquie déclare reconnaître, « comme l'ont déjà fait les puissances alliées, l'Arménie comme un État libre et indépendant ». Dès décembre 1920 cependant, Georges Leygues, ministre français des Affaires étrangères, constate que « la situation de l'Arménie s'est trouvée grandement modifiée ces dernières semaines, […] occupée par moitié par les bolcheviks et les nationalistes turcs » – il convient dès lors de retarder la ratification du traité. Les victoires du général Mustafa Kemal conduiront à rendre inapplicables les conclusions d'un traité qui n'est jamais entré en vigueur.
La Courneuve, Archives du ministère de l'Europe et des Affaires étrangères, inv. TRA19200047/060

A. L.

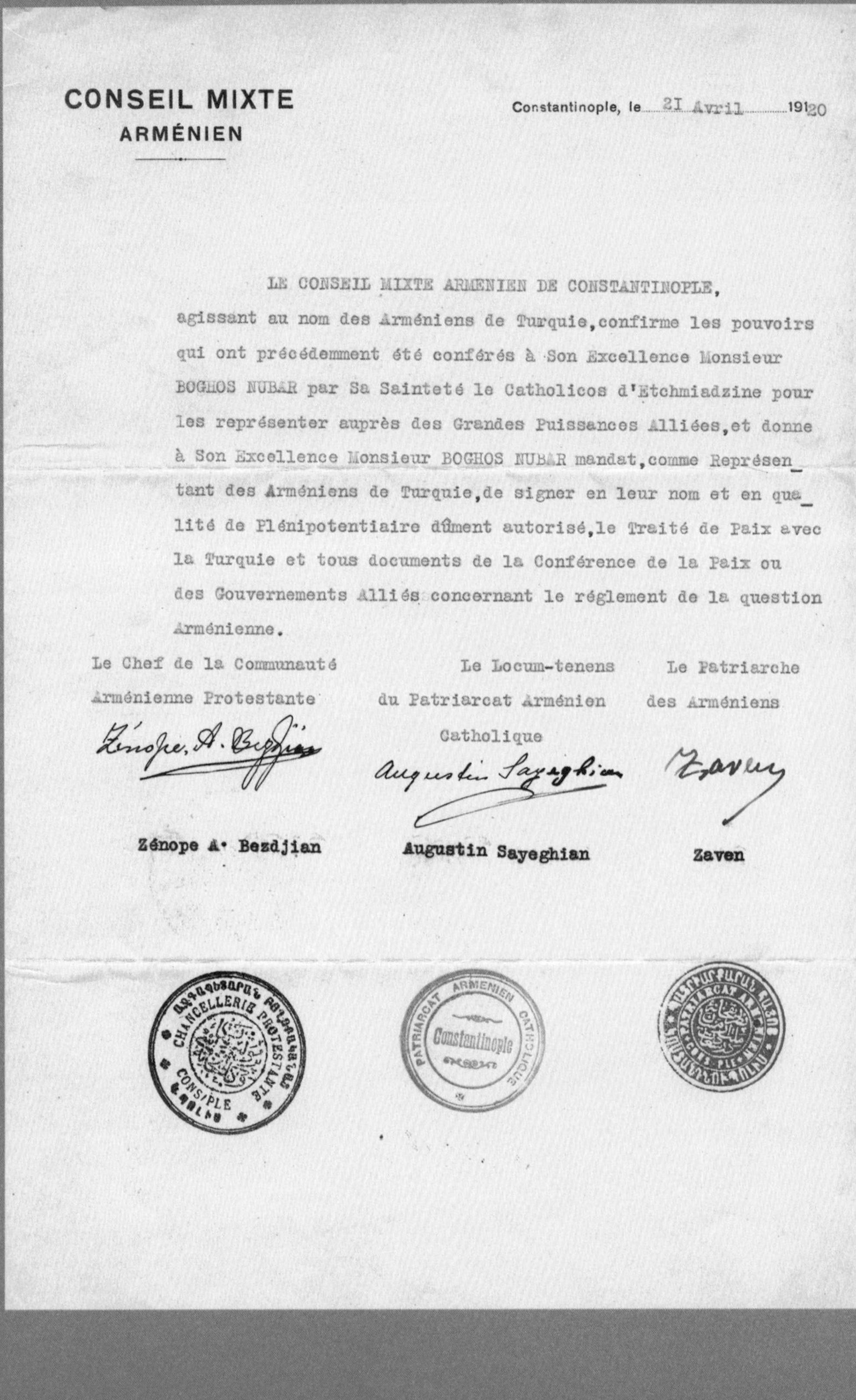

CONSEIL MIXTE
ARMÉNIEN

Constantinople, le 21 Avril 1920

LE CONSEIL MIXTE ARMENIEN DE CONSTANTINOPLE,

agissant au nom des Arméniens de Turquie, confirme les pouvoirs qui ont précédemment été conférés à Son Excellence Monsieur BOGHOS NUBAR par Sa Sainteté le Catholicos d'Etchmiadzine pour les représenter auprès des Grandes Puissances Alliées, et donne à Son Excellence Monsieur BOGHOS NUBAR mandat, comme Représentant des Arméniens de Turquie, de signer en leur nom et en qualité de Plénipotentiaire dûment autorisé, le Traité de Paix avec la Turquie et tous documents de la Conférence de la Paix ou des Gouvernements Alliés concernant le réglement de la question Arménienne.

Le Chef de la Communauté Arménienne Protestante	Le Locum-tenens du Patriarcat Arménien Catholique	Le Patriarche des Arméniens
Zénope A. Bezdjian	Augustin Sayeghian	Zaven

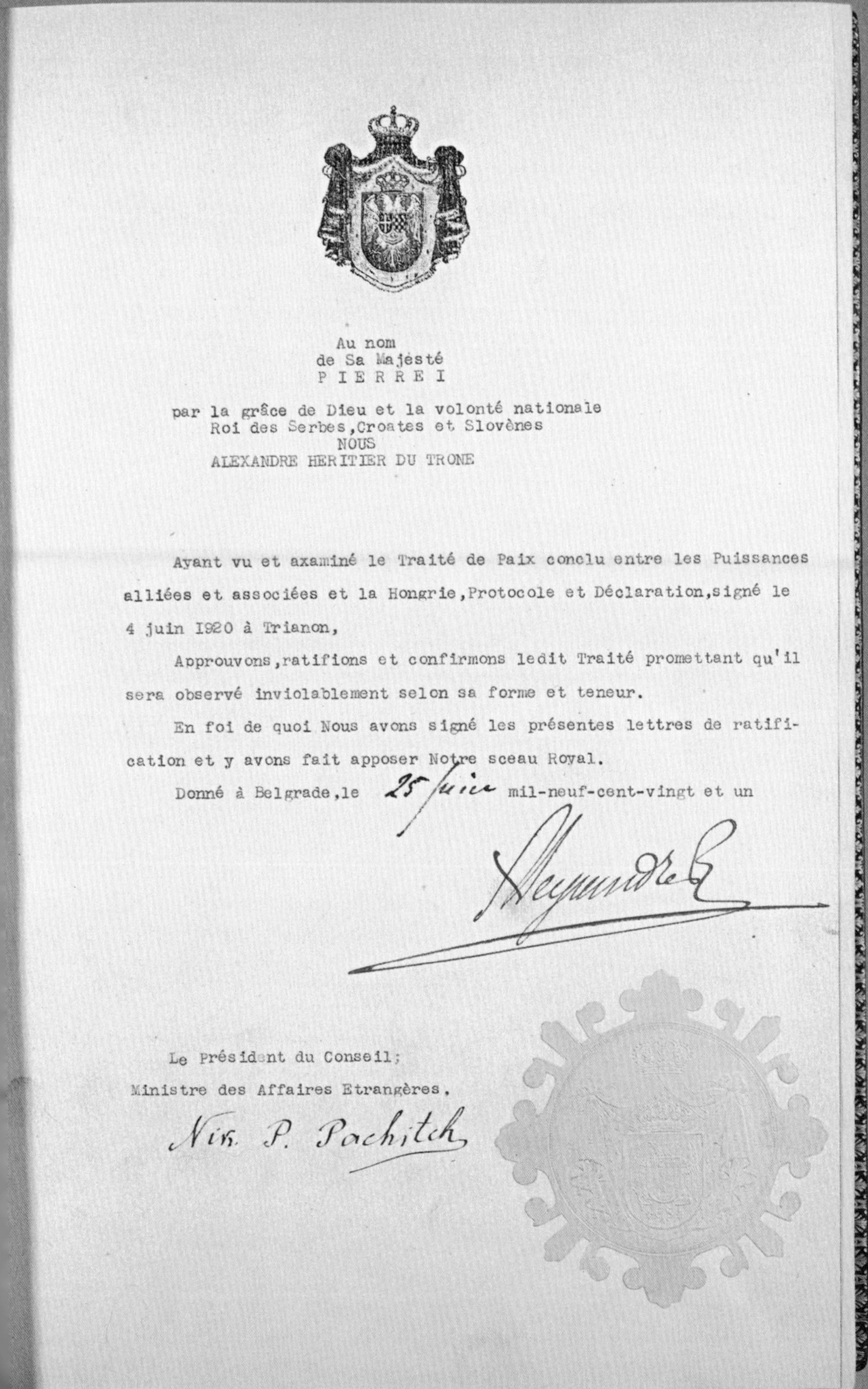

Au nom
de Sa Majesté
P I E R R E I

par la grâce de Dieu et la volonté nationale
Roi des Serbes,Croates et Slovènes
NOUS
ALEXANDRE HERITIER DU TRONE

Ayant vu et axaminé le Traité de Paix conclu entre les Puissances alliées et associées et la Hongrie,Protocole et Déclaration,signé le 4 juin 1920 à Trianon,

Approuvons,ratifions et confirmons ledit Traité promettant qu'il sera observé inviolablement selon sa forme et teneur.

En foi de quoi Nous avons signé les présentes lettres de ratification et y avons fait apposer Notre sceau Royal.

Donné à Belgrade,le 25 juin mil-neuf-cent-vingt et un

Alexandre

Le Président du Conseil;
Ministre des Affaires Etrangères,

Nik. P. Pachitch

CAT. 6

Traité de Trianon signé le 4 juin 1920 : original de l'instrument de ratification du royaume des Serbes, Croates et Slovènes, signé à Belgrade le 25 juin 1921

Né de la dissolution de l'Empire austro-hongrois et du dixième principe du président Wilson – «Aux peuples d'Autriche-Hongrie, dont nous désirons voir sauvegarder et assurer la place parmi les nations, on devra accorder largement et au plus tôt la possibilité d'un développement autonome» –, le royaume des Serbes, Croates et Slovènes a été proclamé le 1er décembre 1918 par le prince régent Alexandre Karađorđević au nom de son père, Pierre Ier, roi de Serbie. Ce traité, signé au Grand Trianon à Versailles, est négocié et conclu avec la Hongrie bien après les précédents traités dits d'«Île-de-France» en raison de l'instabilité politique du pays. Occupé par ses voisins et en proie à la guerre civile, il est dirigé dès l'été 1919 par l'amiral Horthy, qui n'obtiendra ni la restauration de la monarchie ni la révision du traité.

La Courneuve, Archives du ministère de l'Europe et des Affaires étrangères, inv. TRA19200016/795

A. L.

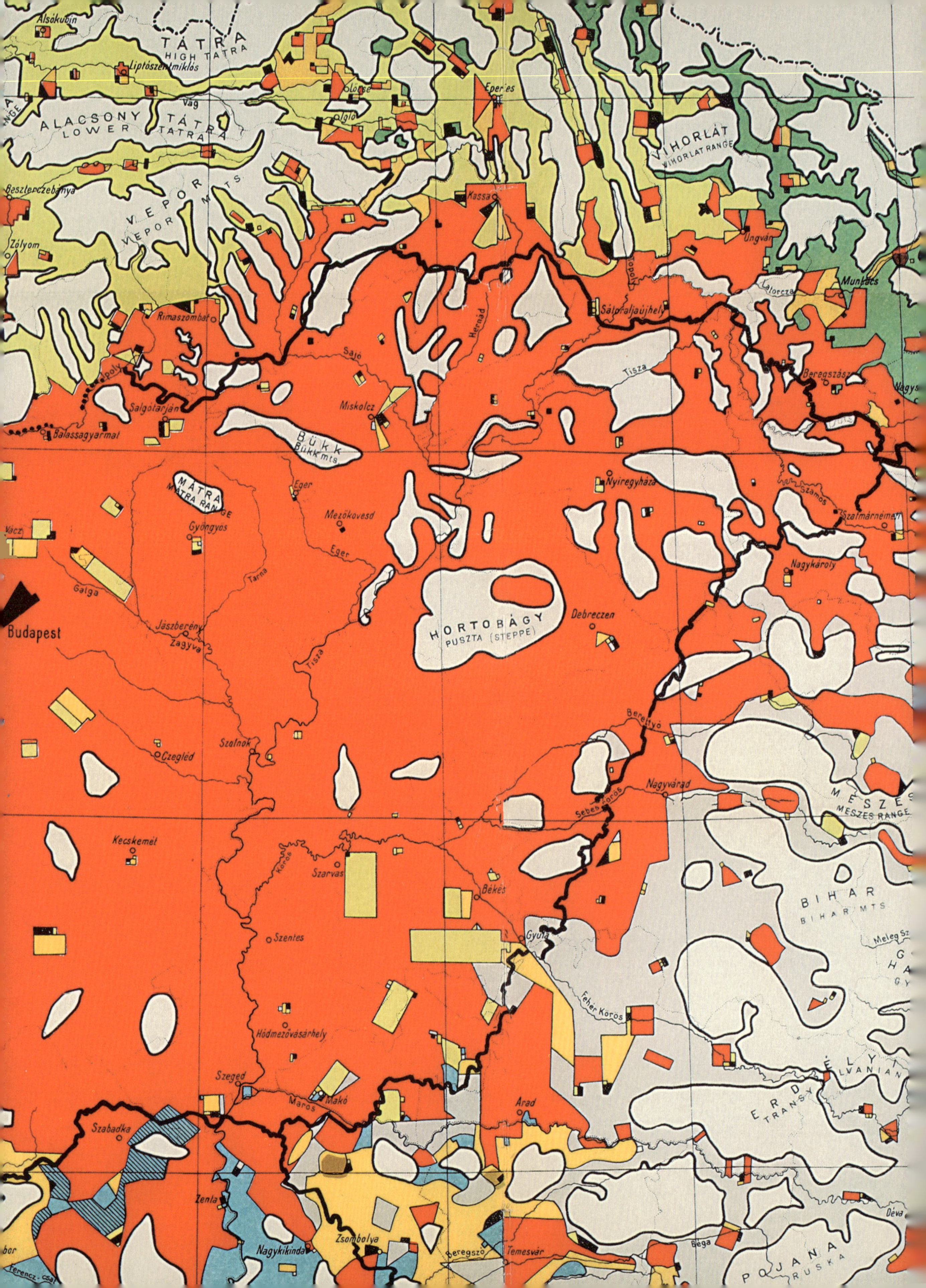

TÁTRA
HIGH TATRA
Alsókubin
Liptószentmiklós
Vág
ALACSONY TÁTRA
LOWER TATRA
Lőcse
Igló
Eperjes
VIHORLÁT
VIHORLAT RANGE
VEPOR
VEPOR MTS
Besztercebánya
Zólyom
Kassa
Ungvár
Munkács
Latorcza
Sátoraljaújhely
Rimaszombat
Hernád
Sajó
Tisza
Beregszász
Ipoly
Salgótarján
Balassagyarmat
Miskolcz
BÜKK
BÜKK MTS
MÁTRA
MÁTRA RANGE
Eger
Mezőkövesd
Nyíregyháza
Szamos
Szatmárnémeti
Vácz
Gyöngyös
Tarna
Galga
Nagykároly
HORTOBÁGY
PUSZTA (STEPPE)
Debreczen
Budapest
Jászberény
Zagyva
Berettyó
Szolnok
Czegléd
MESZES
MESZES RANGE
Nagyvárad
Sebes Körös
Kecskemét
Körös
Szarvas
Békés
BIHAR
BIHAR MTS
Szentes
Gyula
Meleg Sz
Fehér Körös
Hódmezővásárhely
Szeged
Maros
Makó
Arad
ERDÉLYI
TRANSYLVANIAN
Szabadka
Zenta
Nagykikinda
Zsombolya
Temesvár
Beregszó
Béga
Déva
POJANA
RUSKA
Ferencz-csat.

ATLAS RAISONNÉ
MODE D'EMPLOI

Entre les amples synthèses transnationales des essais et le parcours, au fil des objets, de l'exposition, il a paru intéressant de ménager au lecteur un troisième point de vue, en quelque sorte intermédiaire : cet «atlas raisonné» lui propose un aperçu du destin de vingt-cinq pays de l'est de l'Europe et du Levant entre 1918 et 1923. Entités politiques étendues ou minuscules, anciennes ou récentes, durables ou éphémères permettent de restituer une image pertinente de l'extrême variété des situations.

Chaque pays (ou entité politique) dispose d'une double page.

Une carte de synthèse, établie par les ingénieurs géographes du pôle géographique du Centre des archives diplomatiques, rappelle les frontières dudit pays en 1923, avec une sélection d'éléments antérieurs pour mieux les mettre en perspective.

Une notice résume l'histoire du pays entre 1918 et 1923, notamment sous l'angle de sa participation aux divers conflits, avec les implications qui en résultent en termes de territoires, de nationalités et d'instabilité politique (révolution, contre-révolution, etc.). Les éventuelles interventions militaires françaises significatives dans ce pays entre 1918 et 1923 font l'objet d'une mention spécifique, sans que cela soit systématique.

GRAPHIE DES VILLES

De nombreuses villes ont successivement appartenu à plusieurs pays. Ont été retenus : le seul nom français pour les capitales anciennes ; les deux noms pour les nouvelles capitales, comme Agram (Zagreb), pour les villes symboles de libération ou d'annexion, comme Dantzig (Gdansk), pour les grandes villes des nouveaux États, comme Temesvar (Timisoara).

ROYAUME DES SERBES, CROATES ET SLOVÈNES
19°
20°
21°
PEC
PRISTINA
KOTOR
PODGORICA
LAC DE SHKODËR
SHKODËR
KUKËS
PRIZREN
TETOVO
42°
LEZHË
PESHKOPI
DURAS (DURRËS)
TIRANA (TIRANË)
KAVAJË
ELBASAN
LAC D'OHRID
41°
MER ADRIATIQUE
LUSHNJË
POGRADEC
LAC DE PRESPA
FIER
BERAT
KORÇË (KORTCHA)
VLORË
GJIROKASTËR
40°
GRÈCE
IOANNINA
CORFOU
Capitale jusqu'en 1920
Ville albanaise
Autre ville
Frontière de l'Albanie définie en 1921
Albanie en 1921
0
20
40 km

Intégrés dans l'Empire ottoman, les Albanais formulent des revendications d'autonomie à la fin du XIXe siècle. En 1912, alors que l'Empire ottoman agonise dans les Balkans, la Serbie, la Grèce, le Monténégro et la Bulgarie se partagent les territoires albanais. La première guerre balkanique qui en résulte débouche, le 28 novembre 1912, sur la proclamation de l'indépendance de l'Albanie.

Or, le tracé des frontières du nouveau pays n'est pas favorable aux Albanais et plusieurs territoires majoritairement albanophones (Kosovo, Ioannina, Skopje, une partie de la Macédoine et l'Épire du Sud) sont incorporés aux États voisins. Avant et pendant la Grande Guerre, l'Albanie cherche ainsi à les reconquérir. Un dernier conflit avec la Yougoslavie est réglé grâce à la médiation de la Société des Nations en 1921.

Par le traité de Tirana (août 1919), l'indépendance de l'Albanie est définitivement reconnue par les grandes puissances et le pays entre à la SDN en décembre 1920. La population de l'Albanie est composée de musulmans (70 %), de grecs orthodoxes (20 %) et de catholiques (10 %). Il n'est pas inhabituel de faire baptiser les garçons à la naissance puis de les faire circoncire à l'âge de treize ans, ce qui complexifie encore la composition religieuse du pays. La société reste toujours organisée selon les tribus qui luttent pour le pouvoir, ce qui fragilise le régime politique.

Le 14 décembre 1921, Ahmet Zogu, un chef de clan musulman, devient ministre de l'Intérieur puis, en décembre 1922, chef du gouvernement. À la suite d'une tentative d'attentat le 23 février 1924, il déclenche une vague de représailles qui provoque une insurrection populaire. Le chef de file de l'opposition, Fan Noli, accède à la régence puis au poste de Premier ministre. Il dissout l'Assemblée nationale et s'octroie les pleins pouvoirs, qui lui permettent de lancer le « programme des vingt réformes ». La féodalité est abolie et le pays est progressivement modernisé (introduction d'un système de santé, réforme agraire, développement des infrastructures).

Mais le rythme trop rapide et le caractère trop radical de ces réformes lui aliènent à la fois les masses populaires et l'aristocratie. Un coup d'État le 23 décembre 1924 porte au pouvoir son adversaire Ahmet Zogu. Ce dernier devient Premier ministre puis président de la République.

L'expérience démocratique est de courte durée : en 1928, Ahmet Zogu se fait proclamer roi sous le nom de Zog Ier et l'Albanie devient une monarchie constitutionnelle. Dans la pratique, Zog Ier s'octroie tous les pouvoirs et le royaume d'Albanie se transforme progressivement en une dictature militaire avec à sa tête un des hommes politiques les plus corrompus d'Europe. Dans l'entre-deux-guerres, Zog sera la cible de cinquante-cinq tentatives d'assassinat.

ROMAN KRAKOVSKY

0°
20°
NORVÈGE
STOCKHOLM
ESTONIE
GÖTEBORG
SUÈDE
RIGA
MER DU NORD
DANEMARK
LETTONIE
MER BALTIQUE
COPENHAGUE
MALMÖ
MEMEL (KLAIPEDA)
LITUANIE
KAUNAS
KÖNIGSBERG (KALININGRAD)
DANTZIG (GDANSK)
HAMBOURG
PAYS-BAS
BRÊME
STETTIN (SZCZECIN)
ELBE
AMSTERDAM
HANOVRE
BROMBERG (BYDGOSZCZ)
LA HAYE
BERLIN
ROTTERDAM
POSEN (POZNAN)
VISTULE
VARSOVIE
DORTMUND
BRUXELLES
LODZ
COLOGNE
LEIPZIG
LUBLIN
BELGIQUE
DRESDE
BRESLAU (WROCLAW)
POLOGNE
CHEMNITZ
LUXEMBOURG
FRANCFORT
KATTOWITZ (KATOWICE)
PRAGUE
NUREMBERG
CRACOVIE
MANNHEIM
OSTRAU (OSTRAVA)
RHIN
TCHÉCOSLOVAQUIE
STUTTGART
BRÜNN (BRNO)
FRANCE
STRASBOURG
KASCHAU (KOSICE)
MUNICH
DANUBE
LINZ
VIENNE
PRESBOURG (BRATISLAVA)
BÂLE
BUDAPEST
SUISSE
AUTRICHE
GRAZ
HONGRIE
LYON
LAIBACH (LJUBLJANA)
MILAN
AGRAM (ZAGREB)
VÉRONE
VENISE
TURIN
ROYAUME DES SERBES, CROATES ET SLOVÈNES
ROUMANIE
BOLOGNE
BELGRADE
SARAJEVO
FLORENCE
SPLIT
ITALIE
PODGORICA
ROME
Capitale
Ville allemande en 1914
Autre ville
Frontière de l'Allemagne en 1914
Allemagne en 1923
0 100 200 km

À la suite du traité de Versailles, l'Allemagne perdit un dixième de sa population (environ 6,5 millions de personnes) et à peu près un septième de son territoire (environ 43 000 kilomètres carrés). À l'Ouest, la région de l'Alsace-Lorraine fut rendue à la France après un demi-siècle sous domination allemande. Les territoires frontaliers d'Eupen et de Malmedy furent cédés à la Belgique. Entre 200 000 et 300 000 Allemands quittèrent l'Alsace et la Lorraine, soit volontairement, soit à la suite d'expulsions systématiques. Les transferts territoriaux les plus importants et les plus contestés eurent cependant lieu à l'Est, où les Alliés tinrent leur promesse de créer une Pologne indépendante, intégrant plusieurs anciens territoires allemands tels que Poznań et la Prusse-Occidentale.

Dans certains cas litigieux, les Alliés autorisèrent le plébiscite, appelant les habitants des régions concernées à décider de l'État auquel ils voulaient appartenir. Le plus important d'entre eux – et l'un des grands foyers de violences de l'après-guerre – eut lieu dans la région riche en charbon de Haute-Silésie. La Haute-Silésie importait à la fois à Berlin et à Varsovie, non seulement à cause de sa population mais aussi à cause de ses mines, de son fer et de ses aciéries. Les mines silésiennes étaient à l'origine de près d'un quart de la production annuelle de charbon de l'Allemagne, de 81 % de son zinc et de 34 % de son plomb. Après le référendum du 20 mars 1921, qui fut précédé et accompagné d'explosions de violence entre Polonais et Allemands, la délimitation finale de la nouvelle frontière germano-polonaise fut décidée en octobre 1921, lorsque le Conseil suprême de la Conférence de la paix de Paris adopta une partition qui accordait à la Pologne un tiers du territoire de Haute-Silésie et 43 % de la population, dont les villes de Katowice et de Chorzów, qui avaient pourtant toutes deux massivement voté pour le maintien en Allemagne.

Deuxième foyer de violences majeur, la ville lettone de Riga, qui, après un bref moment d'indépendance, fut reconquise par l'Armée rouge russe. Le long de la côte de la Baltique, cependant, vivaient des communautés allemandes importantes, dont beaucoup étaient là depuis des siècles. Le gouvernement letton recruta activement des vétérans allemands du Reich avec la promesse que ceux qui avaient lutté contre le bolchevisme seraient autorisés à s'installer dans le pays en tant qu'agriculteurs. En février 1919, alors que de nombreux soldats des *Freikorps* arrivaient dans les pays baltes avec pour mission ostensible de protéger la région et l'Europe contre le bolchevisme, les troupes allemandes furent placées sous le commandement central de Rüdiger von der Goltz, un ancien général d'infanterie qui avait auparavant aidé les blancs finlandais, au printemps 1918, à remporter la victoire sur leurs adversaires de gauche lors de la guerre civile finlandaise. Les forces allemandes – entre trente mille et quarante mille hommes – commencèrent à s'engager pleinement contre les bolcheviks à la mi-février. Partant de leur base de Libau, les troupes de von der Goltz prirent rapidement et successivement les villes historiquement allemandes de Goldingen (Kuldīga), Windau (Ventspils) et Mitau (Jelgava).

Fin mai 1919, la campagne allemande dans les pays baltes parvint à son point culminant avec la bataille de Riga, qui se termina par l'expulsion violente des bolcheviks hors de la ville. Étourdies par leur succès, les troupes allemandes prévoyaient d'envahir l'Estonie et rejetèrent les exigences britanniques leur enjoignant de se retirer. Les forces conjointes estoniennes et lettones remportèrent finalement une victoire contre les volontaires allemands lors de la bataille de Wenden le 22 juin et les repoussèrent dans une série d'affrontements armés qui durèrent jusqu'au 3 juillet. Von der Goltz dut signer le traité de Strazdumuiža et se retirer de Riga avec le reste de ses troupes, tandis qu'Ulmanis, qui avait été déposé lors de l'intervention des Allemands en avril, fut réintégré en tant que Premier ministre.

ROBERT GERWARTH

35°
40°
45°
DON
VOLGA
ROSTOV-SUR-LE-DON
RUSSIE
MER D'AZOV
45°
SÉBASTOPOL
EKATERINODAR (KRASNODAR)
STAVROPOL
45°
BATALPACHINSK (TCHERKESSK)
SOTCHI
MER NOIRE
GROZNY
VLADIKAVKAZ
PETROVSK (MAKHATCHKALA)
GÉORGIE
KOUTAÏSSI
KOURA
BATOUMI
SAMSUN
TIFLIS (TBILISSI)
AZERBAÏDJAN
TRÉBIZONDE (TRABZON)
ALEXANDROPOL (GYUMRI)
KARS
KARAKLIS (VANADZOR)
40°
SIVAS
EREVAN
LAC SEVAN
ERZEROUM
TURQUIE
CHOUCHI
40°
KAYSERI
NAKHITCHEVAN
ARAXE
TATVAN
LAC DE VAN
MALATYA
VAN
DIYARBAKIR
TABRIZ
ADANA
ANTEP (GAZIANTEP)
TIGRE
LAC D'OURMIA
MERSIN
OURMIA
ALEXANDRETTE (ISKENDERUN)
ALEP
PERSE
SYRIE
MOSSOUL
35°
KIRKOÛK
HOMS
EUPHRATE
IRAK
35°
BEYROUTH
35°
BAGDAD
Capitale
Ville de l'«Arménie intégrale»
Autre ville
Frontière de l'Arménie définie au traité de Sèvres (1920)
Limite de l'«Arménie intégrale» projetée par la délégation arménienne
République d'Arménie de 1918 à 1920
RSS d'Arménie de 1921 à 1922
0 100 200 km
40°
45°

Lorsque, en octobre 1918, l'armistice est signé avec l'Empire ottoman à Moudros, l'Arménie comme État indépendant n'existe pas. Le peuple arménien, réparti entre trois États – principalement l'Empire ottoman, puis l'Empire russe et l'Iran –, est exsangue, victime du génocide perpétré par le régime jeune-turc qui s'effondre alors et dont les dirigeants fuient précipitamment Constantinople, la capitale occupée par les Alliés. Les populations rescapées se répartissent en deux pôles géographiquement distincts. En Transcaucasie, autour de la ville d'Erevan, ont afflué ceux qui ont suivi le retrait russe consécutif à la révolution bolchevique d'octobre 1917, survivants des terribles massacres *in situ* organisés par le pouvoir jeune-turc. Au sud de l'Asie Mineure reviennent progressivement des déserts syriens et mésopotamiens les rescapés des déportations, qui se dirigent vers Alep, Beyrouth ou Jérusalem. L'occupation militaire française des provinces syriennes et libanaises à l'automne 1918 s'étend jusqu'aux marches ciliciennes et conduit les autorités françaises à prendre le contrôle de la Cilicie, y organisant le retour des populations arméniennes et y engageant les membres de la Légion d'Orient. Le contexte est à l'engagement en faveur du démantèlement de l'Empire ottoman au profit des nationalités et d'un partage de la domination occidentale sur le Moyen-Orient. Sanctionnée, dans le cadre de la Conférence de la paix de Paris, par le traité de Sèvres d'août 1920, qui prévoit la création d'un État arménien et le rapatriement des rescapés dans leurs foyers, cette orientation politique ne correspond toutefois déjà plus aux rapports de force sur le terrain et à la nouvelle donne géopolitique régionale.

En Transcaucasie, le Conseil national arménien, né dans l'effervescence suscitée par la révolution libérale de février 1917 et dirigé par la Fédération révolutionnaire arménienne, s'est transformé, sous l'effet conjugué du retrait spontané des troupes russes, de la menace turque et de l'intervention franco-britannique, en une proclamation d'indépendance le 28 mai 1918. La jeune république, peuplée de réfugiés, menacée par la famine, institue un régime démocratique, fonde la première université et accorde le droit de vote aux femmes. L'attaque sans déclaration de guerre des nationalistes turcs commandés par Mustafa Kemal en septembre 1920 menace l'existence même du jeune État et, en raison de l'alliance tactique conclue avec Lénine, elle débouche sur sa soviétisation en 1921.

Dans le même temps, le retrait français de Cilicie, après la signature de l'accord de paix séparée par Franklin-Bouillon en octobre 1921, sanctionne le retournement de la politique de la France, désormais attentive à la sécurisation de la domination sur la Syrie et le Liban et à une alliance avec la nouvelle Turquie kémaliste, pièce d'importance dans la politique du cordon sanitaire après la victoire bolchevique dans la guerre civile russe. Lorsque, en 1923 à Lausanne, le traité de paix entre la Turquie et les Alliés est signé, mettant définitivement fin à la guerre, les populations arméniennes sont interdites de retour dans les frontières de la nouvelle république de Turquie. Réfugiées et apatrides, elles constituent dans l'émigration en Europe, au Moyen-Orient et aux États-Unis la Grande Diaspora.

DZOVINAR KÉVONIAN

20°
SUÈDE
RIGA
DANEMARK
LETTONIE
COPENHAGUE
MALMÖ
MER BALTIQUE
MEMEL
(KLAIPEDA)
LITUANIE
KAUNAS
KÖNIGSBERG
(KALININGRAD)
DANTZIG
(GDANSK)
MINSK
HAMBOURG
BRÊME
ELBE
STETTIN
(SZCZECIN)
URSS
HANOVRE
BROMBERG
(BYDGOSZCZ)
BERLIN
VISTULE
POSEN
(POZNAN)
VARSOVIE
BREST-LITOVSK
DORTMUND
ALLEMAGNE
LODZ
LEIPZIG
LUBLIN
DRESDE
BRESLAU
(WROCLAW)
POLOGNE
CHEMNITZ
FRANCFORT
KATTOWITZ
(KATOWICE)
PRAGUE
NUREMBERG
CRACOVIE
LEMBERG
(LVIV)
MANNHEIM
OSTRAU
(OSTRAVA)
RHIN
STUTTGART
TCHÉCOSLOVAQUIE
DANUBE
BRÜNN
(BRNO)
DNIESTR
KASCHAU
(KOSICE)
MUNICH
LINZ
PRESBOURG
(BRATISLAVA)
VIENNE
DEBRECEN
SALZBOURG
BUDAPEST
KLAUSENBURG
(CLUJ-NAPOCA)
GRAZ
SUISSE
HONGRIE
MILAN
LAIBACH
(LJUBLJANA)
AGRAM
(ZAGREB)
VÉRONE
TEMESWAR
(TIMISOARA)
KRONSTADT
(BRASOV)
VENISE
ROYAUME
DES SERBES,
CROATES
ET SLOVÈNES
NEUSATZ
(NOVI SAD)
ROUMANIE
BOLOGNE
BELGRADE
CRAIOVA
BUCAREST
SARAJEVO
FLORENCE
DANUBE
SPLIT
ITALIE
SOFIA
BULGARIE
MER
ADRIATIQUE
PODGORICA
ROME
TIRANA
NAPLES
ALBANIE
THESSALONIQUE
40°
40°
GRÈCE
20°
Capitale
Ville austro-hongroise en 1914
Autre ville
Frontière de l'Autriche-Hongrie en 1914
Autriche en 1923
0
100
200 km

Pour reprendre les termes de Karl Renner, premier chancelier autrichien, l'État créé en 1918 était « une terre sans nom ». Cet État était à la recherche d'une identité. Le 12 novembre, la nouvelle république fut proclamée sous le nom d'« Autriche allemande » dans l'espoir qu'elle s'unisse avec l'Allemagne pour former un État fédéral. Toutefois, lors de la Conférence de la paix, Clemenceau refusa d'accorder à l'Allemagne un tel « rattachement » (ou *Anschluss*) et l'Autriche, affamée et isolée, se vit contrainte de l'accepter. Le traité de Saint-Germain-en-Laye en septembre 1919 confirma donc son statut de tout petit État ethniquement allemand.

À ses frontières, les seuls combats ouverts eurent lieu au début de 1919, lorsque les forces autrichiennes et yougoslaves combattirent en Carinthie – le résultat du plébiscite réalisé en 1920 fut en faveur de l'Autriche –, et en août 1921, lorsque des escarmouches militaires avec la Hongrie eurent lieu au sujet du Burgenland. En dehors de ces épisodes, l'Autriche était sans défense : l'occupation du sud du Tyrol par l'Italie était irréversible et constituait un contentieux durable.

Jusqu'en 1923, la grave dislocation économique de l'Autriche rendit impossible sa stabilisation. Cette situation fut exacerbée par la polarisation des forces politiques : les « rouges » (sociaux-démocrates) d'un côté et les « noirs » (chrétiens-sociaux) de l'autre. Alors que les rouges du gouvernement de 1918-1920 imposaient des réformes sociales radicales, les noirs espéraient préserver l'ancienne Autriche catholique, voire même restaurer la dynastie des Habsbourg. Face à l'accord de paix, les deux partis demeurèrent dans une coalition instable. Après leur victoire électorale d'octobre 1920, les chrétiens-sociaux s'associèrent finalement aux pangermanistes pour poursuivre un programme de droite. La nouvelle Constitution autrichienne les aida car, dans le cadre de l'État fédéral, ils avaient de fortes majorités dans des provinces rurales telles que la Styrie et le Tyrol.

Le caractère militaire de l'Autriche de 1918 à 1923 reflétait pleinement ce violent conflit idéologique. Dans le chaos de l'après-guerre, l'ancienne armée autrichienne ne put être reconstruite : tandis que les officiers des Habsbourg étaient insultés publiquement, des conseils militaires se réunissaient pour poursuivre la révolution. Pour maintenir l'ordre, le ministère de la Guerre, sous le régime socialiste de Julius Deutsch, créa la « Volkswehr », ou armée volontaire, composée de membres du parti et excluant délibérément les officiers impériaux. Il souhaitait utiliser cette force, qui comptait cinquante-six mille hommes en 1919, comme base d'une nouvelle armée autrichienne. Mais à partir de 1920, avec l'installation de Karl Vaugoin au ministère de la Guerre, ces effectifs furent transformés en une force conservatrice (limitée à trente mille hommes par le traité de paix). La Volkswehr avait de toute façon toujours été contestée par des groupes paramilitaires de droite composés d'anciens officiers impériaux. Ces soldats, les *Heimwehren*, se déployèrent au Tyrol, en Styrie et en Carinthie et eurent droit à leur baptême du feu en 1919 lors de la guerre frontalière avec la Yougoslavie. Ils étaient plus que tolérés par les autorités provinciales, qui leur fournissaient des armes supplémentaires issues de la contrebande sévissant à la frontière avec la Bavière.

À partir de 1922, le chancelier Ignaz Seipel réussit à contrôler l'inflation rampante et à imposer la stabilité économique. Les groupes paramilitaires restèrent malgré tout présents. Ils pouvaient être utilisés si le gouvernement conservateur se sentait menacé. La guerre civile entre rouges et noirs, déjà annoncée par beaucoup dès 1920, éclata violemment plus tard au cours de la décennie.

MARK CORNWALL

BATALPACHINSK (TCHERKESSK)
RUSSIE
TEREK
GROZNY
VLADIKAVKAZ
PETROVSK (MAKHATCHKALA)
MER CASPIENNE
GÉORGIE
KOUTAÏSSI
KOURA
BATOUMI
TIFLIS (TBILISSI)
ZAQATALA
ALEXANDROPOL (GYUMRI)
KARS
KARAKLIS (VANADZOR)
LAC SEVAN
GANJA (ELISABETPOL)
BAKOU
ARMÉNIE
EREVAN
ARAXE
CHOUCHA (CHOUCHI)
KOURA
NAXCIVAN (NAKHITCHEVAN)
LAC DE VAN
TATVAN
VAN
ARAXE
LANKARAN
ARDABIL
TURQUIE
TABRIZ
OURMIA
LAC D'OURMIA
RACHT
MOSSOUL
ZANDJÂN
IRAK
ERBIL
QAZVIN
SOULAÏMÂNÎYAH
KIRKOÛK
PERSE
SANANDADJ
HAMADÂN
45°
50°
40°
35°
Capitale
Ville du territoire revendiqué par la République d'Azerbaïdjan
Autre ville
Limite du territoire revendiqué par la République d'Azerbaïdjan
République d'Azebaïdjan de 1918 à 1920
0
100
200 km

À partir du coup d'État bolchevique d'octobre 1917, le Caucase du Sud entre dans une dynamique d'autonomisation qui incite le commandant du front caucasien, Prjevalski, à signer un cessez-le-feu séparé avec son homologue ottoman, Vehib Pacha, le 18 décembre. Alors que se mettent en place des autorités régionales, un découpage ethno-politique de la région se profile déjà entre Géorgiens, Arméniens et Azéris, terme qui désigne les turcophones chiites habitant entre la province d'Erevan et le littoral de la Caspienne.

À la suite de violences interethniques survenues en mars-avril 1918, les élites azéries cachent de moins en moins leurs sympathies pour le pouvoir ottoman, qui a rompu la trêve et lancé une offensive contre la Transcaucasie. Un Conseil national azéri se constitue à Tiflis le 27 mai et proclame une République démocratique azérie, sous tutelle de la Porte. Le nouveau pouvoir avance avec les troupes ottomanes, s'implantant à Gandja puis à Bakou, après la prise de la ville par les Ottomans, le 14 septembre. L'armistice de Moudros, le 30 octobre, contraint cependant les Ottomans à se retirer de la guerre et met en péril le projet national azéri.

Le président azéri, M. A. Rasulzade, doit composer avec la force d'occupation envoyée de Perse par les Britanniques et joue habilement de l'antibolchevisme pour consolider son État, alors que les forces blanches voudraient reconstituer une Russie unie. Mais les conflits territoriaux avec l'Arménie voisine affaiblissent le régime, tandis que des acteurs locaux attisent les flammes : les généraux arméniens Andranik et Dro mènent des actions dans les régions disputées du Karabakh et du Zangezour, tandis que les Azéris soutiennent une république musulmane de l'Araxe (novembre 1918-juin 1919) et s'emparent du Nakhitchevan en août 1919.

L'Azerbaïdjan indépendant s'épuise dans ces combats et la reprise des hostilités en mars 1920 en fait une proie facile pour l'Armée rouge, qui lance une offensive par le Daguestan. C'est que la Russie bolchevique, qui s'extraie progressivement de la guerre civile, convoite l'ancienne Transcaucasie tsariste. Le 28 avril, alors que les troupes soviétiques marchent sur Bakou, les communistes azéris dirigés par Nariman Narimanov prennent le pouvoir et proclament une république soviétique.

Cette république devient un pilier de l'élan révolutionnaire dans la région. Elle soutient la lutte contre les forces blanches de Denikine en mer Caspienne et porte à bout de bras une république soviétique dans la province iranienne du Gilan. Les révolutionnaires iraniens y reçoivent à partir de juin 1920 l'appui de troupes soviétiques. Tête de pont pour l'invasion de l'Arménie puis de la Géorgie, l'Azerbaïdjan soviétique fait cependant face à une instabilité interne, marquée par des révoltes comme celle de Gandja (mai 1920). Même après la fin de la guerre civile, il reste exposé jusqu'au milieu des années 1920 aux incursions de bandes frontalières installées en Perse voisine.

ÉTIENNE FORESTIER-PEYRAT

Capitale
Ville de la République populaire biélorusse en 1918
Autre ville
Frontière en 1923
Limite de la République populaire biélorusse en 1918
RSS de Biélorussie en 1922
Canal
0
100 km
30°
35°
40°
60°
25°
LAC LADOGA
VYBORG
FINLANDE
HELSINKI
PETROGRAD (SAINT-PÉTERSBOURG)
60°
GOLFE DE FINLANDE
NARVA
TALLINN (REVEL)
ESTONIE
NOVGOROD
BOROVITCHI
TARTU
URSS
PSKOV
TVER
VOLGA
LETTONIE
MOSCOU
RIEV (RJEV)
MOSKOVA
RIGA
DAUGAVA
VELIKIE LOUKI
VIAZMA
55°
DVINSK (DAUGAVPILS)
DVINA
VITEBSK
PANEVEZYS
SMOLENSK
LITUANIE
URSS
ROSLAVL
KOVNO (KAUNAS)
55°
BARYSSAV (BORISOV)
WILNA (VILNIUS)
MAGUILEV (MOHILEV)
OREL
BRIANSK
MINSK
BÉRÉZINA
NIÉMEN
HRODNA (GRODNA)
BABROUISK
SLOUTSK
BIÉLASTOCK (BIALYSTOK)
POLOGNE
GOMEL
PRIPET
DNIEPR
MAZYR
PINSK
BREST
TCHERNIGOV
35°
BOUG
25°
30°
URSS

BIÉLORUSSIE

Le 25 mars 1918 est déclarée à Minsk la République populaire biélorusse. Promue par l'occupant allemand, elle est le fruit de la désagrégation de l'Empire russe sous les effets de la guerre et de la révolution. Le nationalisme biélorusse est encouragé dans la partie occidentale à condition de rester dans l'orbite allemande, contrairement à la partie orientale, sous constante domination russe, et rapidement gagnée aux bolcheviks. La Biélorussie est donc d'emblée coupée en deux.

La République populaire biélorusse demeure, jusqu'à son effondrement en décembre 1918, l'exemple type d'un État failli, ne tenant qu'à la force des baïonnettes allemandes. Privés de marge de manœuvre par l'occupant, les nationalistes biélorusses sont contraints de servir de paravent à une politique brutale d'occupation. Cernée par des États voisins, polonais, lituanien et ukrainien, fragiles mais renforcés par la révolution et la guerre, la Biélorussie indépendante ne s'appuie jamais sur un mouvement politique de masse, pas plus que les autres tendances politiques. Si l'année 1918 marque la naissance pour la première fois dans l'histoire d'un État biélorusse indépendant, ses frontières demeurent floues. Outre que ce territoire est fortement marqué par la présence de minorités, la nationalité biélorusse n'a guère subi le mouvement de cristallisation nationaliste qui prélude en Europe centrale et orientale à l'autonomie politique.

Angle mort des nationalismes, la Biélorussie est moins centrale aux premières heures des républiques soviétiques que la Russie ou l'Ukraine. L'éphémère République soviétique biélorusse est renversée par les armées polonaises avant de tenter un attelage bancal sous la forme d'une République socialiste soviétique lituano-biélorusse, rapidement dissoute. Le peu d'attention portée par les puissances politiques n'empêche pas la région d'être ravagée par la guerre civile. La zone marque la ligne de front entre la Russie soviétique et la Pologne, meurtrière à défaut d'être décisive. Les Juifs, qui forment la principale minorité, sont l'objet de violences incessantes et de pogroms de la part des forces polonaises.

Périphérique pendant la guerre civile jusqu'en 1920, épargné par les interventions étrangères, le territoire biélorusse sort morcelé du conflit. L'instabilité politique se solde par l'annexion de la Biélorussie occidentale à la Pologne, avec la bénédiction des grandes puissances occidentales, tandis que la partie orientale, incorporée à l'Union soviétique, devient la République socialiste soviétique biélorusse. Malgré sa petite taille, cette république, aux avant-postes occidentaux de l'Union soviétique, est façonnée pour devenir le laboratoire et la vitrine d'une politique pluraliste de promotion des droits des minorités, tandis que la Biélorussie occidentale est, à l'inverse, l'objet d'une polonisation agressive.

THOMAS CHOPARD

30°
KRONSTADT (BRASOV)
GALATI
DANUBE
45°
PLOIESTI
PITESTI
DANUBE
ARGES
BUCAREST
CRAIOVA
ROUMANIE
CONSTANTA
OLT
GIURGIU
VIDIN
ROUSSÉ
BAZARGIC (DOBRITCH)
RAZGRAD
PLEVEN
VARNA
CHOUMEN
NIS
PIROT
LOVETCH
MER NOIRE
SOFIA
SLIVEN
BOURGAS
STARA ZAGORA
KIUSTENDIL
PLOVDIV
MARITZA
STROUMA
ROYAUME DES SERBES, CROATES ET SLOVÈNES
SVILENGRAD
ANDRINOPLE (EDIRNE)
MESTA
STROUMITSA
TURQUIE
XANTHI
GRÈCE
MER DE MARMARA
THESSALONIQUE
GALLIPOLI
DARDANELLES
40°
LARISSA
Capitale
Ville bulgare en 1914
Autre ville
Frontière de la Bulgarie en 1914
Bulgarie en 1923
0
100 km
MER ÉGÉE

BULGARIE

Depuis son indépendance en 1878, le royaume de Bulgarie a connu plusieurs conflits armés au cours desquels près de 20 % de la population active masculine a disparu. Dans les dernières semaines de la Grande Guerre, des grèves et des émeutes de la faim secouent le pays. Sous l'influence de la révolution russe de 1917, le sentiment antibelliciste et antimonarchiste se renforce dans l'armée et dans les villes. L'offensive alliée de septembre 1918 fait éclater le front bulgare en quelques jours, les soldats désertent et rentrent chez eux. Une insurrection éclate à Vladaïa, près de Sofia, et des troupes « républicaines » marchent sur la capitale. Pour maîtriser les tensions révolutionnaires qui menacent le pays, le tsar Ferdinand Ier signe l'armistice et abdique en faveur de son fils Boris III. Le royaume, désormais dans le camp des vaincus, se voit imposer de lourdes sanctions en vertu de l'article 231 du traité de Versailles.

Le traité de Neuilly, signé le 27 novembre 1919, oblige la Bulgarie à rendre les territoires acquis pendant la guerre mais lui fait perdre également plusieurs régions qui lui appartenaient avant 1914. Les districts de Stroumitsa, Tsaribrod, Timok et Bosilegrad sont attribués au royaume des Serbes, Croates et Slovènes, tandis que la Dobroudja du Sud, conquise pendant la guerre, est restituée à la Roumanie. Au Sud, la Grèce reçoit une partie de la Thrace occidentale, privant la Bulgarie de l'accès à la mer Égée. Enfin, Sofia doit payer aux Alliés plus de deux milliards de francs-or au titre des réparations de guerre, une somme astronomique pour un pays majoritairement agraire et sous-développé, et ses forces armées sont réduites.

Dans ce contexte, la population se radicalise et bascule rapidement vers la gauche : lors des premières élections libres, organisées en août 1919, le nouveau parti communiste obtient presque 20 % des voix et la social-démocratie 13 %. Le gouvernement de coalition, dirigé par le chef du parti paysan Alexandre Stambolijski, introduit des mesures favorisant un certain égalitarisme social. Un service du travail obligatoire de quatre à huit mois est mis en place en 1920, permettant notamment la construction des infrastructures. Sous la devise « La terre appartient à ceux qui la labourent », la réforme agraire de 1922 promet de redistribuer les grandes propriétés aux paysans, fixant à soixante-quinze hectares leur taille maximale. L'impact de cette réforme est pourtant limité, l'agriculture du pays étant déjà fondée sur les petites exploitations ; la réforme ne concerne ainsi que 6 % des terres du pays.

Mais progressivement, le régime devient de plus en plus répressif et, après les élections de 1920 où le parti de Stambolijski remporte 40 % de voix, il se transforme en une dictature paysanne qui s'attaque à ses adversaires politiques. Les intellectuels sont exclus de l'Union agraire et une fiscalité progressive selon le principe de classe est introduite. Les anciennes élites devenues forces d'opposition (cadres de l'armée et de l'administration, intellectuels et commerçants) s'allient pour former en 1922 l'Entente nationale. Le 9 juin 1923, un coup d'État du professeur Alexandre Tsankov et du colonel Damian Veltchev provoque la chute du gouvernement. Stambolijski est capturé et sauvagement assassiné le 14 juin, avec le concours de groupes terroristes macédoniens. Dans un premier temps, les communistes considèrent les événements comme une simple « lutte de pouvoir entre les factions de la bourgeoisie » et gardent leur neutralité. Quand ils reconsidèrent leur position, en septembre, il est déjà trop tard : l'insurrection ouvrière est écrasée dans le sang et le régime contre-révolutionnaire pro-fasciste d'Alexandre Tsankov s'installe en Bulgarie.

ROMAN KRAKOVSKY

18°
GROSSENDORF (WLADISLAWOWO)
HELA (HEL)
RAHMEL (RUMIA)
NEUSTADT (WEJHEROWO)
MER BALTIQUE
GDINGEN (GDYNIA)
ZOPPOT (SOPPOT)
OLIVA (OLIWA)
KARTHAUS (KARTUZY)
DANTZIG (GDANSK)
STUTTHOF (SZTUTOWO)
RADUNIA
PRAUST (PRUSZCZ GDANSKI)
TIEGENHOF (NOWY DWOR GDANSKI)
VISTULE
ELBING (ELBLAG)
BERENT (KOSCIERZYNA)
NEUTEICH (NOWY STAW)
DIRSCHAU (TCZEW)
NOGAT
POLOGNE
MARIENBURG (MALBORK)
54°
54°
PREUSSISCH STARGARD (STAROGARD GDANSKI)
ALLEMAGNE
CZERSK
18°
MARIENWERDER (KWIDZYN)
Capitale
Ville de la Ville libre de Dantzig en 1920
Autre ville
Frontière de la Ville libre de Dantzig en 1920
Ville libre de Dantzig en 1920
Canal
0
25 km

DANTZIG (VILLE LIBRE DE)

Pour l'Allemagne, la défaite de la Première Guerre mondiale a signifié, entre autres, la perte de la ville de Poznań, d'une grande partie de la Prusse-Occidentale et d'une partie de la Haute-Silésie. Conformément aux termes de l'article 100 du traité de Versailles de 1919, Dantzig (aujourd'hui Gdansk, en Pologne), une ville portuaire allemande de la Baltique à l'embouchure de la Vistule, avec une population majoritairement allemande et une minorité polonaise, devint une «ville libre». La ville libre de Dantzig, officiellement créée en novembre 1920, fut placée sous la protection de la Société des Nations nouvellement créée. L'Allemagne, à l'origine, ne fut pas autorisée à rejoindre la SDN. Afin de permettre à la Pologne d'accéder à la Baltique, les Alliés créèrent un «corridor» de terre séparant la Prusse-Orientale du reste de l'Allemagne. Ce corridor resta fortement contesté par les nationalistes allemands, qui considéraient la frontière orientale de façon générale comme une «frontière saignante». La reprise de Dantzig, de la Prusse-Occidentale et de Poznań – ainsi que des parties perdues de la Haute-Silésie – marquèrent régulièrement le discours public allemand tout autant que la reprise de l'Alsace-Lorraine avait marqué le discours public en France entre 1871 et 1918.

Comme le stipulait le traité de Versailles, Dantzig et la région qui l'entoure devaient rester séparées de l'Allemagne et de la Deuxième République polonaise indépendante nouvellement créée, mais restaient liées à cette dernière par une union douanière. Varsovie eut également la liberté de développer et de maintenir des infrastructures de transport et de communication ainsi que des installations portuaires dans la ville. La ville libre fut créée pour donner à la Pologne l'accès à un port maritime de bonne taille. Si la population était majoritairement allemande, elle comptait aussi une importante minorité polonaise. La majorité de la population d'origine allemande n'apprécia pas d'être séparée de l'Allemagne et soutint de plus en plus les partis de droite, notamment après le début de la Grande Dépression. Les tensions augmentèrent encore lorsque le parti nazi local prit le contrôle politique, au milieu des années 1930. Comme ailleurs, il réprima l'opposition démocratique. En raison des persécutions antisémites, de nombreux Juifs fuirent la ville et ses environs. Après l'invasion allemande de la Pologne en 1939, les nazis abolirent la ville libre et intégrèrent la région au nouveau district «Dantzig-Prusse-Orientale». Ils qualifièrent les Polonais et les Juifs de la ville de «sous-hommes» et les soumirent à la discrimination, au travail forcé et, au final, à l'extermination. Beaucoup furent envoyés à la mort dans les camps de concentration, dont celui de Stutthof, près de Dantzig. Après la Seconde Guerre mondiale, Dantzig changea de nouveau de mains et, après l'expulsion massive de la population allemande, devint la ville polonaise de Gdansk.

ROBERT GERWARTH

INTERVENTIONS FRANÇAISES

– Envoi d'une mission militaire française sous la direction du lieutenant-colonel Hürstel (arrivée à Tallinn en juin 1919) afin de renseigner, de faire connaître les besoins militaires et de servir de conseiller technique. Dépendante initialement de la Mission militaire française en Finlande, elle passe sous la dépendance du général Etievant, nommé auprès du général britannique Gough, qui est chargé par les Alliés de la coordination de l'effort allié dans les États baltes. La Mission militaire française en Estonie est fusionnée avec celles de Lettonie et Lituanie (1er mars 1921) pour former la Mission militaire française dans les pays baltes.

– Présence avec la flotte britannique d'une division navale française (arrivée en Baltique orientale en avril 1919), qui restera présente jusqu'en novembre 1922.

Contrairement à ses voisins baltes, les territoires estoniens n'ont été envahis que tardivement par l'armée allemande (février 1918) et avaient obtenu auparavant un statut d'autonomie du Gouvernement provisoire russe, avec des institutions élues (juin 1917). Il existe un consensus politique relativement fort, des partis agrariens jusqu'aux socialistes, en faveur d'une république démocratique et d'une réforme agraire radicale permettant de liquider l'influence politique et sociale de la grande propriété germano-balte et de limiter l'influence de la domination bolchevique (forte surtout à Tallinn et Narva). L'indépendance ayant été proclamée juste avant l'arrivée des Allemands (24 février 1918), les institutions estoniennes ont été alors reconnues indépendantes « de fait » par les Britanniques et les Français.

En novembre 1918, lors de la proclamation de la République soviétique estonienne (29 novembre), l'absence de résistance initiale – les bolcheviks sont à proximité de la capitale en décembre – s'estompe vite face à la renaissance du gouvernement national, qui reconstitue rapidement ses forces et profite du soutien de volontaires finlandais et de l'arrivée rapide de la marine britannique en décembre. Cette dernière garantit la liberté des transports, bloque la flotte soviétique au fond du golfe de Finlande et commence à livrer quelques armes. Les forces soviétiques sont également trop faibles, vu le développement des autres fronts, et trop dépendantes initialement des unités de tirailleurs rouges lettons, focalisés sur la libération de leur patrie. Dès le début de février 1919, l'ensemble du territoire national est libéré et, malgré plusieurs offensives, les troupes soviétiques ne pourront jamais reprendre la main. Dès avril, l'élection d'une Assemblée constituante donne une majorité aux partis du centre et de la gauche qui met en place une démocratie sociale avancée fondée sur la création d'une classe de petits propriétaires, ce qui laisse peu d'opportunités à la propagande bolchevique, qui pâtit également des mesures radicales prises dès la fin de 1918.

Soutenant la constitution de troupes lettonnes nationales, les forces estoniennes facilitent la libération du nord de la Lettonie en mai-juin 1919. Sur le front russe, elles soutiennent l'avancée des forces blanches de Youdenitch (armée russe du Nord-Ouest), qui mènent une première offensive infructueuse vers Petrograd et Pskov à partir de mai. Si les territoires russes conquis permettent de former une sorte de glacis protecteur, les forces blanches sont minées par les rivalités personnelles et militaires, et leurs projets politiques, peu favorables aux nationalités, ne peuvent que susciter la méfiance des Estoniens, fatigués de la guerre. À la suite de l'évolution de la politique britannique et malgré une dernière offensive de Youdenitch en octobre vers Petrograd, vouée à l'échec, les Estoniens désarment les troupes blanches repoussées en territoire estonien et entrent en négociations avec la Russie bolchevique. Le traité de paix russo-estonien est signé à Tartu le 2 février 1920. À la suite de l'échec final de Wrangel et de la nécessité de stabiliser enfin la région, l'Estonie est reconnue *de jure* le 26 janvier 1921 par la France et le Royaume-Uni.

JULIEN GUESLIN

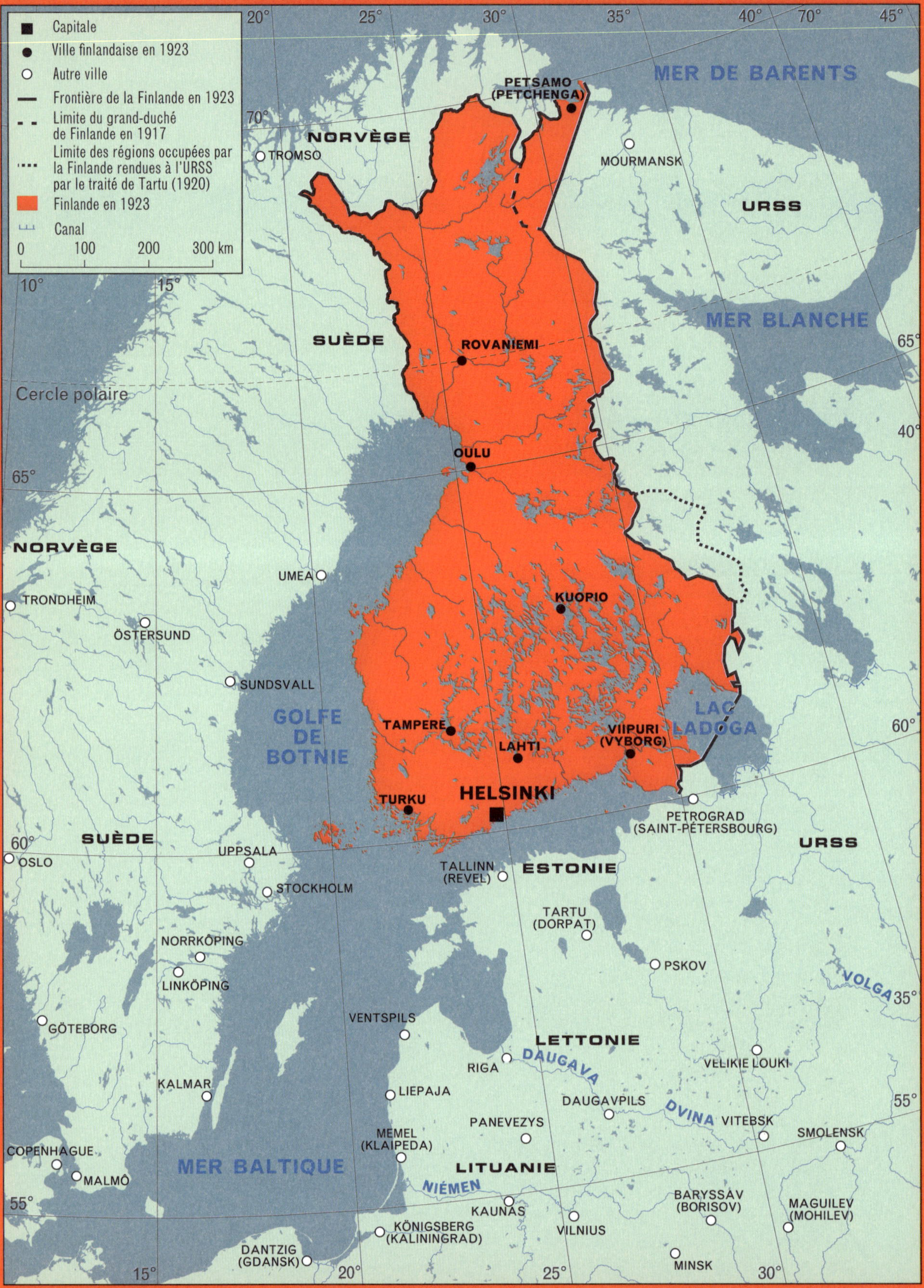
Capitale
Ville finlandaise en 1923
Autre ville
Frontière de la Finlande en 1923
Limite du grand-duché de Finlande en 1917
Limite des régions occupées par la Finlande rendues à l'URSS par le traité de Tartu (1920)
Finlande en 1923
Canal
0 100 200 300 km
MER DE BARENTS
PETSAMO (PETCHENGA)
NORVÈGE
TROMSO
MOURMANSK
URSS
MER BLANCHE
SUÈDE
ROVANIEMI
Cercle polaire
OULU
NORVÈGE
UMEA
KUOPIO
TRONDHEIM
ÖSTERSUND
SUNDSVALL
GOLFE DE BOTNIE
LAC LADOGA
TAMPERE
LAHTI
VIIPURI (VYBORG)
TURKU
HELSINKI
PETROGRAD (SAINT-PÉTERSBOURG)
SUÈDE
URSS
OSLO
UPPSALA
TALLINN (REVEL)
ESTONIE
STOCKHOLM
TARTU (DORPAT)
NORRKÖPING
LINKÖPING
PSKOV
VOLGA
GÖTEBORG
VENTSPILS
LETTONIE
RIGA
DAUGAVA
VELIKIE LOUKI
KALMAR
LIEPAJA
DAUGAVPILS
DVINA
VITEBSK
SMOLENSK
PANEVEZYS
MEMEL (KLAIPEDA)
COPENHAGUE
MALMÖ
MER BALTIQUE
LITUANIE
NIÉMEN
KAUNAS
BARYSSAV (BORISOV)
MAGUILEV (MOHILEV)
KÖNIGSBERG (KALININGRAD)
VILNIUS
DANTZIG (GDANSK)
MINSK

Déclarant son indépendance de l'Empire russe le 6 décembre 1917, la Finlande se trouve rapidement aux prises avec ses divisions sociales et politiques. Dans une province largement dépendante de ses échanges extérieurs, les complications économiques nées de la guerre ont en effet attisé les conflits sociaux et politiques, provoquant des grèves parfois violentes. En janvier 1918, l'aile radicale du parti social-démocrate prend ainsi les armes contre le Sénat, gouvernement légal né de la déclaration d'indépendance. La guerre civile qui en résulte entre « rouges » et « blancs » dure de janvier à mai 1918 et fait presque quarante mille victimes, dans un pays de trois millions d'habitants. Elle est marquée par l'engagement limité de troupes allemandes, avec la division de la Baltique du colonel Rüdiger von der Goltz. Le conflit se distingue par des massacres de part et d'autre – les plus importants du fait des blancs – et laisse une société durablement divisée.

Victorieux, les blancs se lancent dans une politique royaliste et pro-allemande ; lors de l'armistice, le gouvernement finlandais est donc considéré comme un féal de l'Allemagne vaincue. Situés en dehors des zones de grande tension, les Finlandais sauront toutefois s'adapter à la nouvelle situation internationale. L'ancien général russe Carl Gustaf Mannerheim, seule personnalité finlandaise appréciée de l'Entente, prend la régence du pays, mais il faut encore convaincre l'Entente de confirmer la reconnaissance de l'indépendance du pays. Les représentants finlandais à Paris travaillent donc à obtenir une reconnaissance et la souveraineté finlandaise sur l'archipel d'Åland, situé entre la Suède et la Finlande. Ces questions sont compliquées par l'implication de la Finlande dans les troubles russes : fin 1919, l'Entente et surtout la France cherchent sans succès à pousser les Finlandais vers une opération sur Petrograd.

Mais la Finlande disparaît rapidement des préoccupations des dirigeants de l'Entente : en octobre 1920, les négociateurs finlandais et bolcheviques signent à Dorpat (Tartu), en Estonie, un traité établissant les frontières du nouvel État avec la Russie. Mais ces frontières ne satisfont pas la frange radicale du mouvement blanc issu de la guerre civile. Plus ou moins soutenus par l'armée finlandaise et différentes personnalités, ces groupes mènent en territoire bolchevique plusieurs expéditions armées de 1920 à 1923, visant à provoquer des annexions de fait. Ces « guerres ethniques » (*heimosodat*) n'aboutissent pas du fait de la résistance des bolcheviks et de l'expectative dans laquelle se maintient le gouvernement finlandais.

Avec le traité deTartu, c'est l'entrée de la Finlande dans la Société des Nations en décembre 1920 et le règlement par cette organisation de la question des îles d'Åland en 1921 qui marquent la stabilisation symbolique du pays dans des frontières qu'il occupera jusqu'en 1940.

LOUIS CLERC

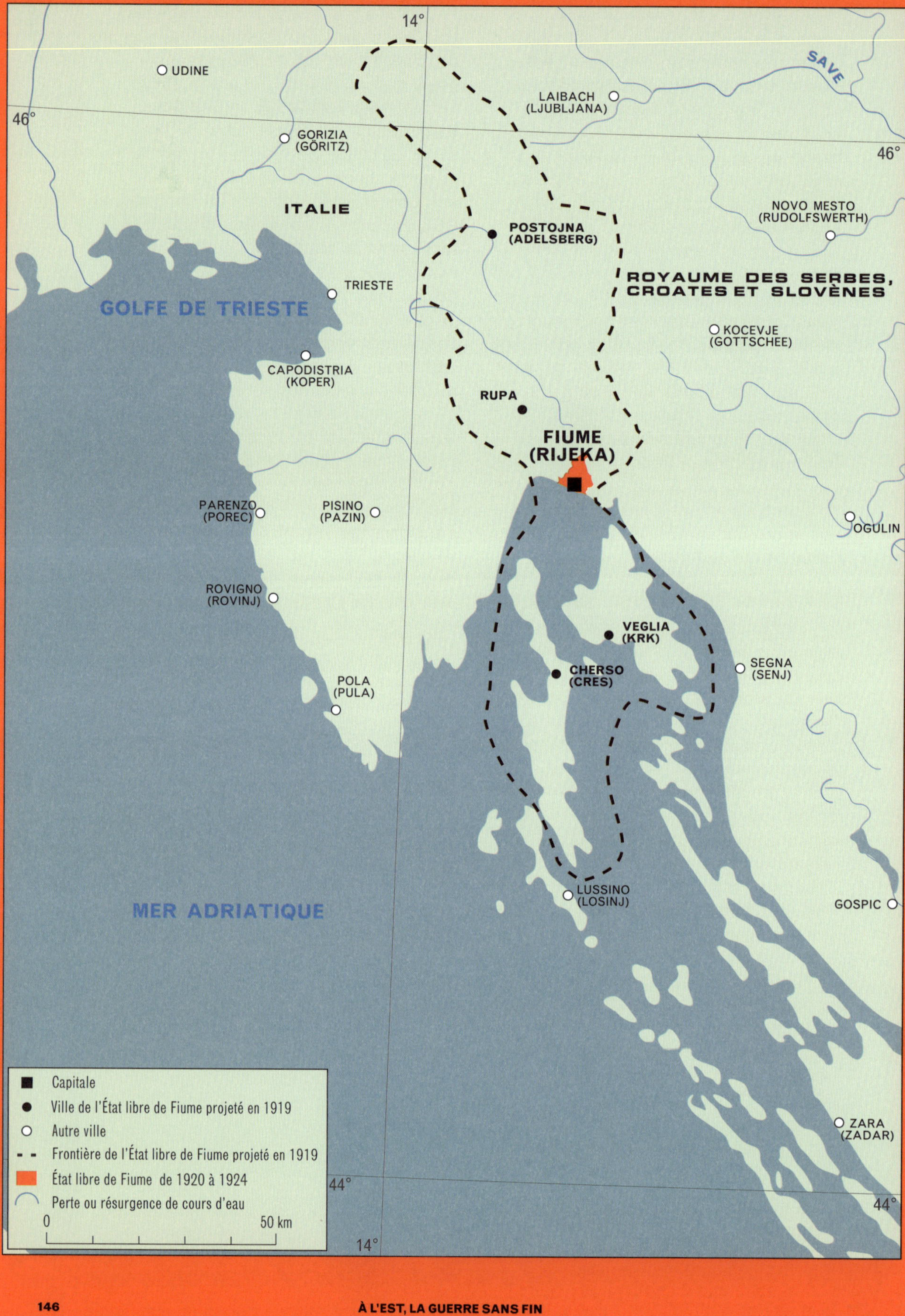

14°
46°
44°
UDINE
SAVE
LAIBACH
(LJUBLJANA)
GORIZIA
(GÖRITZ)
ITALIE
NOVO MESTO
(RUDOLFSWERTH)
POSTOJNA
(ADELSBERG)
TRIESTE
ROYAUME DES SERBES,
CROATES ET SLOVÈNES
GOLFE DE TRIESTE
KOCEVJE
(GOTTSCHEE)
CAPODISTRIA
(KOPER)
RUPA
FIUME
(RIJEKA)
PARENZO
(POREC)
PISINO
(PAZIN)
OGULIN
ROVIGNO
(ROVINJ)
VEGLIA
(KRK)
SEGNA
(SENJ)
CHERSO
(CRES)
POLA
(PULA)
LUSSINO
(LOSINJ)
MER ADRIATIQUE
GOSPIC
ZARA
(ZADAR)
Capitale
Ville de l'État libre de Fiume projeté en 1919
Autre ville
Frontière de l'État libre de Fiume projeté en 1919
État libre de Fiume de 1920 à 1924
Perte ou résurgence de cours d'eau
0
50 km

FIUME (ÉTAT LIBRE DE)

Le 12 septembre 1919, le nationaliste italien Gabriele D'Annunzio, poète et héros flamboyant de la Grande Guerre, saisit avec deux cents volontaires le port de Fiume (Rijeka en croate) et l'occupe au mépris du gouvernement italien et des grandes puissances alliées (France, Grande-Bretagne, États-Unis). Le traité de Londres, accord secret signé en 1915 par l'Italie avec les Alliés comme le prix de son entrée dans la Grande Guerre, lui conférait la côte dalmate de l'Adriatique en plus de l'Italie de Trentino à Trieste et d'une zone d'influence au Proche-Orient. La guerre terminée, avec six cent mille soldats italiens morts, les Alliés (Italie comprise) occupent le littoral adriatique selon les termes de l'armistice signé avec l'Autriche-Hongrie.

Cependant, ce qui avait été promis afin d'assurer la participation de l'Italie à la guerre se heurte au nouveau royaume des Serbes, Croates et Slovènes (la future Yougoslavie), né de la disparition de l'empire habsbourgeois, ainsi qu'aux réalités des populations mélangées d'Istrie et de la côte dalmate. Il contrarie aussi le principe de l'autodétermination nationale affiché par Woodrow Wilson, qui refuse de reconnaître le traité de Londres. Ainsi, la délégation italienne à la Conférence de la paix à Paris – le Premier ministre Vittorio Emanuele Orlando et le ministre des Affaires étrangères Sidney Sonnino – insiste sans succès sur la satisfaction de ses demandes maximales sur toile de fond de manifestations nationalistes montant en Italie.

Ayant échoué, le gouvernement démissionne et, face à son successeur, plus enclin à faire des compromis, D'Annunzio monte son coup de main. Ville moitié italienne, moitié croate et réclamée par l'Italie comme par la Yougoslavie, Fiume se voit proposer par le président Wilson le statut d'« État libre » sous l'égide de la Société des Nations. Mais les nationalistes et fascistes italiens la prennent comme un symbole rédempteur de ce que D'Annunzio déclare être une « paix mutilée ».

Quinze mois durant, le poète règne sur la ville. De grands personnages – Marconi, le poète futuriste Marinetti, Toscanini avec son orchestre et Mussolini – se rendent dans cette Mecque avec son prophète qui préfigure une Italie fasciste. Y afflue aussi une foule bariolée de nationalistes, de syndicalistes et de vétérans de la Grande Guerre devenus paramilitaires, sans parler d'un bas-fond de criminels et de prostituées.

À la surprise générale, l'Italie et la Yougoslavie signent un traité, à Rapallo le 12 novembre 1920, qui entérine la solution d'un État libre pour mettre fin au différend de Fiume. L'armée italienne en expulse D'Annunzio à la fin de décembre. Toutefois, la ville reste en plein bouleversement, disputée entre nationalistes des deux bords (avec en plus un petit parti communiste), jusqu'à ce que le traité de Rome (27 janvier 1924) la transfère à l'Italie de Mussolini. En 1947, elle reviendra définitivement à la Yougoslavie.

JOHN HORNE

40°
45°
EKATERINODAR
(KRASNODAR)
STAVROPOL
BATALPACHINSK
(TCHERKESSK)
RUSSIE
SOTCHI
TEREK
GROZNY
SOUKHOUMI
PETROVSK
(MAKHATCHKALA)
VLADIKAVKAZ
MER NOIRE
POTI
KOUTAÏSSI
GORI
KOURA
BATOUMI
TBILISSI
(TIFLIS)
ZAQATALA
TRÉBIZONDE
(TRABZON)
ALAVERDI
ALEXANDROPOL
(GYUMRI)
KARS
KARAKLIS
(VANADZOR)
AZERBAÏDJAN
GANJA
(ELISABETPOL)
ARMÉNIE
LAC
SEVAN
EREVAN
ERZEROUM
ARAXE
CHOUCHA
TURQUIE
NAKHITCHEVAN
LAC DE VAN
VAN
MALATYA
DIYARBAKIR
TIGRE
TABRIZ
OURMIA
PERSE
LAC D'OURMIA
MOSSOUL
IRAK
ERBIL
Capitale
Ville du territoire revendiqué par la République de Géorgie de 1918 à 1921
Autre ville
Limite du territoire revendiqué par la République de Géorgie de 1918 à1921
RSS de Géorgie de 1921 à 1922
0
100
200 km

Hostile au pouvoir bolchevique, l'élite géorgienne prend à la fin de 1917 l'initiative de mettre en place des institutions politiques autonomes au Caucase du Sud. Lorsque les Ottomans rompent, en février 1918, la trêve signée deux mois plus tôt, les territoires géorgiens sont en première ligne. C'est pour tenter de les sauver que les leaders mencheviks géorgiens se rapprochent de l'Allemagne : sur les conseils allemands, ils proclament l'indépendance de la Géorgie le 26 mai, accélérant la dissolution de la Transcaucasie.

Des troupes allemandes, dirigées par le général Kress von Kressenstein, sont envoyées en Géorgie pour soutenir la nouvelle république : l'Allemagne voit dans cet appui un moyen de modérer l'influence ottomane dans la région, tout en obtenant de lucratives concessions minières. La République géorgienne fait cependant face à de nombreuses forces centrifuges et à l'incertitude de ses frontières, aussi bien au Nord qu'au Sud, où les Ottomans occupent la région de Batoumi. Cette association étroite avec l'Allemagne se retourne contre les dirigeants mencheviks à la fin de 1918, avec la défaite des Puissances centrales. Alors qu'un conflit frontalier bref mais intense éclate en décembre 1918 avec l'Arménie, la Géorgie se cherche une légitimité. Profitant de la centralité géographique de Tiflis et de son rôle traditionnel de capitale du Caucase du Sud, les mencheviks se posent en force médiatrice et tentent de se faire reconnaître par les Alliés.

Au cours de l'année 1919, la Géorgie est exposée aux effets déstabilisateurs de la guerre civile en Russie méridionale. Les forces de Denikine recherchent une alliance avec le pays, tout en refusant de reconnaître clairement l'indépendance de ce territoire. Base arrière des combats, la Géorgie devient surtout un asile pour les nombreux réfugiés qui quittent les villes de Russie. Cet afflux aggrave une situation économique déstabilisée par la rupture des communications et des transports.

L'invasion soviétique de l'Azerbaïdjan, à la fin d'avril 1920, inquiète la Géorgie. Des incidents frontaliers éclatent et un coup d'État bolchevique à Tiflis échoue le 3 mai. Prise par la guerre avec la Pologne, la Russie doit tactiquement reconnaître la Géorgie par le traité de Moscou (7 mai). Un accord passé avec les forces britanniques permet à la Géorgie de récupérer Batoumi en juillet 1920, mais le pays doit faire face à une nouvelle menace au Sud, du fait du renforcement du mouvement nationaliste turc.

Alors que les Turcs convoitent certaines régions géorgiennes, les tensions avec la Russie bolchevique réapparaissent. Les Soviétiques envahissent la Géorgie le 11 février 1921 et les Turcs tentent, sans succès, d'annexer les districts du sud du pays. Il faut attendre octobre pour que le traité de Kars règle la frontière entre républiques soviétiques et Turquie kémaliste, consolidant une alliance « anti-impérialiste » entre les deux mouvements.

ÉTIENNE FORESTIER-PEYRAT

INTERVENTIONS FRANÇAISES

La période de 1915 à 1917 est caractérisée par de multiples interventions militaires françaises en Grèce, avec des actions de l'armée d'Orient, restée dans le pays jusqu'à l'automne 1918. Le 27 septembre 1917, le roi Alexandre signe ainsi le décret qui fixe les attributions du chef de la Mission militaire française en Grèce. Cette mission militaire comprend entre autres le colonel Braquet et le général Bordeaux. Au cours des cinq années qui suivent la fin de la Première Guerre mondiale, il n'y a aucune présence militaire française en Grèce. Cependant, durant cette période, il existe toujours un lien étroit entre la politique étrangère française et les évolutions relatives à la Grèce. À l'origine, la France est l'un des plus fervents défenseurs des revendications grecques à la Conférence de la paix. Peu à peu, toutefois, cette tendance s'inverse, avec comme principaux jalons le retour du roi Constantin – indésirable aux yeux des Français – en décembre 1920 et le traité d'Ankara avec le gouvernement révolutionnaire turc de Mustafa Kemal en octobre 1921.

L'année 1918 est marquée pour la Grèce par l'engagement de son armée dans la victorieuse phase finale des hostilités sur le front macédonien de la Première Guerre mondiale et par des processus intensifs au niveau diplomatique en vue de la Conférence de la paix. La fin de la guerre est scellée du côté grec par la capitulation de la Bulgarie le 29 septembre et la signature de l'armistice de Moudros avec l'Empire ottoman le 30 octobre.

La coopération de la Grèce avec le camp des vainqueurs de la Grande Guerre constitue la base sur laquelle le Premier ministre Elefthérios Venizélos s'appuie afin de promouvoir les revendications grecques. Dans ses efforts pour tirer le meilleur parti possible des arrangements de l'après-guerre, Venizélos doit affronter non seulement les intérêts adverses des pays voisins, mais aussi les grandes controverses qui ont déjà commencé à se dessiner dans le camp des vainqueurs. Afin d'obtenir le soutien de la Grande-Bretagne et de la France à un moment où toutes les questions sont encore ouvertes à la table des négociations, Venizélos offre aux deux pays la participation des forces militaires grecques au corps expéditionnaire allié contre les bolcheviks en Ukraine dans les premiers mois de 1919.

En mai 1919, Venizélos reçoit des Alliés un mandat temporaire d'occupation de Smyrne et d'une partie de l'arrière-pays de l'Asie Mineure, un développement lié entre autres à l'inquiétude qu'a provoquée chez les Britanniques et les Français l'avancée des troupes italiennes en Asie Mineure. La signature des traités de Neuilly (27 novembre 1919) et de Sèvres (10 août 1920) signifie la garantie de gains territoriaux très importants pour le côté grec face respectivement à la Bulgarie et à la Turquie. Cependant, dans le second cas, la mise en œuvre des accords se révèle irréalisable, d'une part en raison de la montée rapide du mouvement national turc, qui s'oppose fortement à l'occupation des territoires par l'armée grecque faisant marche en Asie Mineure, d'autre part en raison des changements sur la scène diplomatique internationale. Le rôle des évolutions à l'intérieur de la Grèce est également décisif, avec la défaite de Venizélos aux élections de novembre 1920 et le retour du roi Constantin un mois plus tard, marquant la rupture substantielle de la Grèce avec ses alliés, et notamment avec la France.

L'effondrement du front d'Asie Mineure en août 1922 et la persécution massive des Grecs d'Asie Mineure provoquent le déchaînement d'un mouvement d'officiers le mois suivant, le retrait définitif de Constantin du trône grec et la condamnation à mort, avec exécution, des six responsables de la grande défaite grecque dans la guerre gréco-turque. Le règlement final des frontières avec le nouvel État turc est scellé par le traité de Lausanne (24 juillet 1923), alors que, quelques mois plus tôt (30 janvier), les deux parties, grecque et turque, étaient parvenues à un accord sur l'échange obligatoire (hormis quelques exceptions précises) des chrétiens orthodoxes de Turquie et des musulmans de Grèce.

ELLI LEMONIDOU

DANEMARK
SUÈDE
LETTONIE
MER BALTIQUE
COPENHAGUE
MALMÖ
MEMEL (KLAIPEDA)
LITUANIE
KAUNAS
KÖNIGSBERG (KALININGRAD)
HAMBOURG
BRÊME
DANTZIG (GDANSK)
STETTIN (SZCZECIN)
MINSK
HANOVRE
BERLIN
BYDGOSZCZ
VISTULE
POZNAN
DORTMUND
ALLEMAGNE
ELBE
VARSOVIE
BREST
LODZ
POLOGNE
LEIPZIG
DRESDE
WROCLAW
LUBLIN
URSS
CHEMNITZ
FRANCFORT
KATOWICE
PRAGUE
NUREMBERG
MANNHEIM
OSTRAVA
CRACOVIE
LVIV
RHIN
TCHÉCOSLOVAQUIE
STUTTGART
DANUBE
BRNO
DNIESTR
KASSA (KOSICE)
MUNICH
LINZ
POZSONY (BRATISLAVA)
VIENNE
SALZBOURG
DEBRECEN
BUDAPEST
KOLOZSVAR (CLUJ-NAPOCA)
GRAZ
SUISSE
AUTRICHE
LJUBLJANA
PECS
SZEGED
MILAN
VÉRONE
ZAGRAB (ZAGREB)
TEMESWAR (TIMISOARA)
BRASSO (BRASOV)
VENISE
UJVIDEK (NOVI SAD)
ROUMANIE
BOLOGNE
BELGRADE
CRAIOVA
BUCAREST
FLORENCE
SARAJEVO
ROYAUME DES SERBES, CROATES ET SLOVÈNES
SPLIT
DANUBE
ITALIE
SOFIA
BULGARIE
MER ADRIATIQUE
PODGORICA
ROME
PLOVDIV
TIRANA
NAPLES
BARI
ALBANIE
TARENTE
THESSALONIQUE
GRÈCE
MESSINE
ATHÈNES
20°
40°
Capitale
Ville des Royaumes de Hongrie et de Croatie-Slavonie en 1914
Autre ville
Frontière de l'Autriche-Hongrie en 1914
Frontière des Royaumes de Hongrie et de Croatie-Slavonie en 1914
Hongrie du traité de Trianon (1920)
0 100 200 km

Le traité de Trianon, imposé en 1920, amputait la « Grande Hongrie » des deux tiers de son territoire et de la moitié de sa population d'avant la guerre, dont trois millions de Hongrois au sens ethnique du terme. Si la Hongrie était prête à rendre la Croatie au nouvel État yougoslave, elle refusait de céder la Slovaquie à la Tchécoslovaquie et la Transylvanie à la Roumanie. Aussi ces territoires devinrent-ils l'enjeu majeur de conflits armés en 1919, instaurant une instabilité régionale et créant de durables inimitiés. À l'intérieur de la Hongrie, le chaos fut encore aggravé, car le pays dépecé, submergé par les réfugiés et par les officiers mécontents, fit l'expérience de trois régimes idéologiquement différents en l'espace d'à peine douze mois.

À partir d'octobre 1918, le nouveau régime libéral et démocratique du comte Károlyi espérait, avec le soutien des Alliés, préserver l'essentiel du vieux territoire national de la Hongrie en offrant l'autonomie aux Slovaques et aux Roumains autochtones. Mais il fut rapidement contraint à signer un armistice dans le Sud, établissant une ligne de démarcation profondément à l'intérieur du territoire hongrois et autorisant les troupes roumaines à occuper l'essentiel de la Transylvanie. Cet armistice ne couvrait pas la frontière nord, aussi les Tchèques furent-ils en mesure d'envahir et d'occuper les régions, qu'ils convoitaient, de Slovaquie et de Ruthénie. Pour Károlyi, déjà accablé à l'intérieur par les attaques de ses ennemis idéologiques, le dernier coup fut porté quand le colonel Vix, représentant français à Budapest, exigea la cession d'une portion supplémentaire de territoire à la Roumanie. L'humiliation ressentie permit aux communistes de Béla Kun de prendre le pouvoir et de proclamer une guerre révolutionnaire-nationale. Kun était convaincu de l'imminence de la révolution mondiale : il rassembla une grande « armée rouge » et bouta aisément les forces tchèques hors de Slovaquie. C'est seulement quand Paris exigea le retrait hongrois que la campagne de Kun tourna court, qu'après cent trente-trois jours son régime se désintégra et que les troupes roumaines occupèrent Budapest pour trois mois.

Ce chaos bolchevique confirma les vues de Paris : il fallait restreindre la Hongrie. En juin 1920, le nouveau régime contre-révolutionnaire de l'amiral Horthy fut forcé de signer le traité de Trianon, avec des frontières ethniques resserrées, de lourdes réparations et des forces armées limitées à trente-cinq mille hommes. Une commission militaire internationale de contrôle arriva pour superviser le tout. Pendant ce temps, la violence de masse – une « Terreur blanche » – se répandit dans tout le pays : les unités paramilitaires prirent une brutale revanche contre les communistes et autres « traîtres à la nation ».

C'est seulement à partir de 1921 que ces forces irrégulières furent refoulées à l'arrière-plan et qu'une relative stabilité fut restaurée. Le gouvernement du comte Bethlen avait pour but de revenir politiquement en arrière, mais pas au point de restaurer les Habsbourg. Les deux tentatives du roi Charles, en 1921, de revenir sur le trône de Hongrie déclenchèrent une crise internationale, et la guerre ne fut évitée que de justesse lorsque les voisins de la Hongrie mobilisèrent. Bethlen comprit bientôt qu'on ne pouvait contester Trianon que de l'intérieur du système européen. Fin 1922, la Hongrie rejoignit la Société des Nations et commença à sortir de son isolement. Mais les groupes paramilitaires d'anciens combattants n'avaient pas disparu : ils demeuraient une menace et refirent surface dans les années 1930.

MARK CORNWALL

INTERVENTIONS FRANÇAISES

– Envoi d'une mission militaire française sous la direction du lieutenant-colonel Du Parquet (arrivée à Libau en mai 1919) afin de renseigner et de favoriser la création de l'armée lettonne (armement d'un régiment complet) (voir *Estonie* pour le rattachement de la mission).

– Présence avec la flotte britannique d'une division navale française concentrée en partie à Libau (avril 1919) et par la suite à Riga : elle intervient de manière décisive contre les troupes allemandes à l'automne 1919, en particulier le 15 octobre à l'embouchure de la Daugava (Dvina).

– Mission interalliée sous la direction du général Niessel (octobre 1919-janvier 1920), chargée de superviser et de presser l'évacuation des troupes allemandes des pays baltes, achevée en décembre 1919.

En novembre 1918, la situation des territoires lettons est déjà très complexe : existence d'un parti socialiste puissant, mouvements « bourgeois » et agrariens divisés et moins structurés, devant faire face à des élites terriennes et urbaines germano-baltes très puissantes et à un pouvoir tsariste peu conciliant. Suite à l'occupation de la Courlande dès 1915 et à l'évacuation d'une grande partie de la population, le pays devient un vaste camp retranché. À partir de l'été 1917, les bolcheviks prennent le contrôle du reste du territoire et veulent incarner le mouvement pouvant ramener la paix, démocratiser le pays et donner l'accès à la terre, dans la droite ligne du mouvement de 1905. Les unités nationales lettonnes, mises en place en 1915, basculent aussi et facilitent ainsi la victoire bolchevique sur les autres partis. Après la prise de Riga, l'invasion allemande de février 1918 permet à l'aile conservatrice des élites allemandes, en lien avec le pouvoir allemand, de tenter de créer un État sous la tutelle de ce dernier.

En novembre 1918, la défaite allemande aboutit au retour des communistes, qui envahissent la quasi-totalité du pays. À la différence de l'Estonie, les troupes allemandes stoppent cependant leur retraite pour protéger la Prusse Orientale, bloquant les efforts du gouvernement national mis en place le 18 novembre. Le nouveau commandement allemand, mené par Rüdiger von der Goltz, favorise un coup d'État germano-balte (16 avril 1919) et organise l'afflux de volontaires allemands dans des corps francs, le but étant de contrecarrer à l'Est la mise en place d'un nouvel ordre européen. Du fait de la guerre civile et d'une politique trop radicale provoquant le basculement progressif de la population – en particulier le refus du partage des terres tant désiré, ou la concurrence d'un parti social-démocrate puissant rallié à l'idée nationale –, le régime soviétique letton doit de son côté reculer. Von der Goltz pense en tirer profit (reprise de Riga le 22 mai) pour s'imposer mais, grâce à l'intervention des troupes estoniennes, soutenant les unités lettonnes au Nord, la « Landwehr » germano-balte subit une lourde défaite à la bataille de Cesis (20-22 juin). Les représentants alliés imposent un armistice exigeant l'évacuation des troupes allemandes : le gouvernement letton peut alors retourner à Riga et commencer à s'établir.

Malgré les injonctions alliées, les corps francs allemands se refusent cependant à quitter le sud du pays et, avec certaines unités russes, forment une pseudo-armée de Russie occidentale sous la direction d'un aventurier, Bermondt. Sous couvert de lutte contre le bolchevisme, ils se décident à attaquer frontalement à nouveau et à revers les troupes lettonnes concentrées à l'Est. Il faut l'intervention massive de la flotte française et britannique devant Riga et Libau en octobre-novembre 1919 et un véritable sursaut national pour mettre fin à « l'aventure allemande ». Se rapprochant de la Pologne, le gouvernement letton peut alors organiser en janvier 1920 une dernière offensive qui permet de repousser les Soviétiques hors du pays et de libérer l'est du territoire, la Latgale (ex-Livonie polonaise). La paix est signée avec la Russie soviétique le 11 août. À la suite de l'échec des forces blanches et voulant éviter toute nouvelle poussée bolchevique ou tout retour de l'influence allemande, le gouvernement français prend l'initiative de proposer aux puissances alliées la reconnaissance *de jure* de la Lettonie, le 26 janvier 1921.

JULIEN GUESLIN

36°
HAMA
SALAMYÉ
TARTOUS
HOMS
ORONTE
MER MÉDITERRANÉE
TRIPOLI
HERMEL
SYRIE
BÉCHARRÉ
(BCHARRÉ)
NEBEK
(EN NEBK)
BAALBEK
34°
34°
BEYROUTH
ZAHLÉ
SAÏDA
(SIDON)
DAMAS
NABATÎEH
TYR
QOUNEITRA
ACRE
(AKKA)
HAÏFA
NAWA
TIBÉRIADE
ES SOUWEIDA
DERA
PALESTINE
MANDATAIRE
JOURDAIN
NAPLOUSE
36°
Capitale
Ville libanaise
Autre ville
Frontière en 1920
Liban en 1920
0
30 km

Ayant beaucoup souffert durant la guerre, notamment d'une famine qui aurait décimé des centaines de milliers d'individus, le Liban – la frange littorale de la Syrie et la montagne libanaise – attend beaucoup de la libération du territoire par les Français. Au moment de l'installation de ces derniers à Beyrouth, en octobre 1918, les nombreuses colonies libano-syriennes dispersées dans le monde célèbrent la victoire française, parlent de « délivrance ». Elles appellent de leurs vœux l'aube d'une ère nouvelle. La sortie de guerre apparaît donc comme l'occasion à saisir pour forger un État indépendant sur les dépouilles d'un territoire anciennement turc au sein duquel les Libanais avaient obtenu une grande autonomie en 1861. Des élites libanaises francisées exilées en Égypte, en France ou aux États-Unis s'unissent de façon à défendre non seulement l'idée qu'il existerait un Liban indépendant de la Syrie, mais que celui-ci aurait des « frontières naturelles » – concept géographique que les Français entendent fort bien du fait de la configuration de leur propre territoire – et une superficie d'environ 12 000 kilomètres carrés pour une population de près de 750 000 habitants. Cette demande montre que les Libanais de la diaspora réclament une extension substantielle du Liban autonome car sa superficie – hors le vilayet de Beyrouth – est estimée à 3 000 kilomètres carrés en 1918 par les Britanniques et les Français.

En janvier 1919, emmenée par Daoud bey Ammoun, une délégation libanaise d'une petite dizaine de personnes représentant l'ensemble des confessions de la montagne libanaise se trouve à Paris afin de défendre, selon son expression, « le vœu des Syriens », c'est-à-dire l'autonomie de ce territoire libanais au sein de la Syrie, au sein d'une « Syrie intégrale » que les comités syriens-libanais appellent de leurs vœux, en accord avec le lobby colonial français. Soutenue par le Quai d'Orsay et par la grande presse nationale dont le journal *Le Temps*, les Libanais disposent d'une formidable tribune pour faire valoir leurs demandes. Ils ne cessent de clamer leur fidélité à la France, fidélité qui paraît précieuse dès lors que les conclusions de la commission King-Crane font apparaître le peu d'enthousiasme des populations arabes à passer sous tutelle française. Le patriarche des maronites en personne, Monseigneur Hoyek, se déplace également à Paris pour rencontrer Clemenceau ou Jean Goût, ministre plénipotentiaire, et réclamer la protection française.

Dans la mesure où le discours des Libanais – laïcs comme religieux – va dans le sens de la politique française en Orient, dans le sens de la préservation de ses « intérêts séculaires en Orient », le général Gouraud a reçu l'ordre de Clemenceau d'accéder à leur demande. Le débat se porte bientôt sur la plaine de la Bekaa, vallée fertile qui sépare le Liban de l'Anti-Liban, que Clemenceau a bien voulu accorder à Fayçal dans l'accord secret de janvier 1920 ; mais faute d'avoir ailleurs des terres à emblaver, et en vertu des demandes réitérées des Libanais à ensemencer des terres, Gouraud met en place un système d'administration mixte qui leur permet de cultiver la plaine. De la sorte, il apporte du crédit à l'idée d'un passage du « Petit Liban » au « Grand Liban ». Il n'y est d'ailleurs pas opposé car il compte sur l'enrichissement rapide des Libanais pour pouvoir financer, par l'impôt, la Syrie fédérale. Or, à peine le Grand Liban proclamé, le 1er septembre 1920 (du Nahr el-Kebir aux confins de la Palestine en étant limité à l'est par les sommets de l'Anti-Liban), les édiles libanais rappellent leur indépendance. Sans oser s'opposer au général Gouraud qui les a tant gâtés, ils montrent une hostilité manifeste dans les projets de répartition des efforts financiers en Syrie. Après le départ du général Gouraud en 1923, alors même que le projet de Syrie fédérale a vécu, il n'est plus question de lier le Liban à la Syrie. Ce sont désormais deux États dissociés.

JULIE D'ANDURAIN

INTERVENTIONS FRANÇAISES EN LITUANIE

– Envol d'une mission militaire française sous la direction du lieutenant-colonel Reboul (arrivée à Kaunas en mars 1919) afin de renseigner le gouvernement français sur la situation et de favoriser la fin de l'influence allemande sur le gouvernement et l'armée lituaniennes. Du fait du conflit polono-lituanien, la mission militaire dépend militairement du général britannique Gough, mais en contact étroit avec la mission française de Varsovie (juillet 1919). Elle est intégrée en mars 1921 dans la Mission militaire française dans les pays baltes.

– Mission interalliée sous la direction du général Niessel (octobre 1919-janvier 1920), chargée de superviser et de presser l'évacuation des troupes allemandes des pays baltes, achevée en décembre 1919.

DANS LE TERRITOIRE DE MEMEL

– Envoi d'un détachement et de fonctionnaires français sous la direction d'un haut-commissaire français, le préfet Petisne, pour gérer le territoire au nom des Alliés (janvier 1920-janvier 1923).

– Envoi du cuirassé Voltaire en janvier 1923, lors de l'insurrection, au large de Klaïpeda.

La Lituanie est occupée entièrement par l'armée allemande dès l'automne 1915. Dans le cadre des négociations avec la Russie soviétique, les autorités allemandes favorisent la création d'un conseil national lituanien (Taryba, septembre 1917) et visent à la restauration d'un État lituanien, sous leur étroite tutelle. Les dirigeants lituaniens cherchent à faire légitimer leur indépendance, proclamée le 16 février 1918, tout en limitant au maximum les concessions. Les nouvelles élites nationales s'opposent à tout retour à l'ancienne union polono-lituanienne, défendue par beaucoup de Polonais et une grande partie de l'ancienne noblesse lituanienne polonisée.

À partir de novembre 1918, la Lituanie est envahie par l'armée soviétique (prise de Vilnius, 5 janvier 1919), d'où proclamation d'une République socialiste lituanienne, sans grand soutien populaire. L'armée allemande, se repliant à l'ouest du pays, limite l'effort militaire national mais favorise l'arrivée de volontaires saxons. En février 1919, les premiers contingents lituaniens enrayent l'avance soviétique et, profitant du recul général de l'Armée rouge, libèrent tout le pays à l'été 1919. La Lituanie connaît également l'installation, à l'ouest de son territoire, autour de Šiauliai (Chavli), des troupes de Bermondt, combattues avec le soutien de la mission Niessel (voir *Lettonie*) : elles évacuent le territoire lituanien en décembre.

Un bien plus grand danger menace le nouvel État : l'avancée des troupes polonaises, décidées à conquérir les territoires à populations polonophones (reprise polonaise de Vilnius, avril 1919). Malgré les efforts des Alliés, les incidents se multiplient.

Après le recul polonais dû à la guerre russo-polonaise et à la signature d'un traité de paix russo-lituanien le 12 juillet 1920, la Lituanie obtient une frontière méridionale très favorable, avec Vilnius. La victoire polonaise devant Varsovie débouche sur un nouveau conflit suscitant l'intervention de la jeune Société des Nations. Malgré la signature d'un autre cessez-le-feu (convention de Suwalki, 7 octobre 1920), Piłsudski soutient en sous-main une insurrection (9 octobre), qui reprend Vilnius. La SDN connaît un de ses premiers revers : après l'échec d'un projet de plébiscite (mars 1921) puis de négociations bilatérales autour d'un plan de fédération polono-lituanienne (plan Hymans, rejeté définitivement à l'automne 1921), la Pologne annexe la région de Vilnius (Vilna) en mars 1922. La décision des Alliés de fixer les frontières orientales de la Pologne en mars 1923 légitime l'état de fait sans rien résoudre. Une véritable guerre diplomatique lituano-polonaise débute, marquée par l'absence de toutes relations bilatérales jusqu'en 1938.

TERRITOIRE DE MEMEL

Sur la Baltique, le territoire de Memel (Klaïpeda), détaché de la Prusse-Orientale par le traité de Versailles (article 99), est ethnographiquement lituanien, mais avec une forte minorité allemande et une partie de la population lituanienne très attachée à son identité memeloise et à ses liens avec la Prusse. Les Alliés refusent d'en octroyer immédiatement la souveraineté à un État lituanien au devenir incertain. Craignant une solution diplomatique opposée à ses intérêts et profitant du soutien secret des Allemands et des Soviétiques, la Lituanie organise en janvier 1923 une insurrection contre les troupes françaises gérant le territoire. Les Alliés renoncent à intervenir. Une convention garantissant un statut particulier du territoire au sein de l'État lituanien est signée en mai 1924 sous l'égide de la Société des Nations qui parvient cette fois (avec l'aide de la diplomatie américaine) à débloquer la situation.

JULIEN GUESLIN

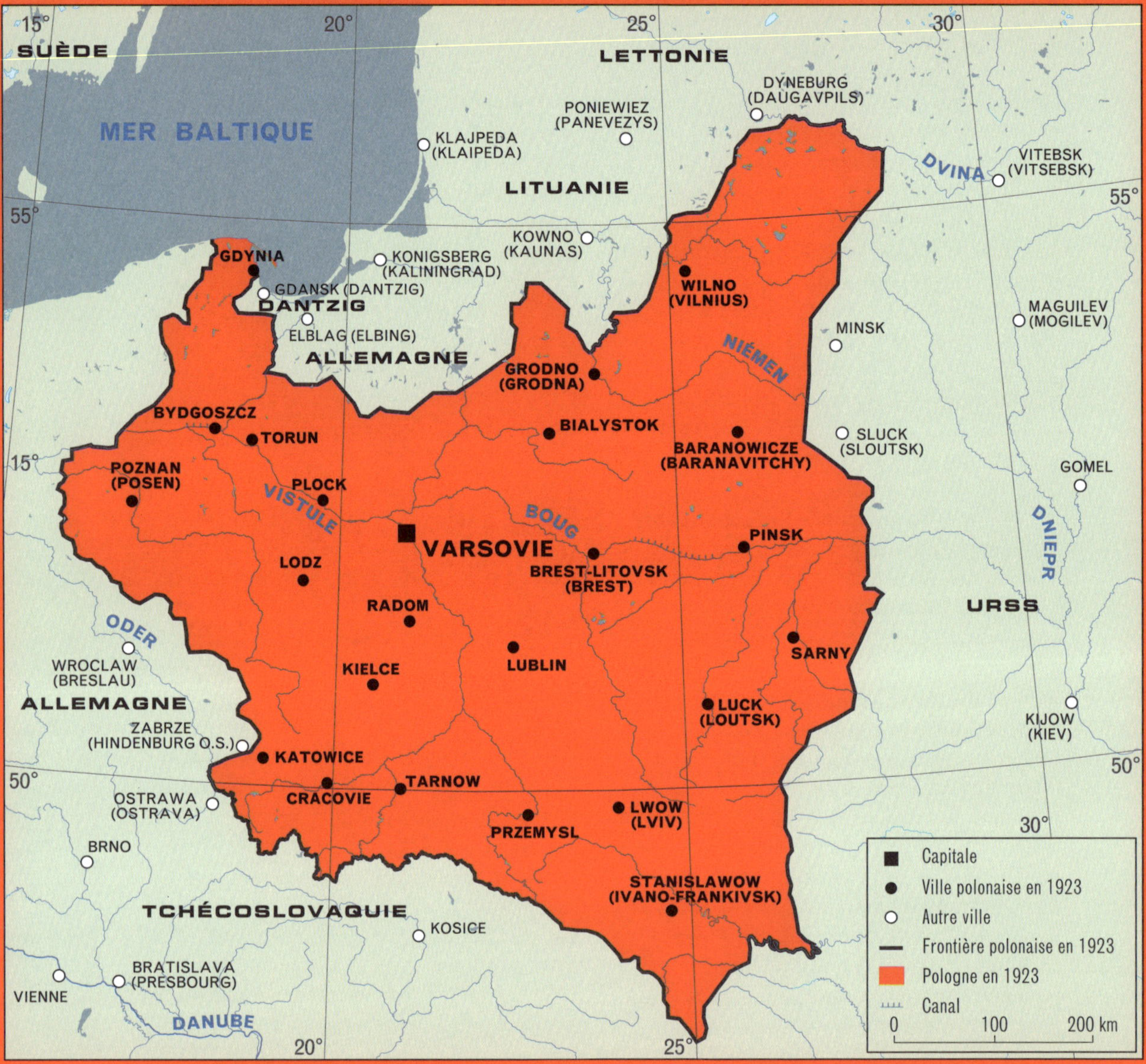

INTERVENTIONS FRANÇAISES

La France est le principal soutien de la Pologne indépendante, politiquement, diplomatiquement et militairement. Plus encore que les autres grandes puissances, elle défend l'extension des frontières du pays aussi bien pour affaiblir l'Allemagne vaincue que pour faire barrage au bolchevisme.

Dans la guerre polono-soviétique, la France n'adopte pas le parti d'une intervention directe, jugée inefficace, comme auparavant dans la guerre civile russe. La mission militaire française en Pologne est essentiellement constituée d'officiers, comprenant notamment le général Weygand et le jeune capitaine de Gaulle. Ils encadrent, conseillent, équipent et réorganisent l'armée polonaise et s'avèrent décisifs dans la défense de Varsovie et la défaite des armées rouges.

P

POLOGNE

Partagée entre les Empires allemand, austro-hongrois et russe depuis la fin du XVIIIe siècle, la Pologne recouvre son indépendance le 11 novembre 1918. Elle reste en guerre de sa création jusqu'en 1921, combattant les républiques soviétiques à l'Est, les nationalistes ukrainiens au Sud qui tentent d'imposer une république ukrainienne occidentale indépendante, la Lituanie au Nord et l'Allemagne à l'Ouest. Chaque belligérant revendique l'annexion de ces territoires au nom de la forte présence de minorités nationales.

La guerre d'indépendance, comme la qualifient les Polonais, tente de porter les frontières le plus loin possible. Fonder un État indépendant et une armée, en d'autres termes remobiliser la société et unifier un territoire jusque-là morcelé et dévasté par la guerre mondiale, est délicat. Si les différents partis polonais sont dans l'ensemble gagnés au nationalisme et à l'indépendance, la vie politique elle-même est minée de conflits internes. Les légions polonaises issues des armées impériales ne représentent que quelques milliers de soldats. L'armée est surtout structurée autour de militaires de carrière passés au service du nouvel État et de jeunes volontaires, autour desquels gravitent des groupes paramilitaires nationalistes prompts aux exactions contre les populations civiles.

Les combats les plus âpres se déroulent dans les régions orientales, les « confins ». L'armée polonaise s'empare de Vilnius en 1919, puis de Minsk et de l'Ukraine occidentale – des régions où les Polonais sont minoritaires, sauf dans les villes. Sous l'apparence d'une guerre d'annexion, le conflit a surtout pour enjeu le contrôle et la nationalisation de territoires multiethniques, afin d'instaurer un état de fait qui ne pourrait qu'être sanctionné par le jeu international. La victoire se joue autant sur le champ de bataille que par la ruine politique des autres nationalités. L'avancée est notamment marquée par de nombreuses exactions antisémites et par des pogroms conduits par l'armée, mais aussi par des exécutions sommaires de responsables politiques issus des autres nationalités.

La frontière polono-allemande est fixée après une décision de la Conférence de la paix, qui attribue à la Pologne un tiers de la Silésie, densément peuplée et industrialisée – un partage rapidement dénoncé comme une justice de vainqueurs par les Allemands. Le traité de Riga, signé le 18 mars 1921, met un terme à la guerre polono-soviétique et entérine globalement les frontières des nouveaux États à l'est de l'Europe. Mais le temps des retours et des rapatriements pour les centaines de milliers de déplacés ne s'achève qu'en 1923.

La Pologne semble sortir gagnante du conflit. Si la démocratie paraît s'installer, l'armée demeure le socle de cet État fragile, rongé par la violence paramilitaire, et la guerre d'indépendance a avivé les nationalismes et placé la discrimination des minorités au cœur de l'administration des confins multiethniques.

THOMAS CHOPARD

Capitale
Ville roumaine en 1923
Autre ville
Frontière de la Roumanie en 1923
Frontière de la Roumanie en 1914
Roumanie en 1923
0
100
200 km
25°
30°
50°
20°
45°
POLOGNE
URSS
KIEV
JITOMIR
LWOW
(LVIV)
VINITA
(VINNYTSIA)
STANISLAWOW
(IVANO-FRANKIVSK)
DNIESTR
BOUG MÉRIDIONAL
TCHÉCOSLOVAQUIE
CERNAUTI
(TCHERNIVITSI)
BOTOSANI
BALTI
SATU MARE
BAIA MARE
SUCEAVA
DEBRETIN
(DEBRECEN)
HONGRIE
IASI
CHISINAU
TIRASPOL
ORADEA
PIATRA-NEAMT
PRUT
TIGHINA
(BENDER)
CLUJ
TARGU MURES
BACAU
SEGHEDIN
(SZEGED)
ARAD
ALBA IULIA
MURES
TIMISOARA
SIBIU
BRASOV
GALATI
TULCEA
TARGU JIU
PLOIESTI
BELGRADE
PITESTI
BUCAREST
OLT
ARGES
CRAIOVA
CONSTATA
DANUBE
GIURGIU
RUSE
(ROUSSÉ)
BAZARGIC
(DOBRITCH)
ROYAUME
DES SERBES,
CROATES
ET SLOVÈNES
PLEVNA
(PLEVEN)
VARNA
BULGARIE
SOFIA
MER NOIRE
PLOVDIV
SKOPJE
EDIRNE
(ANDRINOPLE)
TURQUIE
CONSTANTINOPLE
(ISTANBUL)
GRÈCE

Le royaume de Roumanie, créé en 1866, laisse plusieurs millions de Roumains à l'extérieur du pays, notamment en Autriche-Hongrie (Bucovine et Transylvanie) et en Russie (Bessarabie). Au départ, ces populations ne cherchent pas à intégrer le pays et œuvrent plutôt pour l'élargissement de l'autonomie au sein des États existants. C'est seulement à la veille de la Grande Guerre que leurs revendications évoluent vers davantage d'autonomie, comme le projet des États-Unis de Grande Autriche d'Aurel Popovici, ou ceux de Nicholas Filipescu ou de Constantin Stere.

La guerre de 1914-1918 change la situation. En 1916, la Roumanie rejoint les pays de la Triple-Entente, mais le retrait de la Russie du conflit, à la suite de la révolution d'Octobre, la laisse seule face aux troupes des Puissances centrales. Après les défaites militaires de l'automne 1916, le royaume est occupé aux deux tiers et, le 9 décembre 1917, il est contraint de signer l'armistice avec les pays de la Quadruplice. Le traité de Bucarest (7 mai 1918) ampute la Roumanie d'une partie de son territoire au profit de la Bulgarie (Dobroudja du Sud) et de l'Autriche-Hongrie (cols des Carpates). Six mois plus tard, le 31 octobre, la Roumanie dénonce le traité et entre de nouveau en guerre. L'armistice signé quelques jours plus tard lui permet ainsi d'être conviée comme vainqueur à la table de négociations à Versailles.

La défaite des Empires centraux et l'effondrement de l'Empire russe permettent aux communautés roumanophones de Bessarabie, de Bucovine, de Transylvanie et du Banat d'espérer obtenir le rattachement à la Roumanie. La peur du danger bolchevique – plusieurs tentatives de coups d'État révolutionnaires éclatent en Allemagne et en Europe centrale et orientale à l'automne 1918 et au printemps 1919 – et la volonté des puissances victorieuses de séparer l'Allemagne et la Russie par un chapelet de petits pays jouent en leur faveur. En octobre 1918, le Parti national des Roumains de Transylvanie de Iuliu Maniu déclare à Nagyvárad (Oradea Mare) le droit à l'autodétermination des Roumains de Hongrie. Quand les armées roumaines entrent en Transylvanie, en novembre, elles ne rencontrent pas de résistance majeure. Le même mois, le Congrès de la Bucovine vote l'union avec la Roumanie et, le 1er décembre, les organisations roumaines de Transylvanie déclarent leur union avec le royaume de Roumanie. Ces unions sont reconnues par les traités de Saint-Germain-en-Laye (1919) et de Trianon (1920), posant les fondements de la Grande Roumanie (Romania Mare).

À Versailles, la Roumanie obtient de l'Empire austro-hongrois des territoires de la Transylvanie peuplés de Hongrois. Pour ne pas couper les communications entre le nord et le sud de la Transylvanie, le tracé des frontières ne suit pas alors exclusivement les frontières ethniques. En revanche, le Banat est partagé selon les lignes ethniques entre la Roumanie et la Yougoslavie, indépendamment des liens historiques.

La Grande Roumanie double ainsi son territoire et sa population par rapport à l'avant-1918. Mais parmi ses dix-huit millions d'habitants, près de 30 % sont des minorités, dont notamment les Hongrois (8 %), les Allemands (4 %) et les Ruthènes (3 %). Cette diversité nationale se retrouve aussi sur le plan religieux et culturel : si la population grecque-orthodoxe est majoritaire (72 %), le pays compte aussi une forte communauté grecque-catholique (8 %), catholique romaine (7 %) et juive (5 %). Comme en Yougoslavie, les leaders roumains espèrent assimiler ces groupes pour construire un État-nation. En conséquence, l'engagement donné à Versailles de respecter les droits des minorités est rapidement oublié. Après un coup d'État du roi Ferdinand en 1920, la monarchie constitutionnelle prend un virage plus conservateur, autoritaire et nationaliste, le rejet des réformes sociales, l'antisémitisme et l'anti-magyarisme encourageant les conflits sociaux et ethniques.

ROMAN KRAKOVSKY

OCÉAN ARCTIQUE
ARCHANGELSK
HELSINKI
PETROGRAD
(SAINT-PÉTERSBOURG)
EKATERINBOURG
MOSCOU
OMSK
IRKOUTSK
VARSOVIE
KIEV
TIFLIS
(TBILISSI)
TACHKENT
OURGA
(OULAN BATOR)
VLADIVOSTOK
PÉKIN
CONSTANTINOPLE
(ISTANBUL)
CHINE
JAPON
TOKYO
BAGDAD
TÉHÉRAN
SHANGHAI
ALEXANDRIE
KARACHI
OCÉAN PACIFIQUE
CALCUTTA
LA MECQUE
KHARTOUM
RANGOUN
BOMBAY
MANILLE
ADEN
SAÏGON
(HÔ CHI MINH-VILLE)
ADDIS ABEBA
COLOMBO
ZANZIBAR
BATAVIA
(JAKARTA)
OCÉAN INDIEN
AUSTRALIE
PERTH
SYDNEY
MELBOURNE
WELLINGTON
Capitale à partir de mars 1918
Ville russe en 1914
Autre ville
Frontière russe en 1914
URSS en 1923
Distance sur l'équateur :
0
2 000
4 000 km

Première puissance à sortir de la Première Guerre mondiale, la Russie figure aussi parmi les dernières nations à cesser les combats. De l'armistice conclu avec l'armée allemande le 4 décembre 1917 au traité de Rapallo du 16 avril 1922 normalisant les relations entre les deux anciens ennemis, l'ancien empire tsariste connaît un éclatement qui prend souvent la forme de confrontations armées. La guerre civile russe (1918-1922) consiste en une multitude de conflits opposant partis politiques nationalistes ou révolutionnaires, ainsi qu'une intervention étrangère aux formes hétéroclites.

D'un côté, les bolcheviks de Lénine. Sur fond de déréliction de l'autorité de Kerenski à la tête du Gouvernement provisoire et de polarisation extrême de la société, ils ont pris le pouvoir le 7 novembre 1917 en vue de « muer la guerre impérialiste en guerre civile ». C'est le seul parti qui, loin de redouter cet affrontement fratricide, l'envisage comme arme de transformation radicale du pays. Il porte l'offensive autant contre les monarchistes de l'armée et les modérés qui dominent l'Assemblée constituante élue en novembre 1917 que contre les autres partis socialistes, frères mencheviks et alliés anarchistes inclus.

Plusieurs guerres se succèdent donc. D'abord celle contre l'ancienne armée soutenue plus ou moins volontiers par la classe politique hors bolcheviks (blancs), entre le coup d'État et la conquête de Vladivostok le 25 octobre 1922 en passant par la fuite par mer des dernières unités de Wrangel le 27 mars 1920. Ce combat, qui se déroule à la fois dans le Sud (Rostov), au Nord près de Petrograd et en Sibérie, se complique du rôle des anciens alliés de la Russie. France et Grande-Bretagne affirment vouloir maintenir l'unité de l'ancienne Russie, mais se répartissent des zones d'influence (débarquements à Mourmansk, Bakou, Odessa). En Sibérie, tandis que Japonais et Américains coopèrent avec défiance autour du Transsibérien perturbé par l'odyssée de la Légion tchécoslovaque, Français et Britanniques se disputent les faveurs du dirigeant suprême Koltchak (18 novembre 1918-janvier 1920). Les occupants allemands pèsent, eux, dans les pays baltes, où les *Freikorps* de von der Goltz font régner la terreur en 1919 et soutiennent en Finlande le général Mannerheim. Dans le Caucase, la Russie bolchevique combat les Turcs de Kemal autour de la République d'Arménie, ballottée au fil des traités (Batoum en 1918, Alexandropol en 1919, Sèvres en 1920 et Lausanne le 24 juillet 1923).

Les bolcheviks portent aussi le fer contre les promoteurs d'une autre vision de la révolution, que ce soit les socialistes-révolutionnaires, écrasés un peu partout en province, les anarchistes, vaincus en Ukraine et à Moscou, ou les « Verts », des paysans insurgés dans les régions agricoles fertiles. Les Russes pourtant communistes lancent l'assaut contre les peuples impériaux qui ont pris leur indépendance, telle la Géorgie socialiste de Jordania (mars 1921). En Ukraine, les rouges luttent successivement contre les Allemands jusqu'au 9 novembre 1918, les nationalistes ukrainiens (Petlura), les anarchistes (Makhno), les Polonais (Piłsudski) – une guerre conclue par la paix de Riga du 18 mars 1921, qui fixe enfin les frontières aux marges orientales de l'Europe.

ALEXANDRE SUMPF

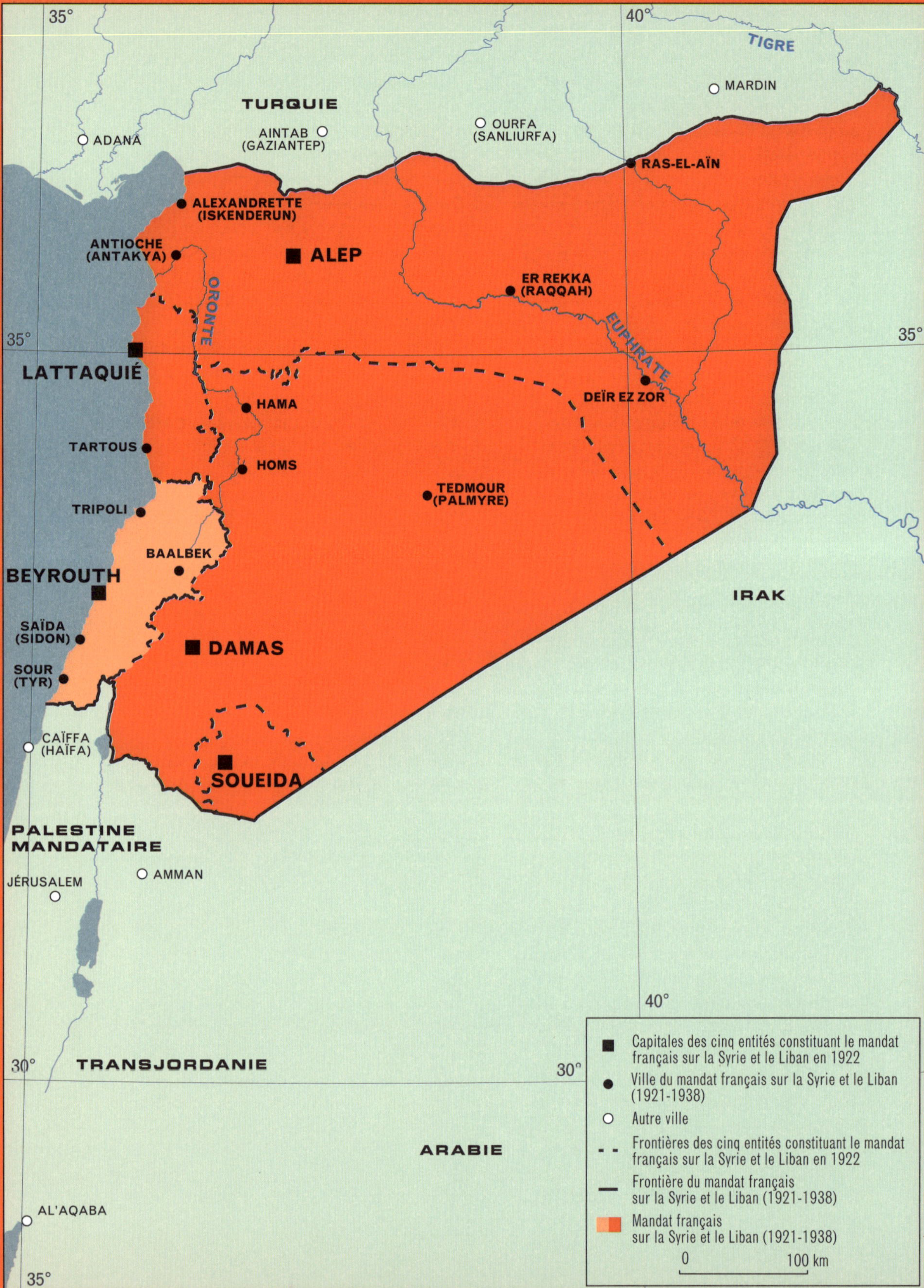

TURQUIE
TIGRE
MARDIN
ADANA
AINTAB (GAZIANTEP)
OURFA (SANLIURFA)
RAS-EL-AÏN
ALEXANDRETTE (ISKENDERUN)
ANTIOCHE (ANTAKYA)
ALEP
ER REKKA (RAQQAH)
ORONTE
EUPHRATE
LATTAQUIÉ
DEÏR EZ ZOR
HAMA
TARTOUS
HOMS
TEDMOUR (PALMYRE)
TRIPOLI
BAALBEK
BEYROUTH
IRAK
SAÏDA (SIDON)
DAMAS
SOUR (TYR)
CAÏFFA (HAÏFA)
SOUEIDA
PALESTINE MANDATAIRE
AMMAN
JÉRUSALEM
TRANSJORDANIE
ARABIE
AL'AQABA
35°
40°
30°
Capitales des cinq entités constituant le mandat français sur la Syrie et le Liban en 1922
Ville du mandat français sur la Syrie et le Liban (1921-1938)
Autre ville
Frontières des cinq entités constituant le mandat français sur la Syrie et le Liban en 1922
Frontière du mandat français sur la Syrie et le Liban (1921-1938)
Mandat français sur la Syrie et le Liban (1921-1938)
0
100 km

À la fin de 1918, l'ancien vilayet ottoman, qui a beaucoup souffert de la présence turque pendant la guerre (massacres de notables chrétiens, enrôlements forcés, famine), a été complètement recomposé par les Britanniques en quatre zones. La « zone ouest » correspond essentiellement au Liban et aux espaces dominés par les chrétiens ; avec la « zone nord », centrée sur le vilayet d'Adana, elles forment les deux territoires sur lesquels s'exerce l'autorité française. La partie centrale du territoire, avec les quatre villes de Damas, Alep, Homs et Hama et tout l'hinterland désertique, est appelée la « zone est » ; elle a été confiée à l'administration chérifienne, qui survit avec des subsides franco-britanniques. Enfin, la « zone sud », préfiguration de la future Palestine, se trouve sous administration des Britanniques. Il apparaît clairement que ceux-ci, sous le commandement du général Allenby, souhaitent renégocier les accords Sykes-Picot pour leur substituer une recomposition géographique du territoire qui prendrait en compte la promesse de royaume arabe faite à Hussein et à ses fils, et permettrait aux Britanniques d'installer les fils de Hussein dans un grand Moyen-Orient, avec Fayçal à Damas et Abdallah, son frère, à Bagdad.

Les Français ne l'entendent pas ainsi, avec des variantes qui tiennent aux personnalités politiques. Clemenceau est favorable à un royaume arabe de Syrie, sous la direction de Fayçal. Il s'entend même avec lui pour que cette Syrie française soit une « Grande Syrie », ou une « Syrie intégrale », qui comprendrait la Syrie, le Liban avec un statut d'autonomie, la Cilicie et surtout la Palestine. Clemenceau est soutenu dans cette démarche par toute une fraction du « parti colonial » français – dont le général Gouraud – qui considère que la Palestine ne saurait être séparée de la Syrie. De ce point de vue, Fayçal est en accord complet avec les Français ; c'est ce qui justifie, un temps, sa collaboration active avec Gouraud, qui lui apparaît comme un garant efficace d'une « Syrie intégrale ». Une fois Clemenceau remplacé par Alexandre Millerand comme président du Conseil, le projet de « Grande Syrie » reste d'actualité, mais il s'agit désormais d'une Syrie où le pouvoir de Fayçal est diminué du fait de son acceptation attendue du mandat. Imposé par la conférence de San Remo en avril 1920, celui-ci suppose que l'administration des territoires soit confiée à des « conseillers » français, qui apparaissent comme des tuteurs privant les Syriens de leur liberté d'action.

Avec la bataille de Khan Meyssaloun en juillet 1920, le général Gouraud réussit à réunir en un seul tenant les zones ouest et est. Il entreprend des négociations avec Mustafa Kemal et la Turquie pour récupérer une partie de la zone nord et finit par abandonner aux Britanniques la zone sud. Sitôt l'ensemble réuni, il cherche à mettre en œuvre le mandat en s'appuyant sur les notables locaux. Mais devant les résistances des Libanais à travailler avec les Damascènes et les Alépins, Robert de Caix, l'adjoint civil de Gouraud, propose une Syrie fédérale en cinq États : le Liban, l'État d'Alep, l'État de Damas, auxquels sont ajoutés un État des Alaouites puis un État druze. Tous attendent de Paris le financement de ce système fédéral compliqué mais respectueux des particularismes, qui multiplie par cinq le nombre de fonctionnaires nécessaires. Paris refusant de payer, le général Gouraud se retourne vers chacun des États, qui montrent peu d'empressement à vouloir financer le développement de leurs voisins. Devant les coûts, les tensions et les difficultés, le haut-commissariat finit par revenir à une forme d'administration directe qui transforme de fait le mandat en une tutelle coloniale classique, assez proche du protectorat. Elle sert alors de substrat au retour et à l'enracinement d'un nationalisme syrien promu par les Druzes, la nouveauté étant que les contours de la Syrie – hors la Palestine et le Liban – ne fassent pratiquement plus débat sauf pour quelques initiés.

JULIE D'ANDURAIN

20°
KÖNIGSBERG (KALININGRAD)
DANTZIG (GDANSK)
SZCZECIN
BYDGOSZCZ (BROMBERG)
BERLIN
POZNAN (POSEN)
VISTULE
POLOGNE
VARSOVIE
BREST-LITOVSK
ELBE
ALLEMAGNE
LODZ
LEIPZIG
DRESDE
BRESLAU (WROCLAW)
LUBLIN
CHEMNITZ
KATOWICE (KATTOWITZ)
PRAGUE
PLZEN
CRACOVIE
LVIV
OSTRAVA
OLOMOUC
DNIESTR
CESKE BUDEJOVICE
BRNO
DANUBE
KOSICE
BANSKA BYSTRICA
UZHOROD (OUJGOROD)
MUNICH
LINZ
VIENNE
BRATISLAVA
SALZBOURG
DEBRECEN
AUTRICHE
BUDAPEST
GRAZ
HONGRIE
CLUJ
LJUBLJANA (LAIBACH)
ITALIE
ZAGREB
ROUMANIE
VENISE
TIMISOARA
NOVI SAD
ROYAUME DES SERBES, CROATES ET SLOVÈNES
BELGRADE
CRAIOVA
SARAJEVO
SPLIT
DANUBE
BULGARIE
SOFIA
PODGORICA
MER ADRIATIQUE
20°
Capitale
Ville tchécoslovaque en 1923
Autre ville
Frontière de l'Autriche-Hongrie en 1914
Frontière des Royaumes de Hongrie et de Croatie-Slavonie en 1914
Frontière fixée par la Conférence des Ambassadeurs le 28 juillet 1920
Tchécoslovaquie en 1923
0 100 200 km

Après 1918, la Tchécoslovaquie se présentait elle-même comme un rempart stable et démocratique en Europe centrale, mais cette image ne correspondait pas vraiment à la réalité. Si la Constitution de 1920 laissait entendre qu'il s'agissait d'un État homogène composé de «Tchécoslovaques», la vérité était tout autre, à savoir un État national tchèque centralisé, affirmant que les Slovaques était un peuple parent, et contenant de nombreuses minorités allemandes et hongroises insatisfaites. En 1918, les dirigeants tchèques en exil obtinrent des vainqueurs occidentaux le statut d'allié pour la Tchécoslovaquie. Edvard Beneš exploita largement ce statut lors de la Conférence de la paix. Alors qu'il réclamait le nord de la Hongrie en vertu du droit des peuples à disposer d'eux-mêmes – en fait, il s'agissait d'un petit groupe de Slovaques –, il utilisa différents arguments pour insister sur la préservation pour le nouvel État de toutes les frontières historiques des pays de la couronne de Bohême.

Convaincus du soutien de la France, les Tchèques se mobilisèrent fin 1918 pour pouvoir affirmer l'existence d'un *fait accompli* relativement à ces différents territoires avant même que la Conférence de la paix ne commence. Dans les Sudètes, quatre conseils allemands avaient pris le contrôle et déclaré l'union avec l'Autriche, mais Prague, avec une petite force armée, intervint facilement et occupa les zones frontalières. En janvier 1919, une tentative tchèque similaire, fondée sur des raisons historiques, chercha à s'emparer de Těšin, alors aux mains des Polonais, et se termina, après une «guerre de sept jours», par un ultimatum du gouvernement français enjoignant aux Tchèques de se retirer. Mais c'est la lutte avec la Hongrie pour la Slovaquie qui se transforma en une guerre à grande échelle. Les forces tchécoslovaques, dirigées à partir de juin 1919 par le général français Maurice Pellé, n'étaient pas à la hauteur de l'armée rouge hongroise. Le contrôle tchèque ne fut rétabli que sur ordre de la Conférence de la paix de Paris. Il en résulta un accord frontalier final laissant 855 000 Hongrois en Tchécoslovaquie, tandis que la Slovaquie était placée sous administration militaire jusqu'en 1922.

Ces conflits convertirent les Tchèques idéalistes, qui, conformément à la tradition antimilitariste de la nation, s'attendaient à ce que leur État possède une milice plutôt qu'une armée. Une armée permanente était désormais indispensable. Elle opéra sous le haut commandement d'un général français jusqu'en 1925. La politique étrangère de Beneš apporta également une plus grande sécurité. En 1920-1921, Beneš signa des alliances défensives avec la Roumanie et la Yougoslavie, pour contrer le révisionnisme hongrois et les tentatives de restauration des Habsbourg. Cette «Petite Entente» fut ensuite mobilisée avec succès, en octobre 1921, pour forcer l'empereur Charles à quitter la Hongrie.

Sur le plan intérieur, la Tchécoslovaquie devint une «démocratie gérée», son élite dirigeant un État centralisé, dominé par les Tchèques. En 1923, avec la stabilisation rapide de la monnaie, les dangers semblèrent diminuer: en 1920, les troubles communistes avaient été maîtrisés et, fin 1922, certains des partis politiques allemands hostiles décidèrent de coopérer avec Prague. Pourtant, après les conflits de 1918-1919, la Tchécoslovaquie restait entourée d'ennemis et les critiques internes abondaient. De nombreux vétérans allemands des Sudètes ne s'étaient pas réconciliés avec le nouvel État. D'anciens légionnaires tchèques, qui avaient continué à combattre en Sibérie en 1919, constataient avec amertume que leurs exploits à l'étranger étaient à peine reconnus dans leur propre pays. Aucune culture paramilitaire ne permettait de rivaliser avec l'Autriche et la Hongrie. Mais de nombreux vétérans – qu'ils se sentent victorieux ou vaincus en Tchécoslovaquie – continuaient à penser que la lutte nationale n'était pas terminée.

MARK CORNWALL

BUCAREST
DANUBE
SOFIA
BULGARIE
GRÈCE
MER NOIRE
URSS
MER CASPIENNE
TIFLIS (TBILISSI)
CONSTANTINOPLE (ISTANBUL)
TRABZON
EREVAN
BAKOU
40°
ANGORA (ANKARA)
SMYRNE (IZMIR)
ATHÈNES
TABRIZ
TIGRE
ALEP
MOSSOUL
TÉHÉRAN
NICOSIE
MANDAT FRANÇAIS
EUPHRATE
PERSE
DAMAS
BAGDAD
ISPAHAN
MER MÉDITERRANÉE
JÉRUSALEM
MANDAT BRITANNIQUE
ALEXANDRIE
BASSORA
LE CAIRE
CHIRÂZ
ÉGYPTE
GOLFE PERSIQUE
NEDJ
MÉDINE
ASSOUÂN
RIYAD
Tropique du Cancer
HEDJAZ
LA MECQUE
20°
MER ROUGE
NIL
KHARTOUM
SANAA
ADEN
OCÉAN INDIEN
Capitale fin 1923
Ville de l'Empire ottoman fin 1914
Autre ville
Frontière de l'Empire ottoman fin 1914
Frontière de la Turquie prévue par le traité de Sèvres (1920)
Turquie en 1923
0
500 km

Vaincu et en grande partie occupé, l'Empire ottoman est forcé de signer un armistice le 30 octobre 1918. Le 13 novembre, Istanbul est occupé. La France et la Grande-Bretagne se partagent les provinces arabes et débordent dans l'Anatolie du Sud-Est. Dès avril 1919, les provinces orientales sont promises à l'Arménie, tandis que les Italiens occupent l'Anatolie méridionale. Le 15 mai, la Grèce, chargée par la Grande-Bretagne d'une occupation « par procuration », investit Izmir, rêvant déjà de recréer une grande Grèce historique.

Ce dernier événement jouera un rôle majeur dans la formation d'une résistance de plus en plus active en Anatolie. Galvanisés par cet affront, des groupuscules revendiquant les principes wilsoniens commencent à se fédérer, notamment sous la conduite d'un ancien officier, Mustafa Kemal Pacha, le futur Atatürk. Sous sa houlette, l'action militaire se double d'une volonté politique qui défie l'autorité du gouvernement d'Istanbul, en perte de légitimité. Le Parlement est le premier à refléter cette situation lorsqu'il vote, le 28 janvier 1920, un « pacte national » dont les principes sont dictés par les forces nationalistes. L'occupation militaire d'Istanbul le 16 mars porte le coup de grâce à l'autonomie politique de la capitale : près de cent députés rejoignent à Ankara les représentants nationalistes pour former, le 23 avril, une Assemblée nationale. En acceptant de signer le traité de Sèvres du 10 août 1920, dont les clauses entérinent l'occupation et le morcellement de l'Anatolie, le gouvernement d'Istanbul perd ses derniers vestiges de légitimité face au mouvement kémaliste.

Les succès militaires d'Ankara y sont aussi pour beaucoup. Une campagne victorieuse en octobre et novembre 1920 force l'Arménie à un accord. L'armée grecque est plus difficile à contenir ; son avancée en 1920 et 1921 l'amène jusqu'à Eskisehir, aux portes d'Ankara. Jouant le tout pour le tout, Mustafa Kemal remporte une victoire décisive sur la rivière Sakarya en septembre 1921. Un an plus tard, il contre-attaque, met l'ennemi en déroute et reprend Izmir le 9 septembre 1922. Devant ce revirement de situation, les Alliés se voient obligés de revoir leur politique turque. La France et l'Italie s'étaient déjà rapprochées d'Ankara en 1921 ; la Grande-Bretagne s'y résoudra à la suite de la débâcle grecque. Rassuré par un nouvel armistice signé le 11 octobre 1922, le mouvement kémaliste est désormais seul maître de la situation : le sultanat est aboli le 1er novembre et le grand-vizirat se désiste en faveur d'Ankara le 4. Il ne reste plus qu'à renégocier le traité de Sèvres : le traité de Lausanne, signé le 24 juillet 1923 après huit mois d'âpres pourparlers, reconnaît une grande partie des demandes turques. Victoire diplomatique d'Ankara, couronnée le 6 octobre par la rétrocession d'Istanbul. Le 29 octobre, la république est proclamée : des décombres d'un empire condamné est né un État-nation qui arbore déjà des airs de vainqueur.

EDHEM ELDEM

INTERVENTIONS FRANÇAISES

L'Ukraine est l'un des principaux lieux des interventions étrangères dans la guerre civile russe, afin, dès la fin 1918, de ne pas laisser l'opportunité aux bolcheviks d'étendre leur révolution. Le projet initial est d'intervenir largement aux côtés d'autres pays, de soutenir massivement les blancs et d'occuper une partie de l'Ukraine. La marine française tente de sécuriser les ports sur la mer Noire. Mais le corps expéditionnaire est trop réduit, les populations locales trop hostiles. Les contingents français sont contraints de rester en retrait du conflit. Les accrochages avec les rouges sont rares, le soutien aux blancs demeure parcimonieux. Menace permanente, la flotte de la mer Noire n'intervient guère, avant de se révolter et de se replier en avril 1919.

Le 9 janvier 1918, l'Ukraine est proclamée indépendante pour la première fois de son histoire. La Grande Guerre et surtout l'année 1917 ont érodé l'emprise impériale, et revendications révolutionnaires et revendications nationales se recoupent largement. Les élites partisanes du nationalisme et de l'indépendance sont toutefois peu soutenues. L'armée continue à administrer la zone de front, et le bolchevisme se développe dans les villes et à l'est du pays, sapant d'emblée les velléités de l'assemblée ukrainienne, la Rada. La déclaration d'indépendance est donc un coup de force, une tentative de s'arracher à la Russie et à la guerre, non un état de fait.

Dans la continuité de la guerre mondiale, l'Ukraine est dès 1918 l'un des principaux champs de bataille de la guerre civile qui déchire l'ancien Empire russe. S'y s'opposent armées rouges, soutien du jeune régime soviétique et armées antibolcheviques, parfois alliées précaires, souvent opposées : armées blanches russes, armées ukrainiennes indépendantistes et armées polonaises. Tous ces prétendants au pouvoir sont minés par un puissant mouvement insurrectionnel paysan qui entrave toute mobilisation en hommes et en biens, et dont l'un des meneurs les plus connus est Nestor Makhno.

Chaque fois qu'une armée prétend conquérir l'Ukraine et vaincre ses adversaires, ses prétentions s'effondrent, sapées sur ses arrières par les insurrections. Kiev change ainsi de main plus d'une douzaine de fois. Aux ravages de la guerre s'ajoute la terreur contre les civils : aucune armée n'épargne aux populations l'exécution sommaire des supposés alliés de ses ennemis. À chaque revers militaire, les fusillades sont massives dans tous les camps. Les Juifs sont singulièrement visés et accusés par tous d'être des traîtres et des spéculateurs, et par les antibolcheviks d'ourdir en secret la victoire des rouges. Ce mythe du judéo-bolchevik enfle en Ukraine et est à la racine d'une série inédite de pogroms terribles qui forment la pire persécution antisémite avant la Shoah.

Dans une ultime tentative, la République ukrainienne indépendante tente une alliance en 1920 avec la Pologne, qu'elle avait pourtant combattue jusque-là. À l'été 1920, la cavalerie rouge, immortalisée par Isaac Babel, repousse les Polonais, qui avaient pris Kiev, et écrase les reliquats des armées blanches au Sud, dont les derniers partisans optent pour l'exil. L'Ukraine bascule dans le camp soviétique, moins ses régions occidentales, annexées par la Pologne.

En 1921, après sept années de guerre, l'Ukraine est à bout. Une sécheresse sévère, à laquelle s'adjoignent les épidémies, la fait basculer dans la famine, révélatrice des pénuries accumulées et d'un effondrement général. Renforcé dans ses bastions ouvriers et citadins, accepté à défaut d'être plébiscité par une large fraction de la population, le pouvoir soviétique est à présent incontesté, faute de résistance possible.

THOMAS CHOPARD

Depuis les années 1870, le mouvement national des Slaves du Sud nourrit le rêve d'unir les différents peuples slaves des Balkans. Au début du xxe siècle, il bénéficie d'une nouvelle dynamique grâce aux organisations nationalistes comme la Jeune Bosnie et la Jeune Slovénie, aux sociétés secrètes comme la Main noire ou au mouvement grand-serbe de Nikola Pašić. En 1905, le Congrès de Fiume renforce la collaboration entre les Croates et les Serbes et, le 20 juillet 1917, le Comité yougoslave demande depuis Corfou la création d'une Yougoslavie indépendante. Pendant l'été 1918, le Conseil national des Slovènes, des Croates et des Serbes est formé à Zagreb. Le 29 octobre, le Parlement croate déclare la dissolution de l'union avec l'Autriche-Hongrie et la création de l'État des Slovènes, Croates et Serbes, dont la régence est confiée au prince serbe Alexandre Karađorđević. Entretemps, l'assemblée du Monténégro dépose le roi Nicolas Ier et proclame l'union avec la Serbie. Enfin, le 1er décembre 1918, le prince-régent Alexandre proclame l'union des Slaves du Sud : le royaume des Serbes, Croates et Slovènes est né.

La question des frontières du nouvel État reste ouverte, notamment avec l'Italie, qui lui dispute Trieste et le littoral adriatique. Son statut constitutionnel n'est pas tranché non plus. Pendant la guerre, le royaume de Serbie insiste sur l'idée d'un État fédéral centralisé sous sa direction, en compensation des sacrifices serbes pendant le conflit, alors que le Comité yougoslave plaide pour une fédération plus équilibrée.

À l'ouverture de la Conférence de la paix de Paris, aucune grande puissance ne reconnaît officiellement le nouveau pays. Seul le royaume de Serbie est invité à la table des négociations alors qu'il n'existe plus légalement. Cette attitude s'explique par la volonté de ménager l'Italie. Après l'armistice avec l'Autriche-Hongrie, le 3 décembre 1918, les troupes italiennes envahissent l'Istrie, la Dalmatie et ses îles, promises à l'Italie en échange de son engagement auprès de l'Entente en vertu du traité secret de Londres (1915). Rome demande également Fiume (Rijeka), qui lui permettrait d'étendre son influence dans les Balkans du Sud et sur la côte adriatique.

Pendant près d'un an, l'État yougoslave et l'Italie se disputent la ville de Trieste. Lorsque, en août 1919, la Conférence de la paix octroie finalement à l'Italie une grande partie de la Dalmatie et de l'Istrie, mais non Fiume, le poète italien Gabriele D'Annunzio, nationaliste fervent, entre dans la ville le 12 septembre et proclame l'État libre de Fiume. Le 12 novembre 1920, le royaume des Serbes, Croates et Slovènes est contraint de signer le traité de Rapallo, qui reconnaît l'État indépendant de Fiume. En janvier 1924, l'accord de Rome place la ville sous l'autorité italienne. Rome obtient également la ville de Zadar, une majeure partie de l'Istrie et les îles de Lošinj, Cres et Castovo. En Croatie, ces pertes territoriales alimentent un sentiment d'aliénation, éveillé quelques années auparavant par la Constitution de Vidovdan (1921), qui impose une vision centralisatrice serbe de l'État multinational.

Le nouvel État yougoslave est composé de plusieurs nationalités – Serbes (38 %), Croates (23 %), Slovènes (9 %), Bosniaques (6 %) et Macédoniens (5 %) – auxquelles il faut ajouter les minorités allemande, hongroise, albanaise, etc. Même diversité sur le plan religieux et culturel : 46 % de la population est orthodoxe, 39 % catholique, 11 % musulmane, 2 % protestante, sans oublier les Juifs et les catholiques de rite grec. La langue serbo-croate est majoritaire mais l'alphabet cyrillique est utilisé à l'est du pays tandis que l'Ouest utilise l'alphabet latin. Cet ensemble extrêmement composite est divisé en 1922 en trente-trois provinces administratives découpées de sorte à décourager l'affirmation d'identités nationales et à favoriser la formation d'une nation yougoslave. Le roi, serbe, est doté de larges pouvoirs pour assurer l'unité de la monarchie. Si les principales libertés sont garanties, la loi de 1921 autorise la police à intervenir contre toute personne, parti ou mouvement qui mettrait en danger « la sécurité publique et l'ordre public ». La loi visant initialement les communistes est rapidement utilisée contre toute forme d'opposition, notamment croate.

Le royaume des Serbes, Croates et Slovènes est ainsi mutilé dès sa naissance et marqué par les antagonismes entre les nationalités. Son incapacité à trouver une solution viable à leur cohabitation contribue à son basculement vers une dictature royale en 1929 et à sa violente dissolution en 1941.

ROMAN KRAKOVSKY

1 Br. Cav. Roum.
2 Btons Roum.
3 Bries Roum.
Stanislau
8e D.I.
1e D.I.C
1e Br. Ch.
Kamenets Podolsk
Mohilew
Vapniarka
Yampol
Rudnisa
Slobodka
Rimaszombat
Sataralja-Ujkely
Munkacs
Beregszacz
Koloméa
Viznitz
Czernovitz
Dorohoi
Nyiregyhaza
Erlau
Tisza
Maramaros-Sziget
Bukovine
4e D.I.
9e D.I.
10e D.I.
(event. 7e D.I.)
Bielsy
Debreczen
Nagy-Karoly
7e D.I. Roum.
Kimpolung
Veresci
A-PEST
Szolnok
Zilah
Beszterete
Pascani
2e D.I. Tr.
D. Polon.
Iassy
Kichinev
Escadrille : 510
Q.G.
Bender
Dubossary
Grosswardein
Des
6e D.I. Roum.
Kolozsvar
Torda
Transylvanie
Piatra
Yasluiu
Husi
Szentes
Guyla
Maros-Vasarhely
Csik-Shereda
Berlad
Szegedin
Arad
2e D.I. Roum.
Nagy-Enyed
Schafsbourg
17e D.I.C.
Temesvar
Lugos
Deva
Q.G. des forces Roumaines de Transylvanie.
Hermanstadt
Brasso
Tecuci
Focsani
Galatz
Bolgrad
Reni
Escadrille : 504.
Kulevzca
Banat
Div. Cav.
Nagy-Beckerek
1e D.I. Roum.
Braïla
Tulcéa
Neusatz
Resiczabanya
Q.G. Gl Humbert
Tirgulu-Jiului
Rimnicu-Valcea
Targoviste
Buzeu
Ploiesci
Babadagh
Jurilovca
Armée du Danube
Troupes frçses de Dobroudja
Belgrade
Pojarevats
Valievo
(Commandant d'ensemble du front Hongrois.)
Zagubica
T. Severin
Filiasa
Craiova
Pitesci
Slatina
Arges
Prahova
Bucarest
Cernavoda
Q.G.
Constanza
Medjidie
Silistrie
Kragoievats
Tchoupria
Negotin
Vidin
Zaiechar
Caracalu
Alexandria
Giurgevo
Roustchouck
Karu-Omer
Dobric
Kavarna
Balcik
Br. Ivréa
Tchatchak
Danube
Krouchevats
Rasgrad
Plevna
Choumla
Varna
Nich
Novibazar
Pirot
Vratcha
Tirnova
Troupes d'occupation de Bulgarie.
Mitrovitza
Br. Gagliari
Sofia
Slivno
Toundja
Stara Zagora
Bourgas
Rousokastro
Ipek
Vrania
Lodi-Kniazevo
Kustendil
2 Escadrons
3 Escadrons
Philippopoli
Chaskoei
Prizren
Uskub
Baniska
Kirk-Kilisse
Velès
Ichtip
Strouma
Kirdjali
Andrinople
Midia
Dibra
Stroumitza
D. Crête
Demi-Hissar
C.A.D.N.
Serès
Kavala
Demotika
Tchadaldja
Elbasan
Monastir
Gumuldjina
Rodosto
Vodena
9e D.I.
Bérat
Koritza
Salonique
Orphano
Thasos
DédéAgath
Enos
I. de Marmara
Verria
Samothrace
Gallipoli
Kastoria
Dchouma
Imbros
Ergeri
Siatista
Lemnos
Yanina
Trikala
Larissa
Mythylène
Volo

PARCOURS

I
LA DISSOLUTION DES EMPIRES
P. 178

II
LA FABRIQUE DES TRAITÉS
P. 188
• ACTEURS ET ATMOSPHÈRES
• VAINQUEURS ET VAINCUS
• ENTRE ALLIÉS
• DES NATIONS EN QUÊTE D'ÉTAT
• CONSULTER LES POPULATIONS ?

III
LES MARCHES DE L'EST
P. 210
• GUERRE CIVILE EN RUSSIE
• INSTABILITÉ ALLEMANDE
• RENAISSANCE DE LA POLOGNE
• ÉCHEC DE L'INDÉPENDANCE UKRAINIENNE
• PAYS BALTES ENTRE ALLEMAGNE ET RUSSIE
• ACTIONS MILITAIRES ALLIÉES : EN RUSSIE
• ACTIONS MILITAIRES ALLIÉES : EN POLOGNE ET EN HAUTE-SILÉSIE
• ACTIONS MILITAIRES ALLIÉES : DANS LE TERRITOIRE DE MEMEL
• DÉPLACEMENTS DE POPULATIONS ET EXACTIONS

IV
L'EUROPE MÉDIANE
P. 258
• AUTRICHE ET HONGRIE : VIVRE SANS L'EMPIRE
• AUX FRONTIÈRES DU ROYAUME DES SERBES, CROATES ET SLOVÈNES
• GUERRE CIVILE EN HONGRIE
• ACTIONS MILITAIRES : LES FRANÇAIS EN ROUMANIE
• ACTIONS MILITAIRES : LES FRANÇAIS EN TCHÉCOSLOVAQUIE
• ACTIONS MILITAIRES : LES FRANÇAIS EN SERBIE

V
LE LEVANT
P. 288
• GUERRE GRÉCO-TURQUE
• ARMÉNIENS EN QUÊTE D'ÉTAT
• DÉCEPTION ARABE
• EN CILICIE : FACE À KÉMAL
• EN SYRIE ET AU LIBAN : FACE À FAYÇAL
• CONSTANTINOPLE : OCCUPATION ET ACTION HUMANITAIRE
• LES RÉFUGIÉS

I

LA DISSOLUTION DES EMPIRES

F. L.

CAT. 7
The Dismemberment of Western Russia
(« Le démembrement de la Russie européenne »), avril 1918
Carte de George Philip & Son Ltd., publiée par le London Geographical Institute dans le *National Review* de Londres, réalisée quelques semaines après la signature du traité de paix de Brest-Litovsk (3 mars 1918) entre la Russie bolchevique et les Empires centraux.
Nanterre, La contemporaine, bibliothèque, archives, musée des mondes contemporains, inv. F delta 819/25
EPMA

CAT. 8
[Voir p. 85]

CAT. 9
[Voir p. 9]

Quatre grands empires dominent l'Europe centrale et orientale en 1914 : l'Allemagne, l'Autriche-Hongrie, la Russie et, de manière résiduelle, l'Empire ottoman. Ce dernier conserve en outre le contrôle du Levant. Ces empires sont des constructions multinationales complexes, toutes multiséculaires, sauf l'Empire allemand, assez récent.
La Grande Guerre commence par une crise diplomatique orientale. Elle aboutit à une conflagration générale entre les quatre empires. L'Allemagne et l'Autriche-Hongrie, bientôt rejoints par l'Empire ottoman, s'opposent à la Russie, aidée notamment par ses partenaires occidentaux, la France et le Royaume-Uni.
L'acharnement et la durée du conflit affectent durement les empires, et plus particulièrement la Russie, l'Empire ottoman et l'Autriche-Hongrie. Malgré leur puissance apparente, ils subissent d'importants revers militaires à partir de 1916-1917, qui attisent des tensions internes grandissantes. Chaque empire entre en crise : la Russie est emportée par la révolution dès 1917. L'Autriche-Hongrie et l'Empire ottoman subissent en 1918 de grandes défaites qui provoquent leur éclatement et une situation de chaos politique. L'Allemagne, battue sur le front de l'Ouest, doit, elle aussi, déposer les armes : le régime impérial s'effondre. Conséquence de la défaite des quatre empires : des populations très diverses, dont la guerre a souvent accru les aspirations nationales, doivent s'adapter, à l'Est et au Levant, à une situation inédite, marquée par la violence et l'instabilité.

SUPPLEMENT TO THE NATIONAL REVIEW, APRIL, 1918.

THE DISMEMBERMENT OF WESTERN RUSSIA.

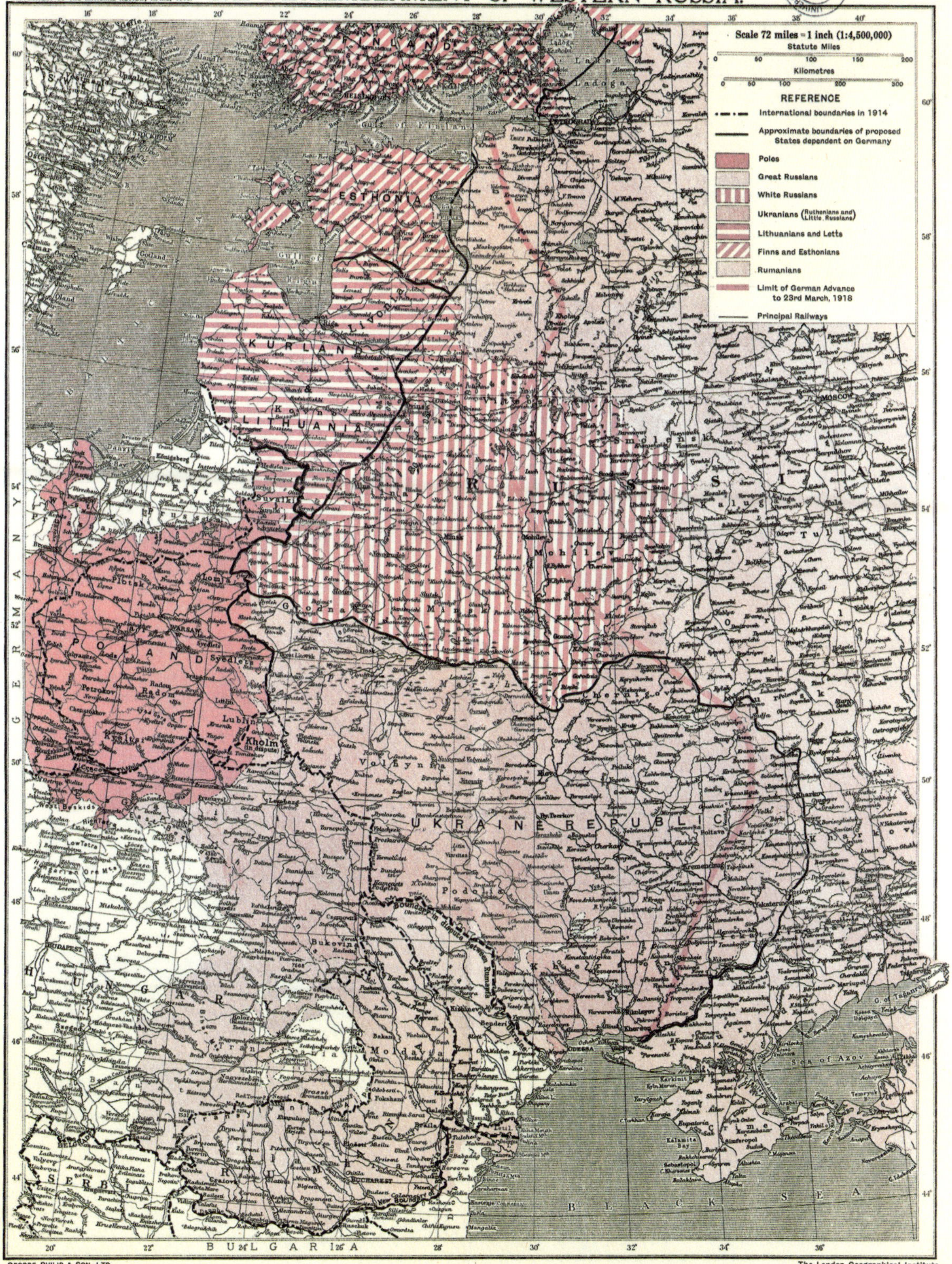

GEORGE PHILIP & SON, LTD. The London Geographical Institute.

CAT. 10/11/12
[page ci-contre
et double page suivante]
Accords Sykes-Picot relatifs à la création d'un État ou d'une confédération d'États arabes dans la région syrienne
Anticipant la défaite de l'Empire ottoman, les Alliés ont, en pleine guerre, négocié à leur profit un plan de démembrement des provinces orientales de l'Empire.
Échange de lettres : copie de la lettre française, Paris, 9 mai 1916 ; original signé de la lettre britannique, Londres, 16 mai 1916 ; carte.
Les discussions entre François Georges-Picot, premier secrétaire à l'ambassade de France à Londres, et Mark Sykes, conseiller diplomatique du secrétaire au War Office, débouchent en mai 1916 sur un accord qui prend la forme d'un échange de lettres entre l'ambassadeur de France à Londres, Paul Cambon, et le secrétaire au Foreign Office, Edward Grey, passé à la postérité sous le nom de ses négociateurs. Trois statuts sont envisagés : l'administration directe ou indirecte par les puissances, avec une zone colorée en bleu pour la France, en rose pour la Grande-Bretagne ; des États indépendants sous influence française (zone A) et britannique (zone B) ; enfin, une zone brune sous administration internationale.
La Courneuve, Archives du ministère de l'Europe et des Affaires étrangères, traités, inv. TRA 19160001/001, 004
I. N.

Published by the Royal Geographical Society, 1910.

14-1

Copie .

9 Mai 1916

Monsieur le Secrétaire d'Etat ,

Désireux d'entrer dans les vues du Gouvernement du Roi et de chercher à détacher les Arabes des Turcs en facilitant la création d'un Etat ou d'une Confédération d'Etats Arabes ,le Gouvernement de la République avait accepté l'invitation qui lui avait été adressée par le Cabinet Britannique en vue de fixer les limites de cet Etat et des régions syriennes où les intérêts Français sont prédominants .

A la suite des conférences qui ont eu lieu à ce sujet à Londres et des pourparlers qui se sont poursuivis à Pétrograd un accord s'est établi . J'ai été chargé de faire connaitre à Votre Excellence que le Gouvernement Français accepte les limites telles qu'elles ont été fixées sur les cartes signées par Sir Mark Sykes et M. Georges Picot ,ainsi que les conditions diverses formulées au cours de ces discussions .

Il demeure donc entendu que :

1. La France et la Grande Bretagne sont disposés à reconnaitre et à soutenir un Etat Arabe indépendant ou une confédération d'Etats Arabes dans les zones (a) et (b) indiquées sur la carte ci-jointe ,sous la suzeraineté d'un chef arabe . Dans la zone (a) la France

17 MAY 1916

AMBASSADE de FRANCE en ANGLETERRE
Enregist. N° 983
Class: Carton 14 Dossier 1

Foreign Office,
May 16th, 1916.

(W. 87247/16)

Secret.

Your Excellency:-

I have the honour to acknowledge the receipt of Your Excellency's note of the 9th instant , stating that the French Government accept the limits of a future Arab State, or Confederation of States, and of those parts of Syria where French interests predominate, together with certain conditions attached thereto, such as they result from recent discussions in London and Petrograd on the subject.

I have the honour to inform Your Excellency in reply that the acceptance of the whole project, as it now stands, will involve the abdication of considerable British interests, but since His Majesty's Government recognize the advantage to the general cause of the Allies entailed in producing a more favourable internal political situation in Turkey, they are ready to accept the arrangement now arrived at, provided that the co-operation of the Arabs is secured, and that the Arabs fulfil the conditions and obtain the towns of Homs, Hama, Damascus and Aleppo.

It is accordingly understood between the French and British Governments:-

1. That France and Great Britain are prepared to recognize and protect an independent Arab State or

His Excellency
Monsieur Paul Cambon, G.C.V.O.,
&c., &c., &c.,

CAT. 13
Clairon de l'armistice du 11 novembre 1918
Le 7 novembre 1918 à 20 heures 20, un convoi de cinq véhicules allemands se présente devant les lignes françaises du 171e régiment d'infanterie dans le secteur de La Capelle (Aisne). Dans les automobiles se trouvent les plénipotentiaires allemands venus négocier l'armistice. Afin de conduire la délégation jusqu'au poste de commandement de la division à La Capelle, le caporal Pierre Sellier remplace son homologue allemand sur le marchepied de la voiture de tête pour jouer le cessez-le-feu durant le trajet.
Paris, musée de l'Armée, don de Monsieur Sellier, 1926, inv. 03705 C1
EPMA

CAT. 14
Porte-plume du maréchal Foch utilisé lors de la signature de l'armistice du 11 novembre 1918
Paris, musée de l'Armée, don des familles Fournier-Foch et Becourt Foch, 1984, inv. 2010.19.56
EPMA

CAT. 15
Porte-plume utilisé par les plénipotentiaires allemands pour la signature de l'armistice du 11 novembre 1918
Paris, musée de l'Armée, don des familles Fournier-Foch et Becourt Foch, 1984, inv. 2010.19.57
EPMA

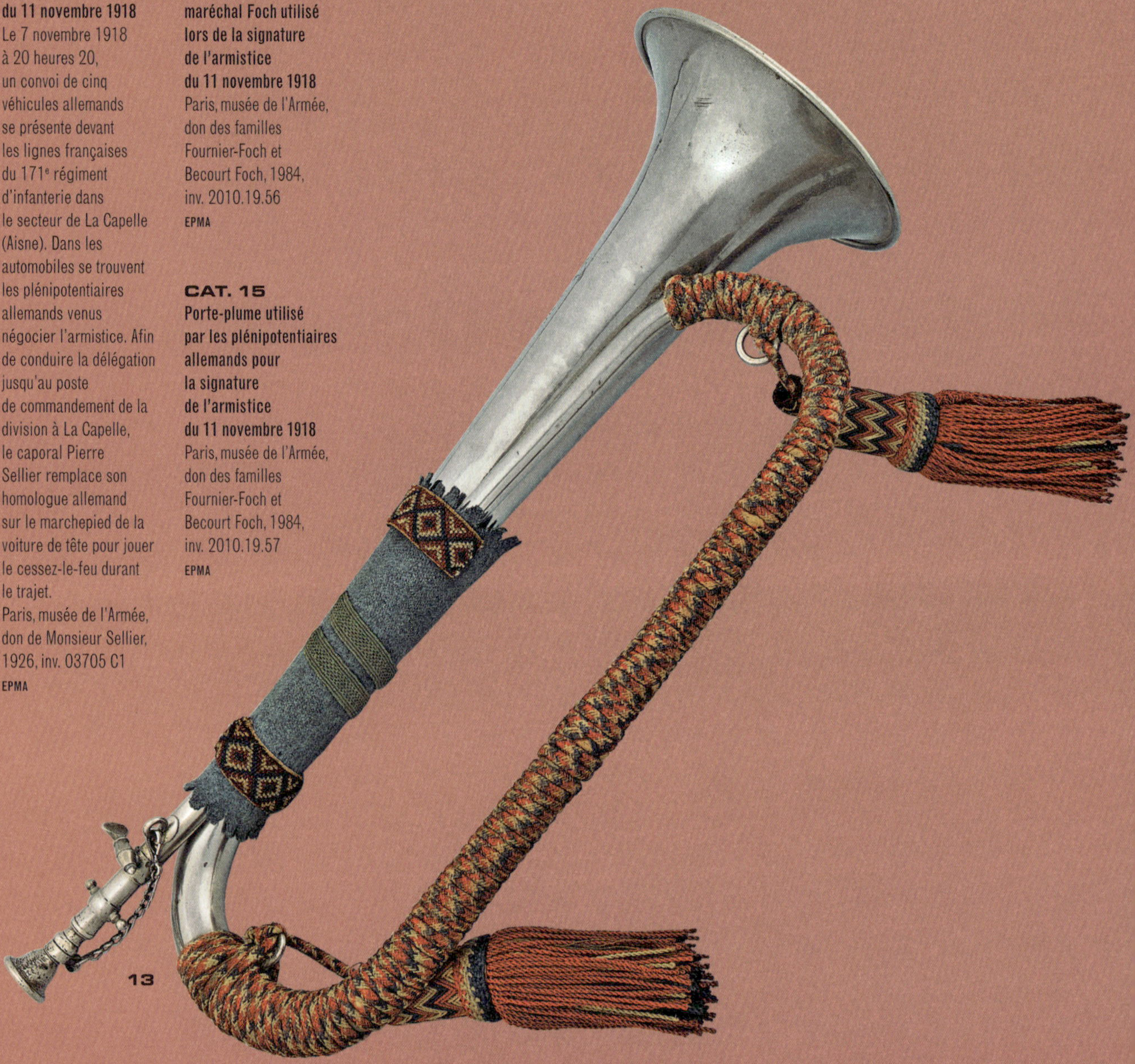
13

14

15

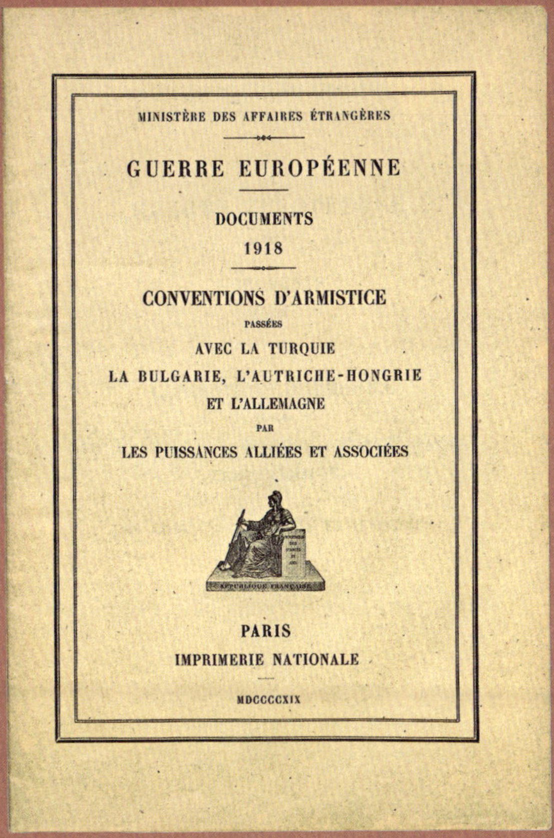
MINISTÈRE DES AFFAIRES ÉTRANGÈRES

GUERRE EUROPÉENNE

DOCUMENTS
1918

CONVENTIONS D'ARMISTICE
PASSÉES
AVEC LA TURQUIE
LA BULGARIE, L'AUTRICHE-HONGRIE
ET L'ALLEMAGNE
PAR
LES PUISSANCES ALLIÉES ET ASSOCIÉES

PARIS
IMPRIMERIE NATIONALE

MDCCCCXIX

16

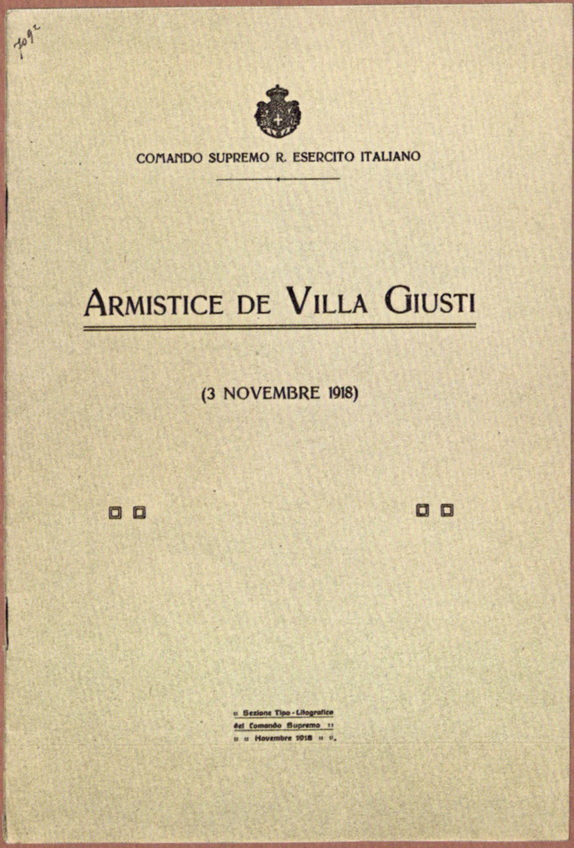
COMANDO SUPREMO R. ESERCITO ITALIANO

ARMISTICE DE VILLA GIUSTI

(3 NOVEMBRE 1918)

Sezione Tipo-Litografica
del Comando Supremo
Novembre 1918

17

CAT. 16
Conventions d'armistice passées avec la Turquie, la Bulgarie, l'Autriche-Hongrie et l'Allemagne par les puissances alliées et associées
Demandés en septembre et octobre 1918 par des Empires centraux à bout de forces, les armistices avec la Turquie, la Bulgarie et l'Autriche-Hongrie précipitent la décision allemande de demander le cessez-le-feu. Ils laissent en effet les forces du Reich démunies face aux offensives de l'Entente qui se déroulent en Italie, en Thrace et dans les Balkans. Agitée de graves troubles sociaux, menacée sur ses frontières orientales et privée des hommes et des ressources apportés par ses alliés, l'Allemagne n'a dès lors pas d'autre choix que de rendre à son tour les armes, moins de deux semaines après l'Autriche-Hongrie.
Les conditions de ces quatre armistices seront publiées quelques mois plus tard par le ministère des Affaires étrangères français.
Vincennes, Service historique de la Défense, fonds du général Marin de Montmarin, GR 1 K 720/4
N.T.

CAT. 17
Protocole des conditions de l'armistice de Villa Giusti entre les puissances alliées et associées et l'Autriche-Hongrie
Le gouvernement d'Autriche-Hongrie, très affaibli par une lourde défaite militaire à Vittorio Veneto et la prise de pouvoir de mouvements nationaux dans plusieurs régions de l'empire, est contraint de demander une trêve à l'armée italienne. Négocié en trois jours, le texte de l'armistice prévoit le retrait des troupes austro-hongroises et la livraison de matériel militaire à l'Italie, contribuant ainsi à la désintégration de l'Autriche-Hongrie.
Vincennes, Service historique de la Défense, GR 4 N 76
P.C.

CAT. 18
[Voir p. 22]

CAT. 19
[Voir p. 54]

CAT. 20
La Pologne et le futur équilibre européen
Carte des revendications territoriales de la Pologne sur les Empires russe et allemand après la révolution bolchevique, 1917
Paris, Bibliothèque nationale de France, inv. GE F CARTE-6050
EPMA

CAT. 21
***Les Annales des nationalités*, bulletin mensuel de l'Office central des nationalités, 7e année, vol. VIII, nos 23-24, 15 décembre 1918, Lausanne**
Connu pour sa liste de quatorze points nécessaires au rétablissement de la paix, Wilson est le premier président américain à se rendre en Europe. Il se trouve en France dès décembre 1918 et suscite un enthousiasme unanime. Son programme, encensé par la presse, est resté célèbre pour l'affirmation du droit souverain des nations et la volonté de créer une « League of Nations ». Cet idéal se heurte aux objectifs de ses partenaires, plus soucieux de leur domination, puis au refus du Congrès américain de ratifier les traités de paix et d'intégrer la nouvelle Société des Nations. Celle-ci baptise néanmoins son siège à Genève « palais Wilson » en 1924.
La Courneuve, archives du ministère de l'Europe et des Affaires étrangères, inv. 117CPCOM608 fol. 135
G. F.

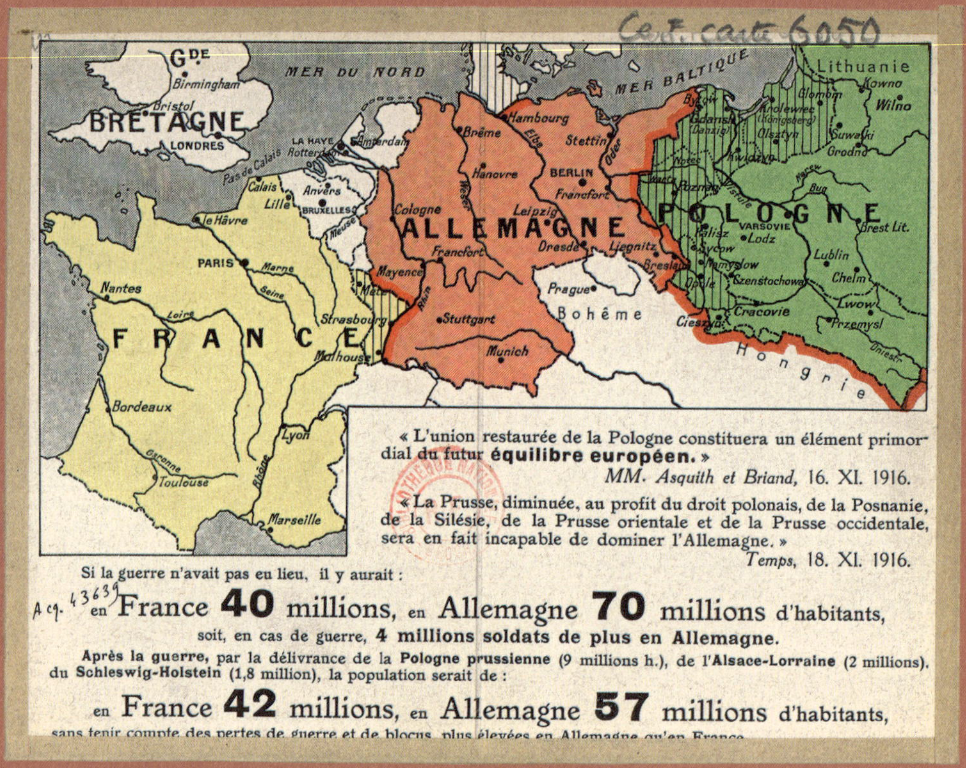

20

Nouvelle série.

LES ANNALES
DES
NATIONALITÉS

Paraissent le 1er et le 15 de chaque mois

Rédaction :
Villa « MESSIDOR »
Avenue de l'Elysée

Administration :
Librairie Centrale des Nationalités
Rue Caroline - Ancienne Douane, 2

LAUSANNE

PRIX DE L'ABONNEMENT :

SUISSE, 12 mois . .	Fr. 20.–	ETRANGER. . . .	Fr. 25. –
» 6 mois . .	Fr. 10.–	»	Fr. 12.50

Un franc le Numéro

NOTRE PROGRAMME

Les « ANNALES DES NATIONALITÉS » ont pour but de faire connaitre au public les questions demeurées trop imprécises dans l'esprit de beaucoup, encore qu'elles soient de prime importance : l'existence, l'importance et les revendications des nationalités jusqu'ici sacrifiées aux intérêts ou aux raisons d'Etat des grandes nations.

S'inspirant depuis leur fondation de principes enfin reconnus et qui se trouvent être aujourd'hui le « crédo » de certains gouvernements, les « ANNALES DES NATIONALITÉS » demanderont jusqu'au jour du règlement du dernier problème en suspens que chaque nation puisse librement disposer d'elle-même. En accord complet avec les déclarations du président Wilson et avec une absolue indépendance, les « ANNALES DES NATIONALITÉS », tribune des intéressés eux-mêmes, démasqueront toutes les perfidies, toutes les cauteleuses diplomaties, tous les compromis qui porteraient atteinte au droit sacré des peuples de vivre sans aucune tutelle étrangère, non librement acceptée.

Le sang répandu dans le monde entier ne doit l'être que pour éviter le retour de pareille hécatombe. Guerre à la guerre, tel doit être le cri de tout être humain conscient. Pour cela, guerre à l'injustice, à l'iniquité, place au soleil aux opprimés, liberté pour eux comme pour leurs frères plus heureux des pays affranchis. Guerre sans pitié, sans faiblesses avec, pour devise, le mot si souvent profané de VÉRITÉ.

Les « ANNALES DES NATIONALITÉS » font appel à tous les concours, comme leurs pages sont ouvertes à toutes les causes à défendre.

135

21

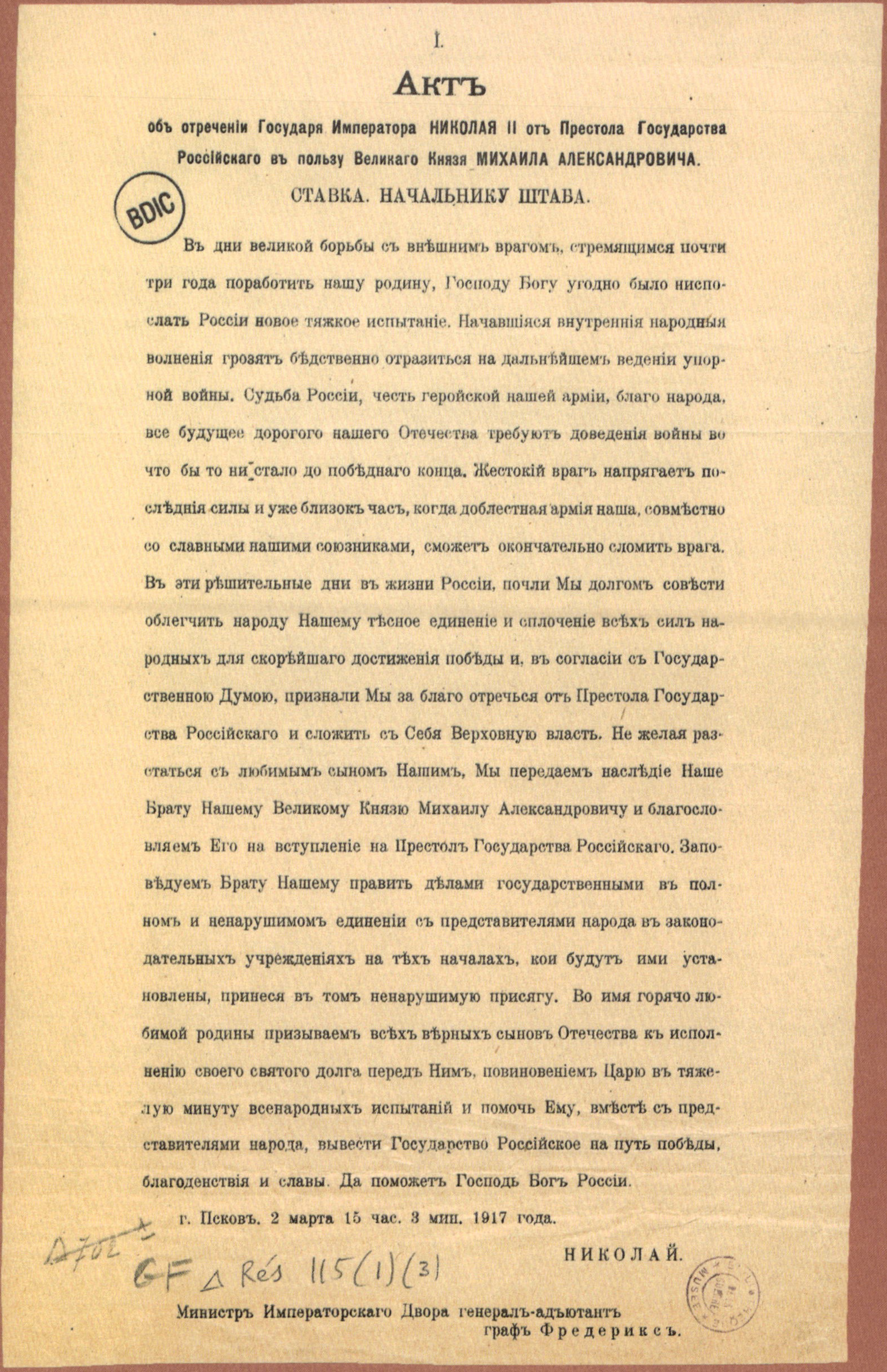

I.

Актъ

объ отреченіи Государя Императора НИКОЛАЯ II отъ Престола Государства Россійскаго въ пользу Великаго Князя МИХАИЛА АЛЕКСАНДРОВИЧА.

СТАВКА. НАЧАЛЬНИКУ ШТАБА.

Въ дни великой борьбы съ внѣшнимъ врагомъ, стремящимся почти три года поработить нашу родину, Господу Богу угодно было ниспослать Россіи новое тяжкое испытаніе. Начавшіяся внутреннія народныя волненія грозятъ бѣдственно отразиться на дальнѣйшемъ веденіи упорной войны. Судьба Россіи, честь геройской нашей арміи, благо народа, все будущее дорогого нашего Отечества требуютъ доведенія войны во что бы то ни стало до побѣднаго конца. Жестокій врагъ напрягаетъ послѣднія силы и уже близокъ часъ, когда доблестная армія наша, совмѣстно со славными нашими союзниками, сможетъ окончательно сломить врага. Въ эти рѣшительные дни въ жизни Россіи, почли Мы долгомъ совѣсти облегчить народу Нашему тѣсное единеніе и сплоченіе всѣхъ силъ народныхъ для скорѣйшаго достиженія побѣды и, въ согласіи съ Государственною Думою, признали Мы за благо отречься отъ Престола Государства Россійскаго и сложить съ Себя Верховную власть. Не желая разстаться съ любимымъ сыномъ Нашимъ, Мы передаемъ наслѣдіе Наше Брату Нашему Великому Князю Михаилу Александровичу и благословляемъ Его на вступленіе на Престолъ Государства Россійскаго. Заповѣдуемъ Брату Нашему править дѣлами государственными въ полномъ и ненарушимомъ единеніи съ представителями народа въ законодательныхъ учрежденіяхъ на тѣхъ началахъ, кои будутъ ими установлены, принеся въ томъ ненарушимую присягу. Во имя горячо любимой родины призываемъ всѣхъ вѣрныхъ сыновъ Отечества къ исполненію своего святого долга передъ Нимъ, повиновеніемъ Царю въ тяжелую минуту всенародныхъ испытаній и помочь Ему, вмѣстѣ съ представителями народа, вывести Государство Россійское на путь побѣды, благоденствія и славы. Да поможетъ Господь Богъ Россіи.

г. Псковъ. 2 марта 15 час. 3 мин. 1917 года.

НИКОЛАЙ.

Министръ Императорскаго Двора генералъ-адъютантъ
графъ Фредериксъ.

24

CAT. 22
[Voir p. 13]

CAT. 23
[Voir p. 28]

CAT. 24
Acte d'abdication de l'empereur russe Nicolas II en faveur du grand-duc Michel
Pskov, 2 mars 1917
Nanterre,
La contemporaine, bibliothèque, archives, musée des mondes contemporains, inv. GF delta res 115 (1) (3)
EPMA

II

LA FABRIQUE DES TRAITÉS

F. L.

26

Comment faire la paix après de très dures années de guerre, qui ont exacerbé les tensions nationales ? Les attentes des peuples sont fortes, parfois irréalistes. Les ambitions des vainqueurs sont grandes elles aussi, mais leurs conceptions et leurs objectifs partiellement contradictoires : l'Américain Wilson soutient une politique idéaliste des nationalités ; le Britannique Lloyd George reste proche de la tradition de l'équilibre européen ; le Français Clemenceau est hanté par la persistance d'une menace potentielle allemande ; l'Italie s'estime mal récompensée de son engagement.

Malgré les efforts des diplomates, les traités sont élaborés dans des conditions difficiles. Le cas de l'Europe centrale et orientale comme celui du Levant sont particulièrement épineux : par quoi et comment remplacer les empires multiethniques détruits ? Les réalités territoriales et nationales enchevêtrées s'accordent mal avec le modèle de l'État-nation homogène.

Les grandes puissances doivent arbitrer entre leurs alliés. Des nations longtemps dominées cherchent à retrouver leur indépendance, sans toujours y parvenir. Les vaincus – Allemagne, Autriche, Hongrie, Bulgarie, Empire ottoman –, tenus à l'écart des négociations, en éprouvent du ressentiment. La Russie en révolution est exclue. Les populations sont occasionnellement consultées, mais ce n'est pas systématique, et les résultats parfois faussés pour des motifs stratégiques. Rien d'étonnant à ce que, à peine conclus, les traités soient vivement critiqués et contestés.

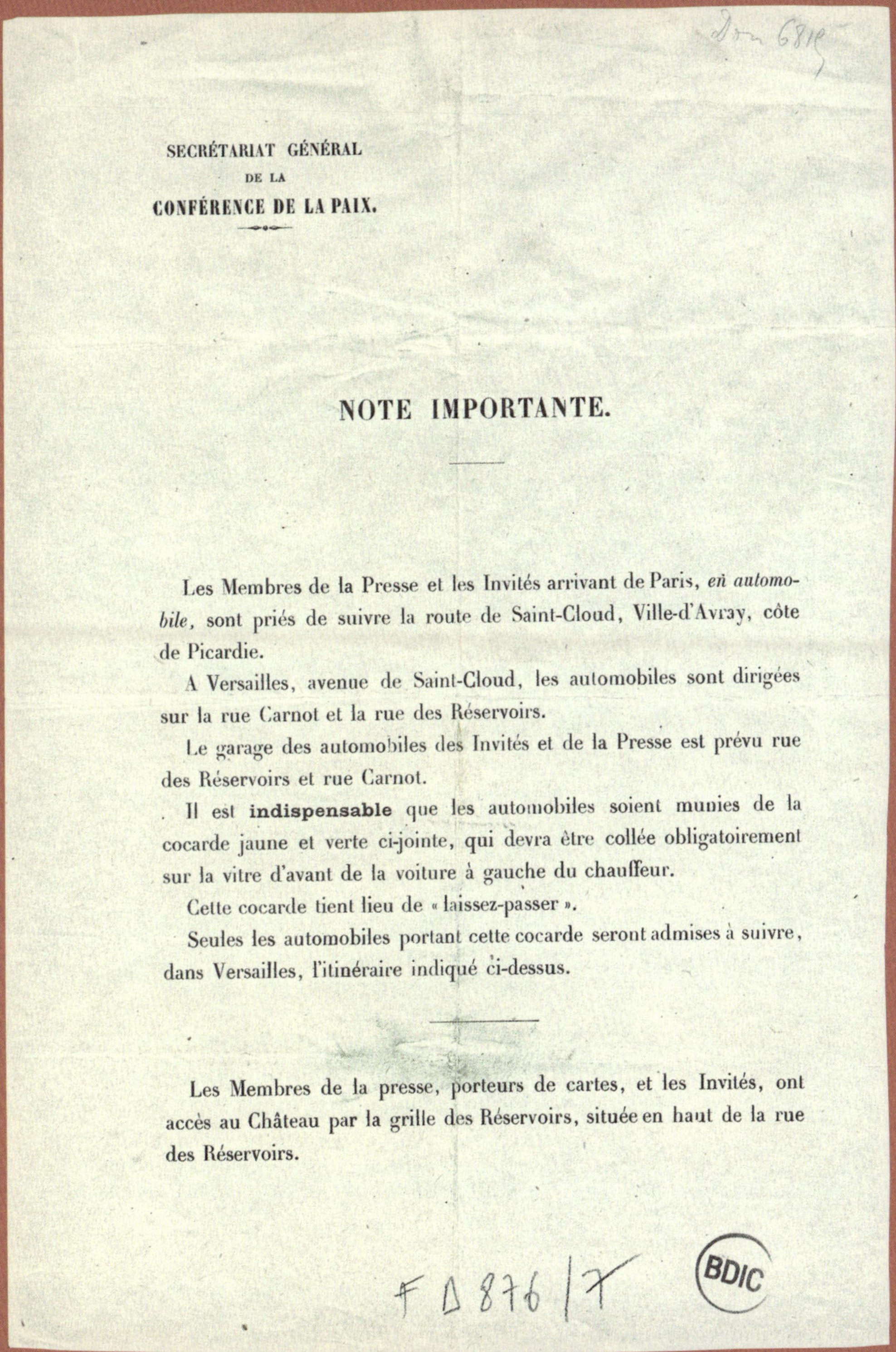

SECRÉTARIAT GÉNÉRAL
DE LA
CONFÉRENCE DE LA PAIX.

NOTE IMPORTANTE.

Les Membres de la Presse et les Invités arrivant de Paris, *en automobile,* sont priés de suivre la route de Saint-Cloud, Ville-d'Avray, côte de Picardie.

A Versailles, avenue de Saint-Cloud, les automobiles sont dirigées sur la rue Carnot et la rue des Réservoirs.

Le garage des automobiles des Invités et de la Presse est prévu rue des Réservoirs et rue Carnot.

Il est **indispensable** que les automobiles soient munies de la cocarde jaune et verte ci-jointe, qui devra être collée obligatoirement sur la vitre d'avant de la voiture à gauche du chauffeur.

Cette cocarde tient lieu de « laissez-passer ».

Seules les automobiles portant cette cocarde seront admises à suivre, dans Versailles, l'itinéraire indiqué ci-dessus.

Les Membres de la presse, porteurs de cartes, et les Invités, ont accès au Château par la grille des Réservoirs, située en haut de la rue des Réservoirs.

25

CAT. 25/26
Note du secrétariat général de la Conférence de la paix portant sur les conditions pratiques d'accès à la conférence et cocarde l'accompagnant
Nanterre,
La contemporaine, bibliothèque, archives, musée des mondes contemporains,
inv. F delta 876/7
EPMA

RÉPUBLIQUE FRANÇAISE — VILLE DE VERSAILLES

Signature de la Paix

A LA POPULATION, AUX VISITEURS

Le grand jour de Versailles est arrivé; la Paix victorieuse sera signée à la Galerie des Glaces le *Samedi 28 Juin 1919*.

Le Gouvernement désire que la cérémonie conserve le caractère d'austérité qui convient au souvenir des deuils et des souffrances de la Patrie. Néanmoins, les édifices publics seront pavoisés et illuminés; les habitants suivront certainement cet exemple.

Toutes les mesures d'ordre sont arrêtées par le Gouvernement; le public est invité à s'y conformer pour la bonne tenue de la cérémonie.

Habitants et visiteurs conserveront le calme et la dignité qui conviennent à ce grand évènement et dont la Ville de Versailles ne s'est pas départie depuis cinq ans, car les incidents du 16 Juin ne sont pas imputables à la population locale.

La journée du 28 Juin se passera comme doit se passer une grande date de l'Histoire du Monde.

A l'Hôtel de Ville, le 26 Juin 1919.

Le Maire de Versailles,

Henri SIMON.

Versailles. — Imprimerie AUBERT, 6, Avenue de Sceaux.

27

CAT. 27
Affiche placardée dans la ville de Versailles, annonçant la signature du traité dans la galerie des Glaces du château le 28 juin 1919
Montigny-le-Bretonneux, archives départementales des Yvelines, inv. 103J25 supplément 17
EPMA

CAT. 28
Laissez-passer du secrétaire général de la délégation géorgienne, daté du 21 septembre 1920, lui donnant accès à la Conférence de la paix
Nanterre, La contemporaine, bibliothèque, archives, musée des mondes contemporains, inv. F delta 876/7
EPMA

CAT. 29
Conférence de la paix, ordre du jour de la séance du Conseil suprême des puissances alliées et associées, le 20 octobre 1919 à 10 heures 30
Nanterre, La contemporaine, bibliothèque, archives, musée des mondes contemporains, inv. fonds Paul Mantoux, inv. F delta res 858/6
EPMA

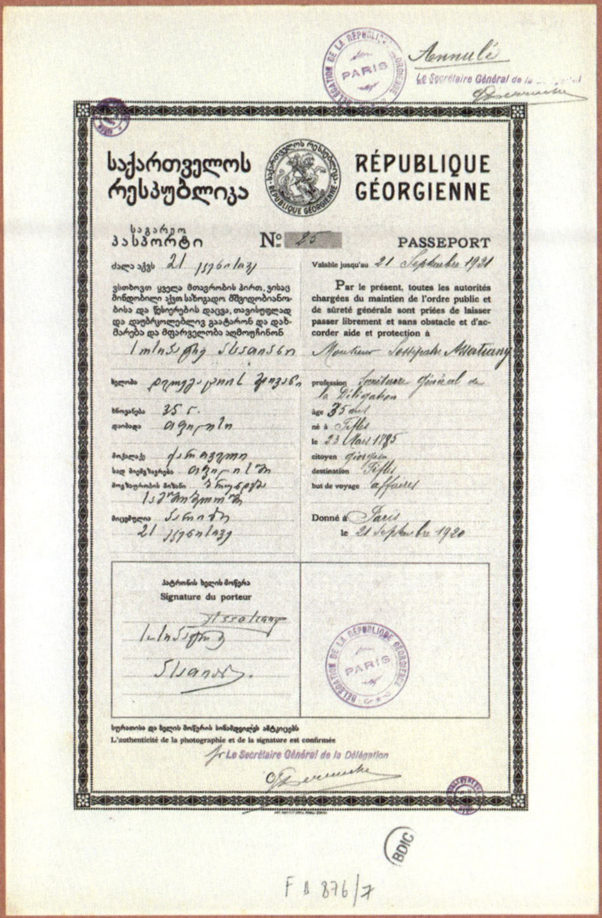
Annulé
Le Secrétaire Général de la ...

საქართველოს რესპუბლიკა
RÉPUBLIQUE GÉORGIENNE

პასპორტი N° 85 PASSEPORT

Valable jusqu'au 21 Septembre 1921

Par le présent, toutes les autorités chargées du maintien de l'ordre public et de sûreté générale sont priées de laisser passer librement et sans obstacle et d'accorder aide et protection à
Monsieur Sossipatre Assatiany

profession Secrétaire Général de la Délégation
âge 35 ans
né à Tiflis
le 23 Mars 1885
citoyen géorgien
destination Tiflis
but de voyage affaires

Donné à Paris
le 21 Septembre 1920

Signature du porteur

L'authenticité de la photographie et de la signature est confirmée
Le Secrétaire Général de la Délégation

F Δ 876/7

28

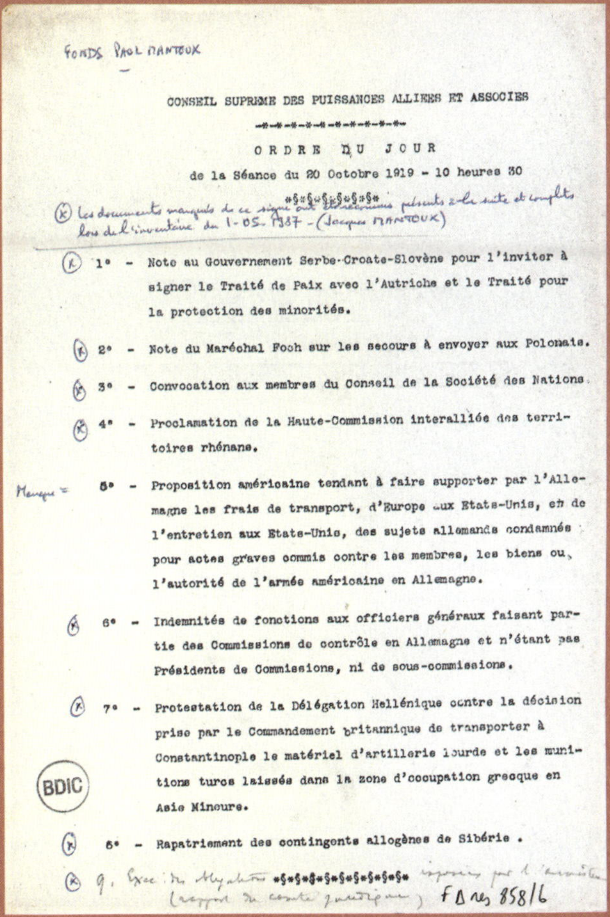
FONDS PAUL MANTOUX

CONSEIL SUPREME DES PUISSANCES ALLIEES ET ASSOCIES

ORDRE DU JOUR

de la Séance du 20 Octobre 1919 - 10 heures 30

(x) Les documents marqués de ce signe ont été retrouvés présents à la suite et complets lors de l'inventaire du 1-05-1987 – (Jacques MANTOUX)

(x) 1° - Note au Gouvernement Serbe-Croate-Slovène pour l'inviter à signer le Traité de Paix avec l'Autriche et le Traité pour la protection des minorités.

(x) 2° - Note du Maréchal Foch sur les secours à envoyer aux Polonais.

(x) 3° - Convocation aux membres du Conseil de la Société des Nations.

(x) 4° - Proclamation de la Haute-Commission interalliée des territoires rhénans.

Manque = 5° - Proposition américaine tendant à faire supporter par l'Allemagne les frais de transport, d'Europe aux Etats-Unis, et de l'entretien aux Etats-Unis, des sujets allemands condamnés pour actes graves commis contre les membres, les biens ou, l'autorité de l'armée américaine en Allemagne.

(x) 6° - Indemnités de fonctions aux officiers généraux faisant partie des Commissions de contrôle en Allemagne et n'étant pas Présidents de Commissions, ni de sous-commissions.

(x) 7° - Protestation de la Délégation Hellénique contre la décision prise par le Commandement britannique de transporter à Constantinople le matériel d'artillerie lourde et les munitions turcs laissés dans la zone d'occupation grecque en Asie Mineure.

(x) 8° - Rapatriement des contingents allogènes de Sibérie.

(x) 9. Exécution des Magyars ... imposées par l'armistice (rapport du comité juridique)

F Δ res 858/6

29

CAT. 30
Lettre adressée au président de la Conférence de la paix, Georges Clemenceau, par le ministre des Affaires étrangères tchécoslovaque, Edvard Beneš, le 10 mai 1919, sur les conditions de paix avec l'Autriche allemande et la Hongrie
Cette lettre, écrite en français par un francophile, rend compte de l'émergence de nouveaux acteurs sur la scène internationale suite à l'éclatement de l'Autriche-Hongrie. Écarté des négociations du traité de paix, Edvard Beneš intervient auprès du Conseil des Quatre pour garantir les intérêts de la jeune Tchécoslovaquie.
Vincennes, Service historique de la Défense, GR 6 N 247
P. C.

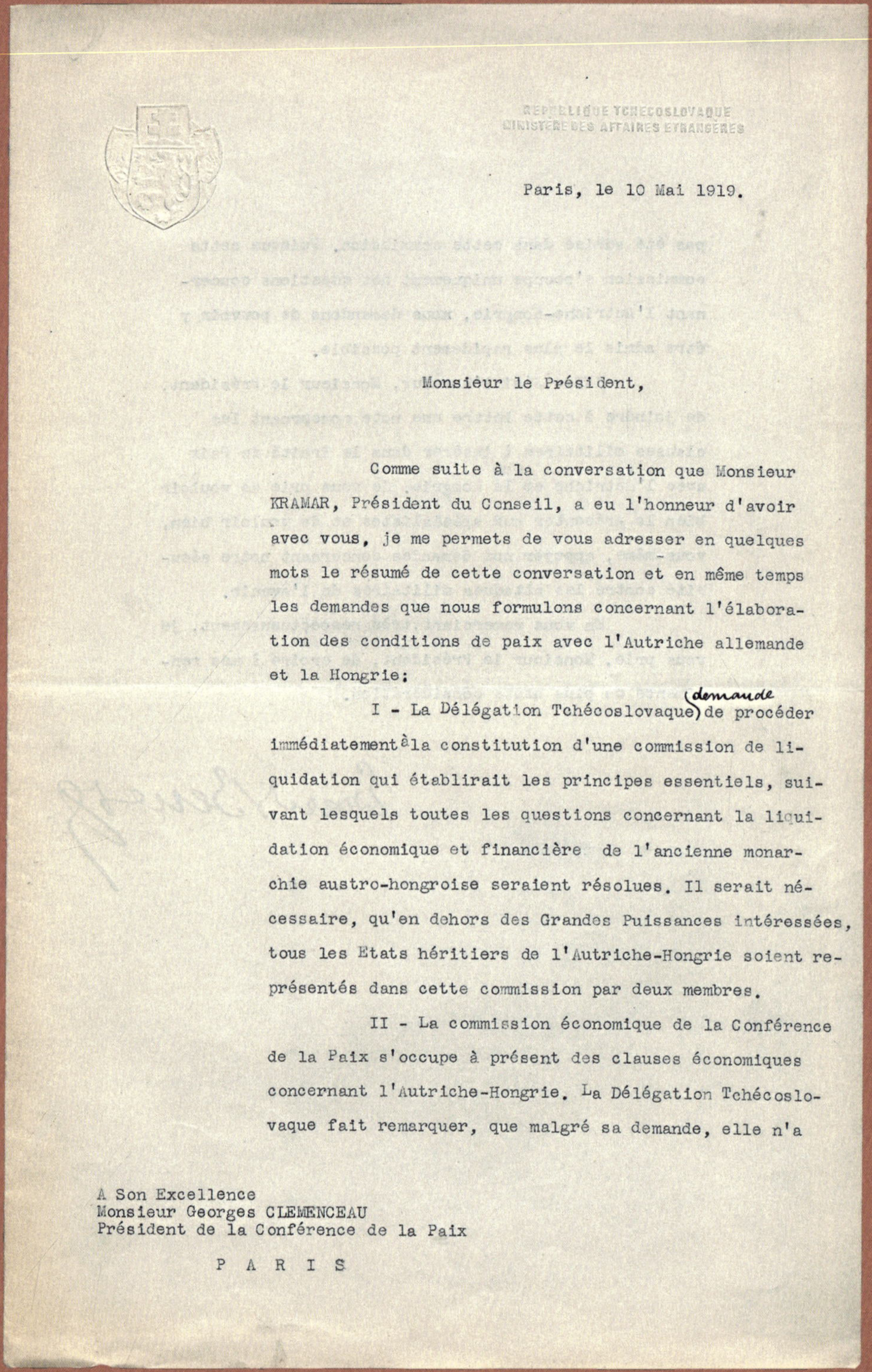

RÉPUBLIQUE TCHÉCOSLOVAQUE
MINISTÈRE DES AFFAIRES ÉTRANGÈRES

Paris, le 10 Mai 1919.

Monsieur le Président,

Comme suite à la conversation que Monsieur KRAMAR, Président du Conseil, a eu l'honneur d'avoir avec vous, je me permets de vous adresser en quelques mots le résumé de cette conversation et en même temps les demandes que nous formulons concernant l'élaboration des conditions de paix avec l'Autriche allemande et la Hongrie:

I - La Délégation Tchécoslovaque (demande) de procéder immédiatement à la constitution d'une commission de liquidation qui établirait les principes essentiels, suivant lesquels toutes les questions concernant la liquidation économique et financière de l'ancienne monarchie austro-hongroise seraient résolues. Il serait nécessaire, qu'en dehors des Grandes Puissances intéressées, tous les Etats héritiers de l'Autriche-Hongrie soient représentés dans cette commission par deux membres.

II - La commission économique de la Conférence de la Paix s'occupe à présent des clauses économiques concernant l'Autriche-Hongrie. La Délégation Tchécoslovaque fait remarquer, que malgré sa demande, elle n'a

A Son Excellence
Monsieur Georges CLEMENCEAU
Président de la Conférence de la Paix

P A R I S

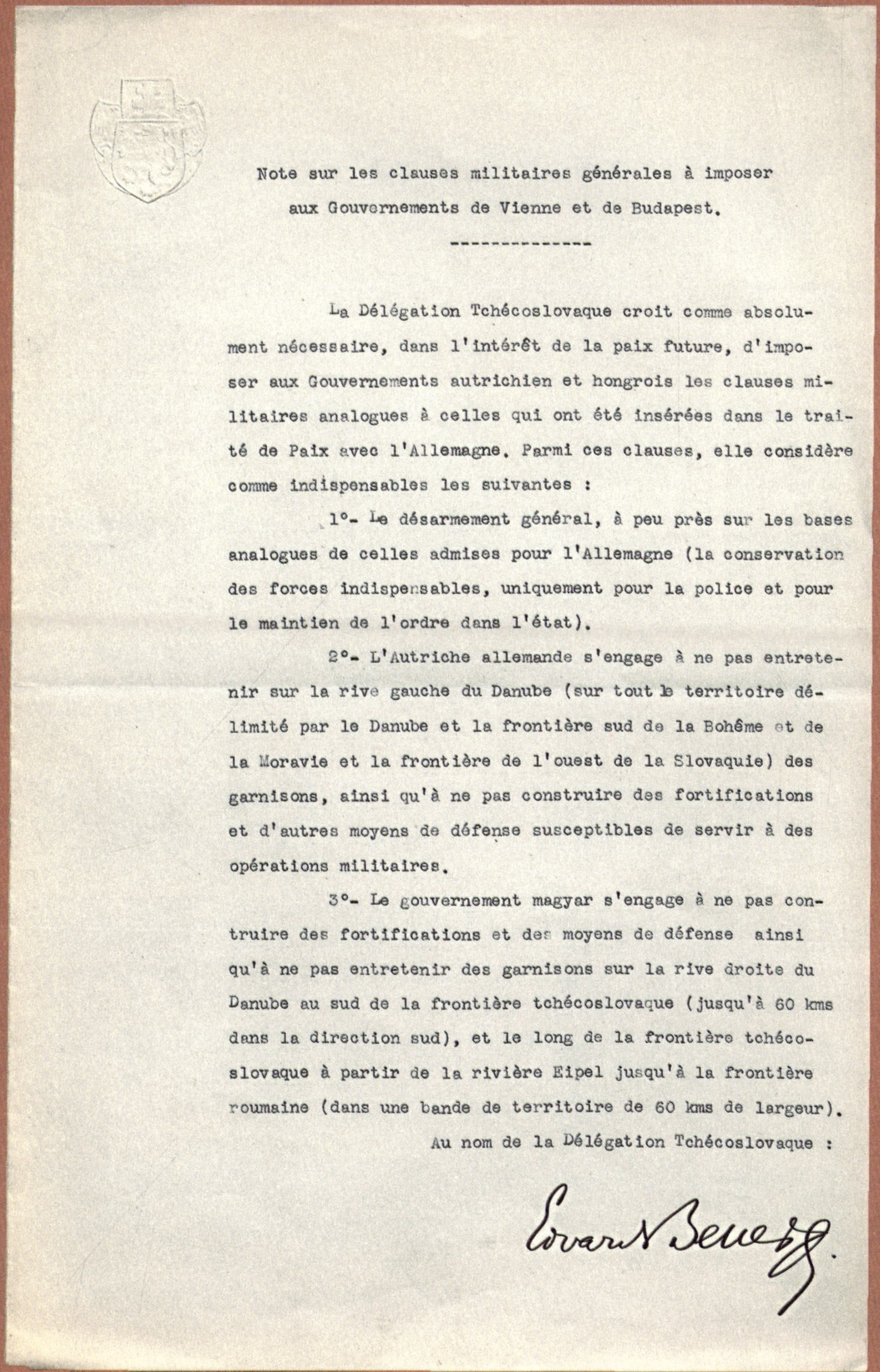

Note sur les clauses militaires générales à imposer aux Gouvernements de Vienne et de Budapest.

La Délégation Tchécoslovaque croit comme absolument nécessaire, dans l'intérêt de la paix future, d'imposer aux Gouvernements autrichien et hongrois les clauses militaires analogues à celles qui ont été insérées dans le traité de Paix avec l'Allemagne. Parmi ces clauses, elle considère comme indispensables les suivantes :

1°- Le désarmement général, à peu près sur les bases analogues de celles admises pour l'Allemagne (la conservation des forces indispensables, uniquement pour la police et pour le maintien de l'ordre dans l'état).

2°- L'Autriche allemande s'engage à ne pas entretenir sur la rive gauche du Danube (sur tout le territoire délimité par le Danube et la frontière sud de la Bohême et de la Moravie et la frontière de l'ouest de la Slovaquie) des garnisons, ainsi qu'à ne pas construire des fortifications et d'autres moyens de défense susceptibles de servir à des opérations militaires.

3°- Le gouvernement magyar s'engage à ne pas contruire des fortifications et des moyens de défense ainsi qu'à ne pas entretenir des garnisons sur la rive droite du Danube au sud de la frontière tchécoslovaque (jusqu'à 60 kms dans la direction sud), et le long de la frontière tchécoslovaque à partir de la rivière Eipel jusqu'à la frontière roumaine (dans une bande de territoire de 60 kms de largeur).

Au nom de la Délégation Tchécoslovaque :

CAT. 31
***Note sur les clauses militaires générales à imposer aux gouvernements de Vienne et de Budapest* accompagnant la lettre du 10 mai 1919**
La délégation tchécoslovaque entend se ranger parmi les vainqueurs pour obtenir que des garanties sur la sécurité du nouvel État figurent dans le traité de paix.
Vincennes, Service historique de la Défense, GR 6 N 247
P.C.

CAT. 32

Contribution à la question de l'accès à la mer pour la Pologne

Ce curieux projet a été élaboré à l'occasion du débat sur le corridor de Dantzig (Gdansk), territoire peuplé en majorité d'Allemands. Il s'agit d'accéder aux souhaits de la Pologne, tout juste recréée, tout en respectant le droit des nationalités, qui doit désormais présider aux relations internationales. Pour donner à la Pologne un accès à la mer, l'auteur du projet préconise de lui accorder une bande de terre située sur le territoire de la Lituanie, en vertu d'une alliance remontant au XVIe siècle.

Vincennes, Service historique de la Défense, GR 6 N 215

P.C.

CAT. 33

[Voir p. 10]

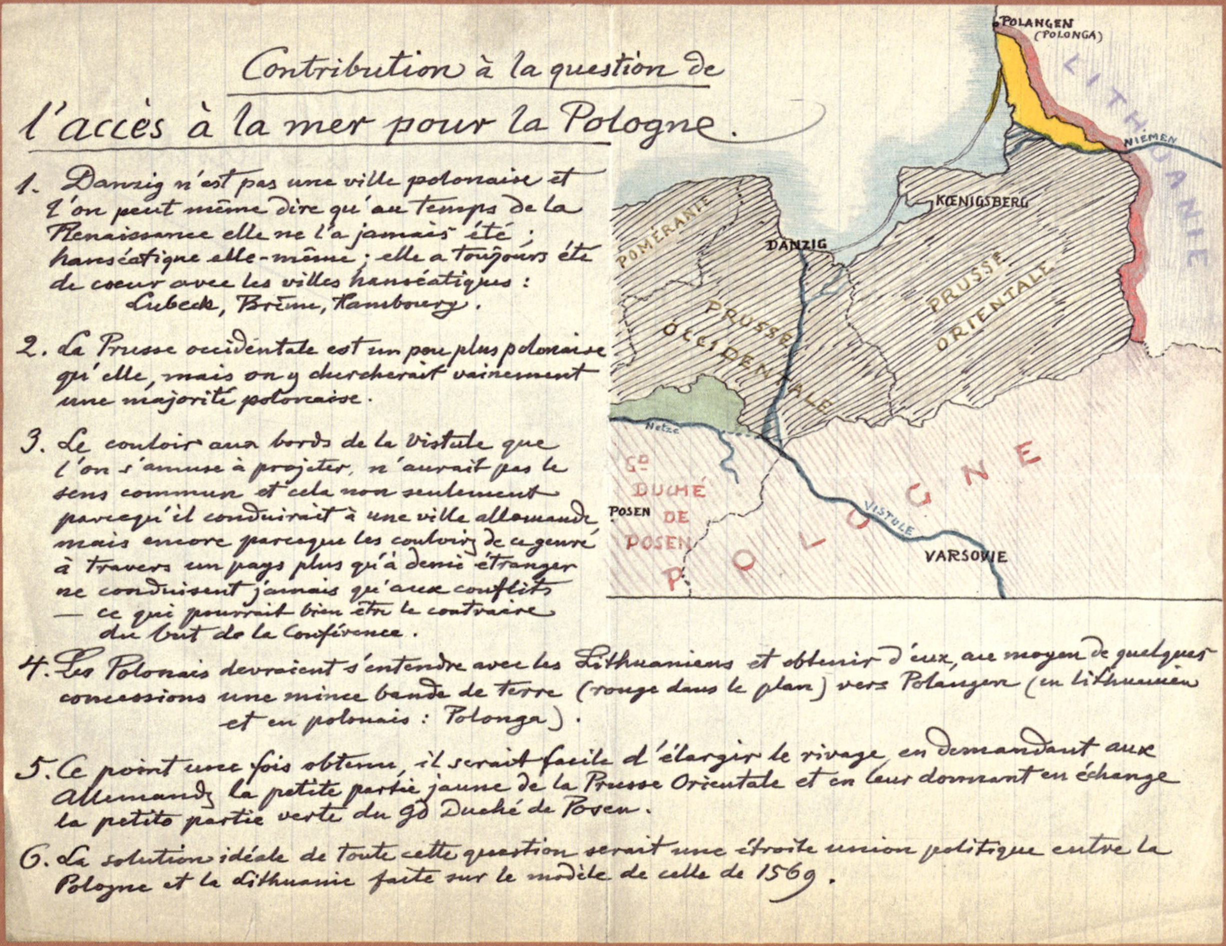

Contribution à la question de l'accès à la mer pour la Pologne.

1. Danzig n'est pas une ville polonaise et l'on peut même dire qu'au temps de la Renaissance elle ne l'a jamais été ; hanséatique elle-même : elle a toujours été de cœur avec les villes hanséatiques : Lubeck, Brême, Hambourg.

2. La Prusse occidentale est un peu plus polonaise qu'elle, mais on y chercherait vainement une majorité polonaise.

3. Le couloir aux bords de la Vistule que l'on s'amuse à projeter, n'aurait pas le sens commun et cela non seulement parcequ'il conduirait à une ville allemande mais encore parceque les couloirs de ce genre à travers un pays plus qu'à demi étranger ne conduisent jamais qu'aux conflits — ce qui pourrait bien être le contraire du but de la Conférence.

4. Les Polonais devraient s'entendre avec les Lithuaniens et obtenir d'eux, au moyen de quelques concessions une mince bande de terre (rouge dans le plan) vers Polangen (en lithuanien et en polonais : Polonga).

5. Ce point une fois obtenu, il serait facile d'élargir le rivage en demandant aux Allemands la petite partie jaune de la Prusse Orientale et en leur donnant en échange la petite partie verte du Gd Duché de Posen.

6. La solution idéale de toute cette question serait une étroite union politique entre la Pologne et la Lithuanie faite sur le modèle de celle de 1569.

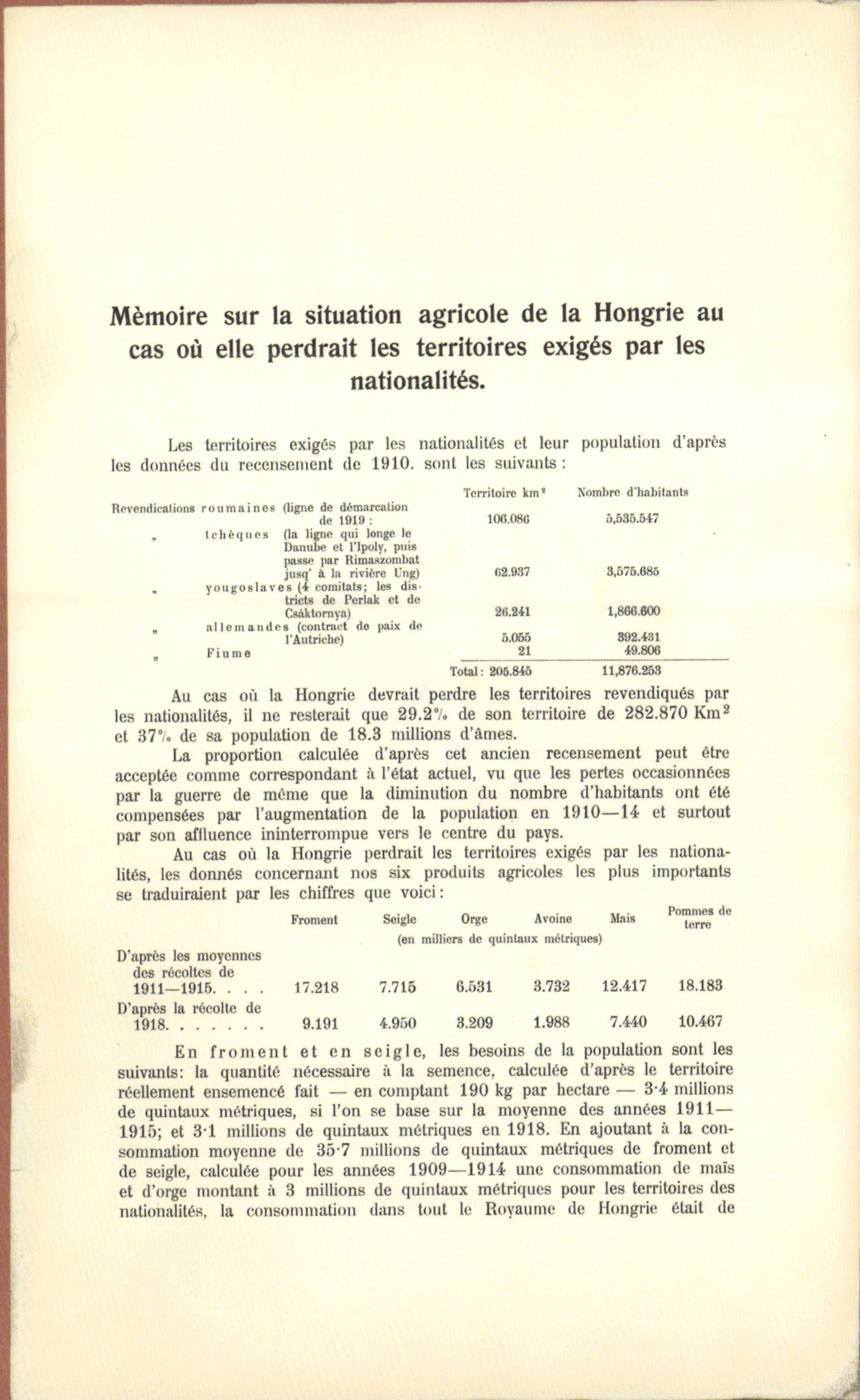

Mèmoire sur la situation agricole de la Hongrie au cas où elle perdrait les territoires exigés par les nationalités.

Les territoires exigés par les nationalités et leur population d'après les données du recensement de 1910. sont les suivants :

		Territoire km²	Nombre d'habitants
Revendications roumaines	(ligne de démarcation de 1919 :	106.086	5,535.547
„ tchèques	(la ligne qui longe le Danube et l'Ipoly, puis passe par Rimaszombat jusq' à la rivière Ung)	62.937	3,575.685
„ yougoslaves	(4 comitats; les districts de Perlak et de Csáktornya)	26.241	1,866.600
„ allemandes	(contract de paix de l'Autriche)	5.055	392.431
„ Fiume		21	49.806
		Total : 205.845	11,876.253

Au cas où la Hongrie devrait perdre les territoires revendiqués par les nationalités, il ne resterait que 29.2% de son territoire de 282.870 Km² et 37% de sa population de 18.3 millions d'âmes.

La proportion calculée d'après cet ancien recensement peut être acceptée comme correspondant à l'état actuel, vu que les pertes occasionnées par la guerre de même que la diminution du nombre d'habitants ont été compensées par l'augmentation de la population en 1910—14 et surtout par son affluence ininterrompue vers le centre du pays.

Au cas où la Hongrie perdrait les territoires exigés par les nationalités, les donnés concernant nos six produits agricoles les plus importants se traduiraient par les chiffres que voici :

	Froment	Seigle	Orge	Avoine	Mais	Pommes de terre
	(en milliers de quintaux métriques)					
D'après les moyennes des récoltes de 1911—1915. . . .	17.218	7.715	6.531	3.732	12.417	18.183
D'après la récolte de 1918.	9.191	4.950	3.209	1.988	7.440	10.467

En froment et en seigle, les besoins de la population sont les suivants: la quantité nécessaire à la semence, calculée d'après le territoire réellement ensemencé fait — en comptant 190 kg par hectare — 3·4 millions de quintaux métriques, si l'on se base sur la moyenne des années 1911—1915; et 3·1 millions de quintaux métriques en 1918. En ajoutant à la consommation moyenne de 35·7 millions de quintaux métriques de froment et de seigle, calculée pour les années 1909—1914 une consommation de maïs et d'orge montant à 3 millions de quintaux métriques pour les territoires des nationalités, la consommation dans tout le Royaume de Hongrie était de

CAT. 34
***Mémoire sur la situation agricole de la Hongrie au cas où elle perdrait les territoires exigés par les nationalités,* 1920**
De l'Empire austro-hongrois naît une Hongrie réduite, perdant les deux tiers de son territoire, dont son accès à la mer, la totalité de ses mines d'or, d'argent, de mercure, de cuivre et de sel, cinq de ses dix villes les plus peuplées, plus de la moitié de ses forêts, voies ferrées, usines, canaux, minerais de fer, institutions bancaires et terres cultivables. La défaveur totale de la Hongrie fait que les Alliés ont appliqué à son détriment le «principe de viabilité des frontières», séparant les peuples, notamment en Transylvanie (cédée à la Roumanie) et sur les rives septentrionales du Danube (cédées à la Tchécoslovaquie), deux régions d'un poids économique capital.
La Courneuve, Archives du ministère de l'Europe et des Affaires étrangères, inv. 4CPCOM140
P. G.

CAT. 35

Carte ethnographique, dite « carte rouge » de la Hongrie basée sur la densité de population
Échelle 1/1 000 000, dressée par le géographe et homme politique Pál Teleki, 1920
Magyar Nemzeti Múzeum (Musée national hongrois), inv. 91.3
EPMA

CAT. 36

Carte ethnographique des régions habitées par les Roumains et des colonies étrangères qui s'y trouvent
Échelle 1/1 000 000, dressée par le professeur Sr. Demetresco, avec le concours de C. Polysu, du professeur A.D. Atanasiu, 1919
Paris, Bibliothèque nationale de France, inv. GE B-1048

Ces deux cartes ethnographiques, contemporaines de l'élaboration des traités, donnent deux expressions symétriquement inverses des revendications territoriales hongroise et roumaine. Leur simple comparaison permet de mesurer la difficulté de l'établissement des nouvelles frontières.
EPMA

CAT. 37
[Voir p. 34]

CAT. 38
[Voir p. 60]

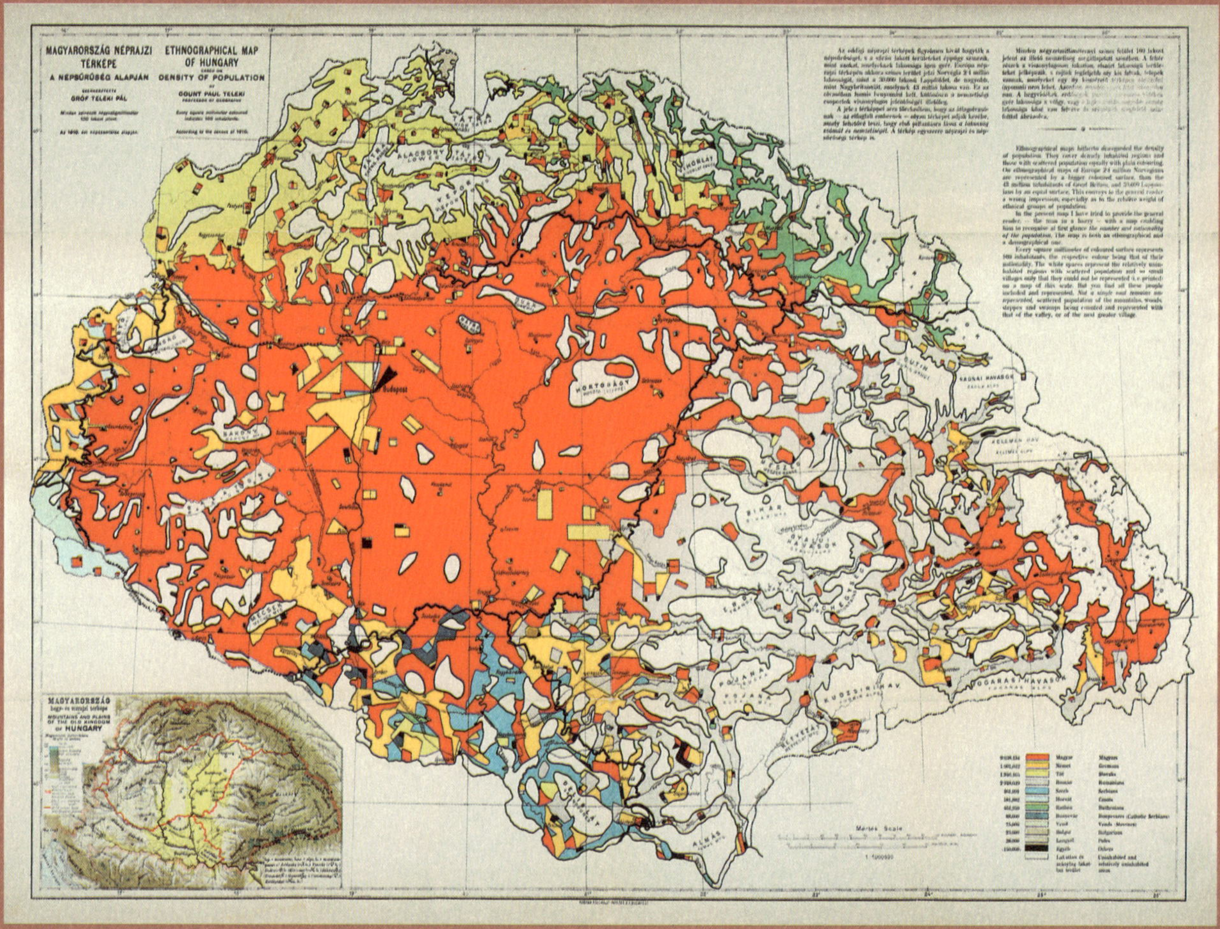

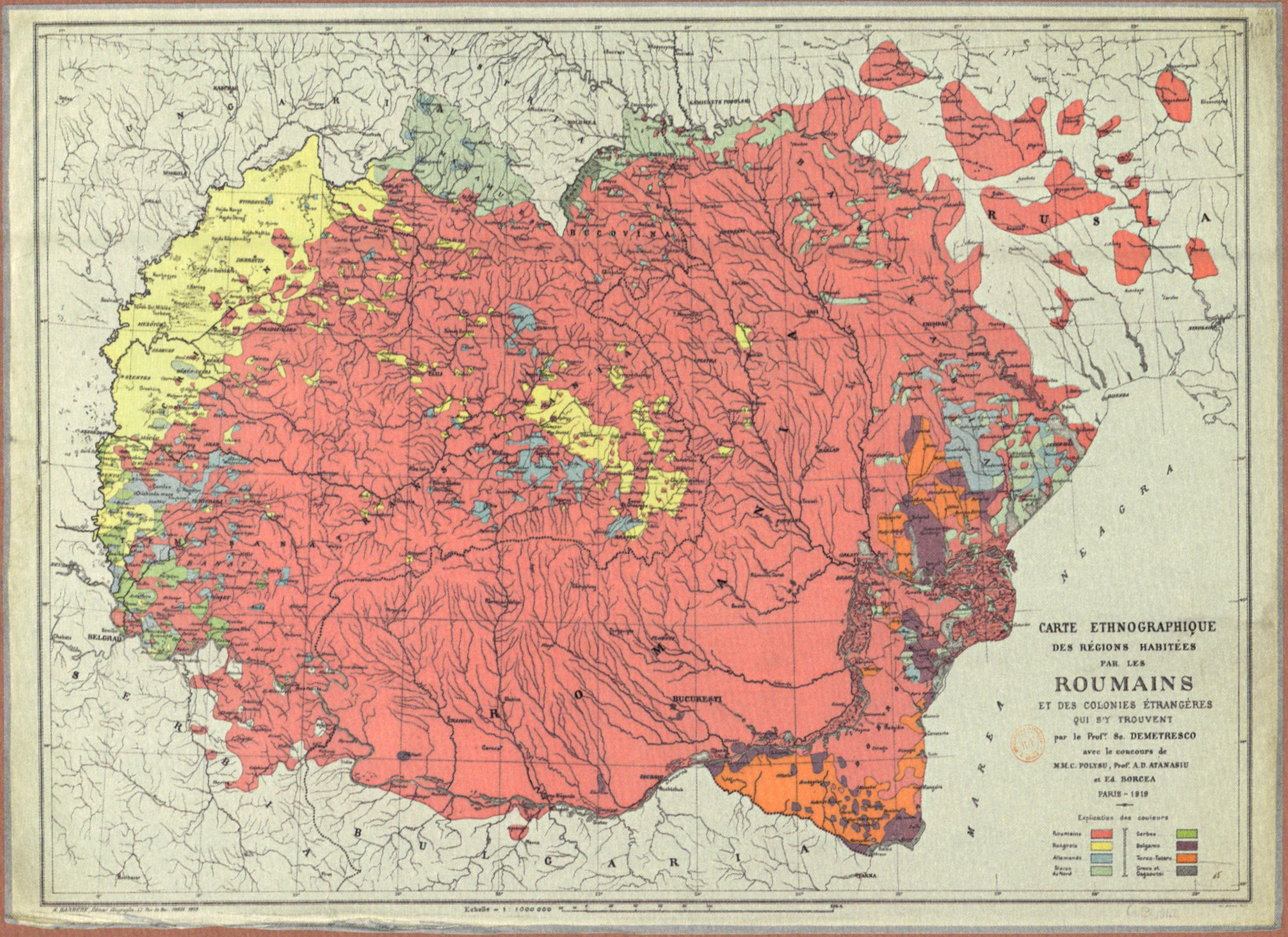
CARTE ETHNOGRAPHIQUE
DES RÉGIONS HABITÉES
PAR LES
ROUMAINS
ET DES COLONIES ÉTRANGÈRES
QUI S'Y TROUVENT
par le Profr. Se. DEMETRESCO
avec le concours de
M.M.C. POLYSU, Prof. A.D. ATANASIU
et Ed. BORCEA
PARIS - 1919
Explication des couleurs
Roumains
Hongrois
Allemands
Slaves du Nord
Serbes
Bulgares
Turco-Tatars
Grecs et Gagaoutsi
ROMANIA
BUCURESTI
BUCOVINA
RUSIA
BULGARIA
MAREA NEAGRA
BELGRAD
Echelle = 1 : 1 000 000

CAT. 39
***Mémorandum présenté aux Trois Puissances de l'Entente et aux États-Unis d'Amérique pour la défense des droits légitimes de la nationalité turque,* Lausanne, 1919**
Ahmed Djevdet, directeur du journal *L'Ikdam*, adresse en janvier 1919 à la sous-direction Asie ce livret défendant les intérêts turcs après la défaite de l'Empire ottoman. L'Entente a prévu dès 1916 la partition de l'empire à son profit. L'occupation de larges territoires turcs permet aux Alliés de projeter la création de nouveaux États et des cessions territoriales. Face aux appétits européens, le sentiment national turc se réveille. Il se focalise ici sur le principe du droit des peuples à disposer d'eux-mêmes, avancé par Wilson et unanimement admis, et démontre statistiquement la part majoritaire de la population turque au sein des zones disputées.
La Courneuve, Archives du ministère de l'Europe et des Affaires étrangères, inv. 51CPCOM161
G. F.

CAT. 40
[Voir p. 28]

CAT. 41/42
Documents produits par la Commission interalliée des réparations :
- Inventaire des œuvres d'art et du mobilier des palais autrichiens, 1919-1921 ;
- Photographies de presses monétaires hongroises acquises par l'Etat tchécoslovaque.
Pierrefitte-sur-Seine, Archives nationales, AJ5 205-206 ; AJ6 778
EPMA

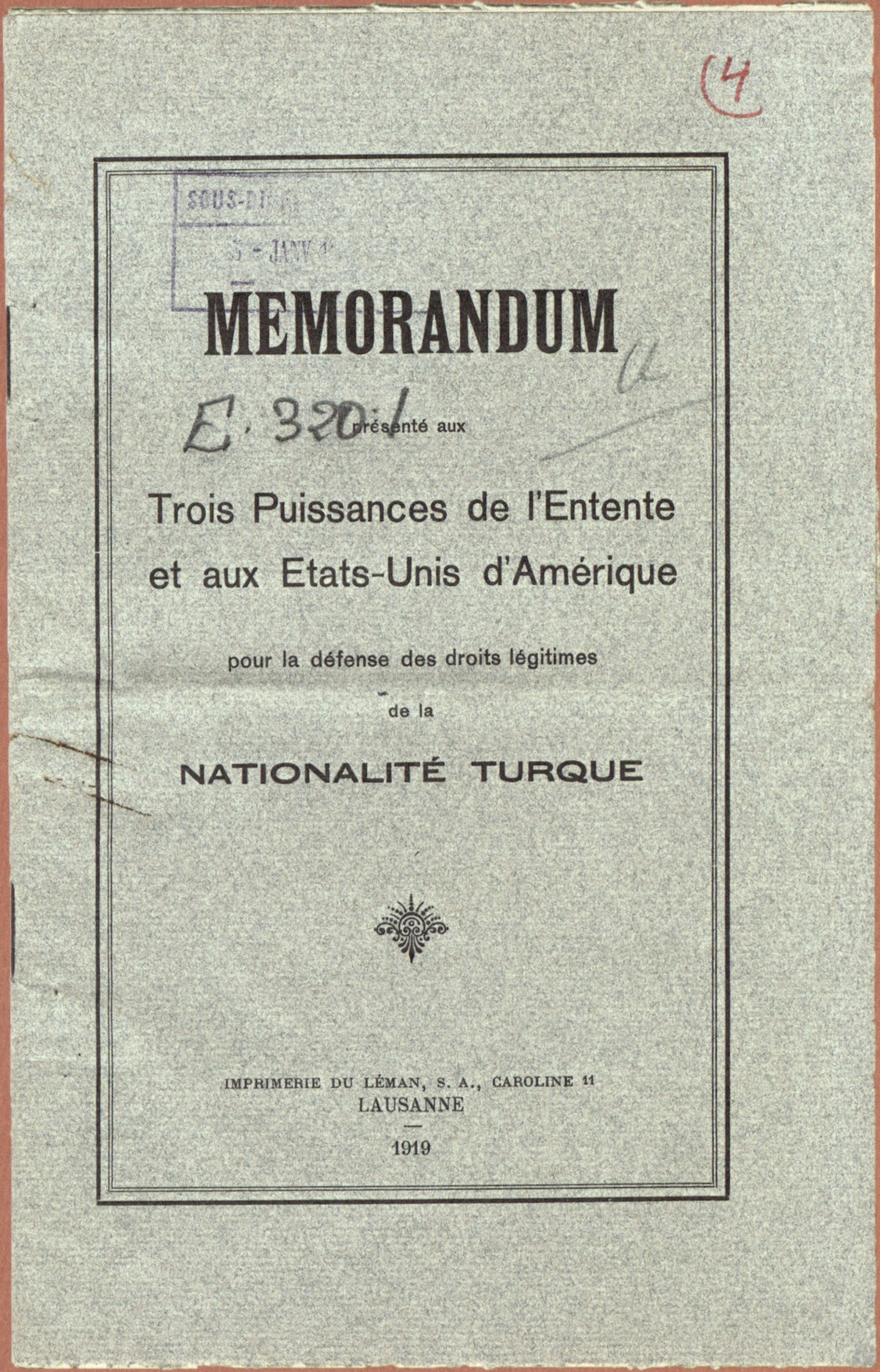
MEMORANDUM

présenté aux

Trois Puissances de l'Entente
et aux Etats-Unis d'Amérique

pour la défense des droits légitimes
de la
NATIONALITÉ TURQUE

IMPRIMERIE DU LÉMAN, S. A., CAROLINE 11
LAUSANNE
1919

39

18 Inventaire de M. Koechlin et de ses collègues

francs?

Palais de la Hofburg (Meubles)	18.475.000
Palais de la Hofburg (Trésor d'Argenterie)	8.959.000
Trésors de la Maison impériale	53.325.000
Trésor ecclésiastique	7.559.500
Trésor de l'Eglise des Capucins	115.000
Chateau du Belvédère	565.000
Chateau de Laxenburg Chateau de Franzensburg	145.000
Chateau de Schönbrunn	1.450.000
Magasins des Tapisseries et tapis (Schönbrunn)	58.064.000

41

Presse par vis

Presses monétaires acquises par l'État Tchécoslovaque

Salle de la frappe

au jour de la prise en possession

Sous le régime Hongrois

42

CAT. 43

Carte de Teschen et Orava dressée par le Service géographique de l'armée française, 30 août 1919

Cette carte accompagne le *Rapport présenté au Conseil suprême des Alliés par la commission des affaires polonaises et la commission des affaires tchéco-slovaques réunies sur les questions de Teschen et d'Orava* dans le cadre de la Conférence de la paix. Pologne et Tchécoslovaquie se disputent les régions de Teschen, dont la population est en majorité polonaise et qui présente une grande importance aux niveaux économique et ferroviaire. Une frontière montagneuse sépare la Pologne et la Tchécoslovaquie au niveau de la région d'Orava, à majorité polonaise. Le Conseil décide de favoriser l'aspect ethnique en attribuant ces deux régions à la Pologne. Nanterre, La contemporaine, bibliothèque, archives, musée des mondes contemporains, inv. F delta res 0858/09/1

EPMA

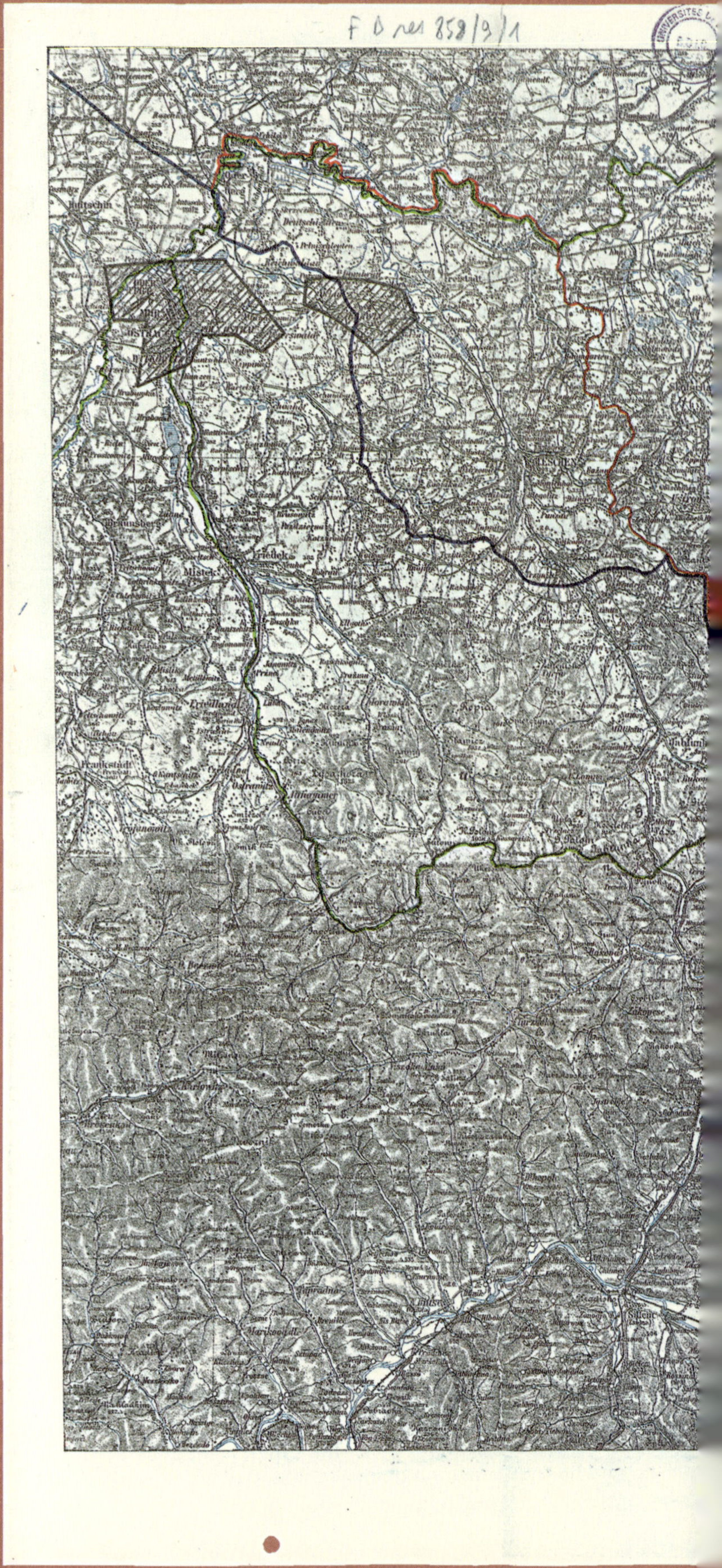

…SCHEN ET ORAVA

Échelle 1 : 200.000e

S.G.A. le 30/8/19.

CAT. 44
Note du ministère des Affaires étrangères sur l'émir Fayçal pour le président du Conseil et président de la Conférence de la paix Georges Clemenceau, 9 janvier 1919
Cette note illustre la méfiance du Quai d'Orsay à l'égard du chef nationaliste arabe Fayçal. Le gouvernement français, qui souhaite profiter de la Conférence de la paix pour établir son influence au Moyen-Orient, s'efforce d'entraver la représentation arabe, qu'il perçoit avant tout comme une alliée de son concurrent britannique.
Vincennes, Service historique de la Défense, GR 6 N 197
P.C.

CAT. 45
[Voir p. 6]

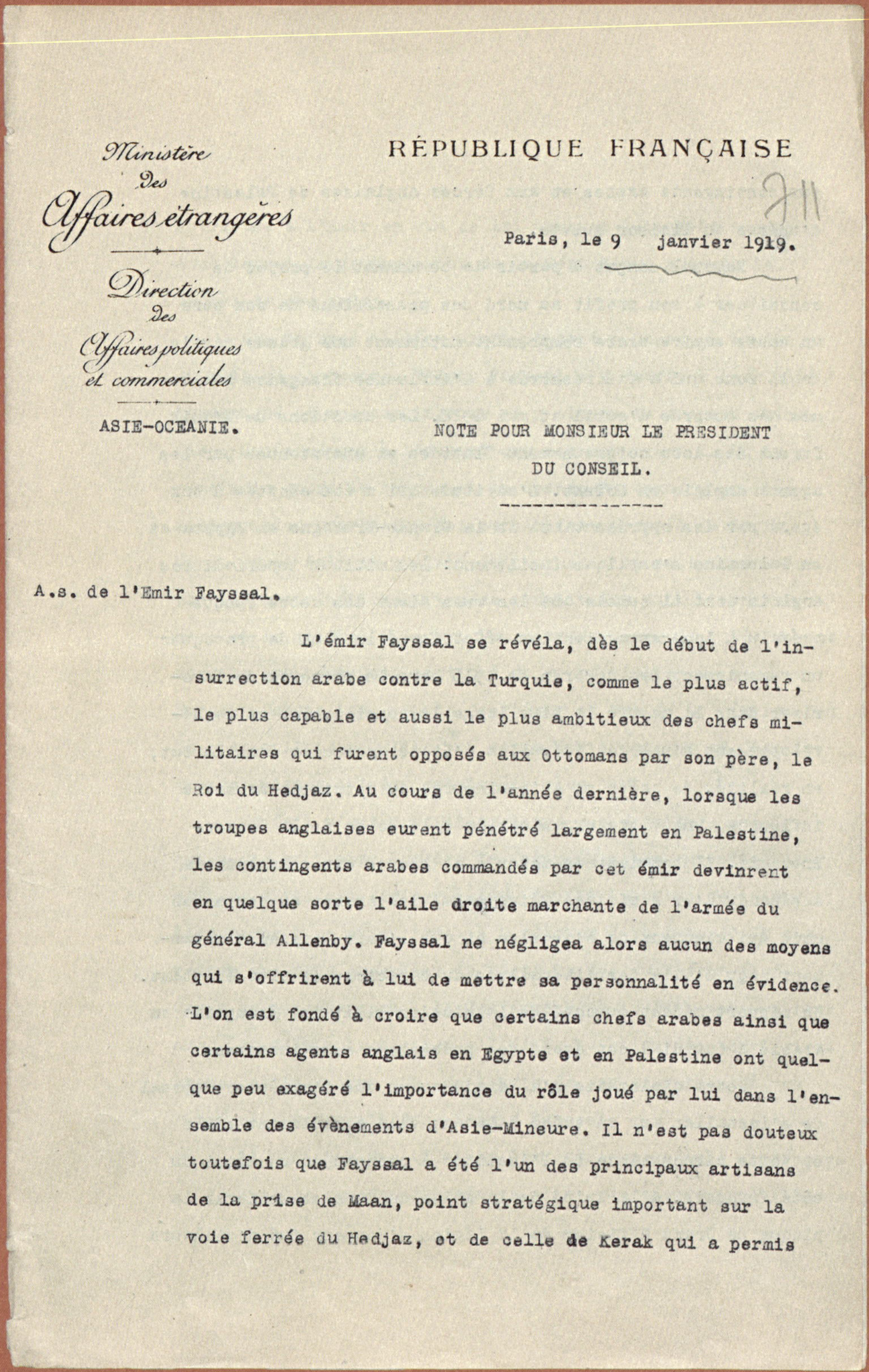

Ministère des Affaires étrangères

Direction des Affaires politiques et commerciales

ASIE-OCEANIE.

RÉPUBLIQUE FRANÇAISE

311

Paris, le 9 janvier 1919.

NOTE POUR MONSIEUR LE PRESIDENT
DU CONSEIL.

A.s. de l'Emir Fayssal.

L'émir Fayssal se révéla, dès le début de l'insurrection arabe contre la Turquie, comme le plus actif, le plus capable et aussi le plus ambitieux des chefs militaires qui furent opposés aux Ottomans par son père, le Roi du Hedjaz. Au cours de l'année dernière, lorsque les troupes anglaises eurent pénétré largement en Palestine, les contingents arabes commandés par cet émir devinrent en quelque sorte l'aile droite marchante de l'armée du général Allenby. Fayssal ne négligea alors aucun des moyens qui s'offrirent à lui de mettre sa personnalité en évidence. L'on est fondé à croire que certains chefs arabes ainsi que certains agents anglais en Egypte et en Palestine ont quelque peu exagéré l'importance du rôle joué par lui dans l'ensemble des évènements d'Asie-Mineure. Il n'est pas douteux toutefois que Fayssal a été l'un des principaux artisans de la prise de Maan, point stratégique important sur la voie ferrée du Hedjaz, et de celle de Kerak qui a permis

47

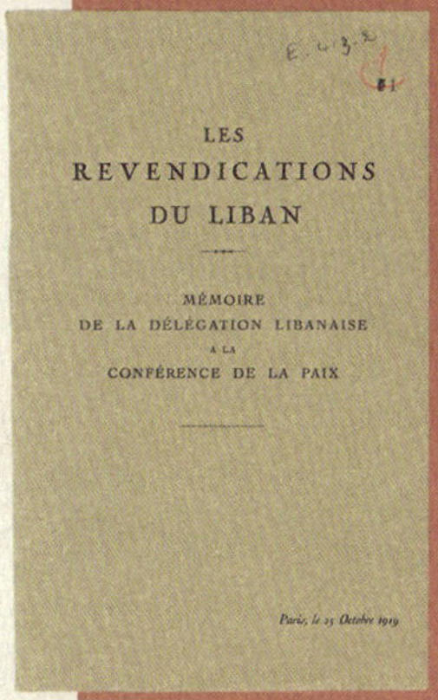

46

48

CAT. 46
***Les revendications du Liban.* Mémoire de la délégation libanaise présenté à la conférence de la paix à Paris, le 25 octobre 1919**
La Courneuve, Archives du ministère de l'Europe et des Affaires étrangères, inv. 50CPCOM266
EPMA

CAT. 47
Carte des revendications géorgiennes, azerbaïdjanaises et arméniennes dans le Caucase à la Conférence de la paix, établie par l'état-major de l'armée française, 17 mars 1919
Les trois républiques de Géorgie, d'Azerbaïdjan et d'Arménie, qui ont proclamé leur indépendance en 1918, souhaitent tirer parti de la défaite de l'Empire ottoman pour asseoir leurs revendications territoriales. Elles sont appuyées par le colonel Chardigny, commandant le détachement français au Caucase, qui entend renforcer le pouvoir de ces petits États tampons pour affaiblir les bolcheviks.
Vincennes, Service historique de la Défense, GR 7 N 1640
P. C.

CAT. 48
Projet de frontières pour l'État polonais, 1919
Paris, Bibliothèque nationale de France, inv. GE C-23817
EPMA

CAT. 49
Carte des revendications arméniennes à la Conférence de la paix dressée par l'historien K. J. Basmadjian et comprenant la partie orientale de la Turquie, 1919
Paris, Bibliothèque nationale de France, inv. GE D-7436
EPMA

CAT. 50/51
Tampons de la délégation nationale arménienne à Paris et de la légation d'Arménie à Athènes
La délégation nationale arménienne est instituée en 1912 afin de défendre les intérêts des Arméniens au moment où les puissances réfléchissent à un projet de réformes en faveur des chrétiens des vilayets orientaux de l'Empire ottoman. À sa tête, Boghos Nubar, installé à Paris depuis fin 1912. Il participe aux négociations du traité de Sèvres aux côtés d'une deuxième délégation arménienne, envoyée par la jeune et éphémère République démocratique d'Arménie. L'aigle et le lion sont représentés sur les armoiries de cette première république d'Arménie.
Paris, bibliothèque Nubar de l'UGAB
EPMA

51

50

C D. 7436
DAGHESTAN
KOUTAIS
GÉORGIE
TIFLIS
CAUCASE
MER CASPIENNE
BAKOU
CHIRVAN
KARS
Alexandropol
IELIZAVETPOL
ERIVAN
KARABAGH
Chaîne Pontique
ERZEROUM
Lac de Van
Van
AZERBAÏDJAN
TABRIZ
Lac Ourmia
Hakkiari
Taurus Arménien
DIARBEKIR
Tour Abdin
Mossoul
DIVISION ADMINISTRATIVE
TURQUE
1 Vilayet de Van.
2 — - Bitlis.
3 — - Erzeroum
4 — - Diarbékir
5 — - Mamouret ul-Aziz
6 — - Sivas.
7 — - Trébizonde
8 — - Kastamoni
9 — - Angora.
10 — - Konia.
11 — - Adana.
12 — - Alep.
ECHELLE de 1:4.000.000
Limites des Etats
des Vilayets
des Sandjaks
RMÉNIE
evendications Arméniennes
DRESSÉE PAR
J. BASMADJIAN
PARIS
1919
Ge D 7436

49

CAT. 52/53
***Mémoire sur l'indépendance de l'Ukraine présenté à la Conférence de la paix par la délégation de la République ukrainienne* et carte annexe, 1919**
La région du Kouban, au nord de la Géorgie, fait partie des revendications ukrainiennes. Les Cosaques du Kouban sont chargés par le tsar de défendre les marches de l'Empire russe contre l'Empire ottoman. Suite à la révolution de Février, une République populaire du Kouban est proclamée le 28 janvier 1918. Sa dissolution dès mars par les bolcheviks amène les Cosaques à se diviser entre ceux qui soutiennent l'Ukraine de Symon Petlura d'une part et les partisans de Pavlo Skoropadsky d'autre part ; d'autres rejoignent l'Armée blanche d'Anton Denikine.
Paris, bibliothèque ukrainienne Symon Petlura, 7205-425-52 MEMO
EPMA

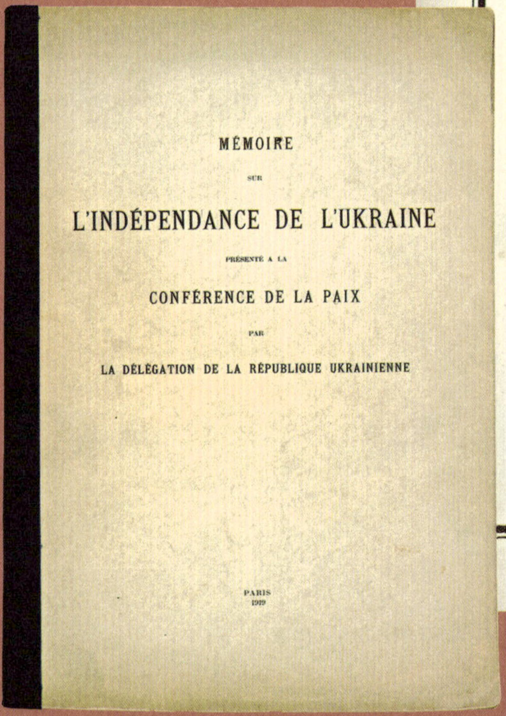

MÉMOIRE

SUR

L'INDÉPENDANCE DE L'UKRAINE

PRÉSENTÉ A LA

CONFÉRENCE DE LA PAIX

PAR

LA DÉLÉGATION DE LA RÉPUBLIQUE UKRAINIENNE

PARIS
1919

52

RUSSIE
RAINE
Briansk
Orel
Koslov
Tambov
Saratov
Mglin
Pötschep
Semets
Troubtchevsk
Novosybkiv
Sievsk
Ortla
Voronej
Koursk
Amon
Novokhopersk
Vodianoïe (Vasilievka)
Kamychine
Lgov
S. Oskol
Korotoïak
Liski
Banna
Goriatchi
Oboïan
Desna
Konotip
Vorojba
Khoper
Bakhmatch
Soumy
Bielgorod
Kazanskaïa
Volga
Niejyne
Krouty
Romny
Valouïki
Bohoutchar
(Bogoutchar)
Kharkiv
Koupiansk
Tsaritzine
Pirjatine
Sarepta
Romodan
Poltava
Donet
Millerovo
Tcherkasy
Slavianskserbk
Lougansk
Goundozouskaïa
Losovaïa
Bakhmout
Bielokalitvenskaïa
Bobrinskaïa
Krementchoug
Nikitovka
Katerinoslav
Don
Lioubomirovka
Sielnikova
Snamenka
Novotcherkask
Elisabetgrad
Rostov
Dolinskaïa
Alexandrivsk
Taganrog
Oviopol
Azov
Nikopol
Marioupol
Ilinka
Kougoïeski
Fedorivka
Ieïa
Kougaï
Kountchovkaïa
Ieisk
Dnipr
Melitopol
Berdjansk
Sosyka
Tauride
Mykolaïv
Tichorjeckaïa
Kherson
Kavkaskaïa
Nᵛᵒ Alexievka
M. D'AZOV
Kouban
Stavropol
Perekop
Vodosnabshenïia
Odessa
Akkerman
Kertch
Kouban
Djankoï
Nevinnomysk
Crimée
Ekaterinodar
Mᵗˢ du Caucase
Simferopol
Feodosia
Novorossisk
Eupatoria
Sebastopol
Touapse
MER NOIRE
Bagry
GEORGIE
50
55
60
45

53

La Haute-Silésie à la Pologne !

Le plébiscite de Haute-Silésie, du 20 mars 1921, donne le *district industriel à la Pologne*, le district agricole à l'Allemagne.

L'Allemagne réclame toute la Haute-Silésie, et menace de ne pas payer les dommages de guerre si elle ne l'obtient pas.

Mais elle n'aurait même pas eu la majorité dans le district agricole, si deux ans ne lui avaient pas été laissés pour « préparer » le plébiscite, démoraliser la population, recruter des centaines de milliers de soi-disant « émigrés ».

LE DROIT EXIGE LA RESTITUTION DE LA HAUTE-SILÉSIE A LA POLOGNE.

Les *statistiques allemandes* d'avant-guerre reconnaissent *une majorité polonaise considérable* en Haute-Silésie.

L'enquête scolaire allemande de 1911 avoue :
1.548.000 Polonais ;
558.000 Allemands.

La *germanisation* sévissait avant la guerre en Haute-Silésie comme en Alsace-Lorraine, avec les mêmes procédés d'intimidation et de violence.

Dans la première rédaction du traité de Versailles, la Haute-Silésie était rendue purement et simplement à la Pologne.

L'INTÉRÊT ÉCONOMIQUE DE LA POLOGNE ET DE LA HAUTE-SILÉSIE EST DANS LEUR UNION.

La Pologne a besoin du *charbon silésien ;* elle en consommait 40 o/o avant la guerre, l'Allemagne, 9 o/o.

La Haute-Silésie a besoin des produits agricoles polonais pour nourrir ses ouvriers ; elle a besoin du *fer polonais.*

L'ALLEMAGNE PEUT SE PASSER DE LA HAUTE-SILÉSIE POUR SON INDUSTRIE, puisqu'elle favorisait ses autres centres usiniers au détriment de cette province, et achetait de moins en moins ses produits.

La consommation du charbon silésien avait baissé en Allemagne de 25 o/o, celle des métaux silésiens également.

54

CONSULTER LES POPULATIONS?

CAT. 54

***La Haute-Silésie à la Pologne !*, tract sur les résultats du plébiscite du 20 mars 1921 dont la majorité a voté un rattachement à l'Allemagne**

Nanterre, La contemporaine, bibliothèque, archives, musée des mondes contemporains, inv. 4 delta 174

EPMA

CAT. 55

Recueil des actes de la Conférence de la paix : commission des affaires polonaises et tchécoslovaques réunies sur les questions territoriales de Teschen, Spisz et Orava, séance du 5 avril 1919

Si la question tchécoslovaque passe rapidement au premier plan de la Conférence de la paix, c'est moins pour les affaires allemandes que pour le conflit latent entre Prague et Varsovie à propos du partage de la Silésie. Arguments économiques et historiques s'opposent à d'autres, notamment ethnographiques. Le 23 janvier 1919, Les Tchécoslovaques lancent une offensive armée sur Teschen. S'engage alors une négociation serrée avec les Américains suite à laquelle Beneš doit signer, le 3 février, un accord de retrait pour ne pas s'aliéner définitivement leur délégation. Sur place, les hostilités se prolongent jusqu'au 5 février avant qu'une commission interalliée de contrôle arrive sur les lieux.

La Courneuve, archives du ministère de l'Europe et des Affaires étrangères, inv. 170QO/52

P. G.

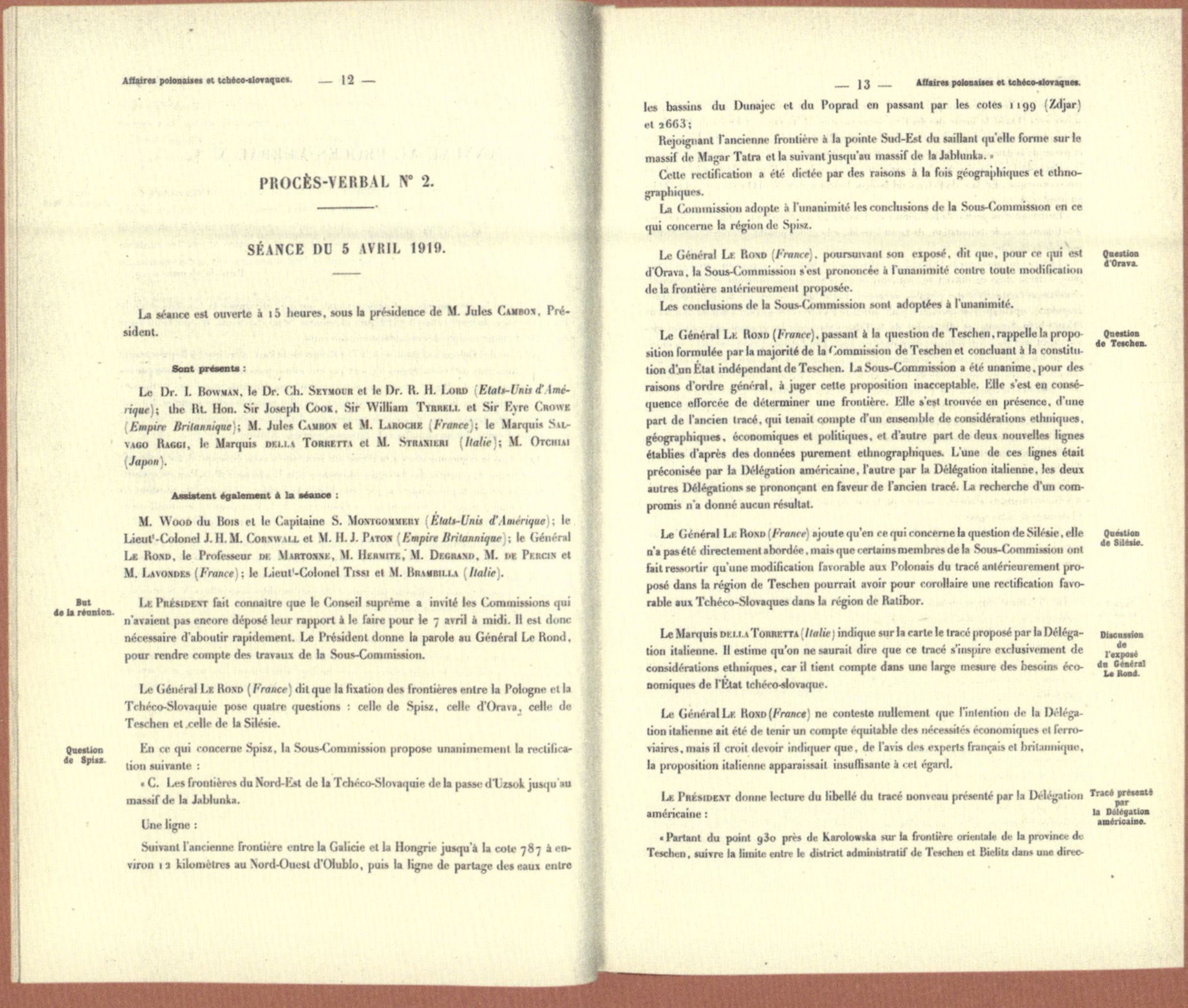

Affaires polonaises et tchéco-slovaques. — 12 —

PROCÈS-VERBAL N° 2.

SÉANCE DU 5 AVRIL 1919.

La séance est ouverte à 15 heures, sous la présidence de M. Jules Cambon, Président.

Sont présents :

Le Dr. I. Bowman, le Dr. Ch. Seymour et le Dr. R. H. Lord (*Etats-Unis d'Amérique*); the Rt. Hon. Sir Joseph Cook, Sir William Tyrrell et Sir Eyre Crowe (*Empire Britannique*); M. Jules Cambon et M. Laroche (*France*); le Marquis Salvago Raggi, le Marquis della Torretta et M. Stranieri (*Italie*); M. Otchiai (*Japon*).

Assistent également à la séance :

M. Wood du Bois et le Capitaine S. Montgommery (*États-Unis d'Amérique*); le Lieut[t]-Colonel J. H. M. Cornwall et M. H. J. Paton (*Empire Britannique*); le Général Le Rond, le Professeur de Martonne, M. Hermite, M. Degrand, M. de Percin et M. Lavondes (*France*); le Lieut[t]-Colonel Tissi et M. Brambilla (*Italie*).

But de la réunion.

Le Président fait connaitre que le Conseil suprême a invité les Commissions qui n'avaient pas encore déposé leur rapport à le faire pour le 7 avril à midi. Il est donc nécessaire d'aboutir rapidement. Le Président donne la parole au Général Le Rond, pour rendre compte des travaux de la Sous-Commission.

Le Général Le Rond (*France*) dit que la fixation des frontières entre la Pologne et la Tchéco-Slovaquie pose quatre questions : celle de Spisz, celle d'Orava, celle de Teschen et celle de la Silésie.

Question de Spisz.

En ce qui concerne Spisz, la Sous-Commission propose unanimement la rectification suivante :

« C. Les frontières du Nord-Est de la Tchéco-Slovaquie de la passe d'Uzsok jusqu'au massif de la Jablunka.

Une ligne :

Suivant l'ancienne frontière entre la Galicie et la Hongrie jusqu'à la cote 787 à environ 12 kilomètres au Nord-Ouest d'Olublo, puis la ligne de partage des eaux entre

— 13 — Affaires polonaises et tchéco-slovaques.

les bassins du Dunajec et du Poprad en passant par les cotes 1199 (Zdjar) et 2663;

Rejoignant l'ancienne frontière à la pointe Sud-Est du saillant qu'elle forme sur le massif de Magar Tatra et la suivant jusqu'au massif de la Jablunka. »

Cette rectification a été dictée par des raisons à la fois géographiques et ethnographiques.

La Commission adopte à l'unanimité les conclusions de la Sous-Commission en ce qui concerne la région de Spisz.

Question d'Orava.

Le Général Le Rond (*France*), poursuivant son exposé, dit que, pour ce qui est d'Orava, la Sous-Commission s'est prononcée à l'unanimité contre toute modification de la frontière antérieurement proposée.

Les conclusions de la Sous-Commission sont adoptées à l'unanimité.

Question de Teschen.

Le Général Le Rond (*France*), passant à la question de Teschen, rappelle la proposition formulée par la majorité de la Commission de Teschen et concluant à la constitution d'un État indépendant de Teschen. La Sous-Commission a été unanime, pour des raisons d'ordre général, à juger cette proposition inacceptable. Elle s'est en conséquence efforcée de déterminer une frontière. Elle s'est trouvée en présence, d'une part de l'ancien tracé, qui tenait compte d'un ensemble de considérations ethniques, géographiques, économiques et politiques, et d'autre part de deux nouvelles lignes établies d'après des données purement ethnographiques. L'une de ces lignes était préconisée par la Délégation américaine, l'autre par la Délégation italienne, les deux autres Délégations se prononçant en faveur de l'ancien tracé. La recherche d'un compromis n'a donné aucun résultat.

Quéstion de Silésie.

Le Général Le Rond (*France*) ajoute qu'en ce qui concerne la question de Silésie, elle n'a pas été directement abordée, mais que certains membres de la Sous-Commission ont fait ressortir qu'une modification favorable aux Polonais du tracé antérieurement proposé dans la région de Teschen pourrait avoir pour corollaire une rectification favorable aux Tchéco-Slovaques dans la région de Ratibor.

Discussion de l'exposé du Général Le Rond.

Le Marquis della Torretta (*Italie*) indique sur la carte le tracé proposé par la Délégation italienne. Il estime qu'on ne saurait dire que ce tracé s'inspire exclusivement de considérations ethniques, car il tient compte dans une large mesure des besoins économiques de l'État tchéco-slovaque.

Le Général Le Rond (*France*) ne conteste nullement que l'intention de la Délégation italienne ait été de tenir un compte équitable des nécessités économiques et ferroviaires, mais il croit devoir indiquer que, de l'avis des experts français et britannique, la proposition italienne apparaissait insuffisante à cet égard.

Tracé présenté par la Délégation américaine.

Le Président donne lecture du libellé du tracé nouveau présenté par la Délégation américaine :

« Partant du point 930 près de Karolowska sur la frontière orientale de la province de Teschen, suivre la limite entre le district administratif de Teschen et Bielitz dans une direc-

55

LES MARCHES DE L'EST

F. L.

56

Les marches de l'Est, en 1914, ce sont d'une part les confins orientaux des Empires allemand et austro-hongrois, d'autre part les confins occidentaux de l'Empire russe. Après l'éclatement de ces empires, en 1917-1918, se créent ou se recréent sur ces immenses territoires des entités politiques moins étendues mais plus nombreuses : outre la Russie et l'Allemagne, isolées, diminuées par les défaites et par les troubles intérieurs, il faut compter avec la Finlande, l'Estonie, la Lettonie, la Lituanie, la Pologne, l'Ukraine...

La région est fortement déstabilisée par les répercussions de la révolution russe, qui aboutit à une impitoyable guerre civile en Russie et à toute une série de soulèvements révolutionnaires en Finlande, dans les pays baltes ou en Allemagne. Si la révolution l'emporte en Russie, ailleurs, les forces contre-révolutionnaires, notamment les redoutables corps francs allemands, s'imposent. Guerres entre États et guerres civiles se recoupent. Les violences sont extrêmes : partout, les populations civiles sont prises à partie, les minorités subissent de terribles traitements, notamment les Juifs, régulièrement victimes de pogroms. La Finlande, les pays baltes, la Pologne et l'Ukraine, confrontés à l'hostilité, ouverte ou masquée, de la Russie et de l'Allemagne, s'affrontent parfois également entre eux, notamment pour améliorer leurs frontières. Dans ce contexte chaotique, la France intervient de multiples manières, y compris militaire, se posant en garante des traités et de la stabilité politique.

60

57

58

59

61

61

CAT. 56

Mitrailleuse Maxim PM 1910 avec son affût Sokolov, utilisée par les Russes pendant la guerre civile

Paris, musée de l'Armée, don de l'Entrepôt de réserve générale du matériel (ERGM) de Clermont-Ferrand, 1969, inv. 20174-2-1 et inv. 20174-2-2

EPMA

CAT. 57

Coiffe de garde-frontière bolchevique, entre 1918 et 1920

Meaux, musée de la Grande Guerre de la Communauté d'Agglomération du pays de Meaux, inv. 2006.1.8364

EPMA

CAT. 58

Bonnet d'astrakan, ou *papakha*, de la Russie impériale, porté par les cosaques russes

Paris, musée de l'Armée, inv. 2014.0.642

EPMA

CAT. 59

Casque Adrian de l'armée russe, modèle 1915

Le casque Adrian, fourni aux soldats du corps expéditionnaire russe en France, est également porté dans les rangs des Armées blanche et rouge. Paris, musée de l'Armée, 2001, inv. 2001.63.1

EPMA

CAT. 60

Veste et casquette du général Piotr Nikolaïevitch Wrangel, de l'Armée blanche russe

Après les défaites de l'Armée des volontaires, qui se replie en Crimée, le général Wrangel est désigné en avril 1920 pour succéder au général Denikine. Malgré une situation critique, il tente d'impulser une nouvelle dynamique à la fois politique et militaire en créant une république afin d'y attirer, entre autres, les déçus du bolchevisme. S'il réussit, pendant plusieurs mois et sans le soutien des Alliés, à gagner du terrain et à tenir en échec les troupes bolcheviques, celles-ci parviennent, au début du mois de novembre 1920, à pénétrer en Crimée. Courbevoie, musée du Régiment des cosaques

EPMA

CAT. 61

Billet de banque utilisé par l'armée du général Wrangel en Crimée, 1919

Belgrade, Société «Adligat», Library Lazic (depuis 1882), Book and Travel Museum, inv. 5657/23

EPMA

CAT. 62

Skeleton Map of Russia and Northern Asia

En 1919, de nombreux fronts se sont ouverts en Russie auxquels doit faire face la Révolution bolchevique : le front sud, avec l'Armée des volontaires dirigée par le commandant en chef le général Anton Denikine, le front septentrional, avec l'armée du Nord-Ouest du général Nikolaï Ioudénitch, et en Sibérie occidentale, avec l'armée du régent suprême de la Russie de l'amiral Alexandre Koltchak. Ces affrontements tournent à l'avantage de l'Armée rouge, ses contre-attaques obligeant les blancs à se replier progressivement.
Kew, The National Archives, inv. MR1/740

EPMA

73793
21
Situation in Russia & Siberia from information received to 28th Apr., 1919.
SECRET
Italians 1700
Under formation 100,000
Czechs
55,000
Rumanians 3000
9,000 Japanese
350 Americans
Semenoff 12000
Japanese 9,000
9,000 Japanese
750 Americans
8000 Americans
2000
Vladivostok
H.M.S. Kent
British 500
Canadians 3,000*
British Military Mission
Cossacks
T-C = Trans-Caspians
Siberian Troops
Tk = Turkomans
Baltic Germans
Litho at the Intell. Div. War Office, November 1897
Corrections Jan 1918
*In process of withdrawal.
SEA OF OKHOTSK
SEA OF JAPAN
BERING SEA
MONGOLIA
MANCHURIA
KOREA
Gobi or Shamo Desert
100 East of Greenwich

CAT. 63
Octobre 1917-octobre 1920
Vive octobre rouge à travers le monde !
par Dmitri Stachievich Moor
Nanterre,
La contemporaine,
bibliothèque, archives,
musée des mondes contemporains,
inv. AFF 024225
EPMA

CAT. 64
Carte n° 33 sur le front sud et la liquidation de l'armée Wrangel du 26 octobre au 16 novembre 1920
Cette carte est la dernière d'un ensemble produit par le commandement de l'Armée rouge entre 1918 et 1923. La Crimée est l'un des derniers lieux d'affrontement des forces armées blanches et rouges. Le 15 octobre 1920, la 1re division de cavalerie de Boudionny et la 2e division de cavalerie de Mironov bousculent les positions de l'Armée des volontaires de Wrangel en Tauride du Nord et les repoussent jusqu'à l'isthme de Perekp, qui sépare la Crimée du continent. Cette carte montre l'évolution du positionnement des troupes de l'Armée rouge (en rouge) et des troupes de l'Armée des volontaires (en bleu) à l'ouest de la mer d'Azov.
Nanterre,
La contemporaine,
bibliothèque, archives,
musée des mondes contemporains, inv. G 2227
EPMA

63

ЮЖНЫЙ ФРОНТ.
Схема № 33
ЛИКВИДАЦИЯ ВРАНГЕЛЯ
26 ОКТЯБРЯ—16 НОЯБРЯ 1920 Г.
УСЛОВНЫЕ ЗНАКИ
Линия фронта 26 октября
Укрепленные позиции
Красные войска
Противник
Укреплен. позиции противника
Азовское Море
КРЕМЕНЧУГ
ЕКАТЕРИНОСЛАВ
АЛЕКСАНДРОВСК
НИКОЛАЕВ
ОДЕССА
ХЕРСОН
МЕЛИТОПОЛЬ
СИМФЕРОПОЛЬ
НОВОРОССІЙСКЪ
КРАСНОД
БАХМУТ
Масштаб
1
3360000
Типо-Лит. К.В.Т. Москва Советская 9.

64

CAT. 65
Mitrailleur *Freikorps* (corps francs)
Formation paramilitaire, composée d'anciens officiers, de combattants démobilisés et de cadets nationalistes, les premières unités de *Freikorps* sont formées dès le mois de décembre 1918. Ces unités de volontaires sont engagées pour réprimer la «révolte spartakiste» de janvier 1919 à Berlin. Disciplinés, nombreux et équipés avec de l'armement lourd récupéré des stocks de l'armée, les unités *Freikorps* disposent d'un avantage considérable pour écraser toutes les tentatives de prise de pouvoir par les communistes. La plupart de ces formations combattent par ailleurs dans les pays baltes contre les bolcheviks et contre les Polonais lors des insurrections de Silésie.
Paris, musée de l'Armée
EPMA

CAT. 66
Insigne *Freikorps* de la brigade Ehrhardt
Paris, musée de l'Armée
EPMA

CAT. 67
[Voir p. 46]

65

66

68

71

69

70

CAT. 68
Soldat d'infanterie polonais lors de la guerre soviéto-polonaise
Varsovie, Muzeum Wojska Polskiego (musée de l'Armée polonaise)
EPMA

CAT. 69
Casquette du maréchal Józef Piłsudski (1867-1935)
Le 11 novembre 1918, jour de l'armistice et de la proclamation de l'État indépendant polonais, le général Józef Piłsudski est nommé commandant en chef des forces polonaises. Après avoir combattu au côté de l'Empire austro-hongrois contre les Russes de 1914 à 1917, il lutte pour l'indépendance de la nouvelle Pologne lors des guerres qui l'opposent à ses voisins. Pendant la guerre soviéto-polonaise, le maréchal Piłsudski parvient, avec le soutien des Français et des Britanniques, à stopper l'avancée bolchevique lors de la bataille de Varsovie en août 1920 et à repousser les troupes bolcheviques.
Varsovie, Muzeum Wojska Polskiego (musée de l'Armée polonaise)
EPMA

CAT. 70
Casque Adrian de chasseur polonais, modèle 1915
Conçu sur les recommandations du sous-intendant militaire Louis Adrian, le casque dit «Adrian» est le premier casque métallique à doter toute l'armée française. Cette nouvelle protection est également fournie aux différentes armées étrangères constituées en France, ainsi qu'à divers pays alliés. Ce casque est utilisé par les troupes polonaises en France et conservé jusqu'à leur retour en Pologne pour combattre en Galicie.
Paris, musée de l'Armée, don de Monsieur Palewski, 2013, inv. 2013.24.1
EPMA

CAT. 71
Tenue du général Józef Haller (1873-1960)
Nommé commandant de l'armée polonaise en France le 4 octobre 1918, le général Haller accompagne ses troupes en Pologne une fois le conflit terminé en France. Aussitôt arrivé en Pologne, il prend part avec son premier corps d'armée à la guerre polono-ukrainienne en mai-juin 1919. Les unités de l'«armée bleue de Haller» sont à ce moment-là les troupes les mieux formées et les mieux équipées de l'armée polonaise. En octobre 1919, il est chargé de la planification et de l'occupation des territoires de la Poméranie, accordée à la Pologne en vertu des accords du traité de Versailles.
Varsovie, Muzeum Wojska Polskiego (musée de l'Armée polonaise)
EPMA

CAT. 72
Étendard du 5e régiment d'infanterie de la Légion polonaise
Varsovie, Muzeum Wojska Polskiego (musée de l'Armée polonaise)
EPMA

CAT. 73
Étendard du 101e régiment de tirailleurs russes pris par les troupes polonaises en août 1920 lors de la bataille de Varsovie
Appartenant au groupe Mozyr, le 101e régiment de tirailleurs russes participe à la bataille de la Vistule en combattant dans le secteur de Kock, au sud de Varsovie, en août 1920. L'étendard du régiment est pris par l'unité du lieutenant Stefan Woyno lors de la contre-offensive polonaise, au moment où les troupes bolcheviques battent en retraite. Il s'agit du seul trophée bolchevique de la bataille de Varsovie.
Varsovie, Muzeum Wojska Polskiego (musée de l'Armée polonaise)
EPMA

CAT. 74
Ligne de front du 25 avril 1920 durant la guerre soviéto-polonaise, établie par l'état-major de l'armée française sur la base des informations de l'état-major polonais
La frontière orientale de la Pologne, laissée en suspens par les traités de paix, est représentée en pointillés rouges. Attaquées sur leur flanc est par l'armée bolchevique, les troupes polonaises ont conquis du terrain à l'Est au début de l'année 1920.
Le 2e bureau de l'état-major, en charge du renseignement, a dressé cette carte au moment de l'offensive du général Piłsudski sur Kiev.
Vincennes, Service historique de la Défense, GR 7 N 820
P.C.

72

73

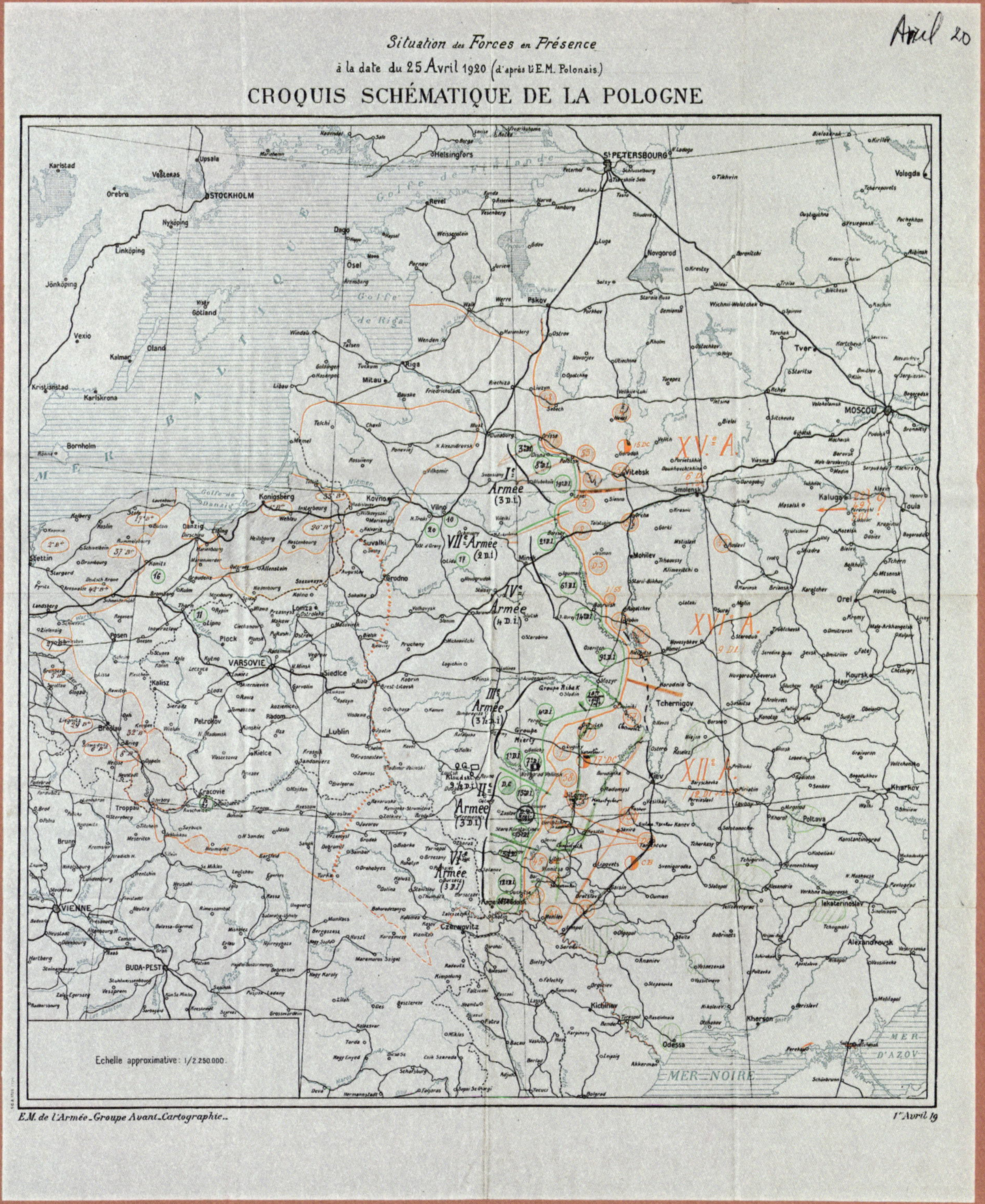
Situation des Forces en Présence
à la date du 25 Avril 1920 (d'après l'E.M. Polonais.)
CROQUIS SCHÉMATIQUE DE LA POLOGNE
Avril 20
Echelle approximative : 1/2.250.000.
E.M. de l'Armée_Groupe Avant_Cartographie..
1er Avril 19

74

75

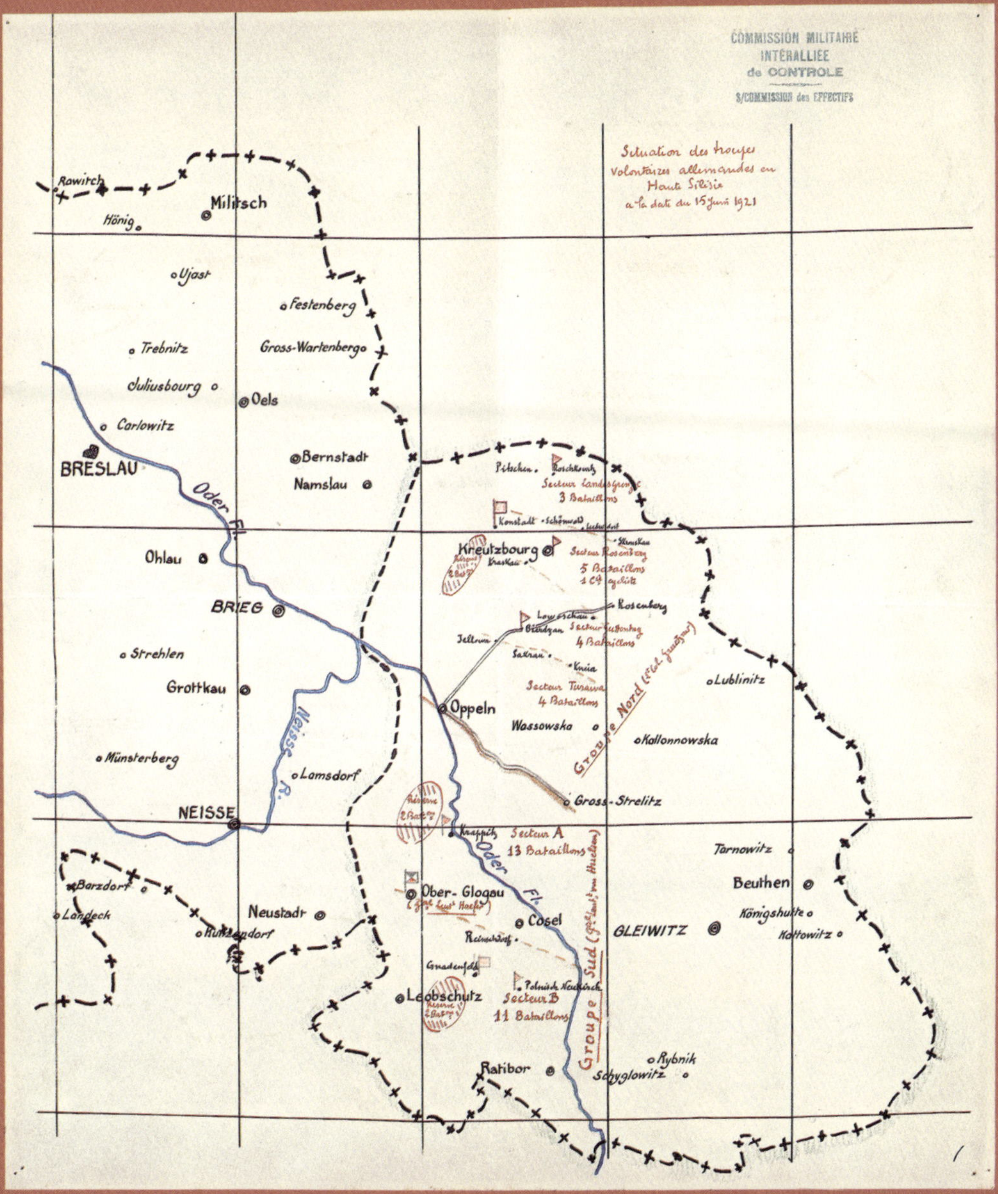

CAT. 75
Aux armes !, **affiche de propagande polonaise durant la guerre soviéto-polonaise, 1920**
Après leur offensive victorieuse en Ukraine marquée par la prise de Kiev en mai 1920, les troupes polonaises subissent une contre-offensive de l'Armée rouge. En effet, libérée en partie des combats contre l'Armée blanche, celle-ci redéploie l'ensemble de ses forces disponibles et enfonce grâce à sa supériorité numérique les lignes polonaises, qui se replient jusqu'à Varsovie. Face aux périls bolcheviques, le gouvernement polonais appelle la population à prendre les armes pour la défense du pays.
Varsovie, Muzeum Wojska Polskiego (musée de l'Armée polonaise)
EPMA

CAT. 76
Situation des troupes volontaires allemandes en Haute-Silésie à la date du 15 juin 1921
Tandis que la commission interalliée débat sur le tracé de la frontière, et en réaction à la troisième insurrection polonaise lancée fin avril 1921, des volontaires allemands organisés en corps francs convergent dans la région. Établie par la commission militaire interalliée de contrôle, dont elle porte le cachet, cette carte dénombre quarante bataillons de volontaires allemands, renforcés par six bataillons de réserve et une compagnie cycliste, placés sous l'autorité du général Hoefer et de son état-major établi à Oberglogau.
Nantes, archives du ministère de l'Europe et des Affaires étrangères, Berlin ambassade, inv. 83PO/B/622
A. C. B.

CAT. 77
Annexe au Compte rendu de l'enquête faite à Gurek […] par le capitaine Durand, 4 janvier 1922
Après la décision de partage de la Société des Nations du 20 octobre 1921, la commission de délimitation de la frontière germano-polonaise, transférée en Haute-Silésie, commence par établir une ligne de démarcation provisoire. Pour éclairer ses décisions, les travaux de description s'accompagnent de reconnaissances sur le terrain, à l'écoute de la population, donnant lieu à des propositions de modification (en rouge) du tracé initial (en vert).
Nantes, Archives du ministère de l'Europe et des Affaires étrangères, Commission de délimitation des frontières en Europe, inv. 4POI/1/32
A. C. B.

79

77

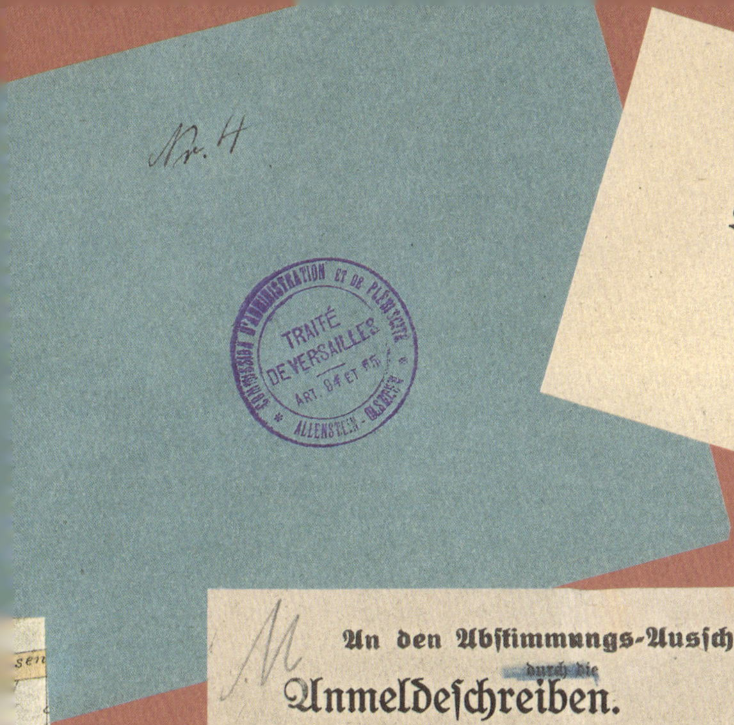

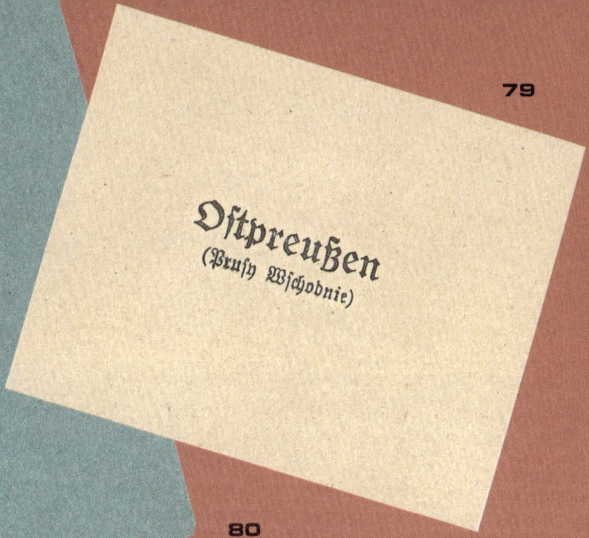

79

80

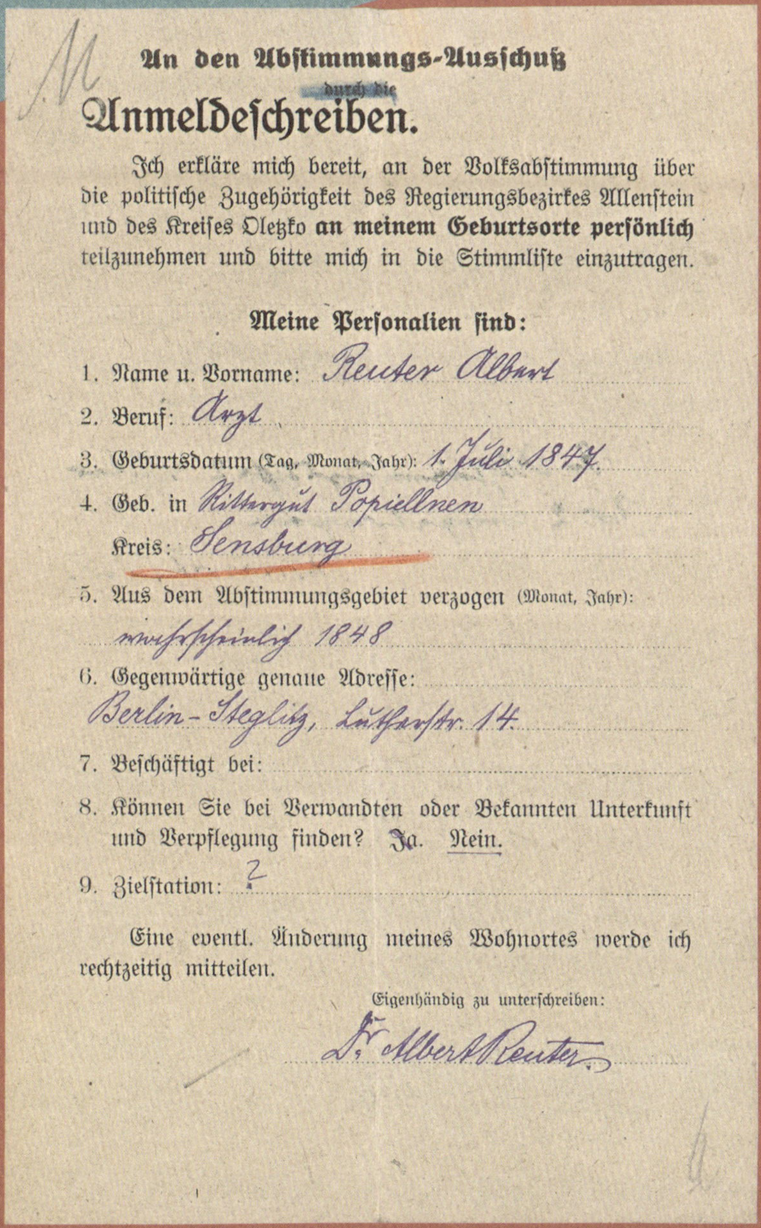

An den Abstimmungs-Ausschuß
durch die
Anmeldeschreiben.

Ich erkläre mich bereit, an der Volksabstimmung über die politische Zugehörigkeit des Regierungsbezirkes Allenstein und des Kreises Oletzko **an meinem Geburtsorte persönlich** teilzunehmen und bitte mich in die Stimmliste einzutragen.

Meine Personalien sind:

1. Name u. Vorname: Reuter Albert
2. Beruf: Arzt
3. Geburtsdatum (Tag, Monat, Jahr): 1. Juli 1847
4. Geb. in Rittergut Popiellnen
   Kreis: Sensburg
5. Aus dem Abstimmungsgebiet verzogen (Monat, Jahr): wahrscheinlich 1848
6. Gegenwärtige genaue Adresse: Berlin-Steglitz, Lutherstr. 14
7. Beschäftigt bei:
8. Können Sie bei Verwandten oder Bekannten Unterkunft und Verpflegung finden? Ja. Nein.
9. Zielstation: ?

Eine eventl. Änderung meines Wohnortes werde ich rechtzeitig mitteilen.

Eigenhändig zu unterschreiben:
Dr. Albert Reuter

78

CAT. 78/79/80
- Plébiscite d'Allenstein - Bulletins de vote et attestation de naissance
Suite au traité de Versailles en 1919, l'Allemagne perd une partie de son territoire, notamment la Haute-Silésie ainsi que la Prusse-Orientale. Des plébiscites (ou référendums) sont organisés pour permettre aux populations des zones frontalières de choisir à quel pays elles souhaitent être rattachées. Ainsi, la Prusse-Orientale, séparée de l'Allemagne par le couloir de Dantzig, demeure sous administration de l'État allemand. La Haute-Silésie reste également rattachée à l'Allemagne par le plébiscite du 20 mars 1921, mais elle perd un tiers de sa province au profit de la Pologne.
Pierrefitte-sur-Seine, Archives nationales, inv. AJ/11/A/64(2) ; AJ/11/A/64 (2) ; AJ/11/A/53(3)
EPMA

CAT. 81
Tenue d'un soldat cosaque, ceux-ci étant alors assimilés aux troupes contre-révolutionnaires blanches, 1917
Meaux, musée de la Grande Guerre de la Communauté d'Agglomération du pays de Meaux
EPMA

83

82

CAT. 82
Pardessus de Symon Petlura (1879-1926)
L'un des personnages les plus importants du mouvement national ukrainien.
Le 13 novembre 1918, il devient commandant suprême de l'Armée, puis le 11 février 1919, président de la République populaire ukrainienne. Il quitte ses fonctions le 12 octobre 1920 lorsque la Pologne, son principal allié dans son conflit avec la Russie bolchevique, signe l'armistice.
Il s'exile en Pologne. Considéré comme le principal responsable des pogroms en Ukraine, il est assassiné à Paris par Shalom Schwartzbard en 1926.
Paris, bibliothèque ukrainienne Symon Petlura
EPMA

CAT. 83
Ordre de la croix de fer de la République démocratique ukrainienne, créée en 1920 et décernée aux combattants de la Première Campagne d'hiver (décembre 1919-mai 1920)
Paris, bibliothèque ukrainienne Symon Petlura, archive 5
EPMA

CAT. 84
[Voir p. 43]

CAT. 85
***L'Ukraine dans ses frontières suivant le principe ethnographique*, par Georges de Gassenko, 1918**
Georges de Gassenko est un homme d'État et écrivain ukrainien. Suite à la déclaration d'indépendance de l'Ukraine le 22 janvier 1918, il réalise cette carte, publiée à Bucarest à l'attention de la communauté internationale. Il y explique l'histoire et les caractéristiques de l'Ukraine et met en garde le lecteur contre les opposants à son indépendance, à savoir la Russie et la Pologne.
Paris, Bibliothèque nationale de France, inv. GE D-7553
EPMA

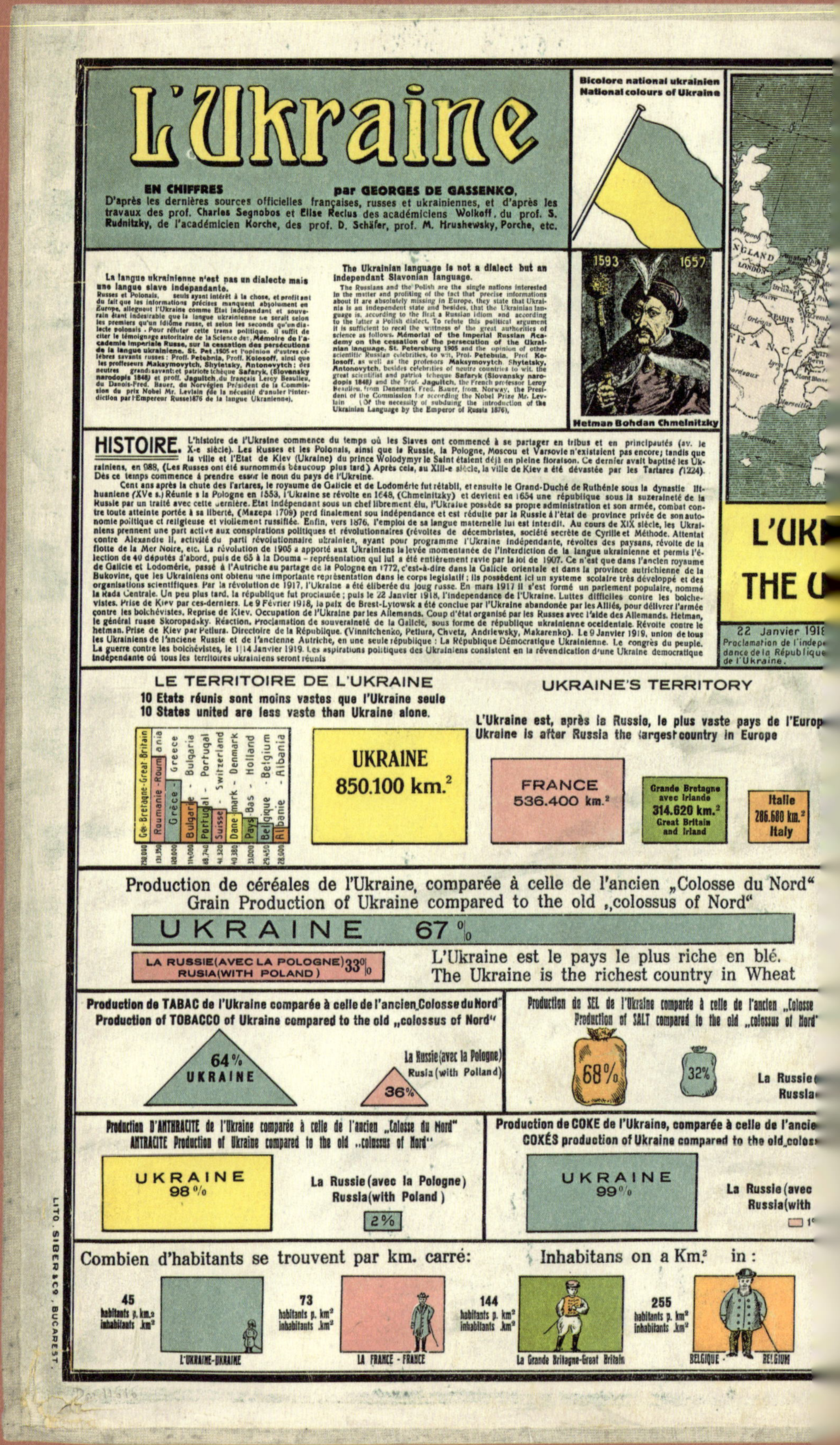

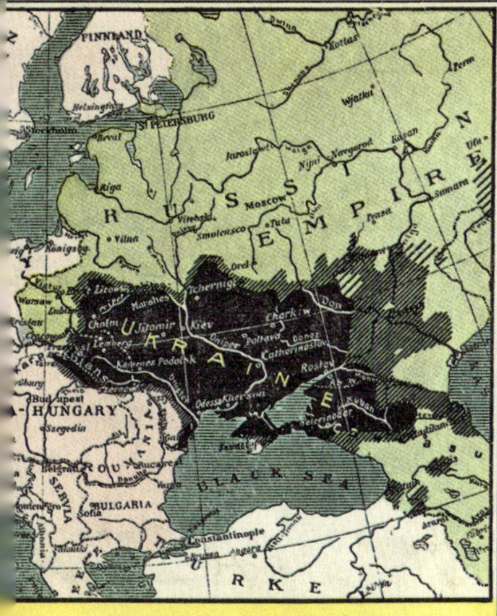

dans ses frontières suivant
le principe ethnographique.

in its boundaries, in accordance
with the ethnographical principle

Armoiries de l'Ukraine
Arms of Ukraine

The Ukraine

IN CIPHERS by **GEORGES DE GASSENKO.**

Conformable the latest French, Russian and Ukrainens official sources, and after the works of Profess. Charles Segnobos, Prof. M. Hrushevsky, Elise Reclus, academical Korshe Prof. D. Schäfer, Porshe, Prof. S. Rudnicky, academical Volkoff etc.

Hetman I. Mazeppa

Qui sont ceux qui ne veulent pas d'une Ukraine Indépendante et souveraine?

Qui est contre l'Ukraine? Ce sont les russes de toutes couleurs politiques: Czaristes, monarchistes, bolsheviques et les Polonais.

Pourquoi les Russes? Parceque la Russie seule ne pourrait pas vivre avec aisance sans l'Ukraine qui l'a toujours nourrie.

Pourquoi les Polonais? Parce-que en présence d'une Ukraine souveraine, la Pologne se prive de la province de Holm qu'elle s'est adjugé arbitrairement et qui veut s'unir à l'Ukraine. Parce-qu'en présence d'une Ukraine souveraine et indépendante, la domination polonaise en Galicie occidentale et les vexations supportées par le peuple Ukrainien deviendront impossibles, lorsque ces anciennes terres ukrainiennes ayand Lemberg pour capitale se seront unies a l'Ukraine.

Que font entre autres, les ennemis de l'Ukraine?

Ils profitent de ce que l'Europe est privée d'informations certaines, concernant l'Ukraine, pour en fournir a la presse européenne de fausses détournant ainsi la vérité à leur profit. Ils s'obstinent à vouloir prouver malgré l'autorité de la science, que l'Ukraine, le peuple ukrainien, et la langue Ukrainienne n'existent pas. Que l'Ukraine est un pays sauvage et non civilisé etc. Si parfois, quel qu'un médit de l'Ukraine, et lui adresse des injures, demandez lui de vous dire sa nationalite et sa langue maternelle. *Si c'est un Russe ou un Polonais, n'en croyez pas un traitre mot*, car cette personne cherche a vous tromper à son profit.

Who are those who do not wich an independent Ukraine?

Who is against the Ukraine? The Russians of all political colours; Czarists, monarchists, bolschevists and the Poles.

Why the Russians? Because Russia could not exist aloure at large, without Ukraina who has always fed her. Because Greater Russia could not maintain rise of without the Ukraina, as, without the latter the Russian Empire has had in the last years only differences in minus, and because the Ukraina is a hindnance between Russia and the Black sea, etc. etc.

Why the Poles? Because in the presence of an independent Ukraina, Poland may be deprived of the province of Hohn which she vrested for herself in an unrighteouss way, and which province is auxions to unite itself with the Ukraina, and because in the presence of an independent Ukrainian State, the polnish domination in westen Galicia and the persecutions supported by the Ukrainian people will become impossible, when the ancient Ukrainian territories having Lemberg as a Capital city, would be united under the Ukrainians.

What are the enemies of the Ukrainians doing? They take advantage of the fact that Europe is deprived of certain informations concerning the Ukraina, to furnish false details to the European press and they are thus perverting the truth for their own benefit. They are strivng to prove, in spite of the scientifical authorities, that the Ukraina, the Ukrainian people, and the Ukrainian language, do not exist, that Ukraina is a wild and non-civilised country etc. If it happens sometimes that somebody is addressing insults tho the Ukraina, ask him about his nationality and his native language. **If it is a Russian or a Pole, do not believe a single word,** because that person is trying to chest you for his own profit.

HISTORY.

Ukraina's history commences from the time when the Slavonians have begun to separate themselves in tribes and prince doms, (before the X-th century). The Russians and the Poles, as well as Russia, Poland, Moscau and Warsau, did not yet exist, while the city and the State of Kiew (Ukraina) of the Prince Volodymyr, the holy, were already at their height of development. This prince has baptized the Ukrainians, in the year 988. (The Russians came much later). On the XIII-th century the city of Kiew was devastated by the Tartars (in the year 1224). From that time, the name of Ukraina's State began to diminish. Hundred years after the decay of the Tartars, the Kingdom of Galicia and Lodomeria were re-established and. ofterwards, the great Dukedom of Rutenia during the Litnanian dinasty XV c. Rejoined to Poland in 1559, Ukraina revolted herself in 1648 (in chmelnitzky's times), and became a commonwealth in 1654, under the Russian domination, by an agreement with the latter. An independent State under a free elected chief the Ukraina possessed her proper administration and army and fought against all aggressors for her liberty (Mazeppa 1709). She lost, at last, her independence and was considered by Russia as ome of its provinces, deprived from her political and religious autonomy, and turned to Russianism by force, Finally, in the year 1876, the use of her native language is for bidden. During the XIX-th century, the Ukrainians took an active part in the political and revolutionary movements (the revolt of the Decembrists, Cyrill's secret society, the attack against Alexandre II. The activity of the Ukrainian revolutionary party having for program an independent Ukraina, the peasant's revolt, the revolution of the black sea fleet etc.) The revolution of 1905 has bronght to the Ukrainians the immediate suspension of the interdiction of the Ukrainian language and permitted the election of 40 deputies at first, and of 65 deputies for the Douma representation afterwards. These privileges, however, did not last long, as they were againtaken away from her by the law from 1907. It was only in the old Kingdom of Galicia and Lodomeria, passed to Austria at the partition of Poland at 1772 in consequence in oriental Galicia and in the Austrian province of Bukovina, that the Ukrainians have obtained an important representation in the legislative body. They possessed here a very developed scholarly system and scientifical organisation. By the revolution of 1917 the Ukraina became freed from the Russian yoke, and in March 1917 a popular Parliament was formed under the name: Central Rade, The republic was proclaimed later on and, at the 22 rd of January 1918, the Ukrainian independence— Hard battles against the bolchevists—The conquest of Kiew from the latter On the 9 th of February was concluded the peace of Brest-Litowsk by Ukraina which was abandoned by the Allies and had to fight with its army against the bolchevists Conquet of Kiew. Ukrainas occupation by the Germans. State strike organized by the Russians with Germany's help. Hetman, the russian general Skoropadzky. Reaction Proclamation of the Galician dominion to forn an occidental Ukrainian republic. The revolution against the Hetman Con quest of Kiew by Petliura Directoret of the republic Vinnicenko, Petliura Chvetz, Andriewsky, Makarenco. On the 9 th of January 1919, the assembly of all Ukrainians, from old Russia and old Austria is forming une united republic, wiz: the democratic Ukrainian republic. The people's Congress. The war against the bolchevists on the 1/14 th of January 1919. The political aspirations of the Ukrainians consist of the desire of the re-establishment of an democratic independent Ukraina, in which al the ukrainian territor ies shall be united.

22nd Jan. 1918
The proclamation of the independence of the Ukrainan Republik.

…pologique d'après l'académicien Wolkoff et Ivanovski
…dex, conformable, the academician Volkoff and Jvanowsky

	Ukrainiens Ukrainian	Russes Russian	Polonais Pole
Stature	1670 mm.	1657 mm.	1654 mm.
Dimension of the buste	55.04	52.18	54.11
Lenght of the arms	45.07	46.0	45.7
„ of the legs	53.6	50.5	52.1
Index of the cranium	83.2	82.3	82.1
„ of the nose	67.7	68.5	66.2
„ of the face	78.1	76.7	76.3
Breadth of the face	120.0	182.0	181.0
…x Colour of the hair			
Blond	29.5%	37%	35%
Chatain	35.0%	41%	46%
Brown	35.5%	22%	19%

POPULATION DE L'UKRAINE

12 Etats comptent autant d'habitants que l'Ukraine seule.
12 States counts together as many inhabitants as Ukraine alone.

Luxembourg - Luxembourg	259.000
Roumanie - Roumania	8.000.000
Belgique - Belgium	7.516.000
Montenegro - Montenegro	300.000
Suisse - Switzerland	3.765.000
Norvège - Norway	2.392.000
Pays-Bas - Holland	5.837.000
Grèce - Greece	4.602.000
Danemark - Denmark	2.775.000
Bulgarie - Bulgaria	4.686.000
Portugal - Portugal	5.000.000
Serbie - Servia	4.400.000

UKRAINE 50.230.600

POPULATION OF UKRAINE

L'Ukraine est en population le pays le plus riche de l'Europe, après la Russie et Allemagne
The Ukraine is the most populated country of Europe after Russia and Germany.

Grande Bretagne avec Irlande 43.365.600 Great Britain and Irland

France 39.695.000

Italie 34.685.780 Italy

Production de sucre de l'Ukraine, comparée à celle de l'ancien „Colosse du Nord"
Production of sugar, compared to the old „colossus of Nord"

UKRAINE 88%

La Russie (avec la Pologne) 12%
Russia (with Poland)

L'Ukraine et le pays le plus riche en sucre.
Ukraine is also the richest country in sugar

…t de l'Empire russe en 1914. Officiel
…sian State Budjet at 1914. Official

…000 Rbl. …OFIT
…c L'UKRAINE
…n UKRAINE

170.331.000 Rbl. DEFICIT
LA RUSSIE sans L'UKRAINE
RUSSIA without UKRAINE

181.244.000 Rbl. PROFIT
L'UKRAINE sans la RUSSIE
UKRAINE without RUSSIA

Production de FER de l'Ukraine comparée à celle de l'ancien „Colosse du Nord"
Production of IRON in Ukraine compared to the old „colossus of Nord"

UKRAINE 74%

La Russie (avec la Pologne)
Rusia (with Polland)
26%

Exploitation du NAPHTE dans le monde entier et l'Ukraine
The NAPHTE explotation in the whole world and in Ukraine

AMERICA (U.S.A.) ROUMANIE etc. 95,5%

UKRAINE 4,5

UKRAINE 27%

La Russie (avec la Pologne)
Rusia (with Polland)
0.7%

…céréales prises sur la production totale
…tion taken upon the generaly production

Productione CHARBON de l'Ukraine, comparée à celle de l'ancien „Colosse du Nord"
Production of Ukraine's COALS compared tho the old „colossus of Nord"

UKRAINE 71%

La Russie (avec la Pologne)
Russia (with Poland)
29%

Nombre de femmes sur 1000 hommes — **Number of women on each 1000 men**

Augmentation annuelle de la population — Yearly augmentation of the population

1. Grande Bretagne	*1. Great Britain*
2. Belgique	*2. Belgium*
3. Pays Bas	*3. Holland*
4. Portugal	*4. Portugal*
5. Suisse	*5. Switzerland*
6. Scandinavie avec Finlande	*6. Scandinavia with Finland*
7. Espagne	*7. Spain*
8. France	*8. France*
9. Italie	*9. Italy*
10. Turquie	*10. Turkei*

135.000 — 60.000 — 90.000 — 25.000 — 131.000 — 30.000 — 100.000 — 20.000 — 60.000 — 100.000

10 *Etats augmentent annuellement en population d'un nombre égale à l'Ukraine seule*

10 *States grow yearly in population in equal number as in Ukraine alone*

21% 700.000 UKRAINE

15,1% RUSSIE (avec la Pologne) RUSSIA (with Poland)

13% ALLEMAGNE GERMANY

CAT. 86/87
Passeport du prince Nicolas Volk de Karachev émis par la République démocratique ukrainienne, sur support de passeport impérial

Passeport de la comédienne Pauline Kalenska, émis par la République démocratique ukrainienne
En attendant la création de passeports nationaux portant les armoiries du nouvel État ukrainien, dont l'indépendance est proclamée le 22 janvier 1918, les passeports russes sont utilisés avec un cachet ukrainien.
Paris, bibliothèque ukrainienne Symon Petlura, archive 4
EPMA

86

87

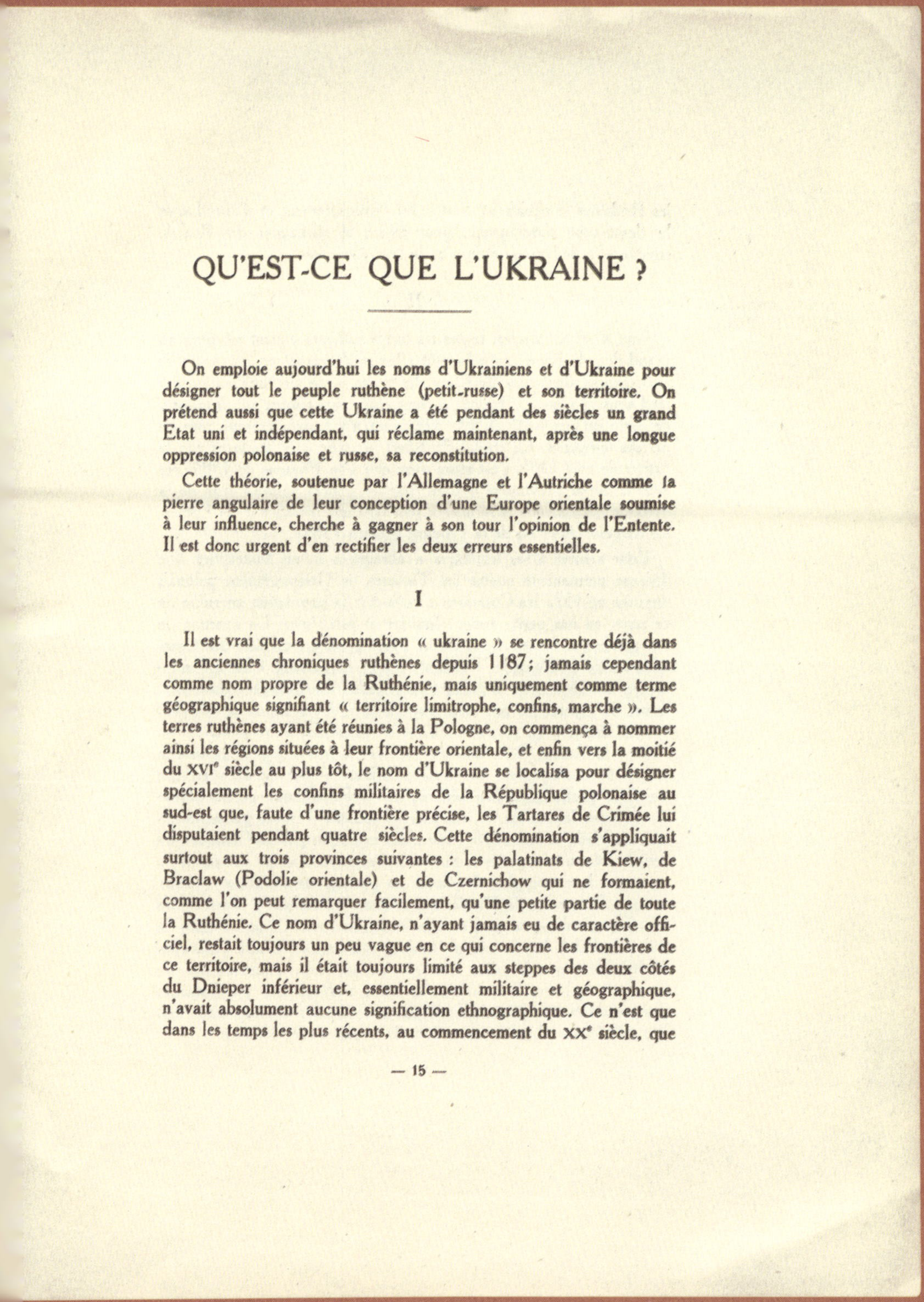

QU'EST-CE QUE L'UKRAINE ?

On emploie aujourd'hui les noms d'Ukrainiens et d'Ukraine pour désigner tout le peuple ruthène (petit-russe) et son territoire. On prétend aussi que cette Ukraine a été pendant des siècles un grand Etat uni et indépendant, qui réclame maintenant, après une longue oppression polonaise et russe, sa reconstitution.

Cette théorie, soutenue par l'Allemagne et l'Autriche comme la pierre angulaire de leur conception d'une Europe orientale soumise à leur influence, cherche à gagner à son tour l'opinion de l'Entente. Il est donc urgent d'en rectifier les deux erreurs essentielles.

I

Il est vrai que la dénomination « ukraine » se rencontre déjà dans les anciennes chroniques ruthènes depuis 1187 ; jamais cependant comme nom propre de la Ruthénie, mais uniquement comme terme géographique signifiant « territoire limitrophe, confins, marche ». Les terres ruthènes ayant été réunies à la Pologne, on commença à nommer ainsi les régions situées à leur frontière orientale, et enfin vers la moitié du XVIe siècle au plus tôt, le nom d'Ukraine se localisa pour désigner spécialement les confins militaires de la République polonaise au sud-est que, faute d'une frontière précise, les Tartares de Crimée lui disputaient pendant quatre siècles. Cette dénomination s'appliquait surtout aux trois provinces suivantes : les palatinats de Kiew, de Braclaw (Podolie orientale) et de Czernichow qui ne formaient, comme l'on peut remarquer facilement, qu'une petite partie de toute la Ruthénie. Ce nom d'Ukraine, n'ayant jamais eu de caractère officiel, restait toujours un peu vague en ce qui concerne les frontières de ce territoire, mais il était toujours limité aux steppes des deux côtés du Dnieper inférieur et, essentiellement militaire et géographique, n'avait absolument aucune signification ethnographique. Ce n'est que dans les temps les plus récents, au commencement du XXe siècle, que

— 15 —

CAT. 88
***Qu'est-ce que l'Ukraine ?*, mai 1919**
Les Ruthènes forment un groupe ethnique moderne qui parle le rusyn. Le terme avait au XIXe siècle et au début du XXe un sens bien plus large et servait, surtout dans l'Empire austro-hongrois, à désigner les populations aujourd'hui qualifiées comme ukrainiennes. Vers 1918, les Galiciens abandonnent définitivement le nom de Ruthènes au profit de celui d'Ukrainiens. À cette date, seuls les Rusyns vivant en Ruthénie subcarpatique (à cheval entre l'Ukraine, la Slovaquie et la Pologne modernes) ont conservé leur nom ancestral.
La Courneuve, Archives du ministère de l'Europe et des Affaires étrangères, inv. 99 CPCOM/43
P. G.

CAT. 89
Traité de paix entre la Russie et l'Ukraine d'une part et la Pologne d'autre part signé à Riga le 18 mars 1921
Ce document reprend les accords signés entre les trois belligérants à Riga le 18 mars 1921. Le traité permet à l'État polonais de sortir victorieux du conflit soviéto-polonais et d'élargir ses frontières en Galicie et en Volhynie. Cet élargissement de territoire représente pour la Pologne un gain bien plus important que la proposition de ligne d'armistice soumise par le ministre des Affaires étrangères britannique Lord Curzon pendant le conflit.
La Courneuve, Archives du ministère de l'Europe et des Affaires étrangères, inv. 106CPCOM139
EPMA

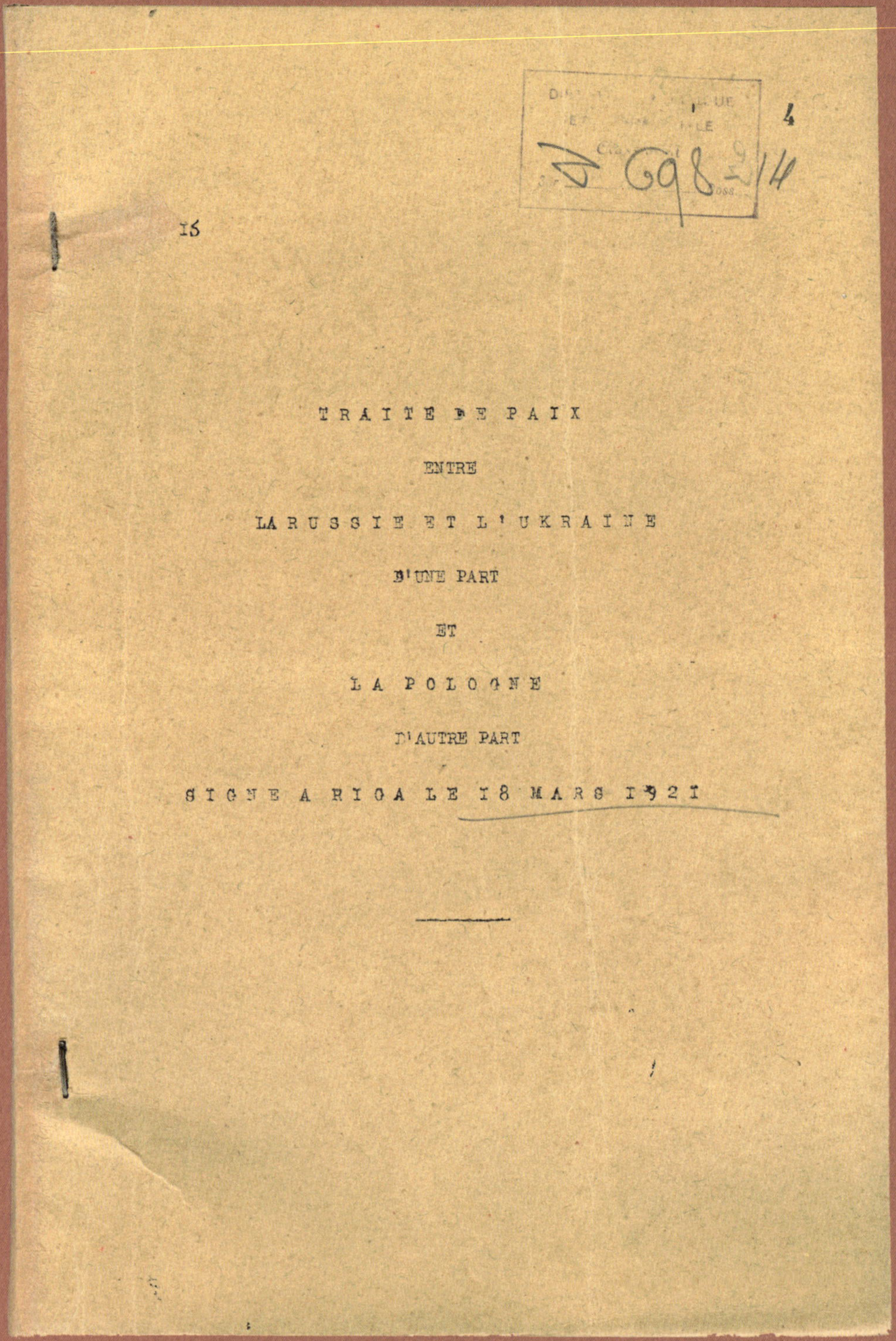
15

TRAITE DE PAIX

ENTRE

LA RUSSIE ET L'UKRAINE

D'UNE PART

ET

LA POLOGNE

D'AUTRE PART

SIGNE A RIGA LE 18 MARS 1921

90

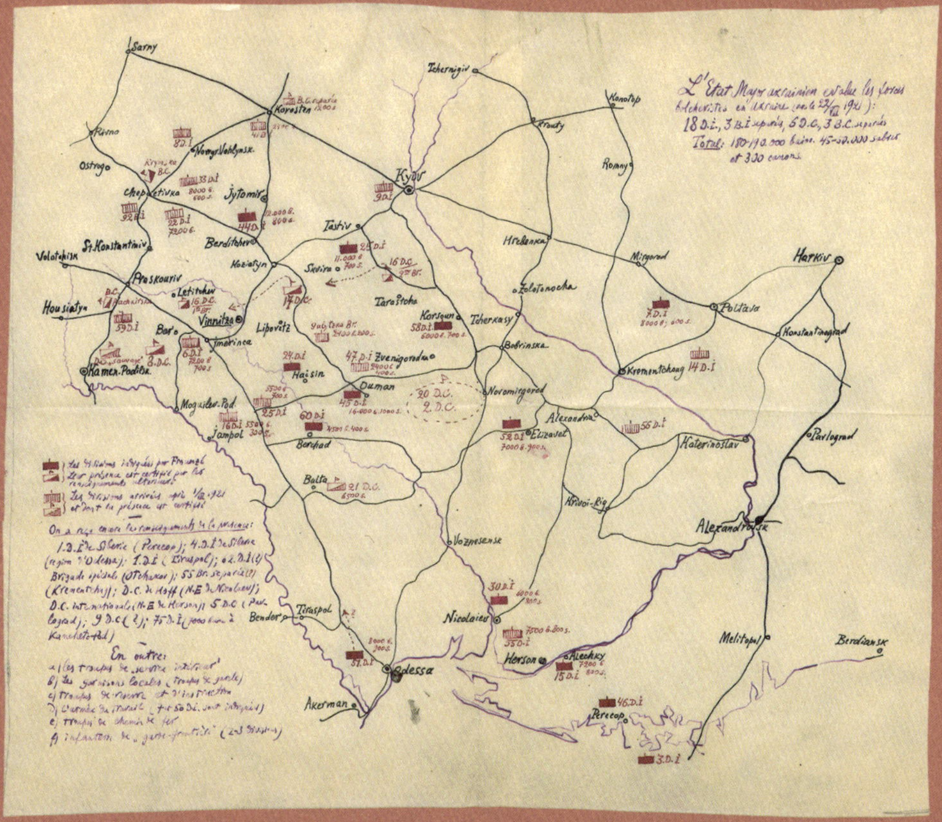

91

CAT. 90
***L'Armée rouge ukrainienne libère son peuple*, 1918-1919**
Après la défaite de l'Allemagne et la chute de l'hetman Pavlo Skoropadsky, l'Ukraine devient dès 1918 l'un des principaux champs de bataille de la guerre civile. On y voit s'affronter les armées blanches tsaristes de Denikine, épaulées par les forces alliées, l'Armée rouge bolchevique, l'armée populaire ukrainienne de Symon Petlura ainsi que l'armée révolutionnaire insurrectionnelle ukrainienne, d'inspiration anarchiste, de Nestor Makhno.
Nanterre, La contemporaine, bibliothèque, archives, musée des mondes contemporains, inv. AFF 24204
EPMA

CAT. 91
Carte d'évaluation par l'état-major ukrainien des forces présentes en Ukraine, 22 juillet 1921
L'échec de la République populaire ukrainienne, qui a contraint ses dirigeants à l'exil, n'empêche pas les émeutes contre le régime soviétique de perdurer. Mikhaïl Frounze, qui a triomphé de l'Armée blanche en Crimée, a pris le commandement des forces armées en Ukraine au début de 1921. Cette carte, établie selon ses indications, représente les forces bolcheviques en place pour lutter contre l'armée insurrectionnelle de l'anarchiste Nestor Makhno et la rébellion nationaliste présente dans tout le pays.
Vincennes, Service historique de la Défense, GR 7 N 828
C. B. B

CAT. 92
Casquette d'infanterie de l'armée lettone, modèle 1922
Collection particulière
EPMA

CAT. 93
Casquette de cavalerie de l'armée lettone, modèle 1922
Collection particulière
EPMA

CAT. 94
Casquette d'hiver lituanienne et capote allemande de l'armée lituanienne, modèle 1915
Au cours des conflits qu'elle mène de décembre 1918 à novembre 1920, l'armée lituanienne, n'ayant pas assez d'uniformes ni d'équipements, récupère les stocks provenant de divers pays en y apportant des modifications.
Kaunas, collection of Vytautas the Great War Museum, inv. E-255/1 ; E-255/1
EPMA

94

93

92

94

95

96

97

CAT. 95
Insigne d'infanterie letton de 1917
Riga, Latvijas Kara Muzejs (musée letton de la Guerre), inv. LKM s – 1798/479 – VI
EPMA

CAT. 96
Insigne de participation à la révolution russe de février 1917
Riga, Latvijas Kara Muzejs (musée letton de la Guerre), inv. LKM 375 (1) – VI
EPMA

CAT. 97
Décoration lettone de 3e classe de l'ordre du Lāčplēsis (tueur d'ours)
Riga, Latvijas Nacionalais vestures muzejs (musée national d'Histoire de la Lettonie), inv. CVVM 165925/3, VN 11380
EPMA

CAT. 98
Certificat de démobilisation du soldat Robert Krichevitch Steingold, 52e division de l'Armée rouge, daté du 2 avril 1921
En 1914, des Lettons sont incorporés dans l'armée du tsar et huit bataillons de tirailleurs lettons sont créés l'année suivante. Au moment de la révolution russe, les bataillons, transformés en régiments, rallient les bolcheviks et participent aux premières victoires de l'Armée rouge contre les Armées blanches sur les bords de la Volga. Le 6 septembre 1918, le Letton Jukums Vācietis est nommé par Trotski premier commandant en chef de l'Armée rouge. Suite à la signature, le 11 août 1920, du traité de paix dit de Riga entre la Russie et la Lettonie, la division lettone est dissoute le 29 novembre.
Riga, Latvijas Kara Muzejs (musée letton de la Guerre), inv. LKM s-2999/639-VII
Kaunas, collection of Vytautas the Great War museum, inv. E-1024
EPMA

Р. С. Ф. С. Р.
НИКОЛАЕВСКИЙ
Уездный
Военный Комиссар.
Мобилизационный отдел.
2 Апреля 1921 г.
№ 4100/6/75
Г. Николаев.

Удостоверение.

Дано сие военнослужащему 465-го полка 52-й стрелковой дивизии гражданину Роберту Кришевичу Штейнгольд в том, что он, как подданный Латвии, уволен вовсе от военной службы, что подписями и приложением печати удостоверяется.

Основание: Приказы Р. В. С. Р. от 4 декабря 1920 года за №№ 2688/539 и 2689. Приказ Губвоенкома Херсонщины от 21/I—21 г. за № 5 и сношение Всероглавштаба от 17 марта 1921 г. за № 4470/на

Военком
Начмоботдела
Военрук
Делопроизв. по военслужбе

98

CAT. 99

Carte n° 10 sur la « contre-offensive de l'Estonie blanche », 1919-1920

En février 1919, l'armée estonienne, sous les ordres du lieutenant-colonel Johann Laidoner et appuyée par la flotte britannique et par les contingents scandinaves, reprend l'offensive et réussit après plusieurs mois de combats, en janvier 1920, à rejeter les troupes de l'Armée rouge au-delà de ses frontières. Le 2 février 1920, le gouvernement estonien signe avec le gouvernement bolchevique le traité de Tartu, qui reconnaît l'indépendance de l'Estonie et définit les frontières entre les deux États.
Nanterre, La contemporaine, bibliothèque, archives, musée des mondes contemporains, inv. G 2227

EPMA

CAT. 100

[Voir p. 40]

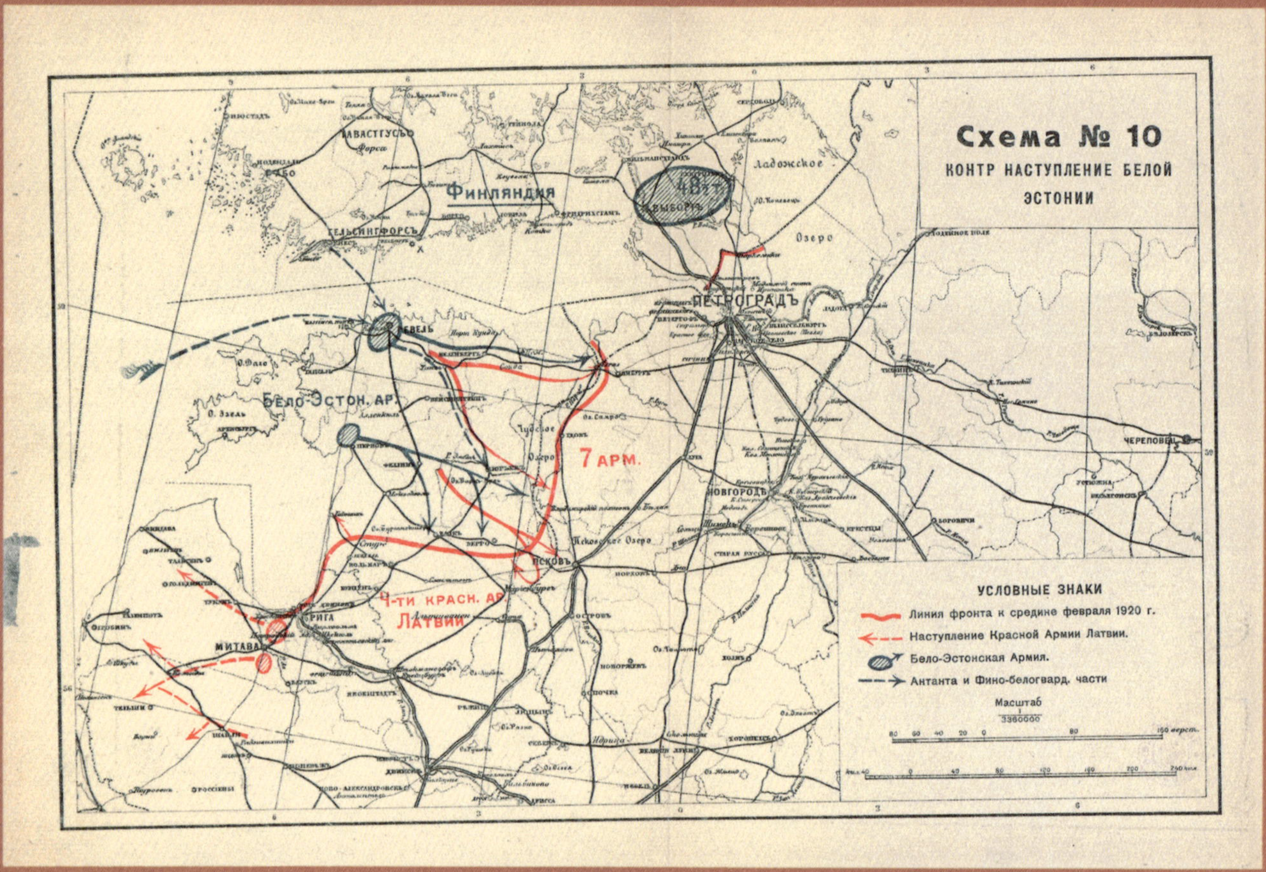

99

101

102

103

CAT. 101
Flamme de hussards polonais
Kaunas, collection of Vytautas the Great War Museum, inv. E-1024
EPMA

CAT. 102
Drapeau du 2e régiment de fusiliers rouge letton
Les troupes lettones, qui combattaient dans les armées impériales russes, ne peuvent plus rentrer dans leur pays en raison de la présence des troupes allemandes. Stationnées à Moscou au moment de la révolution d'Octobre, seules forces militaires organisées et disciplinées, elles combattent les Armées blanches aux côtés de l'Armée rouge.
Riga, Latvijas Kara Muzejs (musée letton de la Guerre), inv. LKM 16772/2618-VI
EPMA

CAT. 103
Esquisse du premier drapeau letton réalisée par l'artiste Ansis Cirulis en mai 1917
Riga, Latvijas Kara Muzejs (musée letton de la guerre), inv. LKM 2-46768/559-MA
EPMA

CAT. 104
Billet russe de 250 roubles du Gouvernement provisoire de Russie (mars-novembre 1917), qui dirige l'empire après l'abdication de Nicolas II avant d'être renversé par la révolution d'Octobre, 1917
Riga, Latvijas Nacionalais vestures muzejs (musée national d'Histoire de la Lettonie), inv. CVVM 201997
EPMA

104

105

106

107

CAT. 105/ 106/ 107

Billets de banque délivrés par les instituts d'émission des pays venant de déclarer leur indépendance :
– billet de 100 marks de la république de Lituanie, imprimé à Kaunas, sa nouvelle capitale, Vilnius étant devenue polonaise, 1918
– billet de 100 marks de la république de Pologne, 1919
– billet de 10 marks de la république d'Estonie, 1919
Riga, Latvijas Nacionalais vestures muzejs (musée national d'Histoire de la Lettonie), inv. CVVM 200864 ; CVVM 199535 ; CVVM 200904
EPMA

CAT. 108
Rouleau de billets de 10 marks de l'Armée occidentale des volontaires, dirigée par le général russe blanc Bermont-Avalov (1877-1974), 1919
Riga, Latvijas Nacionalais vestures muzejs (musée national d'Histoire de la Lettonie), inv. CVVM 120522
EPMA

CAT. 109
Timbres à l'effigie de la Croix-Rouge lettone imprimés au verso d'un billet de 10 marks, 1920
Le 11 novembre 1918, la Lettonie déclare son indépendance et, le 18, une république est créée (reconnue en 1919). Deux jours plus tard, la Croix-Rouge lettone est fondée. L'inscription sur les timbres indique qu'une partie du prix sera reversé à l'organisation. Ces timbres ont été dessinés par l'artiste letton Rihards Zariņš (1869-1939), auteur des armoiries, des dessins de certaines pièces de monnaie et du premier timbre postal de cette nouvelle république. Ce carnet de timbres a été imprimé sur un billet de 10 marks délivré par l'Armée occidentale des volontaires, unité russe antibolchevique qui s'est également opposée à la création de la république de Lettonie.
Riga, Latvijas Nacionalais vestures muzejs (musée national d'Histoire de la Lettonie), inv. KD 1234, CVVM 227876
EPMA

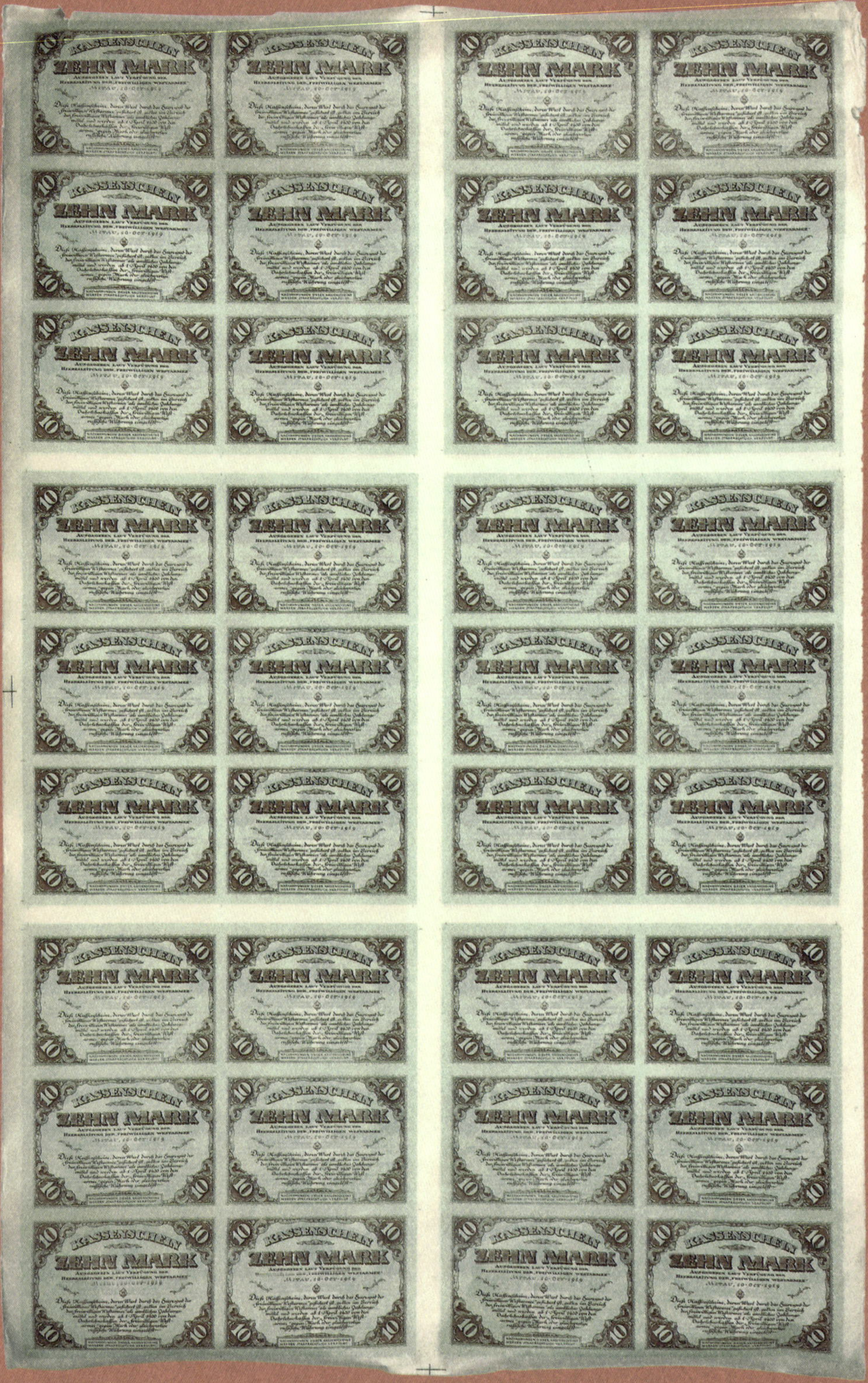

108

10
KASSENSCHEIN
ZEHN MARK
Ausgegeben laut Verfügung der
Heeresleitung der „Freiwilligen Westarmee"
Mitau, 10. Oct. 1919
Diese Kassenscheine, deren Wert durch das Heeresgut der „freiwilligen Westarmee" gesichert ist, gelten im Bereich der „freiwilligen Westarmee" als amtliches Zahlungs-
Dahrlehnskassen der „freiwilligen Westarmee" gegen Mark oder gleichwertige russische Währung eingelöst
NACHAHMUNGEN DIESER KASSENSCHEINE WERDEN STRAFRECHTLICH VERFOLGT

109

LATWIJAS PASTS
40 K.

109

CAT. 110
Fanion du bataillon colonial français de Sibérie, 1919
Paris, musée de l'Armée, cession du commandant supérieur des troupes françaises en Chine, 1931, inv. 04715 C1
EPMA

110

111

112

CAT. 111
Soldat de l'American Expeditionary Force Siberia (AEF Siberia)
Envoyée avec différents contingents alliés en Sibérie, dans la région d'Arkhangelsk, l'American Expeditionary Force Siberia est une force d'action militaire américaine dépêchée pour soutenir l'Armée blanche dans sa lutte contre l'Armée rouge. Rapidement, les unités alliées adaptent leur tenue aux conditions climatiques extrêmes. Des bonnets en fourrure et des gilets en cuir sont notamment distribués aux troupes américaines.
Meaux, musée de la Grande Guerre de la Communauté d'Agglomération du Pays de Meaux / Paris, musée de l'Armée
EPMA

CAT. 112
Fantassin tchèque volontaire sur le front russe et son fusil Mosin-Nagant M91
Meaux, musée de la Grande Guerre de la Communauté d'Agglomération du Pays de Meaux
EPMA

CAT. 113
Carte des troupes alliées basées en Russie en avril 1919
Plus de quatorze nations sont présentes en Russie à partir de juin 1918. Les armées de ces pays, dont les principaux sont la France, les États-Unis, le Royaume-Uni et le Japon, déploient leurs troupes et navires en Russie septentrionale, en mer Baltique, en Sibérie, en Russie du Sud et en mer Noire.
Kew, The National Archives, inv. MFQ 1/115
EPMA

CAT. 114
Carte n° 1 de la Russie sur la « Situation de la Volga et en Sibérie pendant le soulèvement tchécoslovaque début juillet 1918 »
Les 25 et 26 mai 1918, la Légion tchécoslovaque se soulève en s'emparant de la ville de Tcheliabinsk, sur la ligne du Transsibérien. En juin-juillet, avec le soutien de l'Armée blanche, elle progresse rapidement vers l'Ouest, prend les villes d'Oufa, d'Ekaterinbourg puis de Samara, isolant ainsi la Sibérie de la Russie communiste. Au mois d'août, elle occupe Kazan et met la main sur une partie de la réserve d'or de l'ex-Empire russe.
Nanterre, La contemporaine, bibliothèque, archives, musée des mondes contemporains, inv. G 2227
EPMA

CAT. 115
Feuille de renseignement de l'officier de réserve Joseph Kessel (1898-1979) mentionnant sa présence à Vladivostok
L'intervention alliée en Sibérie débute en août 1918. Elle vise à combattre l'Armée rouge, qui vient de signer une paix séparée avec l'Allemagne, à protéger le matériel allié stocké à Mourmansk et à porter assistance à la Légion tchèque, dorénavant stationnée derrière les lignes ennemies. Kessel, engagé dans cette mission au sein de l'aviation, inscrit encore « journaliste » sur ce formulaire. Dix ans plus tard, écrivain reconnu, il évoquera cet épisode dans son roman *Les Nuits de Sibérie*.
Vincennes, Service historique de la Défense, GR 7 N 1557
C. B. B.

113

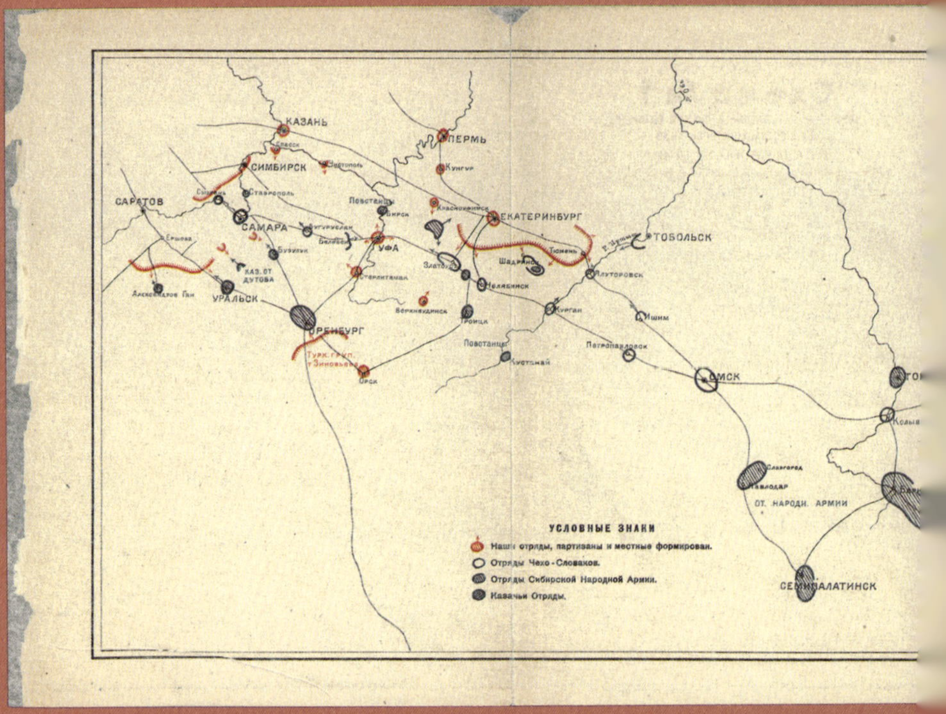

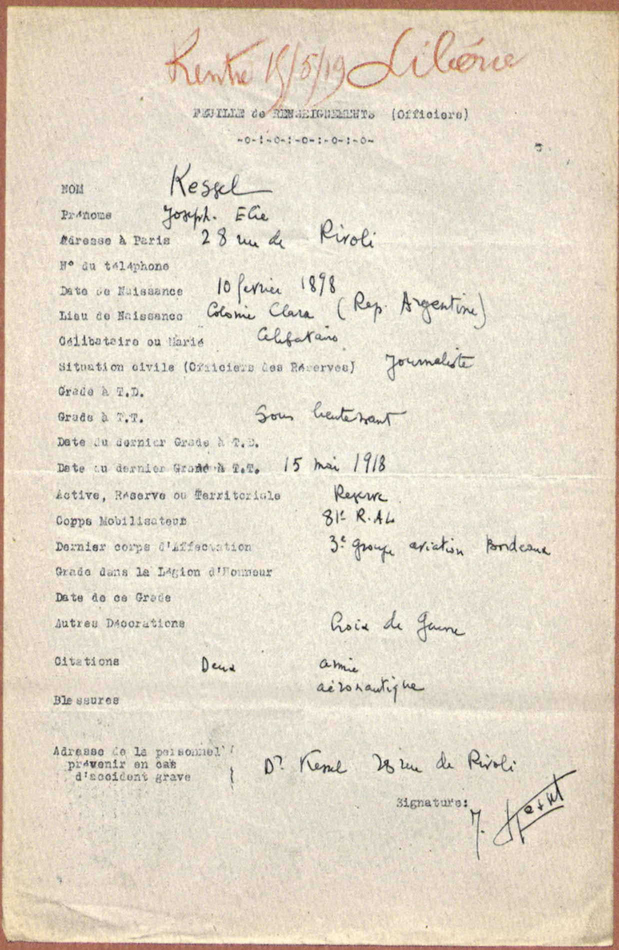

Rentré 15/5/19 Libéré

FEUILLE de RENSEIGNEMENTS (Officiers)

-0-:-0-:-0-:-0-:-0-

NOM Kessel

Prénoms Joseph Elie

Adresse à Paris 28 rue de Rivoli

N° du téléphone

Date de Naissance 10 février 1898

Lieu de Naissance Colonie Clara (Rep. Argentine)

Célibataire ou Marié Célibataire

Situation civile (Officiers des Réserves) Journaliste

Grade à T.D.

Grade à T.T. Sous lieutenant

Date du dernier Grade à T.D.

Date du dernier Grade à T.T. 15 mai 1918

Active, Réserve ou Territoriale Réserve

Corps Mobilisateur 81e R.A.L.

Dernier corps d'Affectation 3e groupe aviation Bordeaux

Grade dans la Légion d'Honneur

Date de ce Grade

Autres Décorations Croix de Guerre

Citations Deux armée aéronautique

Blessures

Adresse de la personne à prévenir en cas d'accident grave { Dr Kessel 28 rue de Rivoli

Signature: J. Kessel

115

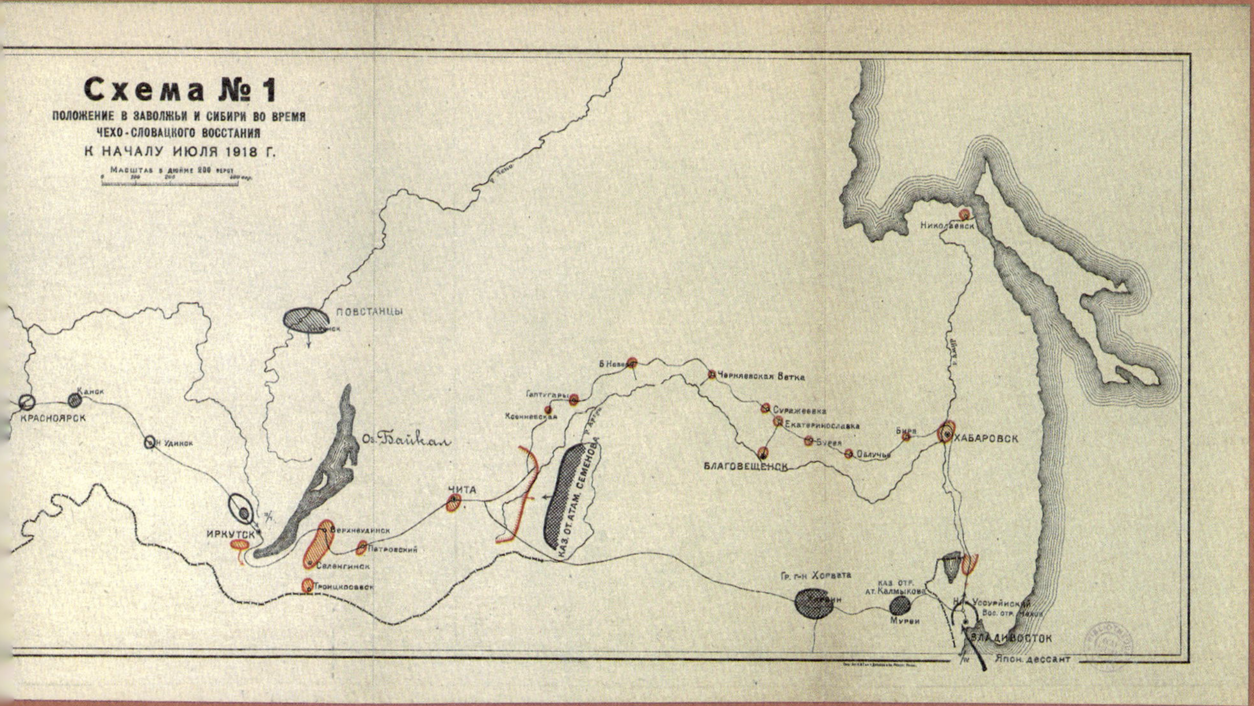

114

CAT. 116
Journal de marches et d'opérations de la 2e compagnie de skieurs du 21e bataillon colonial français pour les années 1918 et 1919
Vincennes, Service historique de la Défense, GR 26 N 868/12
EPMA

CAT. 117
Clichés de l'album photographique du 46e bataillon des fusiliers royaux britanniques,
envoyé en Russie septentrionale entre mai et octobre 1919
Londres, Courtesy of the Council of the National Army Museum, inv. 9302-262
EPMA

CAT. 118
Clichés de l'album photographique des troupes britanniques basées à Arkhangelsk (Russie) entre juin 1918 et mars 1920
Londres, Courtesy of the Council of the National Army Museum, inv. 6410-116
EPMA

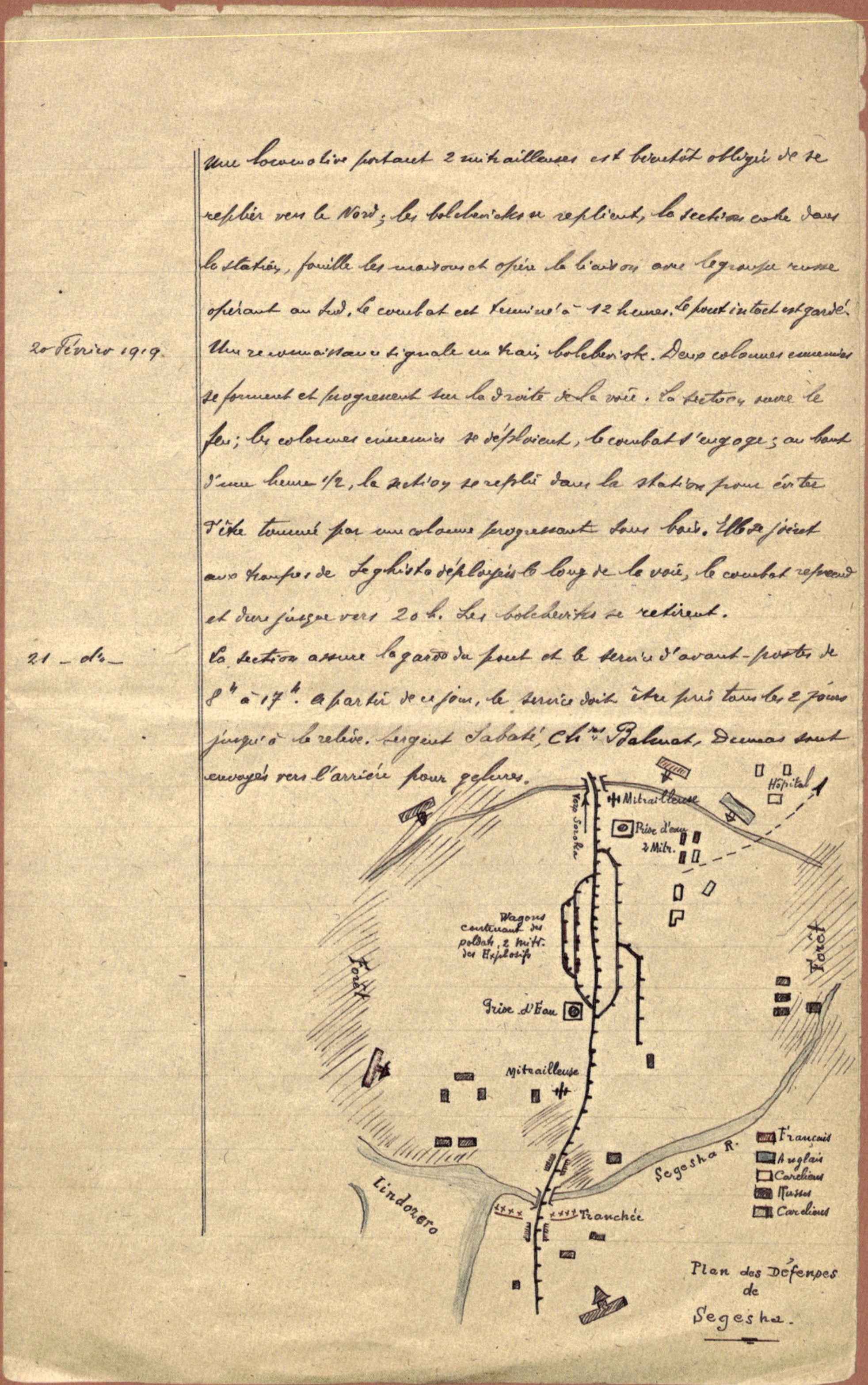
une locomotive portant 2 mitrailleuses est bientôt obligée de se replier vers le Nord ; les bolcheviks se replient, la section entre dans la station, fouille les maisons et opère la liaison avec le groupe russe opérant au Sud. Le combat est terminé à 12 heures. Le pont intact est gardé.

20 Février 1919. Une reconnaissance signale un train bolchevik. Deux colonnes ennemies se forment et progressent sur la droite de la voie. La section ouvre le feu ; les colonnes ennemies se déploient, le combat s'engage ; au bout d'une heure 1/2, la section se replie dans la station pour éviter d'être tournée par une colonne progressant sous bois. Elle se joint aux troupes de Segeshka déployées le long de la voie, le combat reprend et dure jusque vers 20 h. Les bolcheviks se retirent.

21 – d° – La section assure la garde du pont et le service d'avant-postes de 8h à 17h. A partir de ce jour, le service doit être pris tous les 2 jours jusqu'à la relève. Sergent Sabaté, Ch^ur Balmat, Dumas sont envoyés vers l'arrière pour gelures.

116

117

117

118

118

118

CAT. 119
Tract du Parti socialiste contre l'intervention française en Russie
Ce tract est publié à l'occasion d'un débat à la Chambre des députés sur l'intervention militaire française en mer Noire. Il émane de la fraction socialiste favorable à la révolution bolchevique, qui dénonce l'action de la France contre l'Armée rouge. L'auteur fait référence à une solidarité de classe, en appelant les prolétaires à se dresser contre le capitalisme et le tsarisme, autant qu'à l'héritage de 1793, qui a vu la France porter la guerre contre les monarchies étrangères.
Vincennes, Service historique de la Défense, GR 20 N 728
P. C.

PARTI SOCIALISTE

(Section française de l'Internationale ouvrière)

CONTRE L'INTERVENTION EN RUSSIE

Aux Travailleurs de France

En dépit des protestations sans cesse renouvelées de nos organisations socialistes et ouvrières, des campagnes quotidiennes de notre presse, des mises en demeure de nos élus à la Chambre, le gouvernement français continue, avec ses alliés, à faire la guerre aux Révolutions ouvrières.

Depuis bientôt deux ans, et plus particulièrement depuis l'armistice, nos soldats, nos marins, notre argent sont employés à cette besogne de réaction. Pour écraser le Prolétariat de Russie et de Hongrie, nos dirigeants ont lié partie avec les aventuriers en révolte des régimes déchus. Ils entretiennent de nos deniers Chapline à Arkhangel, Dénikine au Kouban, Koltchak en Sibérie, tous les rescapés du tsarisme qui, à la tête de quelques bandes de mercenaires et appuyés sur tout ce que la Russie compte d'éléments hostiles à la démocratie, tentent d'abattre la Révolution au profit du vieux régime renversé. Ils encouragent et subventionnent les entreprises des réactionnaires de Finlande, d'Esthonie, de Pologne, de Roumanie contre les Républiques ouvrières.

Ils fournissent des cadres, du matériel de guerre, des munitions, de l'or par millions. Des troupes françaises et des contingents alliés sont maintenus à Arkhangel. La flotte anglaise bombarde la côte russe de la Baltique. La flotte française opère dans la mer Noire et si un corps expéditionnaire débarqué à Odessa n'a pu s'y maintenir, il n'en demeure pas moins que, sur divers points, le territoire de la Russie a été envahi, sans déclaration de guerre par les forces de l'Entente.

La nouvelle Sainte-Alliance soumet la Russie et la Hongrie au blocus le plus rigoureux. Des millions et des millions d'êtres humains, vieillards, femmes, enfants, sont ainsi condamnés, par l'odieux système du cordon sanitaire, à la misère, à la faim, au dépérissement, à une lente agonie. Ils n'ont pas commis d'autre crime que de vivre en des pays où le Travail tente de s'affranchir en se substituant à l'anarchie capitaliste.

L'Entente ne pardonne pas aux prolétaires de Russie et de Hongrie d'avoir voulu briser leurs chaînes et instituer l'ordre nouveau qu'annonce et prépare, depuis trois quarts de siècle, le Socialisme international. Elle sait que leur triomphe sonnerait le glas des privilèges capitalistes. Victorieux en Russie et en Hongrie, le Socialisme étendrait à l'Europe entière ses conquêtes. Nos gouvernements, dont les desseins impérialistes sont aujourd'hui démasqués, ne redoutent rien tant que cet effondrement d'un ordre social périmé dont la guerre, par la ruine de tous les pays, a rendu la chute partout inévitable et prochaine.

C'est pourquoi, six mois après la conclusion de l'armistice, alors que la sécurité de notre pays dans ses frontières est assurée, l'état de siège est maintenu, la démobilisation arrêtée, la guerre rallumée pour des intérêts de classe et de caste, malgré notre désir et notre besoin de paix.

Par une scandaleuse aberration, voici que c'est la France — la France qui s'est trouvée en 1793 aux prises avec la coalition des absolutismes acharnés à sa perte — elle prend aujourd'hui la tête d'une coalition de même ordre, oubliant tout à la fois son passé révolutionnaire et les menées de trahison du tsarisme lui-même.

119

120

121

DOWÓDZTWO M.S.WOJSK.

Nr. LEG. 22664

LEGITYMACJA

Marszałek Francji Pétain

(ODDZIAŁ ......) UPRAWNIONYM JEST DO NOSZENIA „KRZYŻA WALECZNYCH" Z (trzema OKUCIEM), NADANEGO MU ROZKAZEM Nr. 3367

DTW M.S.WOJSK. DNIA 5/X. 21 r.

Minister Spraw Wojskowych

DOWÓDCA DYW. (ARMJI)

Generał Porucznik

...ATW... NASTĄPIŁO DEK... ...EGO WODZA Nr. ... ...EGO W DZIENNIKU PERS... M. S. WOJSKOWYCH Z DNIA

(PODPIS)

122

CAT. 120

Stick du général Maxime Weygand

Paris, musée de l'Armée, don de Monsieur Weygand, 1969, inv. 20077

EPMA

CAT. 121

Képi du général Maxime Weygand, modèle 1919

Au début de l'été 1920, Weygand est envoyé en Pologne, au moment où elle est menacée par l'invasion de l'Armée rouge, comme conseiller du chef de l'État et de l'état-major polonais. Il participe à la réorganisation des pratiques du haut commandement polonais auquel il insuffle les méthodes françaises. Il contribue aussi à l'élaboration du plan de la bataille d'arrêt, puis de la contre-offensive conduite directement par Piłsudski depuis les rives de la rivière Wieprz, qui sauve la Pologne lors de la bataille de Varsovie.

Paris, musée de l'Armée, don de Monsieur Weygand, 1969, inv. 20078

EPMA

CAT. 122

Certificat et croix de la valeur dite « des Vaillants » du maréchal Philippe Pétain, décernée le 5 octobre 1921 par le ministère des Armées polonais

Paris, musée de l'Armée, cession de la Direction des Domaines de l'État, 2017, inv. 2017.24.3

EPMA

CAT. 123
Fanion du général Henri Le Rond, président de la Commission interalliée en Haute-Silésie
En novembre 1919, le général Henri Le Rond est mis à la disposition du ministère des Affaires étrangères afin d'occuper, en application de l'article 88 du traité de Versailles, la fonction de président de la Commission interalliée de gouvernement et de plébiscite de la Haute-Silésie. Pour accomplir sa mission, il a sous ses ordres des troupes françaises, britanniques et italiennes. Il s'emploie sur place, à Oppeln (Opole), à calmer les esprits des populations allemandes et polonaises inquiètes de leur avenir et à organiser le plébiscite qui se déroule en mars 1921.
Paris, musée de l'Armée, don du général Le Rond, 1924, inv. 1855 C1
EPMA

CAT. 124
Étendard de l'escadrille SAL 580 (Salmson), unité aérienne française déployée en Pologne en avril 1919 pour aider l'armée polonaise à lutter contre les bolcheviks
Varsovie, Muzeum Wojska Polskiego (musée de l'Armée polonaise)
EPMA

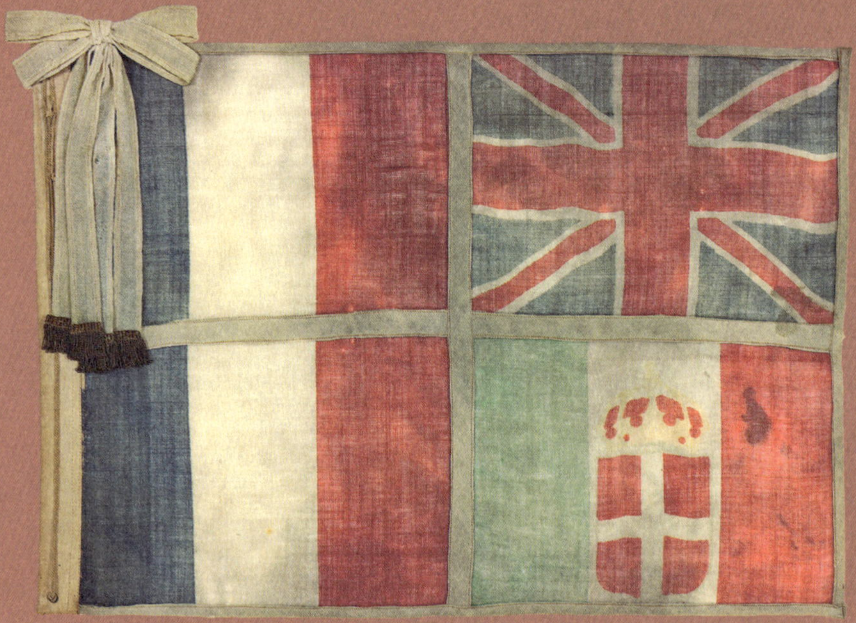
123

124

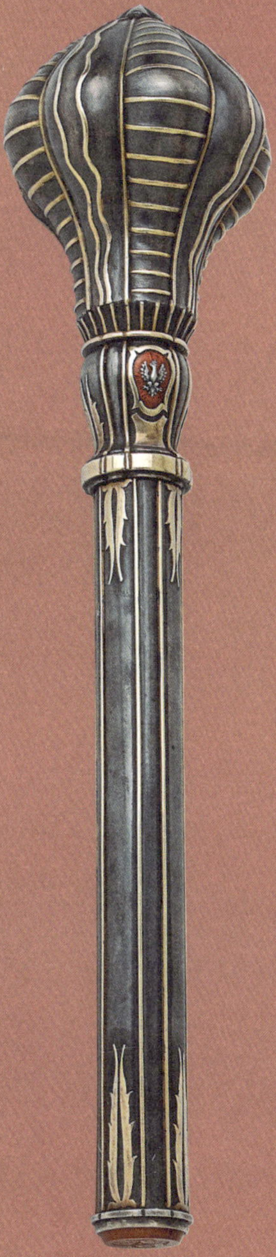

125

126

127

CAT. 125

Bâton de maréchal de Pologne du maréchal Ferdinand Foch

Ce bâton de maréchal de Pologne est remis à Foch le 2 mai 1923 par le général Sosnkowski, ministre de la Guerre, à la frontière austro-polonaise. Exécuté à l'imitation d'une masse d'armes polonaise du XVIe siècle, en acier bleui incrusté de vermeil, il présente deux médaillons d'émaux translucides rouges. Sur l'un se dessine l'aigle héraldique de Pologne et sur le second les initiales «RP» pour *Respublica Polonorum*. Le culot du bâton porte une agate sur laquelle sont gravés deux «F», monogramme du récipiendaire du bâton : Ferdinand Foch.

Paris, musée de l'Armée, don des familles Fournier-Foch et Becourt Foch, inv. 4371

EPMA

CAT. 126/127

Grand cordon (sans insigne) et plaque de l'ordre du Virtuti Militari (1re classe)

L'ordre du Virtuti Militari, créé en 1792 par le roi Poniatowski, est recréé par la Deuxième République de Pologne, le 1er avril 1919. C'est la plus haute distinction militaire polonaise. D'abord décoré de la Croix d'argent (5e classe) en 1921 par le maréchal Piłsudski, le maréchal Foch reçoit la Grand-Croix (1re classe) le 14 juin 1923, le même jour que Piłsudski. La Grand-Croix de l'ordre du Virtuti Militari est décernée à un commandant militaire qui a gagné une guerre ou remporté des victoires remarquables lors de campagnes.

Paris, musée de l'Armée, don des familles Fournier-Foch et Becourt Foch, inv. 2010.19.27-1 et 2

EPMA

ru "Odrodzenia Polski" klasy III,

Juljanowi Jakóbowi Jerzemu Baudoin, majorowi wojsk francuskich, odznaki orderu "Odrodzenia Polski" klasy III,

Eugenjuszowi Fryderykowi Poisson, podintendentowi wojsk francuskich, odznaki orderu "Odrodzenia Polski" klasy IV,

Kamilowi Henrykowi Luitz, majorowi wojsk francuskich, odznaki orderu "Odrodzenia Polski" klasy IV,

Franciszkowi Thabard, majorowi wojsk francuskich, odznaki orderu "Odrodzenia Polski" klasy IV,

Karolowi Andrzejowi Józefowi Marji de Gaulle, majorowi wojsk francuskich, odznaki orderu "Odrodzenia Polski" klasy IV,

Emanuelowi Ludwikowi Perret, majorowi wojsk francuskich, odznaki orderu "Odrodzenia Polski" klasy IV,

Janowi Fabas, kapitanowi wojsk francuskich, odznaki orderu "Odrodzenia Polski" klasy IV,

Marji Aleksis Eugenjuszowi Lecrivein, kapitanowi wojsk francuskich, odznaki orderu "Odrodzenia Polski" klasy IV,

Janowi Labat, porucznikowi wojsk francuskich, odznaki orderu "Odrodzenia Polski" klasy IV, -

z prośbą o przedłożenie ich do podpisu Naczelnikowi Państwa.

Równocześnie dołącza się odpis wniosku Ministra Spraw Zagranicznych Nr.P.D.2152, uchwalonego na posiedzeniu Rady Ministrów 21 grudnia 1921 r.

Z a PREZYDENTA MINISTRÓW

DYREKTOR DEPARTAMENTU

128

CAT. 128
Liste d'officiers français à qui une décoration militaire a été remise par la Pologne, datée du 3 mars 1922
Le nom du capitaine Charles de Gaulle apparaît à la dixième ligne. Il reçoit la Croix d'officier de l'ordre Polonia («ordre de la Pologne restaurée»), créé en février 1921. Entre avril 1919 et janvier 1921, de Gaulle séjourne à deux reprises à Varsovie, comme instructeur à l'école d'infanterie de Rembertow puis comme officier d'état-major au front pendant la guerre russo-polonaise de 1920.
Collection Jean-Pierre Verney
EPMA

CAT. 129
Mission militaire alliée en Pologne
Texte de l'accord entre le gouvernement français et le comité national polonais sur les avantages octroyés aux militaires de l'Armée française en Pologne, 15 janvier 1919
La Courneuve, Archives du ministère de l'Europe et des Affaires étrangères, inv. 106CPCOM 37
EPMA

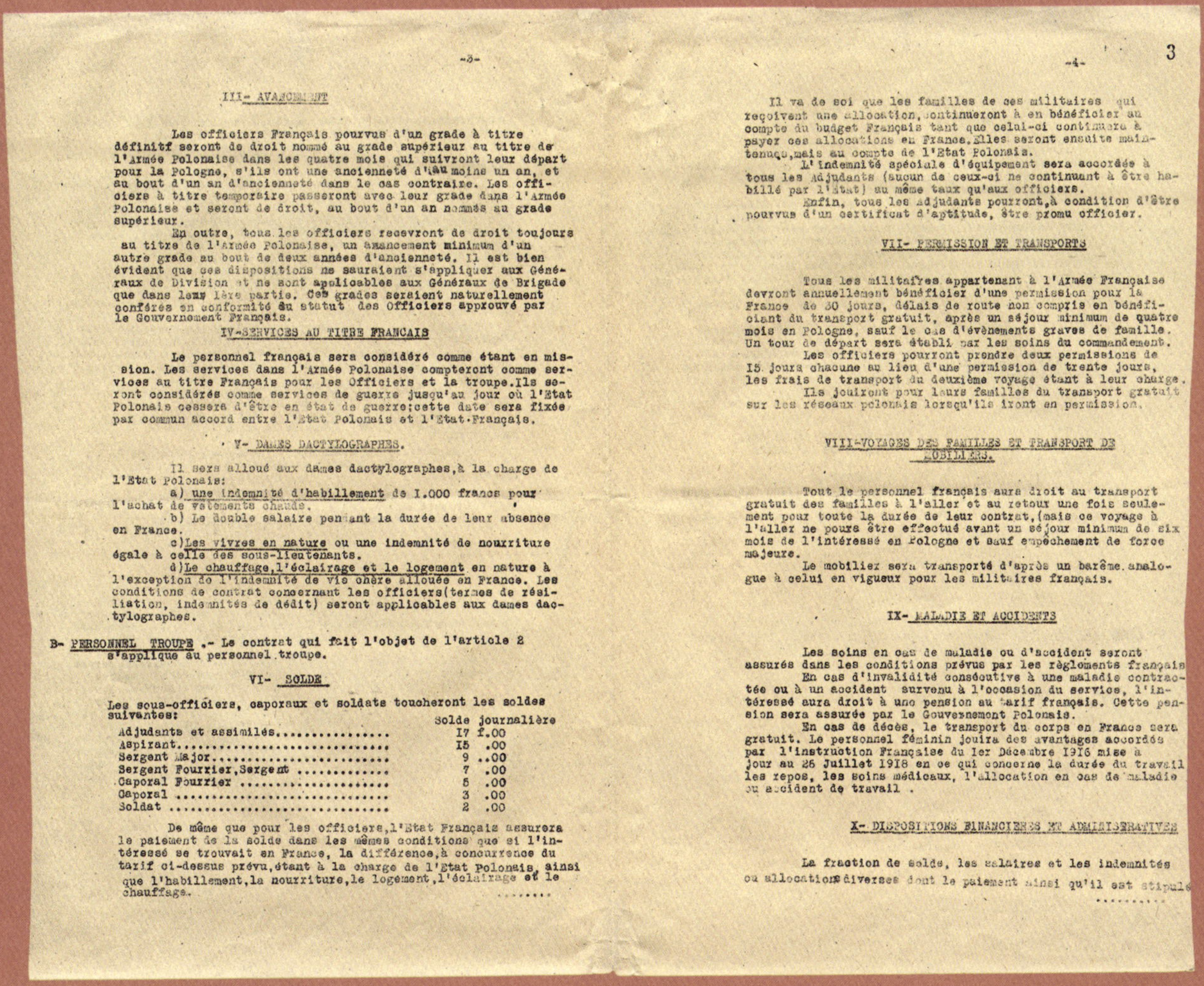

-3-

III- AVANCEMENT

Les officiers Français pourvus d'un grade à titre définitf seront de droit nommé au grade supérieur au titre de l'Armée Polonaise dans les quatre mois qui suivront leur départ pour la Pologne, s'ils ont une ancienneté d'au moins un an, et au bout d'un an d'ancienneté dans le cas contraire. Les officiers à titre temporaire passeront avec leur grade dans l'Armée Polonaise et seront de droit, au bout d'un an nommés au grade supérieur.

En outre, tous les officiers recevront de droit toujours au titre de l'Armée Polonaise, un amancement minimum d'un autre grade au bout de deux années d'ancienneté. Il est bien évident que ces dispositions ne sauraient s'appliquer aux Généraux de Division et ne sont applicables aux Généraux de Brigade que dans leur 1ère partie. Ces grades seraient naturellement conférés en conformité au statut des Officiers approuvé par le Gouvernement Français.

IV-SERVICES AU TITRE FRANCAIS

Le personnel français sera considéré comme étant en mission. Les services dans l'Armée Polonaise compteront comme services au titre Français pour les Officiers et la troupe. Ils seront considérés comme services de guerre jusqu'au jour où l'État Polonais cessera d'être en état de guerre; cette date sera fixée par commun accord entre l'État Polonais et l'État Français.

V- DAMES DACTYLOGRAPHES.

Il sera alloué aux dames dactylographes, à la charge de l'Etat Polonais:

a) une indemnité d'habillement de 1.000 francs pour l'achat de vetements chauds.

b) Le double salaire pendant la durée de leur absence en France.

c) Les vivres en nature ou une indemnité de nourriture égale à celle des sous-lieutenants.

d) Le chauffage, l'éclairage et le logement en nature à l'exception de l'indemnité de vie chère allouée en France. Les conditions de contrat concernant les officiers (termes de résiliation, indemnités de dédit) seront applicables aux dames dactylographes.

B- PERSONNEL TROUPE.- Le contrat qui fait l'objet de l'article 2 s'applique au personnel troupe.

VI- SOLDE

Les sous-officiers, caporaux et soldats toucheront les soldes suivantes:

	Solde journalière
Adjudants et assimilés................	17 f.00
Aspirant..............................	15 .00
Sergent Major.........................	9 ..00
Sergent Fourrier, Sergent	7 .00
Caporal Fourrier	5 .00
Caporal	3 .00
Soldat	2 .00

De même que pour les officiers, l'Etat Français assurera le paiement de la solde dans les mêmes conditions que si l'intéressé se trouvait en France, la différence, à concurrence du tarif ci-dessus prévu, étant à la charge de l'Etat Polonais, ainsi que l'habillement, la nourriture, le logement, l'éclairage et le chauffage.
....

-4- 3

Il va de soi que les familles de ces militaires qui reçoivent une allocation, continueront à en bénéficier au compte du budget Français tant que celui-ci continuera à payer ces allocations en France. Elles seront ensuite maintenues, mais au compte de l'Etat Polonais.

L'indemnité spéciale d'équipement sera accordée à tous les Adjudants (aucun de ceux-ci ne continuant à être habillé par l'Etat) au même taux qu'aux officiers.

Enfin, tous les Adjudants pourront, à condition d'être pourvus d'un certificat d'aptitude, être promu officier.

VII- PERMISSION ET TRANSPORTS

Tous les militaires appartenant à l'Armée Française devront annuellement bénéficier d'une permission pour la France de 30 jours, délais de route non compris en bénéficiant du transport gratuit, après un séjour minimum de quatre mois en Pologne, sauf le cas d'évènements graves de famille. Un tour de départ sera établi par les soins du commandement.

Les officiers pourront prendre deux permissions de 15 jours chacune au lieu d'une permission de trente jours, les frais de transport du deuxième voyage étant à leur charge.

Ils jouiront pour leurs familles du transport gratuit sur les réseaux polonais lorsqu'ils iront en permission.

VIII-VOYAGES DES FAMILLES ET TRANSPORT DE MOBILIERS.

Tout le personnel français aura droit au transport gratuit des familles à l'aller et au retour une fois seulement pour toute la durée de leur contrat, (mais ce voyage à l'aller ne poura être effectué avant un séjour minimum de six mois de l'intéressé en Pologne et sauf empêchement de force majeure.

Le mobilier sera transporté d'après un barême analogue à celui en vigueur pour les militaires français.

IX- MALADIE ET ACCIDENTS

Les soins en cas de maladie ou d'accident seront assurés dans les conditions prévus par les règloments français

En cas d'invalidité consécutive à une maladie contractée ou à un accident survenu à l'occasion du service, l'intéressé aura droit à une pension au tarif français. Cette pension sera assurée par le Gouvernement Polonais.

En cas de décès, le transport du corps en France sera gratuit. Le personnel féminin jouira des avantages accordés par l'instruction Française du 1er Décembre 1916 mise à jour au 26 Juillet 1918 en ce qui concerne la durée du travail les repos, les soins médicaux, l'allocation en cas de maladie ou accident de travail.

X- DISPOSITIONS FINANCIERES ET ADMINISTRATIVES

La fraction de solde, les salaires et les indemnités ou allocations diverses dont le paiement ainsi qu'il est stipulé
....

129

CAT. 130
Ordre de service du soldat Paschowicz pour la mission militaire française en Pologne, 20 février 1919
La Courneuve, archives du ministère de l'Europe et des Affaires étrangères, inv. 106CPCOM 37
EPMA

CAT. 131
Stationnement des forces alliées en Haute-Silésie à la date du 10 mai 1920
Annexée à l'un des comptes rendus périodiques adressés par le général Grahier, commandant supérieur des forces alliées en Haute-Silésie, au comité militaire allié de Versailles, cette carte fait apparaître les lieux de stationnement des troupes italiennes (en rouge) et des troupes françaises (en bleu). Plus nombreuses, celles-ci se concentrent autour d'Oppeln, siège de l'état-major allié, et dans le triangle industriel formé par les villes de Beuthen, Kattowitz et Gleiwitz.
Nantes, archives du ministère de l'Europe et des Affaires étrangères, Commission interalliée de gouvernement et de plébiscite en Haute-Silésie, inv. 6POI/1/11
A. C. B.

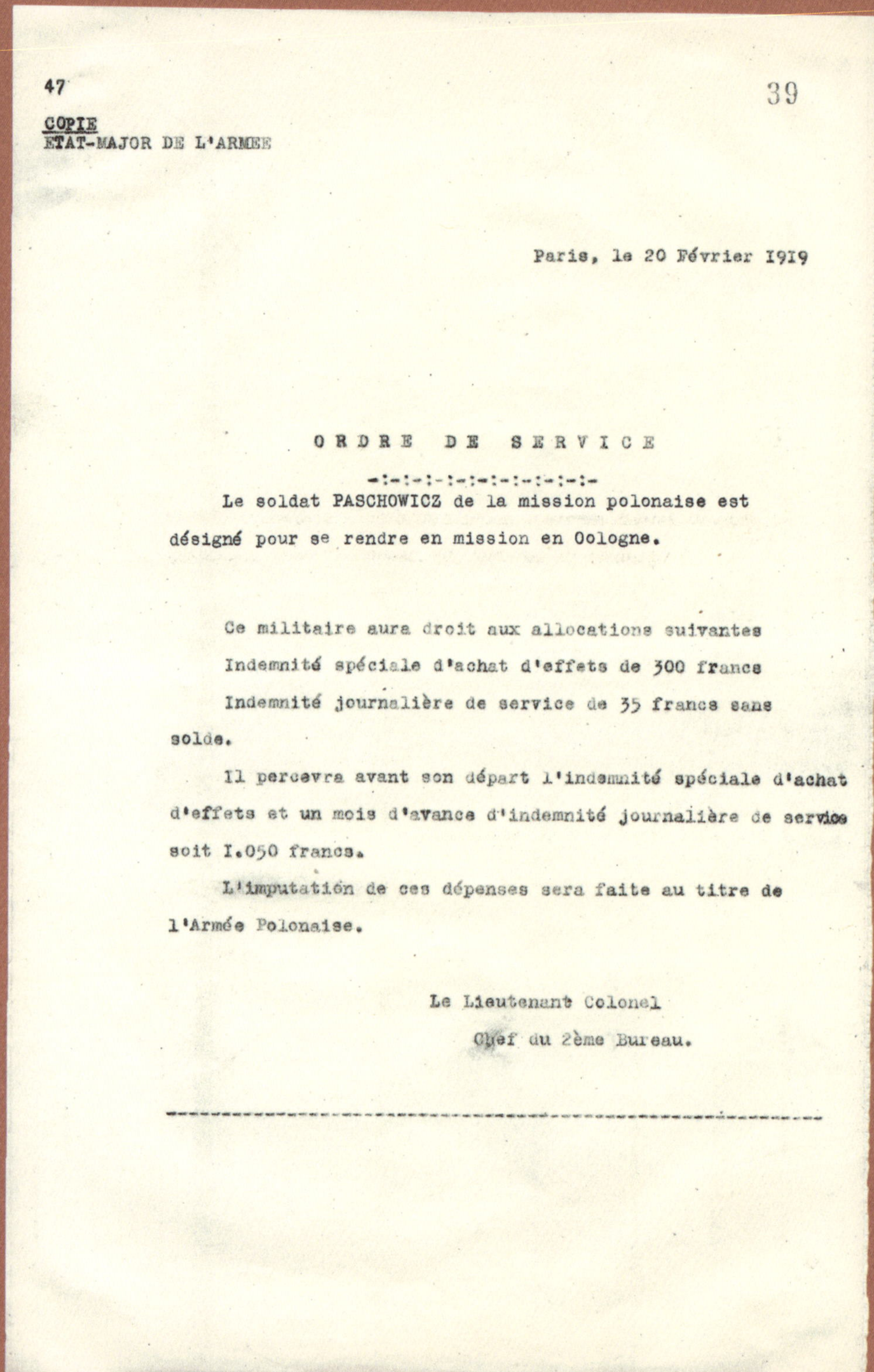

47 39

COPIE
ETAT-MAJOR DE L'ARMEE

Paris, le 20 Février 1919

O R D R E D E S E R V I C E
-:-:-:-:-:-:-:-:-:-:-:-

Le soldat PASCHOWICZ de la mission polonaise est désigné pour se rendre en mission en Oologne.

Ce militaire aura droit aux allocations suivantes
Indemnité spéciale d'achat d'effets de 300 francs
Indemnité journalière de service de 35 francs sans solde.

Il percevra avant son départ l'indemnité spéciale d'achat d'effets et un mois d'avance d'indemnité journalière de service soit I.050 francs.

L'imputation de ces dépenses sera faite au titre de l'Armée Polonaise.

Le Lieutenant Colonel
Chef du 2ème Bureau.

130

HAUTE-SILÉSIE

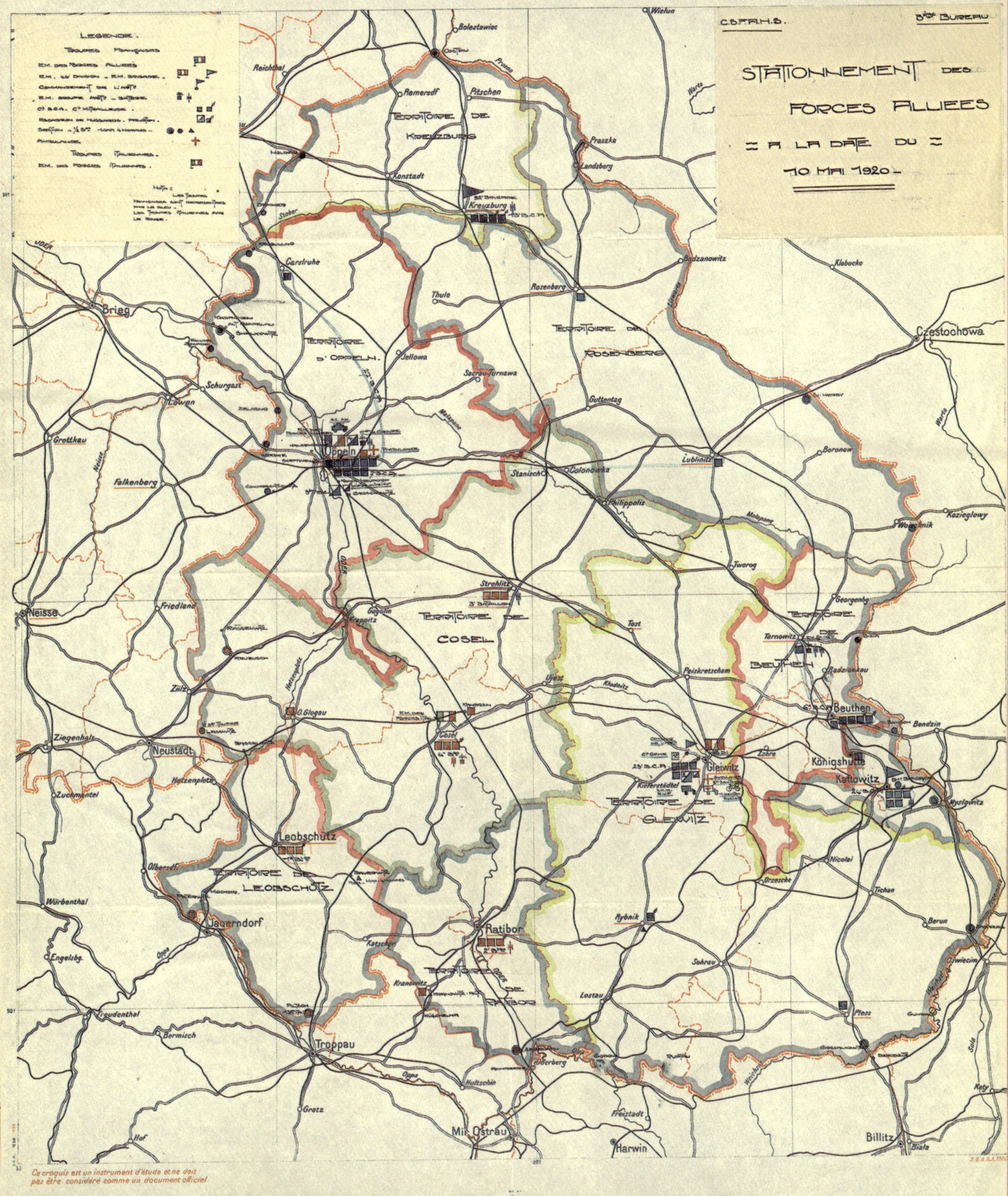

CAT. 132
Le problème de Memel exposé devant la conférence des ambassadeurs, 1923
En 1920, le traité de Versailles consacre la création du territoire de Memel, indépendamment de la volonté de ses habitants. Ce territoire est placé sous le contrôle de la conférence des ambassadeurs et sous administration française. En janvier 1923, l'armée lituanienne envahit le territoire, alors que la garnison française est en large infériorité numérique : le territoire est annexé au bout de dix jours de combats. La question est alors soumise devant la conférence des ambassadeurs en février. Le 8 mai 1924, elle signe une convention avec la Lituanie confirmant l'annexion de ce territoire en majorité germanophone par cette dernière, mais sous la forme d'une région autonome. L'annexion donne à la Lituanie le contrôle d'un port sur la mer Baltique libre de glaces toute l'année.
La Courneuve, Archives du ministère de l'Europe et des Affaires étrangères, inv. 101CPCOM18
P.G.

CAT. 133
Memel
Message annonçant que le territoire est mis sous mandat de la Société des Nations, 1919
Nanterre, La contemporaine, bibliothèque, archives, musée des mondes contemporains, inv. F delta rés 858/14
EPMA

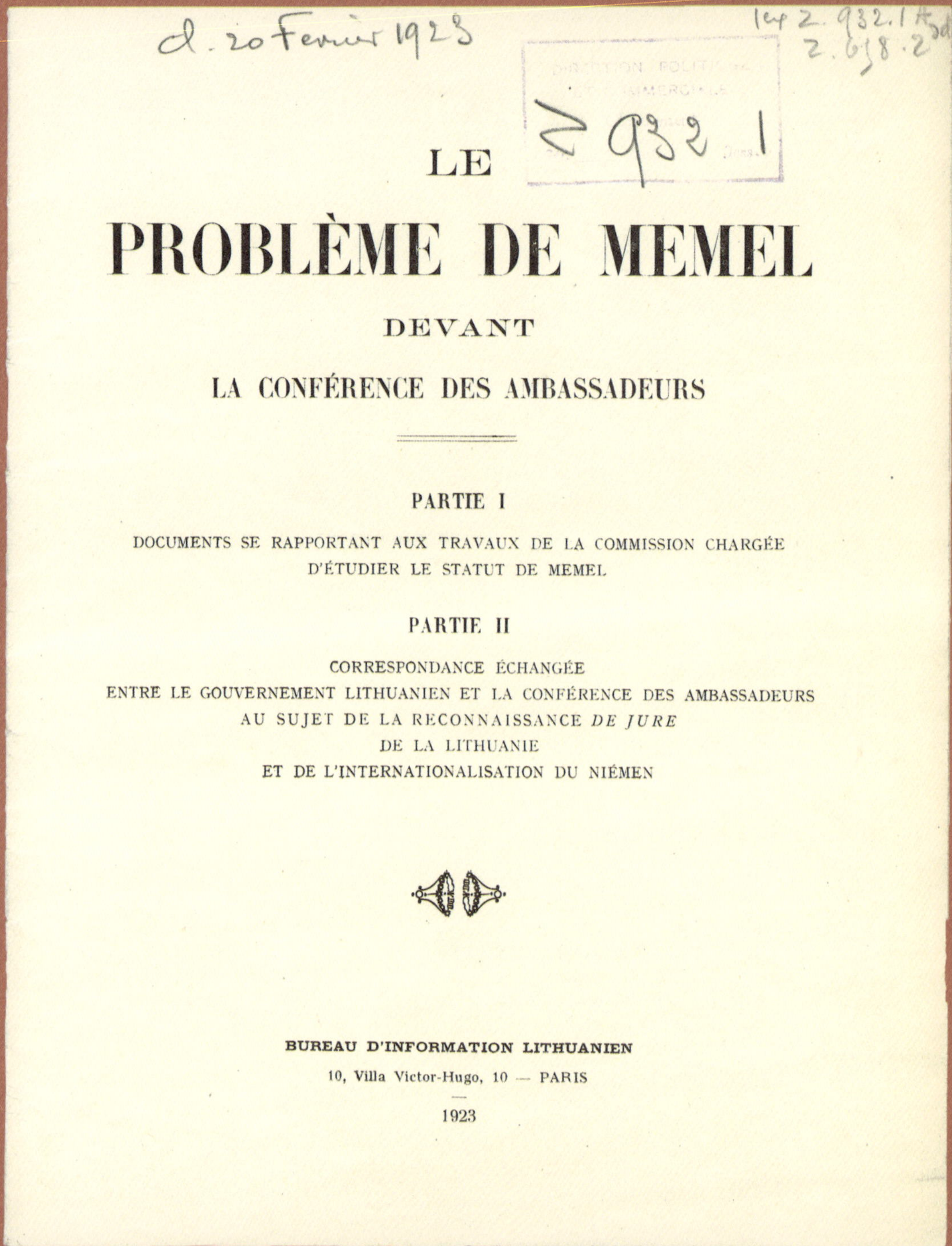
d. 20 Février 1923

LE

PROBLÈME DE MEMEL

DEVANT

LA CONFÉRENCE DES AMBASSADEURS

PARTIE I

DOCUMENTS SE RAPPORTANT AUX TRAVAUX DE LA COMMISSION CHARGÉE D'ÉTUDIER LE STATUT DE MEMEL

PARTIE II

CORRESPONDANCE ÉCHANGÉE ENTRE LE GOUVERNEMENT LITHUANIEN ET LA CONFÉRENCE DES AMBASSADEURS AU SUJET DE LA RECONNAISSANCE *DE JURE* DE LA LITHUANIE ET DE L'INTERNATIONALISATION DU NIÉMEN

BUREAU D'INFORMATION LITHUANIEN
10, Villa Victor-Hugo, 10 — PARIS
1923

132

M.273.

M E M E L.

The Allied and Associated Powers reject the suggestion that the cession of the district of Memel conflicts with the principle of nationality. The district in question has always been Lithuanian; the majority of the population is Lithuanian in origin and in speech; and the fact that the city of Memel itself is in large part German is no justification for maintaining this whole district under German sovereignty. ✗

It has been decided that Memel and the adjoining district shall be transferred to the Allied and Associated Powers for the reason that the status of the Lithuanian territories is not yet established.

---

in view of the fact that ~~Memel~~
~~Moreover~~, particularly ~~since~~ ~~the only sea outlet~~
the port of Memel is the only sea outlet.
~~of the~~ for Lithuania

CAT. 134
Croix de 1re classe de l'ordre du Lāčplēsis (tueur d'ours), Lettonie, décernée au maréchal Foch en 1922
Paris, musée de l'Armée, don des familles Fournier-Foch et Becourt Foch, 1984, inv. 2010.19.21.1 et 2010.19.45
EPMA

CAT. 135
Croix de la Liberté (1re classe) décernée au maréchal Philippe Pétain par le gouvernement estonien en 1919
Paris, musée de l'Armée, cession de la Direction des Domaines de l'État, 2013, inv. 2013.34.18
EPMA

134

135

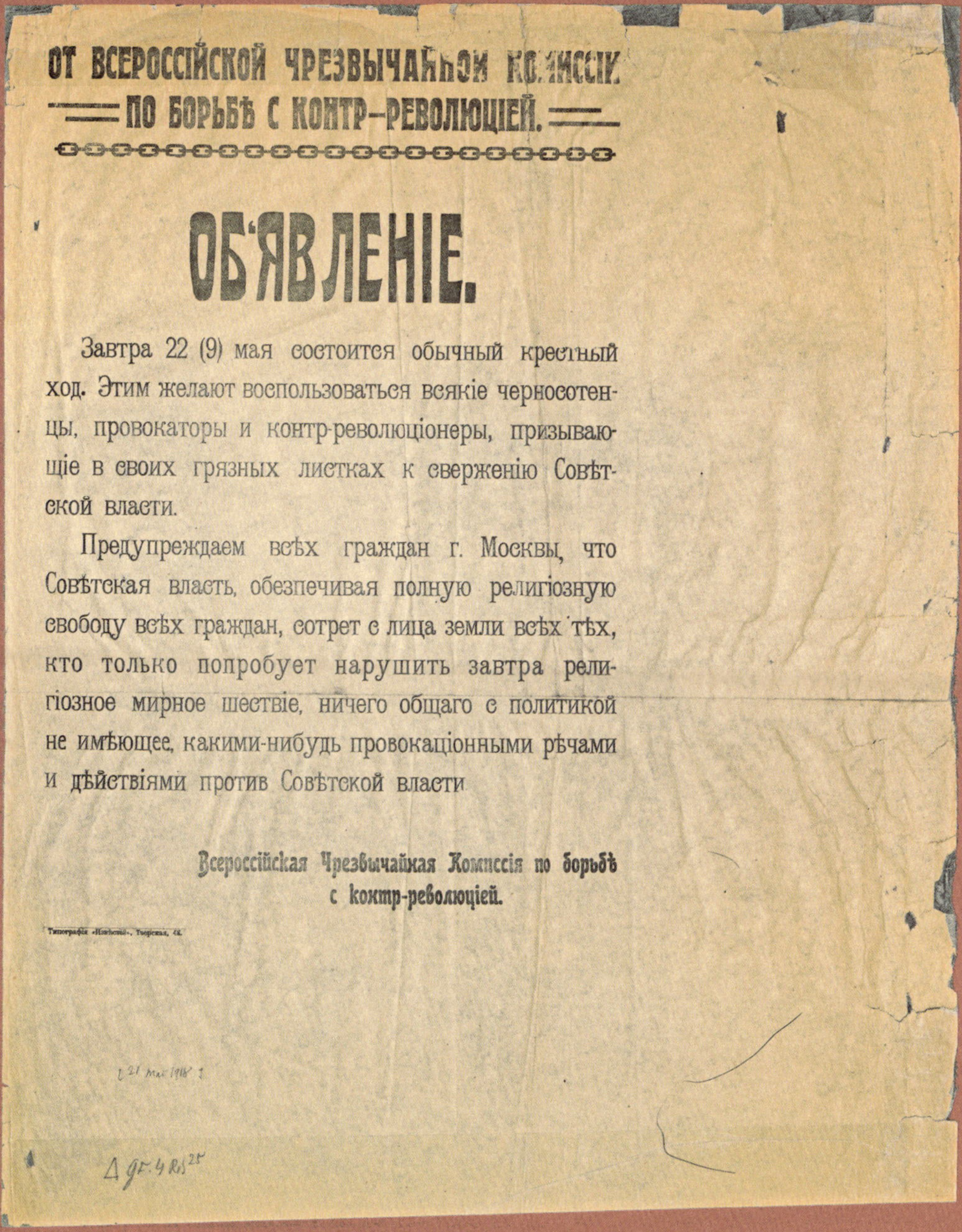

ОТ ВСЕРОССІЙСКОЙ ЧРЕЗВЫЧАЙНОЙ КОМИССІИ
ПО БОРЬБѢ С КОНТР-РЕВОЛЮЦІЕЙ.

ОБ'ЯВЛЕНІЕ.

Завтра 22 (9) мая состоится обычный крестный ход. Этим желают воспользоваться всякіе черносотенцы, провокаторы и контр-революціонеры, призывающіе в своих грязных листках к свержению Совѣтской власти.

Предупреждаем всѣх граждан г. Москвы, что Совѣтская власть, обезпечивая полную религіозную свободу всѣх граждан, сотрет с лица земли всѣх тѣх, кто только попробует нарушить завтра религіозное мирное шествіе, ничего общаго с политикой не имѣющее, какими-нибудь провокаціонными рѣчами и дѣйствіями против Совѣтской власти

Всероссійская Чрезвычайная Комиссія по борьбѣ с контр-революціей.

Типографія «Извѣстій», Тверская, 48.

136

CAT. 136
Proclamation de la Tcheka, datée de mai 1918
Officiellement créée par Lénine le 20 décembre 1917 dont le premier chef est le révolutionnaire d'origine polonaise Félix Dzerjinski, la Tcheka, acronyme de la « Commission extraordinaire panrusse pour la répression de la contre-révolution et du sabotage », est le principal instrument de la terreur des bolcheviks contre les ennemis de l'intérieur. En quelques années, ses effectifs augmentent rapidement passant de 2 000 agents en 1918 à 140 000 à la fin de la guerre civile.
Nanterre, La contemporaine, bibliothèque, musée des mondes contemporains, inv. gfp rés 0004 (25)

IV

L'EUROPE MÉDIANE

F. L.

138

137

CAT. 137

Canne en bois sculptée par un soldat austro-hongrois, portant les inscriptions « Karl Unger - Souvenir du front italien pendant la guerre 1914-1919 »
Vienne, HGM Heeresgeschichtliches Museum (musée d'Histoire militaire), inv. 2015/28/13
EPMA

CAT. 138

Blouse d'un prisonnier de guerre hongrois en Russie
Suite au traité de Brest-Litovsk en 1918, les prisonniers austro-hongrois et russes sont libérés : 1,2 million de soldats austro-hongrois sont concernés par cet élargissement, mais la guerre civile russe empêche leur retour, qui n'aura lieu qu'en 1922.
Budapest, Hadtörténiti Múzeum (institut et musée d'Histoire militaire), inv. RR1029
EPMA

L'Europe médiane, c'est, en 1914, l'Autriche-Hongrie, ainsi que les pays balkaniques ayant peu à peu accédé, plus particulièrement au début du xxe siècle, à une totale indépendance en se dégageant de la tutelle de l'Empire ottoman : Grèce, Serbie, Monténégro, Roumanie, Bulgarie, Albanie. La désagrégation de l'Autriche-Hongrie en 1918 et la quasi-disparition de la Turquie d'Europe bouleversent la région.

Les trois vaincus, l'Autriche, la Hongrie et la Bulgarie, perdent d'importantes portions de territoires et de populations, d'où un mécontentement qui attise les mouvements révolutionnaires – tel, en Hongrie, le bref gouvernement de Béla Kun – puis contre-révolutionnaires, cause de nombreuses et meurtrières violences. De nouveaux États apparaissent : la Tchécoslovaquie, le royaume des Serbes, Croates et Slovènes (future Yougoslavie). D'autres sortent très renforcés sur le plan territorial et démographique, notamment la Roumanie. Les traités officialisent ces vastes remaniements. Les contestations de frontières et les problèmes de minorités subsistent cependant. La Hongrie, notamment, se heurte à presque tous ses voisins. Des tensions apparaissent entre vainqueurs, par exemple entre l'Italie et le royaume des Serbes, Croates et Slovènes, pour le contrôle de Fiume et de sa région.

La France, présente militairement dans la région, pèse activement sur le règlement des conflits. Elle contribue à former les armées des États dont elle soutient l'action : Tchécoslovaquie, royaume des Serbes, Croates et Slovènes, Roumanie.

139

CAT. 139
***Búcsuztató…*, chanson d'adieu à la monarchie austro-hongroise par Mihály Biró (1886-1948), 1918**
Mihály Biró a étudié les arts appliqués dans l'Empire austro-hongrois, à Berlin, à Paris et à Londres. De retour en Hongrie, il adhère au Parti social-démocrate de Hongrie (MSzDP). En 1919, il s'installe à Vienne. Cette affiche fait référence à trois personnalités : l'écrivain et satiriste autrichien Karl Kraus, l'écrivain et journaliste hongrois Szini Gyula et le comte Mihály Károlyi, Premier ministre puis président de l'éphémère République démocratique hongroise avant que Béla Kun proclame la République des conseils.
Budapest, Magyar Nemzeti Múzeum (Musée national hongrois), inv. 57.007
EPMA

CAT. 140

Képi d'officier autrichien du 1er régiment d'Uhlans de la Landwehr avec les couleurs nationales

Vienne, HGM Heeresgeschichtliches Museum (musée d'Histoire militaire), inv. 1942/01/NI130086

EPMA

CAT. 141

Casquette d'officier de la Volkswehr autrichienne

La dislocation de l'Empire austro-hongrois entraîne la dissolution de son armée. Une armée semi-régulière, appelée Volkswehr («armée du peuple»), est formée sous la république d'Autriche allemande notamment pour agir contre les prétentions territoriales du royaume des Serbes, Croates et Slovènes en Carinthie. Ces unités sont composées notamment de soldats et d'officiers de l'ancienne armée austro-hongroise.

Vienne, HGM Heeresgeschichtliches Museum (musée d'Histoire militaire), inv. 1926/01/NI12382

EPMA

140

141

142

143

CAT. 142
Vareuse d'officier supérieur du 82e régiment d'infanterie austro-hongrois, 1918
Vienne, HGM Heeresgeschichtliches Museum (musée d'Histoire militaire), inv. 1988/02/020-334
EPMA

CAT. 143
Soldat de l'armée nationale hongroise
Créée en juin 1919, l'armée nationale hongroise est la force armée officielle de l'État, commandée par l'amiral Horthy, chef des forces armées contre-révolutionnaires. Ne pouvant pas être dotées de nouveaux uniformes et équipements, les unités doivent reprendre les anciennes tenues de la Première Guerre mondiale, apparues en 1915, en y apportant de légères modifications. Ainsi, les récents symboles nationaux sont fixés sur les bonnets de police, sur les manches de vestes ou de capote.
Budapest, Hadtörténiti Múzeum (institut et musée d'Histoire militaire)
EPMA

CAT. 144
Drapeau du 1er régiment de hussards de l'armée royale hongroise de 1921, modèle 1920
Budapest, Hadtörténiti Múzeum (institut et musée d'Histoire militaire), inv. 2005.2.1./ZI
EPMA

CAT. 145
Croix de service d'officier austro-hongrois de 3e classe, avant 1918
Budapest, Hadtörténiti Múzeum (institut et musée d'Histoire militaire), inv. 903/ND
EPMA

CAT. 146
Croix de service d'officier hongrois de 3e classe, 1923
Budapest, Hadtörténiti Múzeum (institut et musée d'Histoire militaire), inv. 91.47.1/E
EPMA

CAT. 147
Insigne d'officier, premier insigne officiel mis en place par l'armée hongroise à partir de 1920
Budapest, Hadtörténiti Múzeum (institut et musée d'Histoire militaire), inv. 177/2005/961.gysz.
EPMA

144

146

145

144

147

CAT. 148/ 149/150
Cartes postales contre le traité de Trianon et le partage de la Hongrie
Budapest, Magyar Nemzeti Múzeum (Musée national hongrois), inv. 76.953.1 ; 76.953.2 ; 76.953.3
EPMA

148

149

150

CAT. 151
[Voir p. 37]

CAT. 152
[Voir p. 59]

CAT. 153
Livret d'instruction technique établi par la commission de délimitation de la frontière entre la Roumanie et la Hongrie
La Courneuve, Archives du ministère de l'Europe et des Affaires étrangères, inv. 94CPCOM/66
EPMA

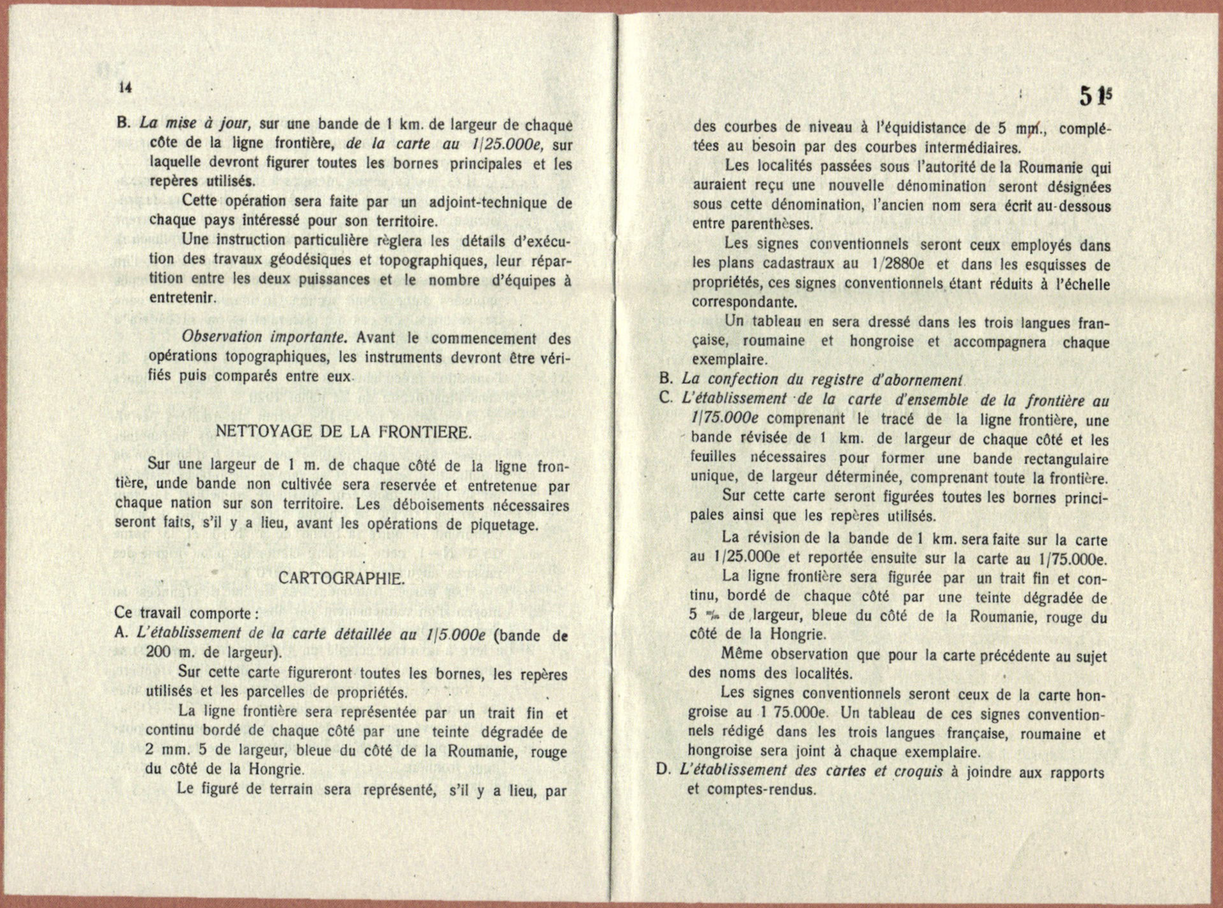

14

B. *La mise à jour,* sur une bande de 1 km. de largeur de chaque côte de la ligne frontière, *de la carte au 1/25.000e,* sur laquelle devront figurer toutes les bornes principales et les repères utilisés.

Cette opération sera faite par un adjoint-technique de chaque pays intéressé pour son territoire.

Une instruction particulière règlera les détails d'exécution des travaux géodésiques et topographiques, leur répartition entre les deux puissances et le nombre d'équipes à entretenir.

Observation importante. Avant le commencement des opérations topographiques, les instruments devront être vérifiés puis comparés entre eux.

NETTOYAGE DE LA FRONTIERE.

Sur une largeur de 1 m. de chaque côté de la ligne frontière, unde bande non cultivée sera reservée et entretenue par chaque nation sur son territoire. Les déboisements nécessaires seront faits, s'il y a lieu, avant les opérations de piquetage.

CARTOGRAPHIE.

Ce travail comporte :

A. *L'établissement de la carte détaillée au 1/5.000e* (bande de 200 m. de largeur).

Sur cette carte figureront toutes les bornes, les repères utilisés et les parcelles de propriétés.

La ligne frontière sera représentée par un trait fin et continu bordé de chaque côté par une teinte dégradée de 2 mm. 5 de largeur, bleue du côté de la Roumanie, rouge du côté de la Hongrie.

Le figuré de terrain sera représenté, s'il y a lieu, par

5 15

des courbes de niveau à l'équidistance de 5 m/m., complétées au besoin par des courbes intermédiaires.

Les localités passées sous l'autorité de la Roumanie qui auraient reçu une nouvelle dénomination seront désignées sous cette dénomination, l'ancien nom sera écrit au-dessous entre parenthèses.

Les signes conventionnels seront ceux employés dans les plans cadastraux au 1/2880e et dans les esquisses de propriétés, ces signes conventionnels étant réduits à l'échelle correspondante.

Un tableau en sera dressé dans les trois langues française, roumaine et hongroise et accompagnera chaque exemplaire.

B. *La confection du registre d'abornement.*

C. *L'établissement de la carte d'ensemble de la frontière au 1/75.000e* comprenant le tracé de la ligne frontière, une bande révisée de 1 km. de largeur de chaque côté et les feuilles nécessaires pour former une bande rectangulaire unique, de largeur déterminée, comprenant toute la frontière.

Sur cette carte seront figurées toutes les bornes principales ainsi que les repères utilisés.

La révision de la bande de 1 km. sera faite sur la carte au 1/25.000e et reportée ensuite sur la carte au 1/75.000e.

La ligne frontière sera figurée par un trait fin et continu, bordé de chaque côté par une teinte dégradée de 5 m/m de largeur, bleue du côté de la Roumanie, rouge du côté de la Hongrie.

Même observation que pour la carte précédente au sujet des noms des localités.

Les signes conventionnels seront ceux de la carte hongroise au 1 75.000e. Un tableau de ces signes conventionnels rédigé dans les trois langues française, roumaine et hongroise sera joint à chaque exemplaire.

D. *L'établissement des cartes et croquis* à joindre aux rapports et comptes-rendus.

153

CAT. 154
Actes de la Conférence de la paix à Paris sur les « frontières de l'Autriche et de Hongrie »
Notes du secrétaire pour la France prises au cours d'une conversation tenue dans le cabinet de M. Pichon, au Quai d'Orsay, le lundi 12 mai 1919 à 16 heures. Sont présents, notamment, Wilson, Lloyd George, Clemenceau et Orlando et leurs ministres ou secrétaires aux Affaires étrangères respectifs, White, Balfour, Pichon et Sonnino. La réunion porte sur l'organisation d'un plébiscite dans le bassin de Klagenfurt.
Nanterre, La contemporaine, bibliothèque, archives, musée des mondes contemporains, inv. F delta res 801/2/7-8
EPMA

56

- 2 -

I.- Frontières de l'Autriche et de Hongrie .- a)-Frontières entre la Yougo-Slavie et l'Autriche.-

M. CLEMENCEAU.- Je prierai M. Tardieu de nous exposer cette question au nom du Comité des Affaires Yougo-Slaves.

M. TARDIEU,- Fait un exposé très similaire à celui à celui figurant dans les procès verbaux I82 (8 Mai I9I9) et I84 (IO Mai I9I9).

M. BALFIUR,- C'est-on préoccupé des modalités du plebiscite qui doit avoir lieu dans le bassin de Klagenfurt ?

M. TARDIEU.- Le Comité ne s'en est pas préoccupé et estimait qu'il était inutile d'étudier les modalités du plebiscite avant que le principe même du plebiscite n'ait été accepté.

M. CLEMENCEAU.- Le principe du plebiscite est-il accepté ?

Président WILSON,- Répond dans l'affirmative.

M. LLOYD GEORGE,- accepte le principe du plesbicite.

Baron SONNINO.- Si nous décisons qu'un plebiscite dans la région de Klagenfurt, il faudra aussi en faire un dans la région de Marbourg et dans toutes les parties douteuses de la frontière.

M. BALFOUR.- Il est vrai qu'en dehors de Klagenfurt il y a d'autres régions dans lesquelles la population se trouve mélangée, mais si cette Conférence estime qu'elle a tous les éléments nécessaires pour trancher ces autres problèmes sans avoir besoin de recourir à un référendum, je ne vois pas pourquoi nous ne pourrions borner l'enquête consultative au bassin de Klagenfurt, si le Conseil estime qu'il n'a pas pour cette région toutes les données indispensables.

M. TARDIEU.- Je vous ferai remarquer que les décisons du Comité ont été prises à l'unanimité, non seulement en ce qui concerne les autres points de la frontière, mais même pour commander un plebiscite dans le bassin de Klagenfurt .

Président Wilson.......

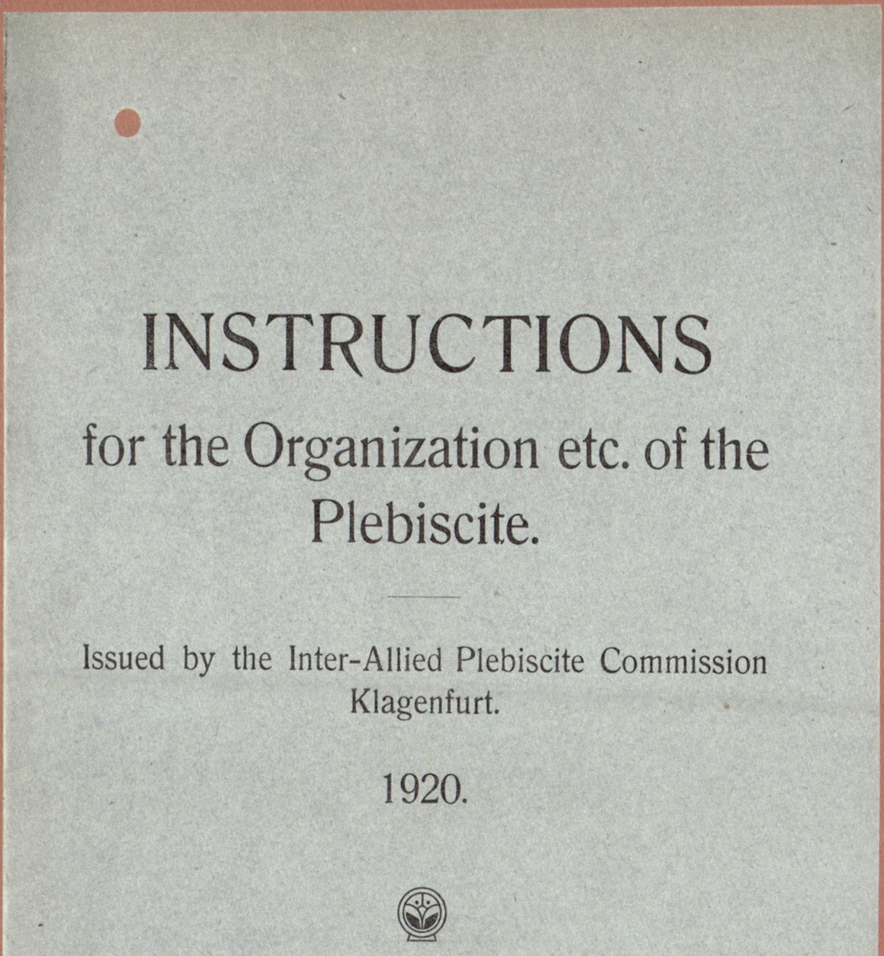
INSTRUCTIONS
for the Organization etc. of the
Plebiscite.

Issued by the Inter-Allied Plebiscite Commission
Klagenfurt.

1920.

INTER-ALLIED PLEBISCITE COMMISSION
KLAGENFURT.

85

Oesterreich.
Avstrija.

114

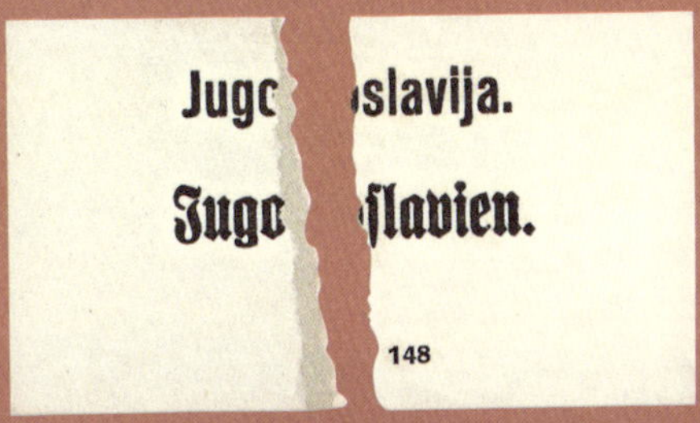
Jugo slavija.
Jugo slavien.

148

CAT. 155/156
Plébiscite de Klagenfurt, 1920
Livret d'instructions et bulletins de vote
La délimitation des nouvelles frontières des États issus de l'Empire austro-hongrois provoque des conflits notamment dans la région de Klagenfurt, en Carinthie, dont la population est composée d'habitants de langue germanique et de langue slovène. Le traité de Saint-Germain-en-Laye de 1919, qui dessine la frontière entre l'Autriche et l'État slave, prévoit à l'article 50 un plébiscite qui sera organisé par la Société des Nations dans le cadre d'une commission interalliée composée de Français, de Britanniques et d'Italiens. Ce plébiscite, qui se tient le 10 octobre 1920, attribue la province à l'Autriche à près de 60 % des voix.
Pierrefitte-sur-Seine, Archives nationales, inv. AJ/11
EPMA

CAT. 157

Tracé de la frontière hungaro-tchécoslovaque de 1922 près de la ferme de Szelespuszta (Schafstall)

Ce document illustre le fonctionnement de la commission de délimitation de la frontière hungaro-tchécoslovaque. Annexé au procès-verbal de la séance du 24 novembre 1922, ce croquis accompagne la question suivante : « La frontière suivra-t-elle aux environs de la ferme de Schafstall la ligne tracée en trait continu bleu sur la carte D […] ? » Après le vote de cette proposition hongroise, qui évite le partage d'une propriété, les signatures et cachets des six membres de la commission valident le tracé.

Nantes, Archives du ministère de l'Europe et des Affaires étrangères, Commission de délimitation des frontières en Europe, inv. 4POI/1/48

A. C. B.

CAT. 158

[Voir p. 3]

CAT. 159

[Voir p. 62]

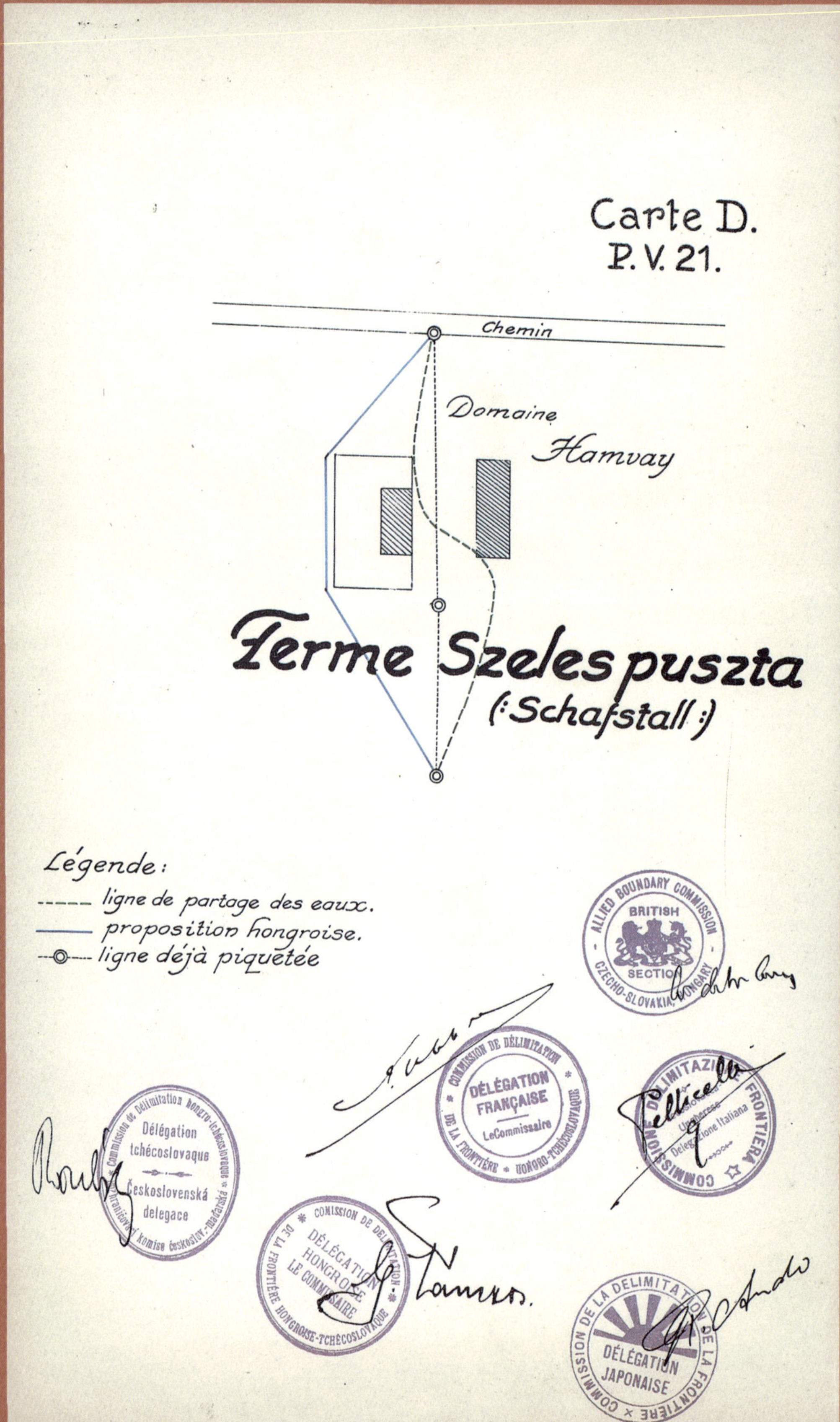

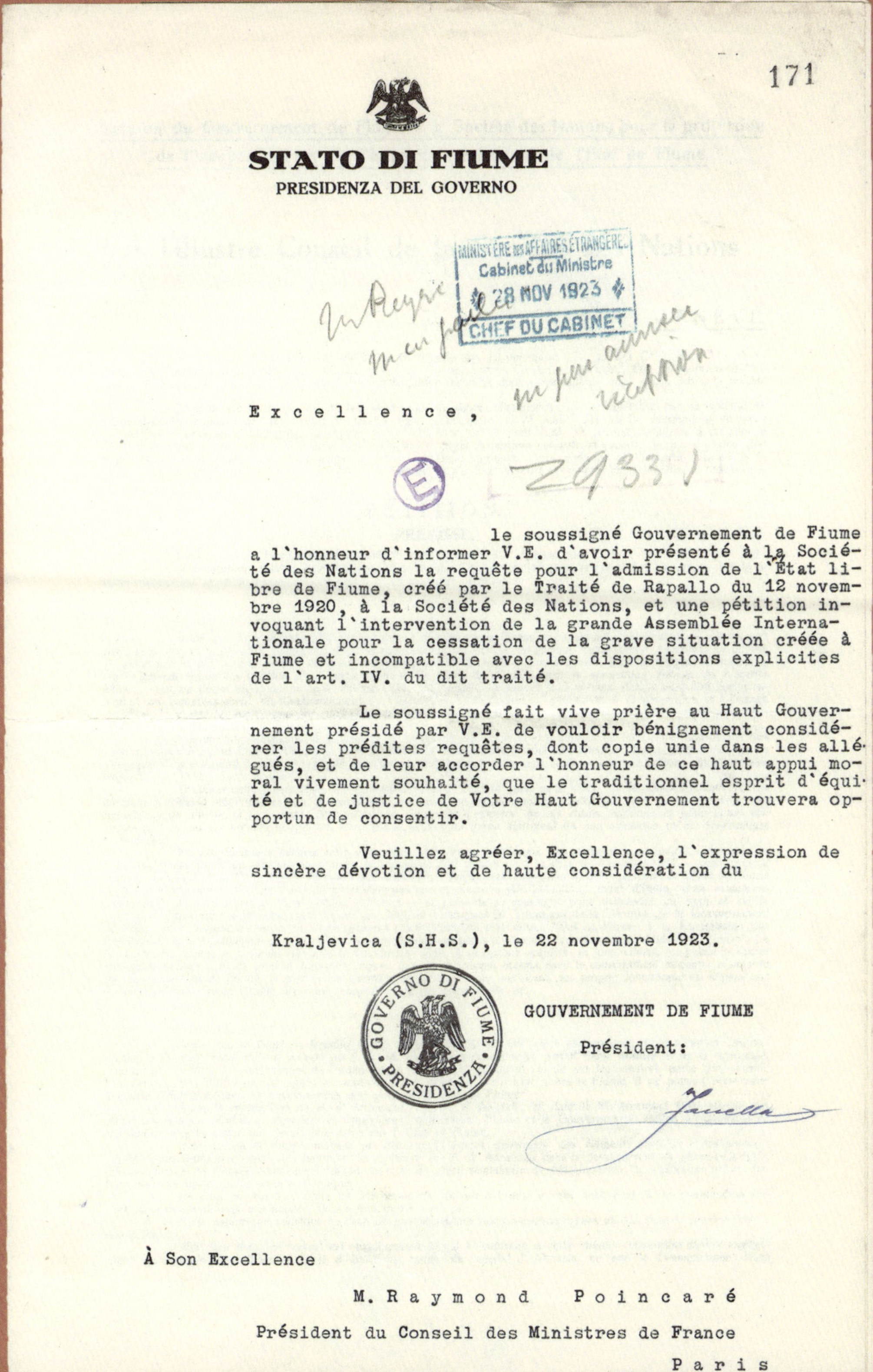

171

STATO DI FIUME
PRESIDENZA DEL GOVERNO

MINISTÈRE DES AFFAIRES ÉTRANGÈRES
Cabinet du Ministre
28 NOV 1923
CHEF DU CABINET

Excellence,

Z9331

le soussigné Gouvernement de Fiume a l'honneur d'informer V.E. d'avoir présenté à la Société des Nations la requête pour l'admission de l'État libre de Fiume, créé par le Traité de Rapallo du 12 novembre 1920, à la Société des Nations, et une pétition invoquant l'intervention de la grande Assemblée Internationale pour la cessation de la grave situation créée à Fiume et incompatible avec les dispositions explicites de l'art. IV. du dit traité.

Le soussigné fait vive prière au Haut Gouvernement présidé par V.E. de vouloir bénignement considérer les prédites requêtes, dont copie unie dans les allégués, et de leur accorder l'honneur de ce haut appui moral vivement souhaité, que le traditionnel esprit d'équité et de justice de Votre Haut Gouvernement trouvera opportun de consentir.

Veuillez agréer, Excellence, l'expression de sincère dévotion et de haute considération du

Kraljevica (S.H.S.), le 22 novembre 1923.

GOVERNO DI FIUME PRESIDENZA

GOUVERNEMENT DE FIUME

Président:

Zanella

À Son Excellence

M. Raymond Poincaré

Président du Conseil des Ministres de France

Paris

CAT. 160
Lettre du gouvernement de Fiume à Raymond Poincaré, 22 novembre 1923
À l'apogée des tensions entre le royaume des Serbes, Croates et Slovènes et l'Italie, les puissances alliées prennent position en faveur d'un État tampon indépendant. Le désaccord au sujet de Fiume conduit à une absence de statut clairement défini, et la ville change plusieurs fois de mains, passant de celles du Comité national yougoslave à celles du Comité national italien. Le poète italien Gabriele D'Annunzio tire parti de cette situation confuse et entre dans Fiume en septembre 1919, à la tête d'une colonne d'anciens *arditi* et de soldats ralliés. Le traité de Rapallo, signé entre l'Italie et la Yougoslavie, entérine la reconnaissance de l'État libre de Fiume, reconnu ensuite par les puissances alliées. Le 3 mars 1922, un coup d'État de fascistes mussoliniens renverse le gouvernement légal. En janvier 1924, par l'accord de Rome, le royaume des Serbes, Croates et Slovènes reconnaît l'annexion de la ville par l'Italie.
La Courneuve, Archives du ministère de l'Europe et des Affaires étrangères, inv. 89CPCOM 3
P. G.

CAT. 161
Annonce de Gabriele D'Annunzio à ses soldats, tract du 16 septembre 1919
Gabriele D'Annunzio (1863-1938), écrivain et héros de la Grande Guerre, accompagné de deux cents volontaires, occupe le 12 septembre 1919 le port de Fiume au mépris du gouvernement italien et des grandes puissances alliées. Pendant quinze mois, D'Annunzio règne sur la ville. Rovereto, Museo Storico Italiano della Guerra (musée historique italien de la Guerre)
EPMA

Comando dell' Esercito Italiano
in Fiume d' Italia.

Miei soldati,

miei compagni per la vita e per la morte,
giovinezza incorruttibile d'Italia,

non è un' ala italiana quella che ieri si svergognò gettando a noi vittoriosi dal cielo di Fiume certe miserabili intimazioni che con più dignità avrebbe concepite e scritte l'ultimo dei nostri scritturali. Non è certo un' ala italiana. È un osceno mozzicone d' ala austriaca. E io non mancherò di stampare col mio più duro marchio la spalla servile del rinnegato che la conduceva, quando ne conoscerò il nome.

I disertori non siamo noi. I disertori sono quelli che abbandonano Fiume nostra, quelli che la disconoscono, la respingono, la calunniano, commettendo il più turpe delitto di lesa Patria che sia mai stato commesso in terra. Non sono essi meno ignobili dei fuggiaschi di Caporetto oggi premiati dall' Amnistia.

Come dichiarai ieri ai miei Ufficiali radunati pel gran rapporto, io prendo sopra di me ogni accusa, ogni colpa. E me ne glorio. Io copro ciascuno di voi con la mia persona. Io mi faccio mallevadore della vostra immunità. Credetemi.

Il vero Esercito Italiano è qui, è formato da voi, combattenti senza macchia e senza paura. Qui l'Esercito della vittoria, disgregato dai corruttori e dai traditori, si riannoda, si rinsalda, si risolleva, si riaccende, rifolgora.

Aver fatto parte di questa audacissima impresa, o miei compagni, sarà per ciascuno il più puro titolo di gloria. Nella mia prossima narrazione tutti i vostri nomi saranno incisi come in un marmo eroico, tutti, dal primo all' ultimo, e celebrati dalla gratitudine popolare.

Intanto mi propongo di istituire una medaglia commemorativa di bronzo, il cui segno sarà distribuito a tutti sul campo nella ricorrenza del 20 Settembre prossimo.

Chi non invidierà questo segno d' onore?

Ma, se ci sia qualcuno che per vigliaccheria o per basso interesse abbandoni le nostre file, egli resterà infamato. Lo prometto e lo giuro.

E voi sapete che la mia parola **non passa** come gli sporchi fogli volanti piovuti ieri sul vostro disprezzo e su la vostra giovine ilarità dai denti bianchi.

Miei soldati, miei compagni, avete data la vostra fede a Fiume e all' Italia vera. Serbate fede a Fiume e all' Italia vera.

Qui è la Patria. Qui novamente si respira il vento eroico, si ansa novamente nella gloria, si ripalpita di allegrezza, si risplende di affilata volontà.

Nessuno potrà smuoverci di qui. Io, per me, non uscirò di qui vivo, e non uscirò di qui morto, perchè vorrò avere qui la mia sepoltura e divenire una sola cosa con questa terra benedetta.

L' Italia vera ci comanda questa fermezza. Il mondo intero si attende da noi questa fermezza, e ci ammira. Ogni giorno affluiscono verso di me, da ogni parte, le più calde testimonianze. E ci sono perfino cittadini americani che domandano di venire presso di noi **„anche per compiere il più umile degli uffici"**. Intendete?

La bellezza della nostra Causa tocca tutti i cuori. Perciò, come dissi l' altro ieri ai fanti della Brigata Regina, conviene che ciascuno di voi si pianti su i suoi due calcagni robusti e ripeta a fronte alta la parola romana, la parola dei Legionarii: **„Qui rimarremo ottimamente".**

Viva l' Esercito Italiano di Fiume!
Viva Fiume d' Italia!

16 Settembre 1919. IL COMANDANTE

Gabriele d' Annunzio.

161

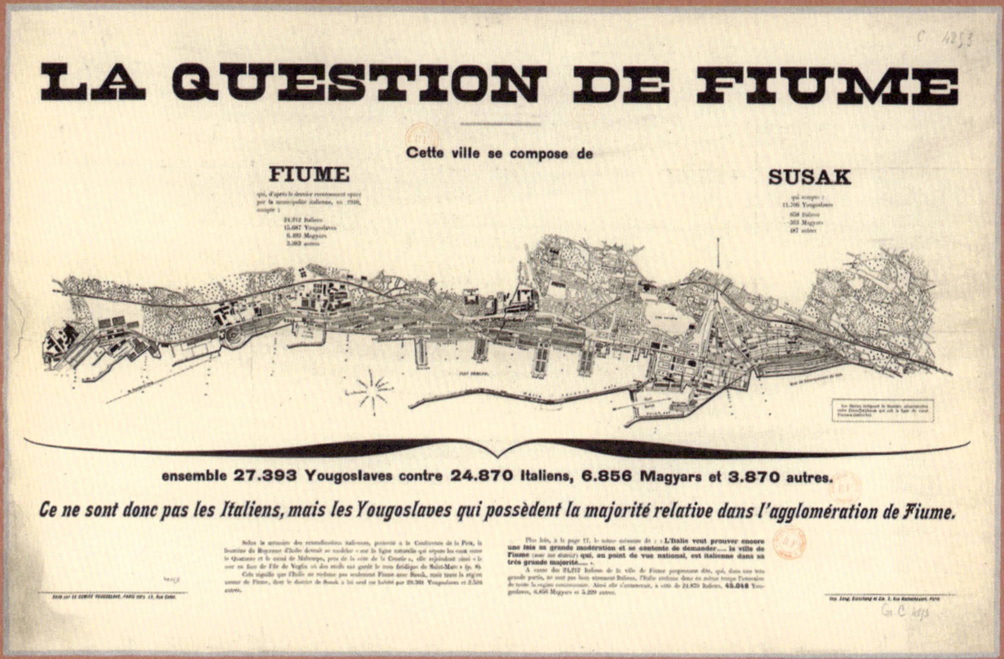

162

163

164

CAT. 162
***La Question de Fiume*, par le Comité yougoslave de Paris, 1920**
Ce comité est fondé à Paris et dirigé par l'avocat austro-hongrois puis yougoslave (croate) Ante Trumbić (1864-1938) qui joue un rôle important dans la création d'un État yougoslave indépendant.
Paris, Bibliothèque nationale de France, inv. GE C-4853
EPMA

CAT. 163
Poignard d'un légionnaire ayant combattu à Fiume
Rovereto, Museo Storico Italiano della Guerra (musée historique italien de la Guerre), inv. C0241
EPMA

CAT. 164
Fez d'un légionnaire yougoslave mort à Fiume lors de l'attaque des troupes italiennes, également appelée « Noël de sang », en décembre 1920
Rovereto, Museo Storico Italiano della Guerra (musée historique italien de la Guerre), inv. B0602
EPMA

IL MARE NOSTRO

DOPO LUNGO AMORE L'ITALIA SPOSA IL SUO ADRIATICO

CAT. 165
La Tradotta, Il mare nostro, carte postale représentant l'Italia Turrita (allégorie féminine de l'Italie) et célébrant son union avec l'Adriatique
Rovereto, Museo Storico Italiano della Guerra (musée historique italien de la Guerre)
EPMA

CAT. 166
Fiume, Italia o Morte, carte postale faisant référence aux affrontements franco-italiens du 17 juillet 1919
Rovereto, Museo Storico Italiano della Guerra (musée historique italien de la Guerre)
EPMA

166

167

168

CAT. 167
Tenue d'un membre des troupes de terreur du Conseil révolutionnaire du gouvernement hongrois de 1919 (reconstitution)
Les troupes du Conseil révolutionnaire, familièrement appelées «les gars de Lénine», ont pour mission d'appliquer la répression dans le cadre de la politique de terreur dite «rouge» mise en place par le gouvernement révolutionnaire hongrois de Béla Kun en 1919. Commandées par un ancien marin, József Czerny, elles commettent de nombreux crimes contre les opposants au régime.
Budapest, Hadtörténeti Múzeum (institut et musée d'Histoire militaire)
EPMA

CAT. 168
Officier d'un détachement contre-révolutionnaire hongrois
Les détachements contre-révolutionnaires sont des unités paramilitaires composées d'anciens membres de l'armée austro-hongroise. Hostile à l'idéologie de la République hongroise des conseils, les détachements sèment la terreur chez les partisans bolcheviques, ou supposés tels, dans le sud du pays. Surnommées la «terreur blanche», les actions de répression des unités font écho aux violences commises par les «gars de Lénine». Tout comme l'armée nationale hongroise, les membres de ces détachements portent des uniformes récupérés de l'ancienne armée austro-hongroise mais légèrement modifiés.
Budapest, Hadtörténeti Múzeum (institut et musée d'Histoire militaire)
EPMA

CAT. 169
Casquette de commandant de l'Armée rouge hongroise, 1920
Budapest, Hadtörténeti Múzeum (institut et musée d'Histoire militaire), inv. 1324/Ru
EPMA

169

CAT. 170

Drapeau en papier de l'Armée rouge portant l'inscription *Éljen a Vörös Hadsereg !* (« Vive l'Armée rouge ! »)

Le 21 mars 1919, les communistes prennent le pouvoir et proclament la République des conseils de Hongrie en nommant à leur tête Béla Kun, qui, souhaitant récupérer l'ensemble des territoires perdus par la Hongrie pendant la guerre, entre en conflit avec les pays limitrophes. En avril, les troupes tchécoslovaques attaquent la Hongrie communiste et, le 15 avril, la guerre hungaro-roumaine éclate. Elle se termine le 6 août avec l'entrée de l'armée franco-roumaine à Budapest, marquant la fin de la République soviétique hongroise. Budapest, Hadtörténeti Múzeum (institut et musée d'Histoire militaire), inv. 12.593/EM

EPMA

CAT. 171

Affiche contre-révolutionnaire *Horthy !*, par Manno Miltiadesz, 1919

L'auteur de cette affiche, Manno Miltiadesz, a réalisé un certain nombre d'affiches contre-révolutionnaires. Comme il est un sportif de haut niveau, ses créations sont marquées par le sport. Cette affiche fait référence à la création en 1919 d'une armée nationale hongroise par l'amiral Miklós Horthy, dans le cadre du gouvernement contre-révolutionnaire qui s'est formé contre l'éphémère République des conseils communiste de Béla Kun. Budapest, Magyar Nemzeti Múzeum (Musée national hongrois), inv. 57.097

EPMA

CAT. 172

[Voir p. 45]

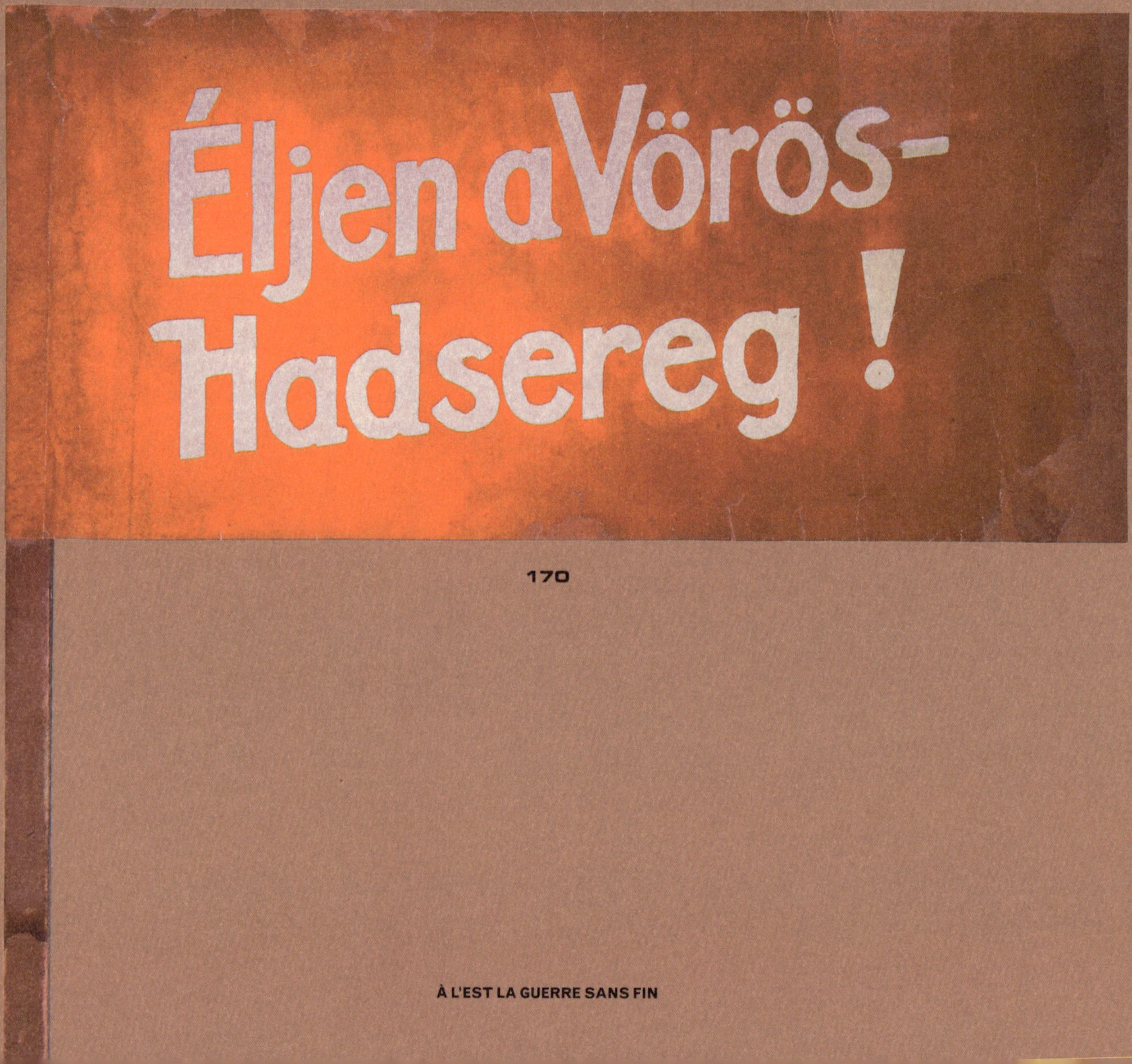

170

171

CAT. 173
Soldat du 2e régiment d'infanterie de l'armée roumaine
Après la victoire des Alliés contre les Empires allemand et austro-hongrois, la Transylvanie est rattachée à la Roumanie, provoquant un nouveau conflit avec la République des conseils de Hongrie, qui souhaite conserver cette région. Une mission militaire française, déjà présente en Roumanie depuis 1916 et commandée par le général Berthelot, soutient l'armée roumaine. Les Roumains parviennent à défaire l'Armée rouge hongroise et occupent Budapest en août 1919.
Paris, musée de l'Armée, don du gouvernement roumain, 1927, inv. Ha 13
EPMA

CAT. 174
[Voir p. 10]

CAT. 175
Drapeau militaire du royaume de Roumanie utilisé entre 1914 et 1921
Paris, musée de l'Armée, don du gouvernement roumain, 1921, inv. 868 C1
EPMA

175

175

CAT. 176
Grand-Croix de l'ordre de la Couronne du maréchal Foch
Paris, musée de l'Armée, don des familles Fournier-Foch et Becourt Foch, 1984, inv. 2010.19.33.1
EPMA

CAT. 177
Plaque de Grand-Croix de l'ordre de l'Étoile de Roumanie
Paris, musée de l'Armée, don du gouvernement roumain, 1927, inv. 14818 C1
EPMA

CAT. 178
Croix de commandeur de l'ordre de Michel le Brave décernée au maréchal Foch en 1917
Paris, musée de l'Armée, don des familles Fournier-Foch et Becourt Foch, 1984, inv. 2010.19.29
EPMA

CAT. 179
Croix d'officier de l'ordre de l'Étoile de Roumanie du général Buat
Paris, musée de l'Armée, don de la famille Buat, 1955, inv. 12165 C1
EPMA

CAT. 180
[Voir p. 91]

CAT. 181
[Voir p. 91]

176

177

178

178

179

CAT. 182
Casque Adrian des troupes tchécoslovaques en France, modèle 1915
Paris, musée de l'Armée, 2018, inv. 2018.4.1
EPMA

CAT. 183
(Non reproduit dans le catalogue.)
Manteau et képi du général Maurice Pellé (1863-1924)
En janvier 1919, le général Pellé est envoyé à Prague comme chef de la Mission militaire française. Il devient le premier chef d'état-major de l'armée tchécoslovaque puis son premier commandant en chef lors de la campagne de Slovaquie contre la Hongrie. À la fin de cette guerre, il est à l'origine de la première loi militaire tchécoslovaque. Il quitte Prague pour Constantinople qu'il rejoint au début de 1921. Il y occupe la fonction de haut-commissaire de la République française en Orient. En 1923, il participe aux travaux de la conférence de Lausanne.
Prague, Armadni Muzeum (musée de l'Armée)
EPMA

CAT. 184
Képi du maréchal Louis Franchet d'Espèrey
Grand artisan de la victoire de la Marne en 1914 à la tête de la Ve armée, Franchet d'Espèrey est nommé par Clemenceau, au printemps 1918, général en chef des armées alliées d'Orient, où il dirige l'offensive décisive de septembre 1918 qui précipite l'effondrement des Puissances centrales. Le 29 septembre, il signe le premier armistice de la guerre, avec les Bulgares (armistice de Thessalonique). À la fin de la guerre, il continue d'œuvrer en Orient, où il participe à l'occupation de Constantinople à partir du 12 novembre 1918 ainsi qu'à la guerre hungaro-roumaine de 1919, où il commande les armées franco-serbes en soutien de l'armée roumaine. Il est fait maréchal de France en 1921.
Salon-de-Provence, musée de l'Empéri
EPMA

182

184

CAT. 185
Médaille de la Révolution tchécoslovaque, en l'honneur des Tchécoslovaques ayant œuvré à l'indépendance de leur nation
Paris, musée de l'Armée, 1991, inv. 36924
EPMA

CAT. 186
Plaque de Grand-Croix de l'ordre du Lion Blanc, Tchécoslovaquie, décernée au maréchal Foch en 1923
Paris, musée de l'Armée, dation de la famille Fournier-Foch, 2010, inv. 2010.19.38.1
EPMA

CAT. 187
(Non reproduit dans le catalogue.)
Drapeau du Conseil national tchécoslovaque de la Première République, conseil créé en 1918 par le général Milan Štefánik, le président Tomáš Masaryk et le politicien Edvard Beneš
Prague, Armadni Muzeum (musée de l'Armée)
EPMA

185

186

CAT. 188
Épée offerte au général Henrys (1862-1943)
En décembre 1917, le général Henrys est nommé au commandement de l'armée française d'Orient, où il contribue à la victoire des troupes alliées dans les Balkans. En avril 1919, il est nommé à la tête de la Mission militaire en Pologne et joue un rôle central dans la réorganisation militaire du pays en créant, ou en recréant, des écoles militaires. Proche de Józef Piłsudski, il défend les intérêts de la Pologne face à la Tchécoslovaquie, où le général Pellé exerce des responsabilités identiques aux siennes.
Paris, musée de l'Armée, don de Madame Henrys, 1949, inv. 08004 C1
EPMA

CAT. 189
Tenue de fantassin serbe
Paris, musée de l'Armée, inv. Ha 117
EPMA

188

189

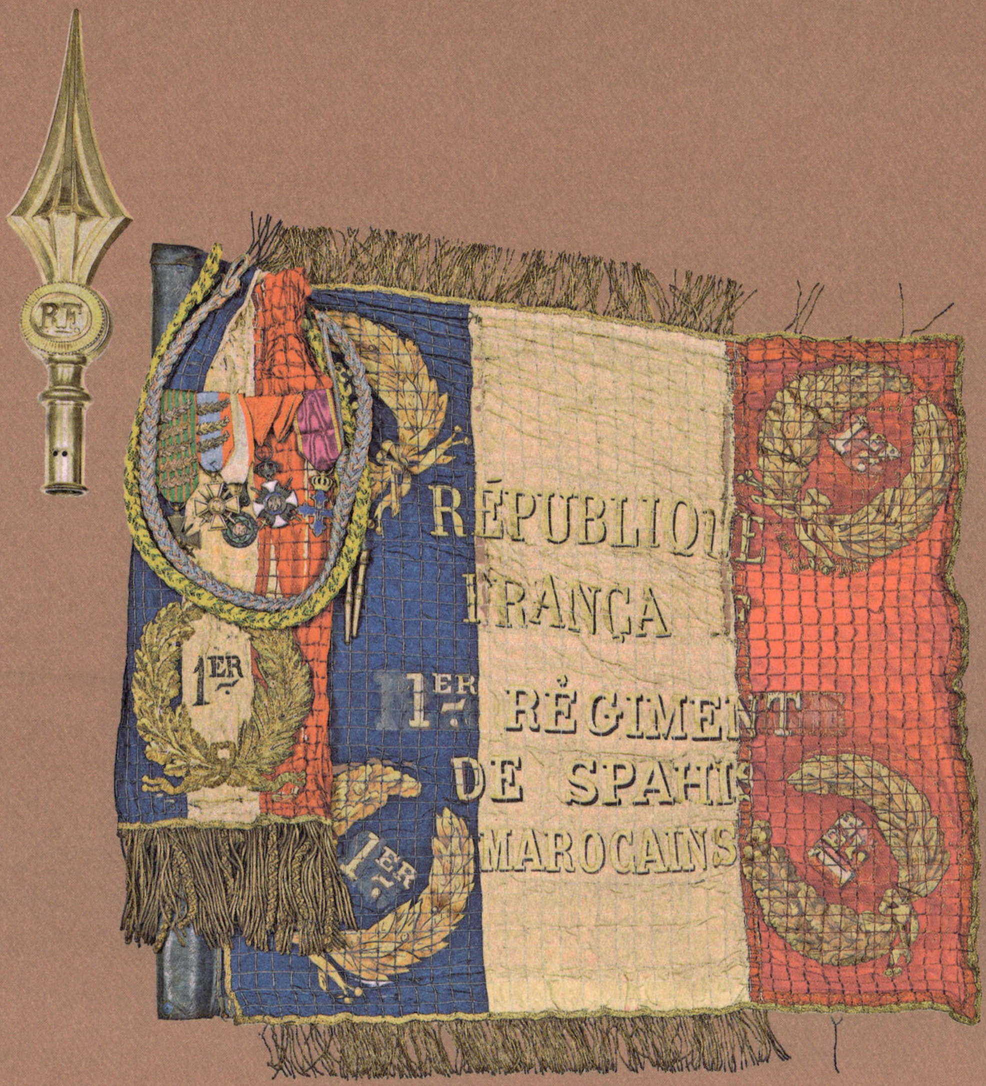

190

CAT. 190
Étendard du 1er régiment de spahis marocains (RSM), unité de l'armée d'Afrique de l'armée française d'Orient
Paris, musée de l'Armée, cession du Service historique de l'armée de terre, 1947, inv. 06668
EPMA

CAT. 191
Drapeau du 4e régiment d'infanterie Stevan Nemanja de la division Drina, composante de la 3e armée du royaume des Serbes, Croates et Slovènes
Paris, musée de l'Armée, don du gouvernement serbe, 1923, inv. 1637/1 C1
EPMA

191

CAT. 192
Plaque de l'ordre de l'Aigle blanc, ordre militaire serbe, attribuée au général Buat
Paris, musée de l'Armée, don de Madame Buat, 1955, inv. 12155 C1
EPMA

CAT. 193
Plaque de l'ordre de l'Étoile de Karageorges, ordre militaire serbe, attribuée au maréchal Foch
Paris, musée de l'Armée, dation de la famille Fournier-Foch, 2010, inv. 2010.19.34.1
EPMA

CAT. 194
Situation des forces des Armées alliées en Orient sous les ordres du général Franchet d'Espèrey à la date du 18 mai 1919
Début 1919, Franchet d'Espèrey ne contrôle plus que la péninsule balkanique au sud du Danube, une partie de la Hongrie et les régions yougoslaves. Ses unités, dont les effectifs diminuent au rythme des démobilisations, doivent faire face à l'Armée rouge hongroise qui tente de reconquérir les territoires perdus. Cette carte indique la position des armées alliées à la veille de l'attaque le 20 mai des hommes de Béla Kun, qui repousseront les troupes tchécoslovaques et roumaines.
Vincennes, Service historique de la Défense, GR 6 N 202
C. B. B.

192

193

Situation
des Forces des Armées alliées en Orient, sous les ordres du Gl Franchet d'Espèrey à la date du 18 Mai 1919
Légende.
Troupes françaises
— id — britanniques
— id — serbes
— id — helléniques
— id — italiennes
— id — roumaines
— id — polonaises
Q.G. des Forces Roumaines de Transylvanie
Q.G. Gl Humbert
Commandant d'ensemble Front Hongrois
Troupes fr. de Dobroudja
Troupes d'occupation de Bulgarie
BUCAREST
SOFIA
BELGRADE
CONSTANTINOPLE
Salonique
Odessa
Kichinev
Constanza
Andrinople
Philippopoli
Temesvar
Szegedin
Nich
Uskub
Monastir
Brousse
Scutari
Gallipoli
Kavala
Varna
Choumla
Bourgas
TRANSYLVANIE
BUKOVINE
DANUBE
Kamenets Podolsk
Czernovitz
Hermanstadt
Lugos
Arad
Galatz
Reni
Tulcea
Braila
Giurgevo
Roustchouck
Plevna
Tirnova
Sofia
Pirot
Kustendil
Seres
Drama
Larissa
Athènes
Smyrne
Mytilène
Lemnos
Imbros
Thasos
Samothrace
Enos
Rodosto
Midia
Kirk-Kilisse
Anr Milne (28e D.I. Brit.)

LE LEVANT

C. B.

195

196

Le 30 octobre 1918, défait dans les Balkans et en Palestine, l'Empire ottoman à bout de souffle signe l'armistice à Moudros. Les provinces arabes et la Cilicie sont partagées entre la France et la Grande-Bretagne, les Italiens s'installent en Anatolie méridionale, les provinces orientales sont promises à l'Arménie, la Grèce occupe Izmir (Smyrne) tandis que la ville de Constantinople est investie par les Français, les Britanniques et les Italiens le 8 février 1919.
Le traité de Sèvres, signé le 10 août 1920, réduit l'Empire ottoman à une peau de chagrin et provoque un vaste mouvement de résistance armée en Anatolie conduit par le général Mustafa Kemal Pacha, le futur Atatürk. Les victoires militaires remportées par les troupes nationalistes turques sur les Arméniens en 1920, les Français en 1921 et les Grecs en 1922 et leurs succès diplomatiques auprès de la Russie soviétique rendent possible l'élaboration d'un nouvel accord. Signé le 24 juillet 1923, le traité de Lausanne permet à Mustafa Kemal de bâtir sur des bases nationales solides le seul État-nation du Levant, la République turque.
Les autres entités nationales, arabes, arméniennes et kurdes, qui avaient tant espéré de l'écroulement de l'Empire ottoman et des promesses du principe des nationalités prôné par les Alliés, ne survivent pas au traité de Lausanne et à la volonté de la France et de la Grande-Bretagne d'imposer, sous l'égide de la Société des Nations, leur autorité sur la Syrie, le Liban, la Palestine et l'Irak.

CAT. 195
Tenue de sergent du 1/38 régiment Evzone formé en 1912 (reconstitution)
Soldat d'élite, le sergent (*lochias*) du 1/38 régiment Evzone (1er régiment Evzone et 38e régiment d'infanterie grecque) porte un uniforme kaki. Ce dernier est composé du *pharion*, fez en feutre kaki avec un gland en soie noire, et de la *doulama*, tunique ici reconstituée. Les bas de laine blanche sont fixés par les *epicnèmes* de couleur noire et les célèbres *tsarouchia*, sabots en cuir ornés d'un pompon de laine noire, pèsent chacun un kilo et demi. Il est armé d'un fusil Mannlicher-Schoenauer modèle 1903 en calibre 6,5 mm.
Paris, musée de l'Armée, don du gouvernement grec, 1978, inv. Ha 17
EPMA

CAT. 196
Casque Adrian modèle 1915, utilisé par l'armée grecque
Collection particulière
EPMA

CAT. 197
[Voir p. 13]

198

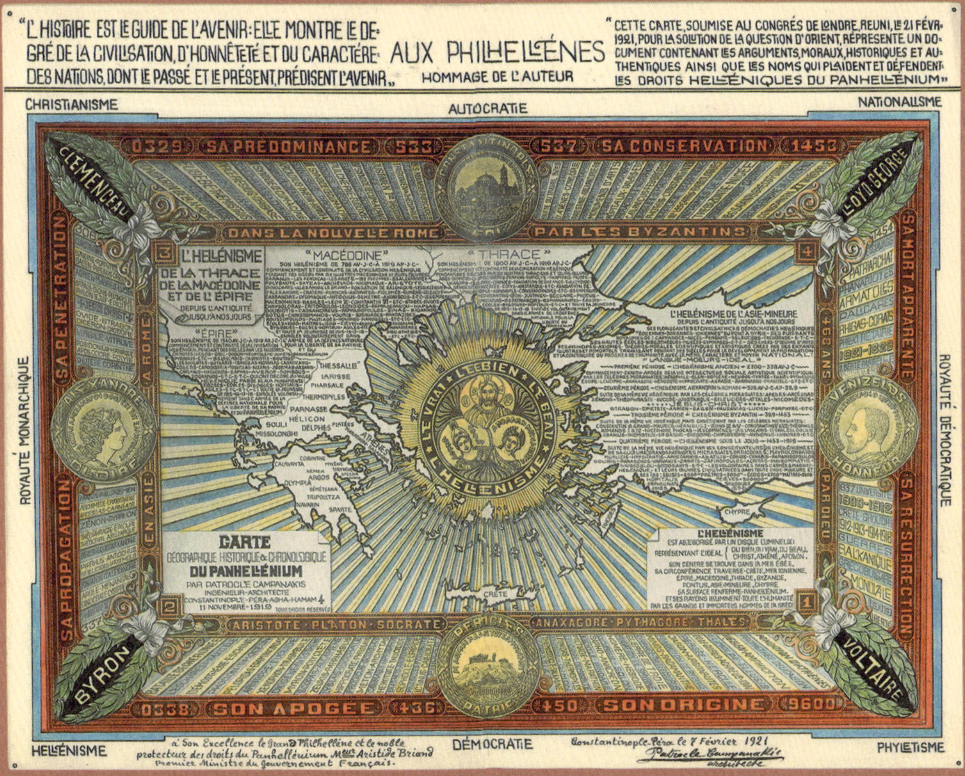

199

CAT. 198
Drapeau de l'armée grecque
Paris, musée de l'Armée, don du gouvernement américain, 1921, inv. 1418-1 C1
EPMA

CAT. 199
Carte dite « Aux Philhellènes », 1921
Le panhellénisme, ou la « Grande Idée », expression du nationalisme grec aux XIXe et XXe siècles, a visé pendant presque deux siècles à unir tous les Grecs dans un seul État-nation, avec pour capitale Constantinople. En 1918, ce grand dessein semble près de se réaliser, la Grèce étant dans le camp des vainqueurs. Elefthérios Venizélos, Premier ministre, champion du panhellénisme, présente à la conférence de Paris les revendications de la Grèce sur l'Épire du Nord, la Thrace, Constantinople et surtout l'Asie Mineure, qui est son objectif principal, proposant de rattacher à la Grèce toute la côte et les îles (1,4 million de Grecs). Au final, la réalisation de la Grande Idée est présentée ici comme la victoire du droit des peuples mais aussi de la civilisation judéo-chrétienne, née de l'hellénisme et irriguant le monde occidental.
La Courneuve, Archives du ministère de l'Europe et des Affaires étrangères, inv. E-320-7, dossier Turquie, 246
P. G.

CAT. 200/201
Télégrammes portant sur l'incendie de Smyrne, 21 et 26 septembre 1922
La « Grande Catastrophe », phase finale du conflit entre les Grecs et les Turcs, aboutit au massacre et à l'expulsion des populations chrétiennes d'Asie Mineure.
Le 9 septembre 1922, l'armée turque pénètre dans Smyrne, que les autorités grecques ont évacué deux jours auparavant. Les populations chrétiennes qui n'ont pas réussi à fuir la ville sont alors victimes de violences.
Le 13 septembre, un incendie éclate dans le quartier arménien et s'étend dans le reste de la ville. La responsabilité de l'événement est toujours sujette à controverse : très vite, les chancelleries, soucieuses de reconnaître le nouveau régime victorieux, s'emploient à minimiser le rôle des Turcs, immédiatement désignés du doigt. Au total, dix mille à cent mille chrétiens meurent dans l'incendie ou lors des pogroms qui suivent la reprise de la ville.
Nantes et La Courneuve, Archives du ministère de l'Europe et des Affaires étrangères, inv. 36PO/1/209 (fonds Ankara haut-commissariat puis ambassade) et 51 CPCOM 55
P. G.

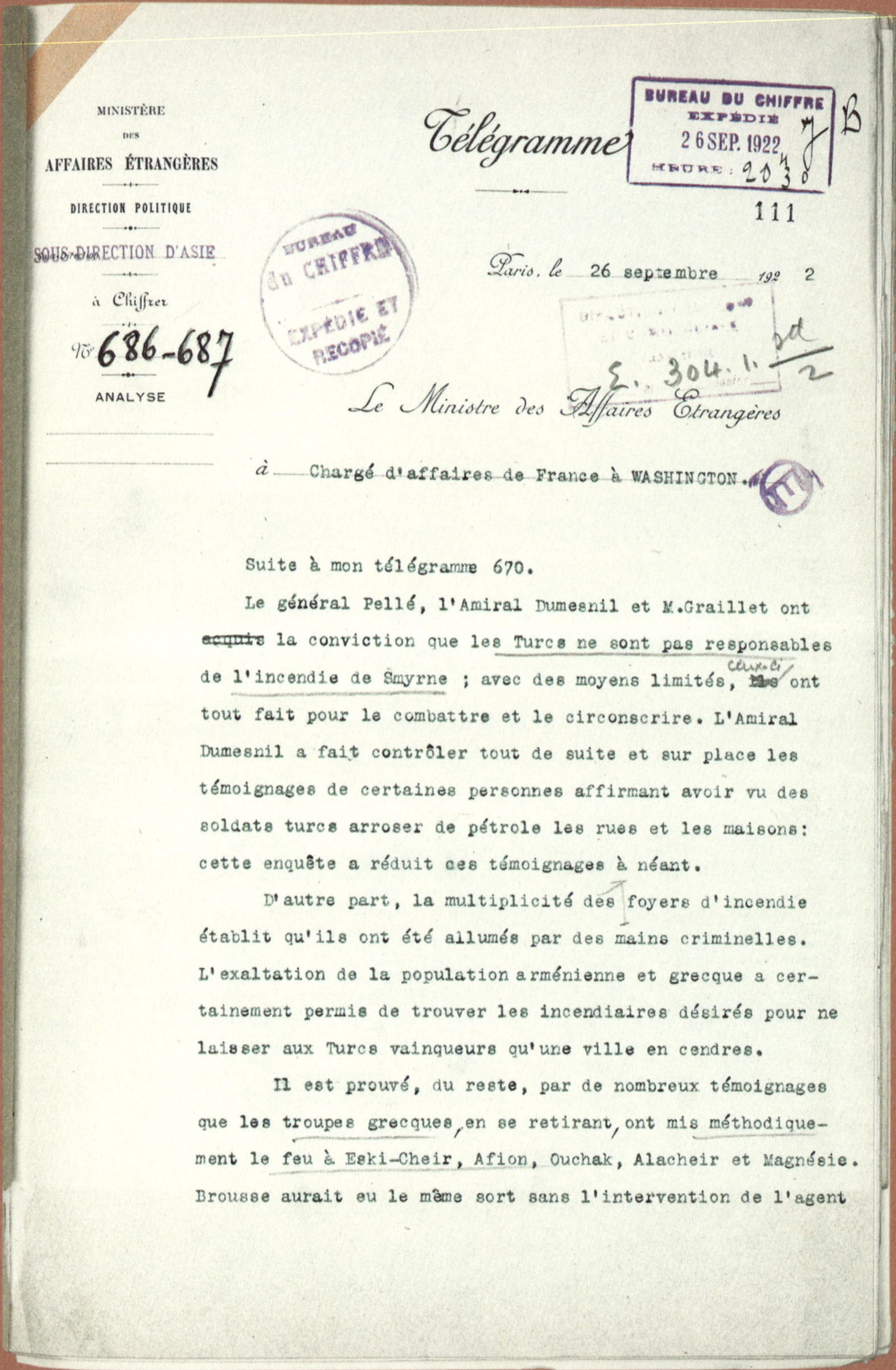

MINISTÈRE DES AFFAIRES ÉTRANGÈRES
DIRECTION POLITIQUE
SOUS-DIRECTION D'ASIE
à Chiffrer
N° 686-687
ANALYSE

Télégramme

BUREAU DU CHIFFRE EXPÉDIÉ 26 SEP. 1922 HEURE : 20 h 30 7 B

111

BUREAU du CHIFFRE EXPÉDIÉ ET RECOPIÉ

Paris, le 26 septembre 1922

E. 304. 1. sd/2

Le Ministre des Affaires Étrangères

à Chargé d'affaires de France à WASHINGTON.

Suite à mon télégramme 670.

Le général Pellé, l'Amiral Dumesnil et M. Graillet ont ~~acquis~~ la conviction que les Turcs ne sont pas responsables de l'incendie de Smyrne ; avec des moyens limités, ~~ils~~ ceux-ci ont tout fait pour le combattre et le circonscrire. L'Amiral Dumesnil a fait contrôler tout de suite et sur place les témoignages de certaines personnes affirmant avoir vu des soldats turcs arroser de pétrole les rues et les maisons : cette enquête a réduit ces témoignages à néant.

D'autre part, la multiplicité des foyers d'incendie établit qu'ils ont été allumés par des mains criminelles. L'exaltation de la population arménienne et grecque a certainement permis de trouver les incendiaires désirés pour ne laisser aux Turcs vainqueurs qu'une ville en cendres.

Il est prouvé, du reste, par de nombreux témoignages que les troupes grecques, en se retirant, ont mis méthodiquement le feu à Eski-Cheir, Afion, Ouchak, Alacheir et Magnésie. Brousse aurait eu le même sort sans l'intervention de l'agent

201

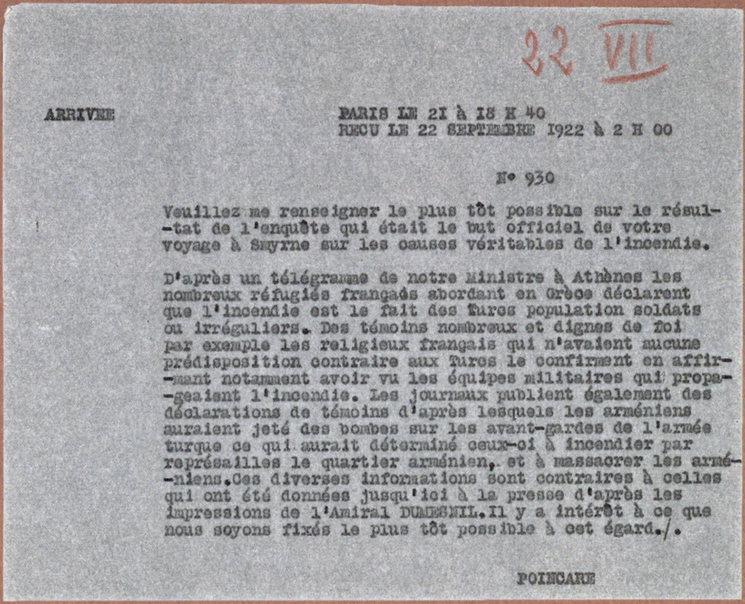
22 VII

ARRIVEE

PARIS LE 21 à 18 H 40
RECU LE 22 SEPTEMBRE 1922 à 2 H 00

N° 930

Veuillez me renseigner le plus tôt possible sur le résul--tat de l'enquête qui était le but officiel de votre voyage à Smyrne sur les causes véritables de l'incendie.

D'après un télégramme de notre Ministre à Athènes les nombreux réfugiés français abordant en Grèce déclarent que l'incendie est le fait des Turcs population soldats ou irréguliers. Des témoins nombreux et dignes de foi par exemple les religieux français qui n'avaient aucune prédisposition contraire aux Turcs le confirment en affir--mant notamment avoir vu les équipes militaires qui propa--geaient l'incendie. Les journaux publient également des déclarations de témoins d'après lesquels les arméniens auraient jeté des bombes sur les avant-gardes de l'armée turque ce qui aurait déterminé ceux-ci à incendier par représailles le quartier arménien, et à massacrer les armé--niens. Ces diverses informations sont contraires à celles qui ont été données jusqu'ici à la presse d'après les impressions de l'Amiral DUMESNIL. Il y a intérêt à ce que nous soyons fixés le plus tôt possible à cet égard./.

POINCARE

200

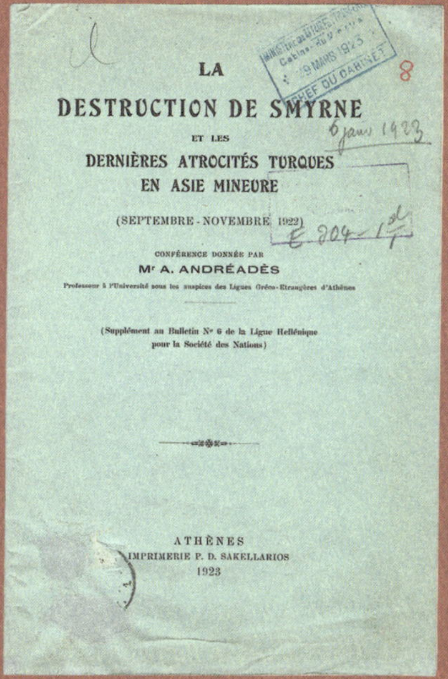
LA
DESTRUCTION DE SMYRNE
ET LES
DERNIÈRES ATROCITÉS TURQUES
EN ASIE MINEURE
(SEPTEMBRE-NOVEMBRE 1922)
CONFÉRENCE DONNÉE PAR
Mr A. ANDRÉADÈS
(Supplément au Bulletin N° 6 de la Ligue Hellénique pour la Société des Nations)
ATHÈNES
IMPRIMERIE P. D. SAKELLARIOS
1923

202

MINISTÈRE DE L'INTÉRIEUR
DIRECTION GÉNÉRALE DES IMMIGRÉS
Publication N° 5
ATROCITÉS GRECQUES EN TURQUIE
SECOND LIVRE
„GULCHEN", blessée à la tête et à la main par des balles, pendant qu'elle apportait de l'eau à son époux gravement blessé.
1 — Préface
2 — Evènements
3 — Rapports et Photographies
4 — Cartes

203

CAT. 202
Livret « La destruction de Smyrne et les dernières atrocités turques en Asie Mineure » (septembre-novembre 1922), conférence donnée par M. A. Andréades, 29 mars 1923
Conférence donnée par Monsieur Andréades, président de la commission d'enquête nommée par le gouvernement hellénique suite aux atrocités commises à Smyrne (aujourd'hui Izmir) du 9 au 16 septembre 1922. Cette conférence s'est tenue à Athènes au syllogue Parnasse en présence du roi Constantin Ier et de l'ambassadeur de France Marcilly. Monsieur Andréades dénonce massacres et destructions en s'appuyant sur les quelque deux cents témoignages oculaires d'étrangers européens et levantins recueillis par la commission d'enquête. Sur l'initiative du kémaliste Noureddin Pacha, gouverneur de Smyrne, les populations chrétiennes ont été exterminées sur fond de guerre gréco-turque.
La Courneuve, Archives du ministère de l'Europe et des Affaires étrangères, inv. 51CPCOM62-8
L.V.

CAT. 203
***Atrocités grecques en Turquie*, second livre publié par le ministère de l'Intérieur, Direction générale des immigrés, Constantinople, 1921**
Annexe à la lettre du 30 novembre 1921 nº 840 de la délégation ottomane à la Conférence de la paix. Cet ouvrage recense les massacres et exactions commis par l'armée grecque contre les musulmans dans les régions littorales de la mer de Marmara. Deux commissions interalliées, présidées respectivement par le général Franck et le colonel Farmer, ont recueilli ces témoignages. L'ouvrage compile les événements, dénombre et cite les victimes identifiées des villages attaqués, dénonce dans certains cas les tortionnaires. Des cartes et des photographies de victimes étayent les multiples rapports. Les faits sont confirmés par les représentants étrangers missionnés par la Conférence de la paix, dont les colonels français Vicq et Vitofsky.
La Courneuve, Archives du ministère de l'Europe et des Affaires étrangères, inv. 51CPCOM62
L.V.

CAT. 204
Drapeau des volontaires arméniens, 1914-1918
Paris, musée de l'Armée, don de l'Association des anciens volontaires arméniens, 1923, inv. 1669 C1
EPMA

CAT. 205
Drapeau de la Légion arménienne
La Légion d'Orient est créée le 15 novembre 1916 suite à une demande de patriotes arméniens réfugiés à Port-Saïd (Égypte) souhaitant combattre les Turcs sous le drapeau français. Le 18 janvier 1919, elle est divisée en une légion syrienne et une légion arménienne. Cette dernière, qui compte dans ses rangs plus de 4 500 légionnaires, est dissoute le 1er septembre 1920.
Paris, musée de l'Armée, cession du Haut-Commissariat de la République française en Syrie, 1922, inv. 03012
EPMA

CAT. 206
[Voir p. 76]

CAT. 207
Traité de Moscou entre la Russie de Lénine et la Turquie kémaliste, 16 mars 1921
Ce document provenant du 2e bureau du corps d'occupation français de Constantinople, commandé par le général Charpy, retranscrit le texte du traité de Moscou, dit aussi traité de fraternité, signé alors que la république de Turquie n'existe pas encore. Ce texte, épargné par le traité de Kars, qui plus tard abrogera les traités antérieurs, définit encore aujourd'hui les frontières de la Turquie ainsi que celles de l'Arménie, de l'Azerbaïdjan et de la Géorgie, indépendants depuis 1918.
Vincennes, Service historique de la Défense, GR 20 N 1112
C. B. B.

204

205

TRAITE ENTRE LA TURQUIE ET LA RUSSIE

-+-

(D'un informateur sérieux)

Le Gouvernement de la Grande Assemblée Nationale de Turquie et le Gouvernement de la République Socialiste Fédérative des Soviets de Russie, d'accord sur le principe de la fraternité des Nations et sur le droit des Peuples à disposer librement de leur sort, constatant leur solidatité dans leur lutte contre l'impérialisme ainsi que le fait que toute difficulté survenu à l'un des deux peuples aggraverait la situation de l'autre, et étant entièrement animés du désir de voir régner toujours entre eux des rapports cordiaux et des relations d'amitié continue, ont décidé de conclure un traité d'amitié et de fraternité et ont nommé leurs plénopotentiaires, savoir : Youssouf Kémal bey, Commissaire à l'Economie Nationale; le Dr. Riza Nour bey, Commissaire à l'Instruction Publique et Ali Fuad pacha, Ambassadeur, pour le Gouvernement de la Grande Assemblée Nationale de Turquie; pour le Gouvernement des Soviets: Tchitchérine et Djélél Karmasoff, membres du Comité Central Exécutif, lesquels, après avoir vérifié leurs pouvoirs, ont arrêté les dispositions suivantes :

ARTICLE I .-

Chacune des deux parties contractantes accepte en principe de ne reconnaître aucun traité de paix ou tout autre acte international, imposé à l'une des deux parties. Le Gouvernement de la République des Soviets accepte de ne reconnaître aucun acte international concernant la Turquie et qui n'est pas reconnu par le Gouvernement réprésenté actuellement par la Grande Assemblée. Font partie de la Nation Turque, dans le sens du présent traité des territoires compris dans le pact national turc au 28 Janvier 1920.......   .... ./............

207

CAT. 208
Tenue d'infanterie britannique des South Wales Borderers portée dans le désert du Proche-Orient en 1917
Paris, musée de l'Armée, inv. Ha 115
EPMA

CAT. 209
Tenue arabe et dague du lieutenant-colonel Thomas Edward Lawrence (1888-1935)
Jeune archéologue, T. E. Lawrence est affecté en octobre 1914 au service de renseignement militaire de l'état-major du Caire puis au bureau arabe. Envoyé comme officier de liaison auprès de Fayçal, il participe à la prise d'Akaba et conduit les troupes arabes jusqu'à Damas. De janvier à juin 1919, il accompagne la délégation arabe conduite par Fayçal au congrès de Paris. Face à l'opposition de la France, qui ne veut en aucun cas remettre en cause l'accord Sykes-Picot, il ne parvient pas à faire triompher sa cause : un État arabe indépendant sous l'égide des Hachémites.
Londres, Courtesy of the Council of the National Army Museum, NAM. 2016-10-3-1 ; NAM 2016-08-6-1
EPMA

CAT. 210
Album de photographies prises par Gertrude Bell archéologue, agent et diplomate britannique.
Photographies prises en partie à Bassora, dans l'actuel Irak, entre octobre 1916 et novembre 1917.
Londres, Courtesy of the Council of the National Army Museum, inv. 8312-70
EPMA

208

209

All these panoramas were taken by
Gertrude Bell.

Arabs Kahars Jew Kurds (of Kurdish Labour Corps) Kurds.

D.D.W's. House - Basrah (Deputy Director of Works.)

Ashar Creek - Basrah : (from Dockyard) - All the small boats are "bellums."

210

CAT. 211
Drapeau du régiment de marche de Palestine
Paris, musée de l'Armée, cession de la famille Gouraud, 1920, inv. 03011
EPMA

CAT. 212
Emblème de l'émir Fayçal pris par les Français durant la bataille de Khan Meyssaloun (24 juillet 1920), opposant l'armée du Levant menée par le général Gouraud et l'armée du royaume arabe de Syrie menée par Fayçal
Paris, musée de l'Armée, don de la famille Gouraud, 1971, inv. 20735
EPMA

211

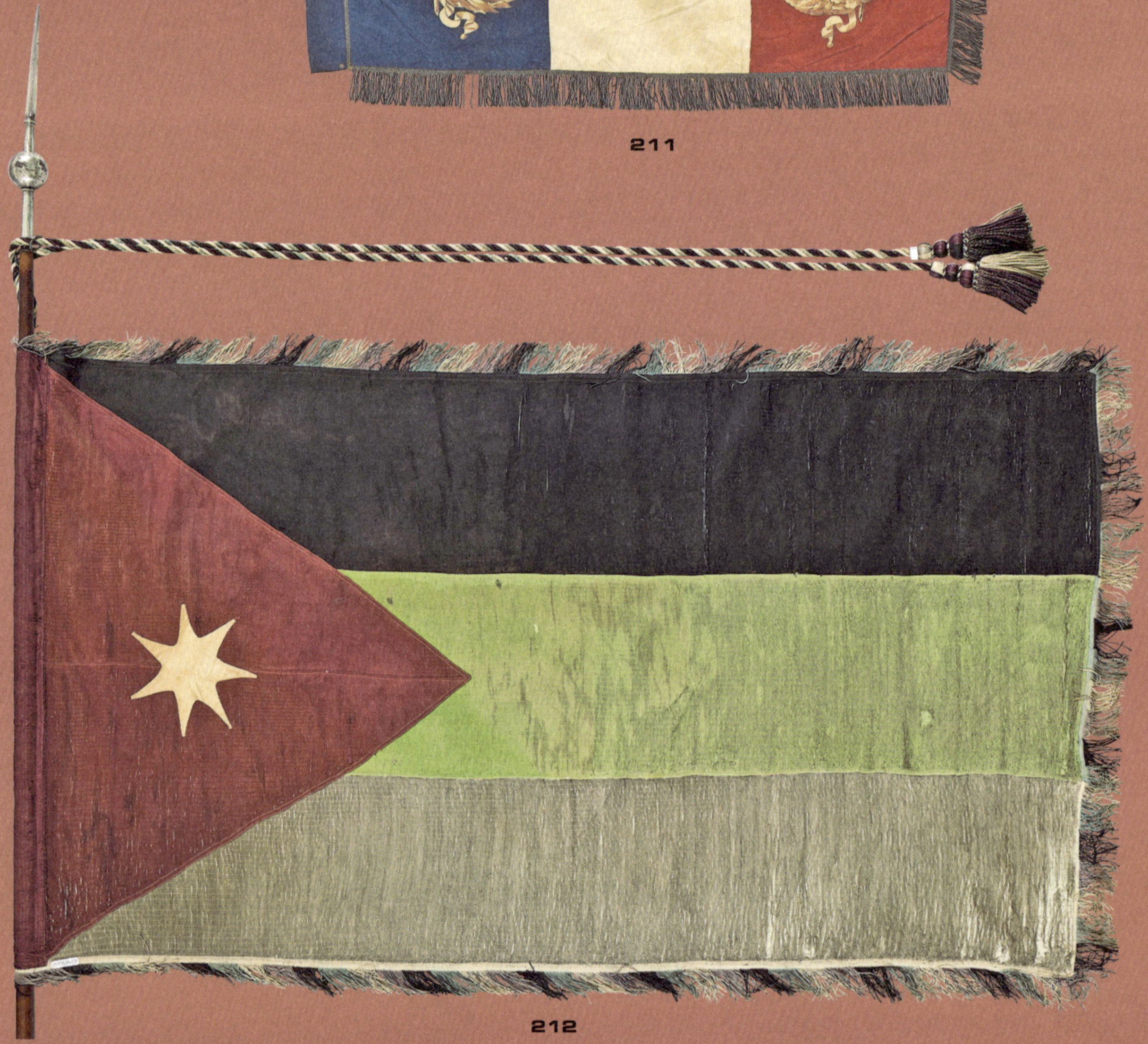

212

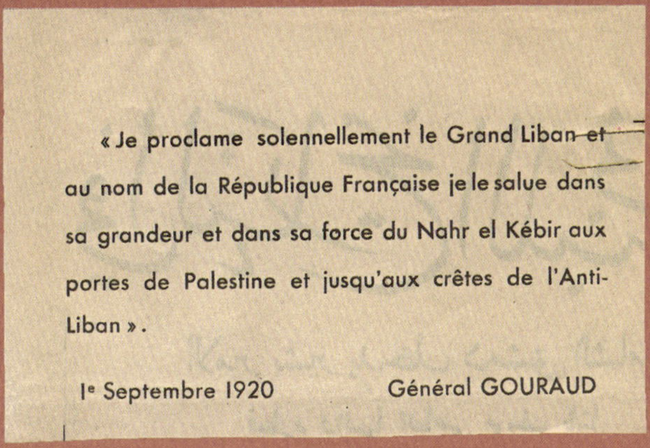

« Je proclame solennellement le Grand Liban et au nom de la République Française je le salue dans sa grandeur et dans sa force du Nahr el Kébir aux portes de Palestine et jusqu'aux crêtes de l'Anti-Liban ».

1e Septembre 1920 Général GOURAUD

213

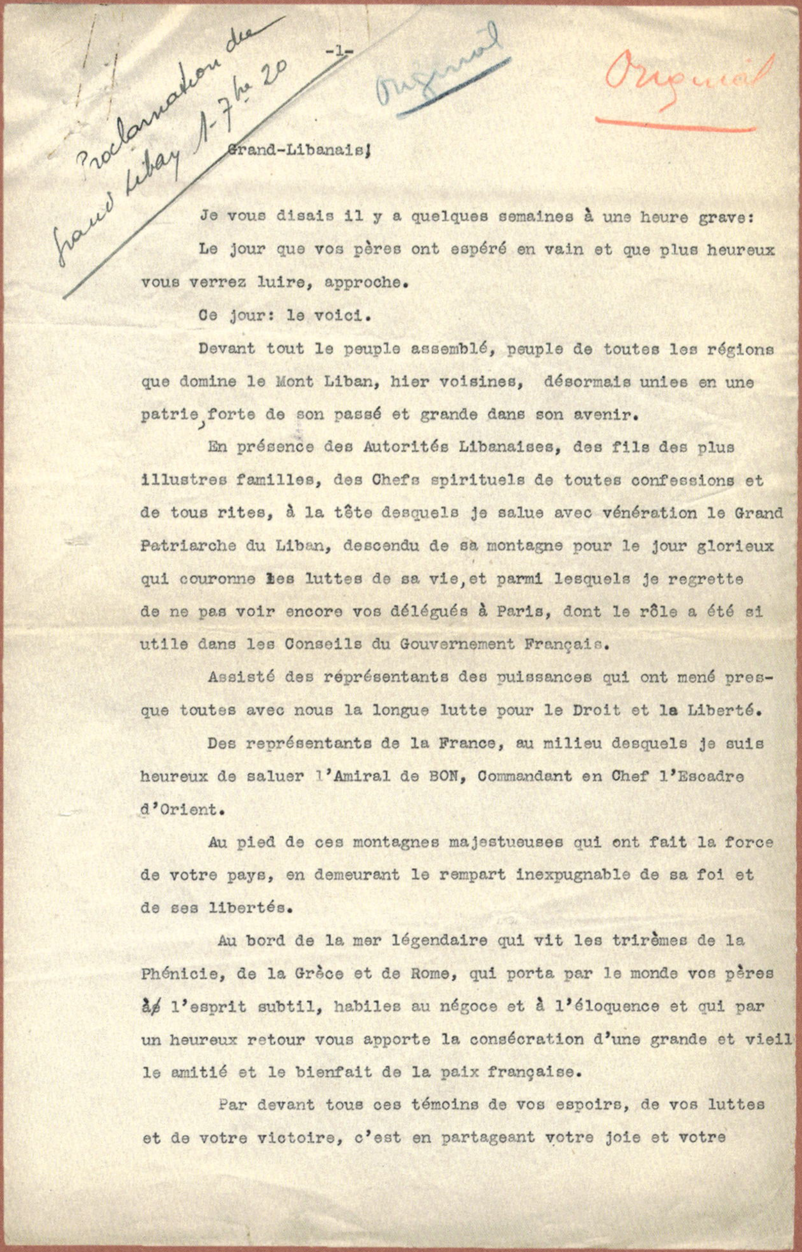

Proclamation du Grand Liban 1-7bre 20

-1-

Original

Original

Grand-Libanais!

Je vous disais il y a quelques semaines à une heure grave: Le jour que vos pères ont espéré en vain et que plus heureux vous verrez luire, approche.

Ce jour: le voici.

Devant tout le peuple assemblé, peuple de toutes les régions que domine le Mont Liban, hier voisines, désormais unies en une patrie, forte de son passé et grande dans son avenir.

En présence des Autorités Libanaises, des fils des plus illustres familles, des Chefs spirituels de toutes confessions et de tous rites, à la tête desquels je salue avec vénération le Grand Patriarche du Liban, descendu de sa montagne pour le jour glorieux qui couronne les luttes de sa vie, et parmi lesquels je regrette de ne pas voir encore vos délégués à Paris, dont le rôle a été si utile dans les Conseils du Gouvernement Français.

Assisté des réprésentants des puissances qui ont mené presque toutes avec nous la longue lutte pour le Droit et la Liberté.

Des représentants de la France, au milieu desquels je suis heureux de saluer l'Amiral de BON, Commandant en Chef l'Escadre d'Orient.

Au pied de ces montagnes majestueuses qui ont fait la force de votre pays, en demeurant le rempart inexpugnable de sa foi et de ses libertés.

Au bord de la mer légendaire qui vit les trirèmes de la Phénicie, de la Grèce et de Rome, qui porta par le monde vos pères à l'esprit subtil, habiles au négoce et à l'éloquence et qui par un heureux retour vous apporte la consécration d'une grande et vieille amitié et le bienfait de la paix française.

Par devant tous ces témoins de vos espoirs, de vos luttes et de votre victoire, c'est en partageant votre joie et votre

214

CAT. 213
Tract résumant la proclamation de l'État du Grand Liban par le général Gouraud le 1er septembre 1920 à Beyrouth
La Courneuve, archives du ministère de l'Europe et des Affaires étrangères, inv. 399 PAAP/139
EPMA

CAT. 214
Discours de la proclamation de l'État du Grand Liban par le général Gouraud le 1er septembre 1920 à Beyrouth
La Courneuve, archives du ministère de l'Europe et des Affaires étrangères, inv. 399 PAAP/152
EPMA

CAT. 215
Pavillon de l'État du Grand Liban
La Courneuve, archives du ministère de l'Europe et des Affaires étrangères, inv. 50CPCOM262
EPMA

CAT. 216
Carte des négociations entre le gouvernement britannique et le roi Hussein, 1918
Le tracé rouge révèle les revendications d'Hussein ben Ali, chérif de La Mecque et roi du Hedjaz de 1916 à 1924, auprès des Britanniques pour un État arabe indépendant. Ce territoire comprend les zones d'influence revendiquées par les Français et les Britanniques dans le cadre des accords Sykes-Picot signés en mai 1916. La zone en bleu, revendiquée par le roi mais refusée par le gouvernement britannique, correspond, du nord au sud, à la partie occidentale de la Syrie (sandjak d'Alexandrette et territoire des Alaouites) et au Liban.
Kew, The National Archives, inv. MFQ 1/357/1
EPMA

CAT. 217
[Voir p. 75]

215

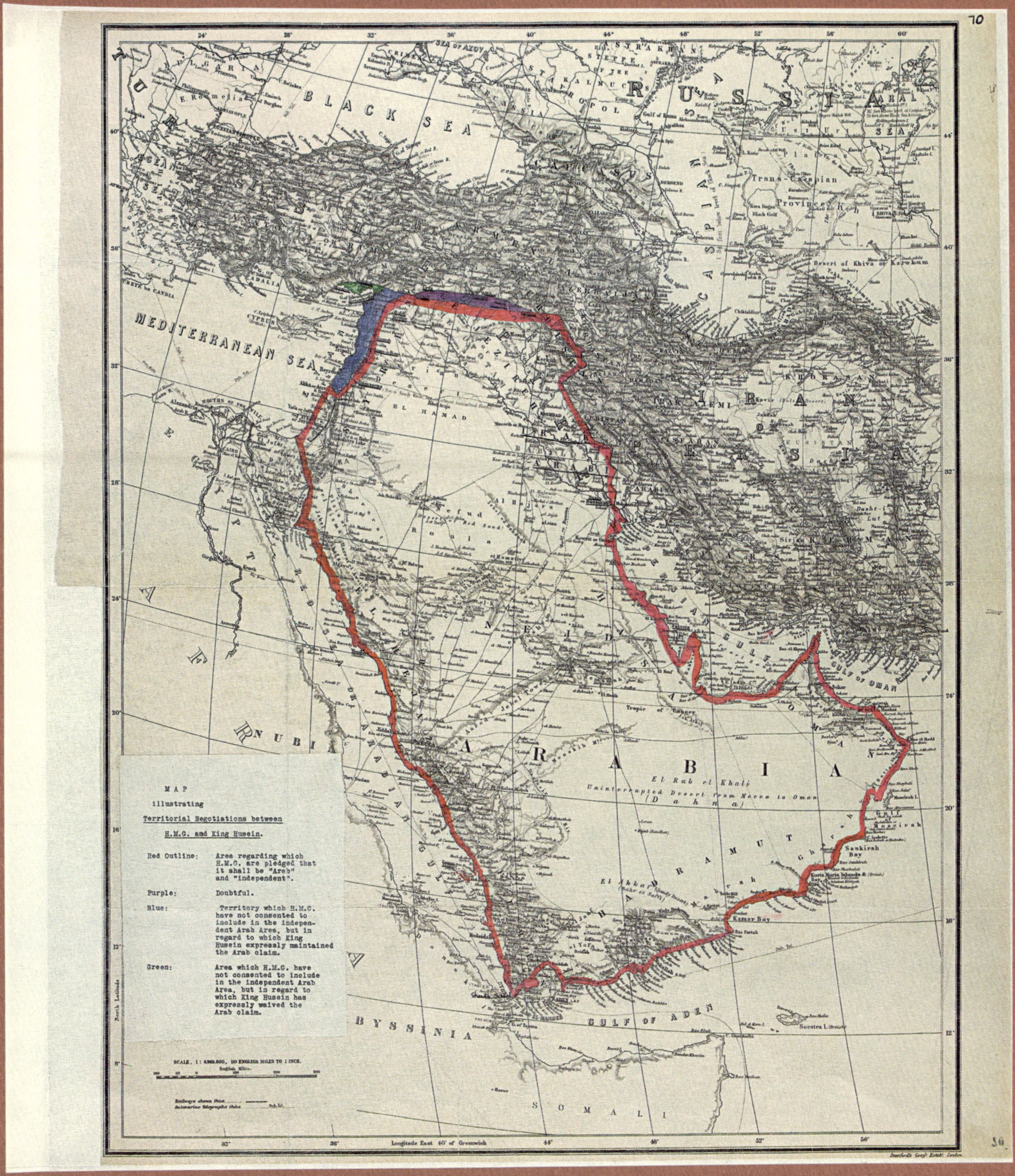

BLACK SEA
MEDITERRANEAN SEA
RUSSIA
CASPIAN SEA
PERSIA
ARABIA
El Rab el Khali
Uninterrupted Desert from Mecca to Oman
GULF OF ADEN
GULF OF OMAN
NUBIA
SOMALI
MAP
illustrating
Territorial Negotiations between
H.M.G. and King Husein.
Red Outline: Area regarding which H.M.G. are pledged that it shall be "Arab" and "independent".
Purple: Doubtful.
Blue: Territory which H.M.G. have not consented to include in the independent Arab Area, but in regard to which King Husein expressly maintained the Arab claim.
Green: Area which H.M.G. have not consented to include in the independent Arab Area, but in regard to which King Husein has expressly waived the Arab claim.
SCALE, 1: 6,969,600, 110 ENGLISH MILES TO 1 INCH.
Longitude East 40' of Greenwich

216

CAT. 218
Tenue d'officier français portée lors de l'intervention française au Levant à partir de 1917
Paris, musée de l'Armée
EPMA

CAT. 219
Casque Adrian du général Gouraud, modèle 1915
Paris, musée de l'Armée, 1967, inv. 0107 B
EPMA

CAT. 220
Chapeau conique porté par les tirailleurs indochinois des bataillons de marche tonkinois de l'armée du Levant
Fréjus, musée des Troupes de marine, inv. 5276
EPMA

CAT. 221
Fanion du bataillon assyro-chaldéen
Peuple chrétien d'Orient de rite nestorien installé dans la haute vallée du Tigre. Le 17 septembre 1920 est constitué un bataillon assyro-chaldéen rattaché à la légion syrienne et engagé dans les combats contre les Turcs en Cilicie Paris, musée de l'Armée, don du major Powell, 1967, inv. 21791
EPMA

CAT. 222
[Voir p. 97]

CAT. 223
[Voir p. 72]

219

220

218

221

CAT. 224
Sabre syrien pris sur le champ de bataille de Khan Meyssaloun par un soldat français et offert au général Gouraud
Collection de l'association Souvenir du général Henri Gouraud et de sa famille
EPMA

CAT. 225
Poignard « kindjal » offert au général Gouraud par un Russe blanc lors de son incorporation dans l'armée française après la défaite de l'Armée blanche durant la guerre civile
Collection de l'association Souvenir du général Henri Gouraud et de sa famille
EPMA

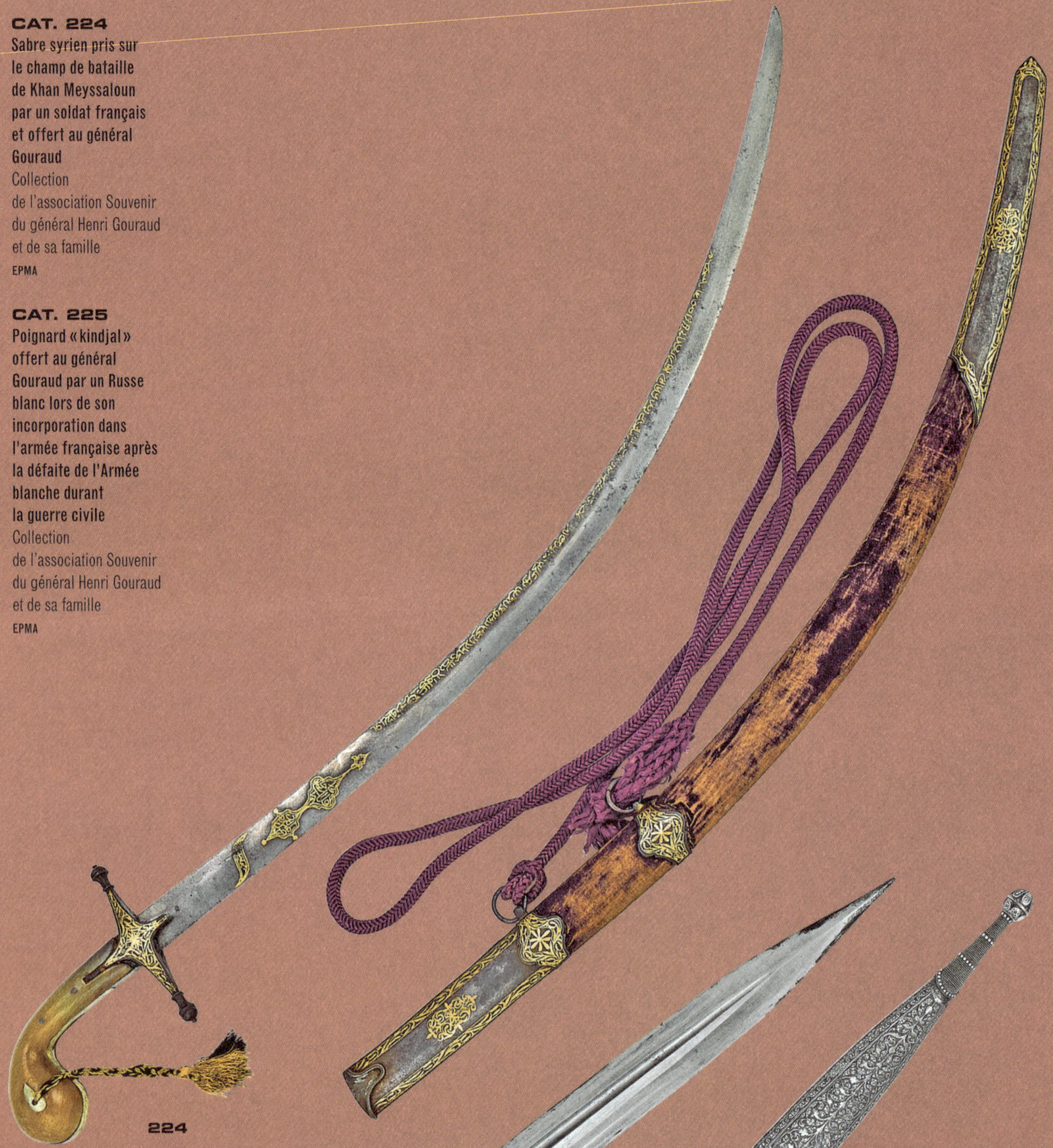
224

225

226

227

CAT. 226

Drapeau du 415e régiment d'infanterie
Débarque à Beyrouth en octobre 1919 et intègre la brigade mixte de Syrie des troupes du Levant puis la 3e division de l'Armée du Levant
Paris, musée de l'Armée, don du général Havard, commandant la base de Marseille, 1923, inv. 03164
EPMA

CAT. 227

Fanion de la 1re division française du Levant, commandée par le général Julien Dufieux (1873-1959). Celle-ci constitue l'une des quatre divisions de l'armée du Levant sous les ordres du général Gouraud
Paris, musée de l'Armée, don de la famille Dufieux, 1998, inv. 998.192
EPMA

CAT. 228

[Voir p. 75]

CAT. 229
Tract annonçant la présence du général Gouraud les 10 et 11 décembre 1918 lors de la campagne de Cilicie
Vincennes, Service historique de la Défense, GR 20 N 158
EPMA

CAT. 230
Descriptif en anglais des uniformes de l'armée nationale turque à destination de l'état-major britannique
Vincennes, Service historique de la Défense, GR 20 N 1106
EPMA

CAT. 231
Album photographique du lieutenant-colonel Abadie lors de la campagne de Cilicie
Nommé au commandement du Régiment colonial de marche du Levant (RCML), le lieutenant-colonel Abadie débarque en février 1919 à Mersin, en Cilicie. Le régiment participe aux opérations de la 2e division du Levant dans la région d'Alep, qui est occupée le 23 juillet 1920, puis à la prise de la ville d'Aïntab le 8 février 1921.
Paris, musée de l'Armée, 2017, inv. 2017.26.1
EPMA

CAT. 232
[Voir p. 69]

CAT. 233
[Voir p. 88]

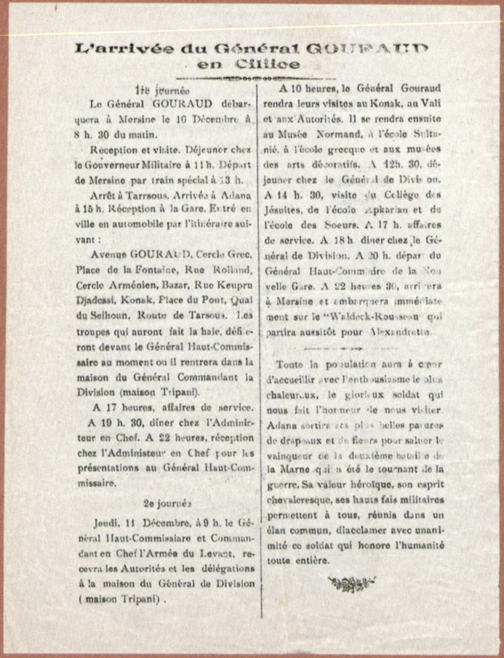

L'arrivée du Général GOURAUD en Cilice

1re journée

Le Général GOURAUD débarquera à Mersine le 10 Décembre à 8 h. 30 du matin.

Réception et visite. Déjeuner chez le Gouverneur Militaire à 11 h. Départ de Mersine par train spécial à 13 h.

Arrêt à Tarrsous. Arrivée à Adana à 15 h. Réception à la Gare. Entré en ville en automobile par l'itinéraire suivant :

Avenue GOURAUD, Cercle Grec, Place de la Fontaine, Rue Rolland, Cercle Arménien, Bazar, Rue Keupru Djadessi, Konak, Place du Pont, Quai du Seihoun, Route de Tarsous. Les troupes qui auront fait la haie, défileront devant le Général Haut-Commissaire au moment ou il rentrera dans la maison du Général Commandant la Division (maison Tripani).

A 17 heures, affaires de service. A 19 h. 30, diner chez l'Administeur en Chef. A 22 heures, réception chez l'Administeur en Chef pour les présentations au Général Haut-Commissaire.

2e journée

Jeudi, 11 Décembre, à 9 h. le Général Haut-Commissiare et Commandant en Chef l'Armée du Levant, recevra les Autorités et les délégations à la maison du Général de Division (maison Tripani).

A 10 heures, le Général Gouraud rendra leurs visites au Konak, au Vali et aux Autorités. Il se rendra ensuite au Musée Normand, à l'école Sultanié, à l'école grecque et aux musées des arts décoratifs. A 12h. 30, déjeuner chez le Général de Division. A 14 h. 30, visite du Collège des Jésuites, de l'école Apkarian et de l'école des Soeurs. A 17 h. affaires de service. A 18 h diner chez le Général de Division. A 20 h. départ du Général Haut-Commissaire de la Nouvelle Gare. A 22 heures 30, arrivera à Mersine et embarquera immédiatement sur le "Waldeck-Rousseau" qui partira aussitôt pour Alexandrette.

Toute la population aura à cœur d'accueillir avec l'enthousiasme le plus chaleureux, le glorieux soldat qui nous fait l'honneur de nous visiter. Adana sortira ses plus belles parures de drapeaux et de fleurs pour saluer le vainqueur de la deuxième bataille de la Marne qui a été le tournant de la guerre. Sa valeur héroïque, son esprit chevaleresque, ses hauts fais militaires permettent à tous, réunis dans un élan commun, d'acclamer avec unanimité ce soldat qui honore l'humanité toute entière.

229

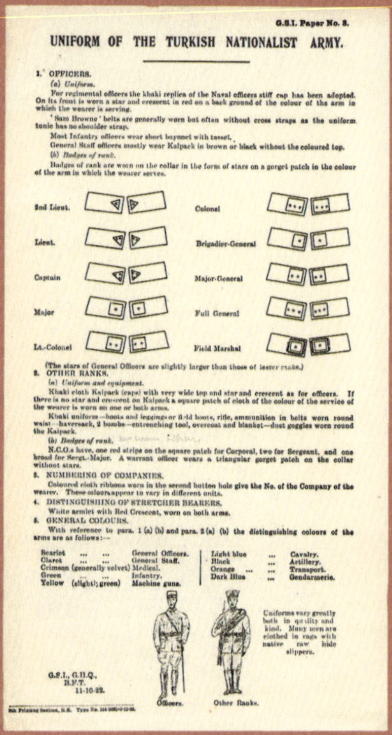

G.S.I. Paper No. 8.

UNIFORM OF THE TURKISH NATIONALIST ARMY.

1. OFFICERS.

(a) *Uniform.*

For regimental officers the khaki replica of the Naval officers stiff cap has been adopted. On its front is worn a star and crescent in red on a back ground of the colour of the arm in which the wearer is serving.

'Sam Browne' belts are generally worn but often without cross straps as the uniform tunic has no shoulder strap.

Most Infantry officers wear short bayonet with tassel.

General Staff officers mostly wear Kalpack in brown or black without the coloured top.

(b) *Badges of rank.*

Badges of rank are worn on the collar in the form of stars on a gorget patch in the colour of the arm in which the wearer serves.

(The stars of General Officers are slightly larger than those of lesser ranks.)

2. OTHER RANKS.

(a) *Uniform and equipment.*

Khaki cloth Kalpack (caps) with very wide top and star and crescent as for officers. If there is no star and crescent on Kalpack a square patch of cloth of the colour of the service of the wearer is worn on one or both arms.

Khaki uniform—boots and leggings or field boots, rifle, ammunition in belts worn round waist—haversack, 2 bombs—entrenching tool, overcoat and blanket—dust goggles worn round the Kalpack.

(b) *Badges of rank.*

N.C.O.s have, one red stripe on the square patch for Corporal, two for Sergeant, and one broad for Sergt.-Major. A warrant officer wears a triangular gorget patch on the collar without stars.

3. NUMBERING OF COMPANIES.

Coloured cloth ribbons worn in the second button hole give the No. of the Company of the wearer. These colours appear to vary in different units.

4. DISTINGUISHING OF STRETCHER BEARERS.

White armlet with Red Crescent, worn on both arms.

5. GENERAL COLOURS.

With reference to para. 1 (a) (b) and para. 2 (a) (b) the distinguishing colours of the arms are as follows:—

Scarlet	General Officers.	Light blue	Cavalry.
Claret	General Staff.	Black	Artillery.
Crimson (generally velvet)	Medical.	Orange	Transport.
Green	Infantry.	Dark Blue	Gendarmerie.
Yellow (slightly green)	Machine guns.		

Uniforms vary greatly both in quality and kind. Many men are clothed in rags with native raw hide slippers.

G.S.I., G.H.Q.,
B.F.T.
11-10-22.

230

231

234

CAT. 234
Veste d'infanterie de l'armée italienne d'une unité de mitrailleurs du corps expéditionnaire italien en Anatolie
Rovereto, Museo Storico Italiano della Guerra (musée historique italien de la Guerre), inv. 0698
EPMA

CAT. 235
[Voir p. 94]

CAT. 236
***Plan de Constantinople* à l'échelle 1/20 000 réalisé par le Service topographique des armées alliées d'Orient, novembre 1918**
Paris, Bibliothèque nationale de France, inv. GE D-8705
EPMA

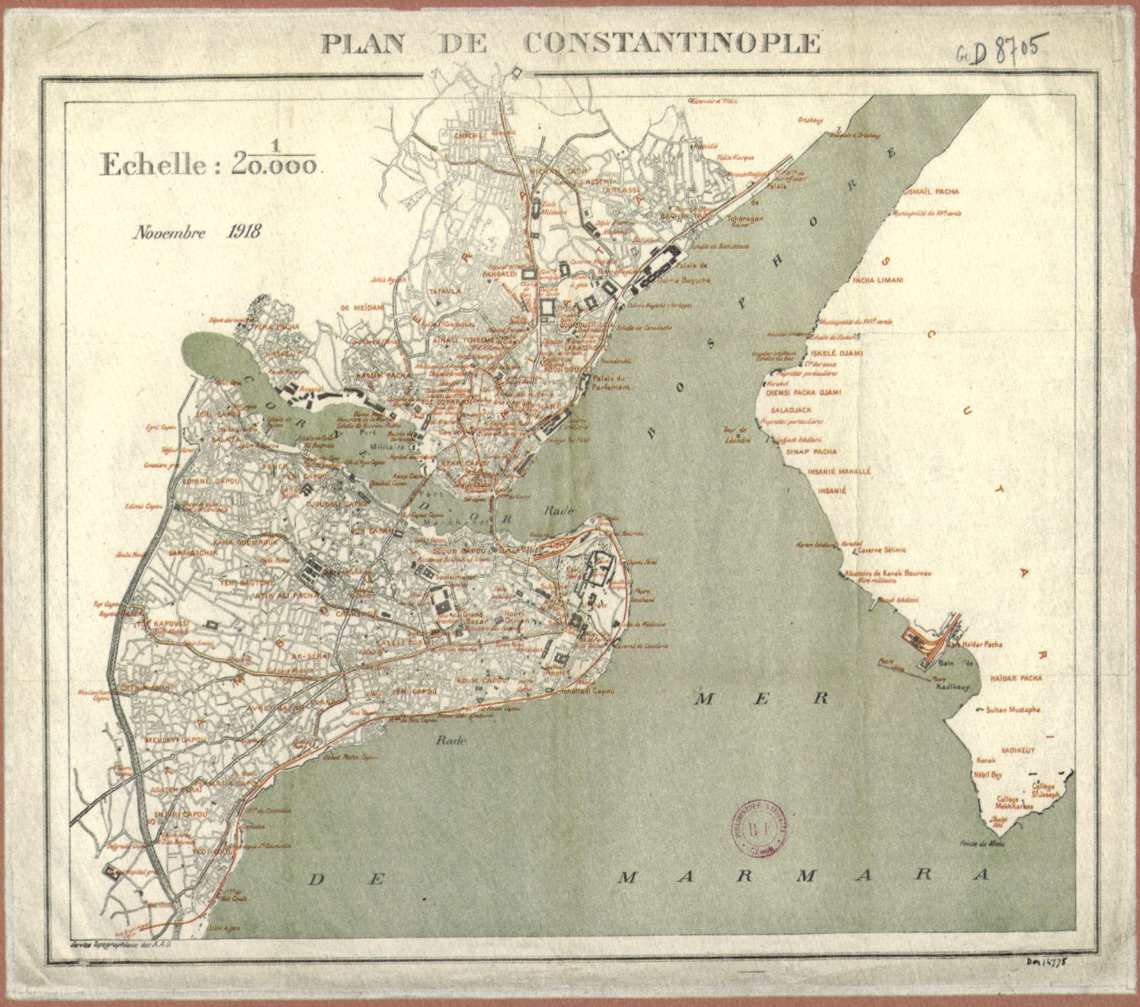

236

CAT. 237/238

Traité de Lausanne signé le 24 juillet 1923 : originaux du traité et de l'instrument de ratification turc signé le 26 janvier 1924

Le traité de Lausanne précède de quelques semaines la proclamation de la République turque le 29 octobre 1923. Alors que le traité de Sèvres sanctionnait l'Empire ottoman de son entrée en guerre aux côtés des puissances ennemies, la Turquie regagne dans ce nouveau traité les territoires perdus en 1920. Les changements de frontières sont suivis d'importants transferts de populations : plus d'un million de chrétiens rejoignent la Grèce – certains ne parlent que le turc – et 400 000 musulmans gagnent l'Asie Mineure. Seul le sort de Mossoul, au nord de l'Irak, reste en suspens : réclamée par les Turcs en raison de la présence de Kurdes et par les Britanniques pour son pétrole, la ville est attribuée à l'Irak en 1925.

La Courneuve, Archives du ministère de l'Europe et des Affaires étrangères, inv. TRA19230001/001 ; TRA19230001/920

A. L.

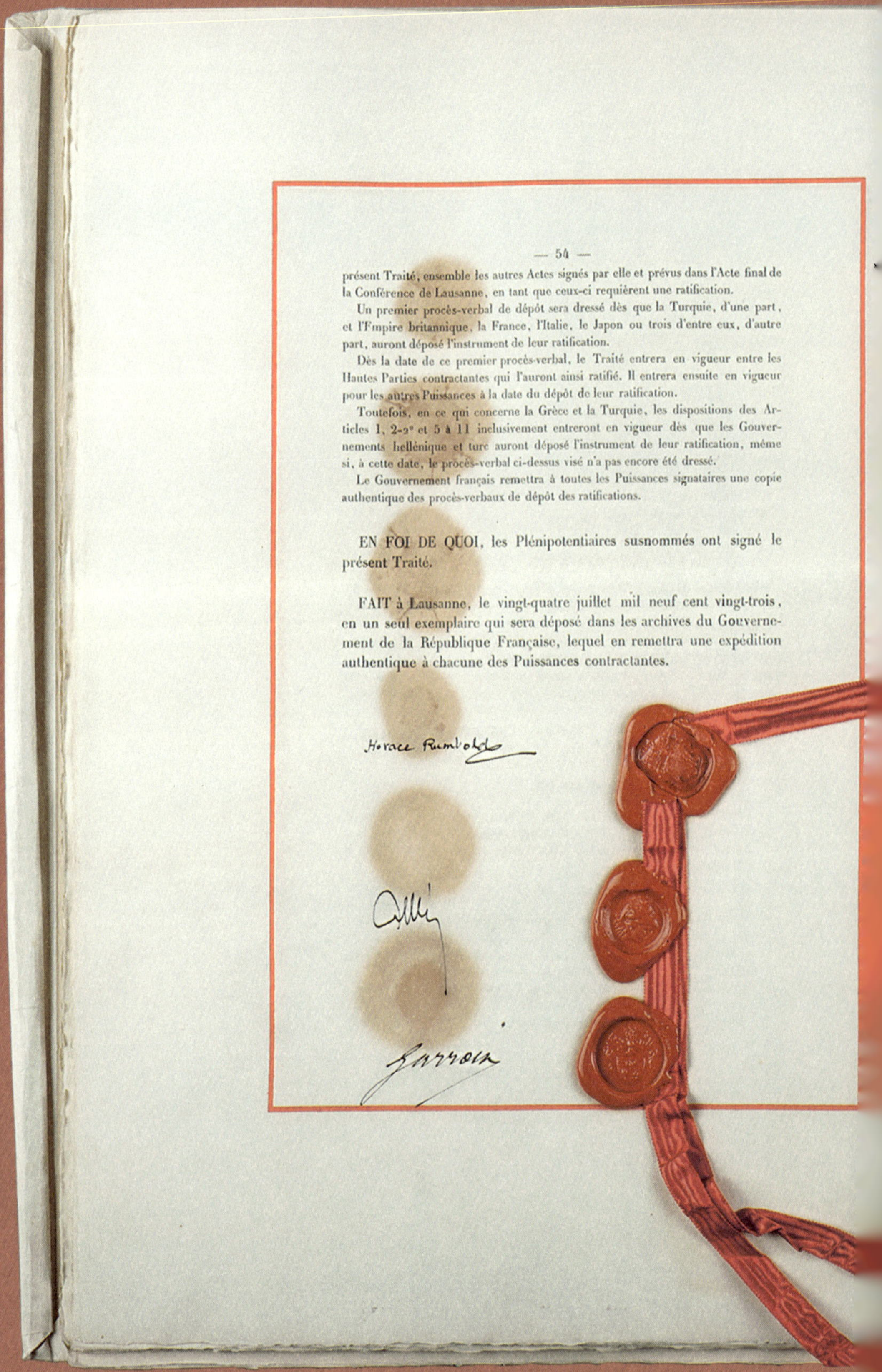

— 54 —

présent Traité, ensemble les autres Actes signés par elle et prévus dans l'Acte final de la Conférence de Lausanne, en tant que ceux-ci requièrent une ratification.

Un premier procès-verbal de dépôt sera dressé dès que la Turquie, d'une part, et l'Empire britannique, la France, l'Italie, le Japon ou trois d'entre eux, d'autre part, auront déposé l'instrument de leur ratification.

Dès la date de ce premier procès-verbal, le Traité entrera en vigueur entre les Hautes Parties contractantes qui l'auront ainsi ratifié. Il entrera ensuite en vigueur pour les autres Puissances à la date du dépôt de leur ratification.

Toutefois, en ce qui concerne la Grèce et la Turquie, les dispositions des Articles 1, 2-2° et 5 à 11 inclusivement entreront en vigueur dès que les Gouvernements hellénique et turc auront déposé l'instrument de leur ratification, même si, à cette date, le procès-verbal ci-dessus visé n'a pas encore été dressé.

Le Gouvernement français remettra à toutes les Puissances signataires une copie authentique des procès-verbaux de dépôt des ratifications.

EN FOI DE QUOI, les Plénipotentiaires susnommés ont signé le présent Traité.

FAIT à Lausanne, le vingt-quatre juillet mil neuf cent vingt-trois, en un seul exemplaire qui sera déposé dans les archives du Gouvernement de la République Française, lequel en remettra une expédition authentique à chacune des Puissances contractantes.

Horace Rumbold

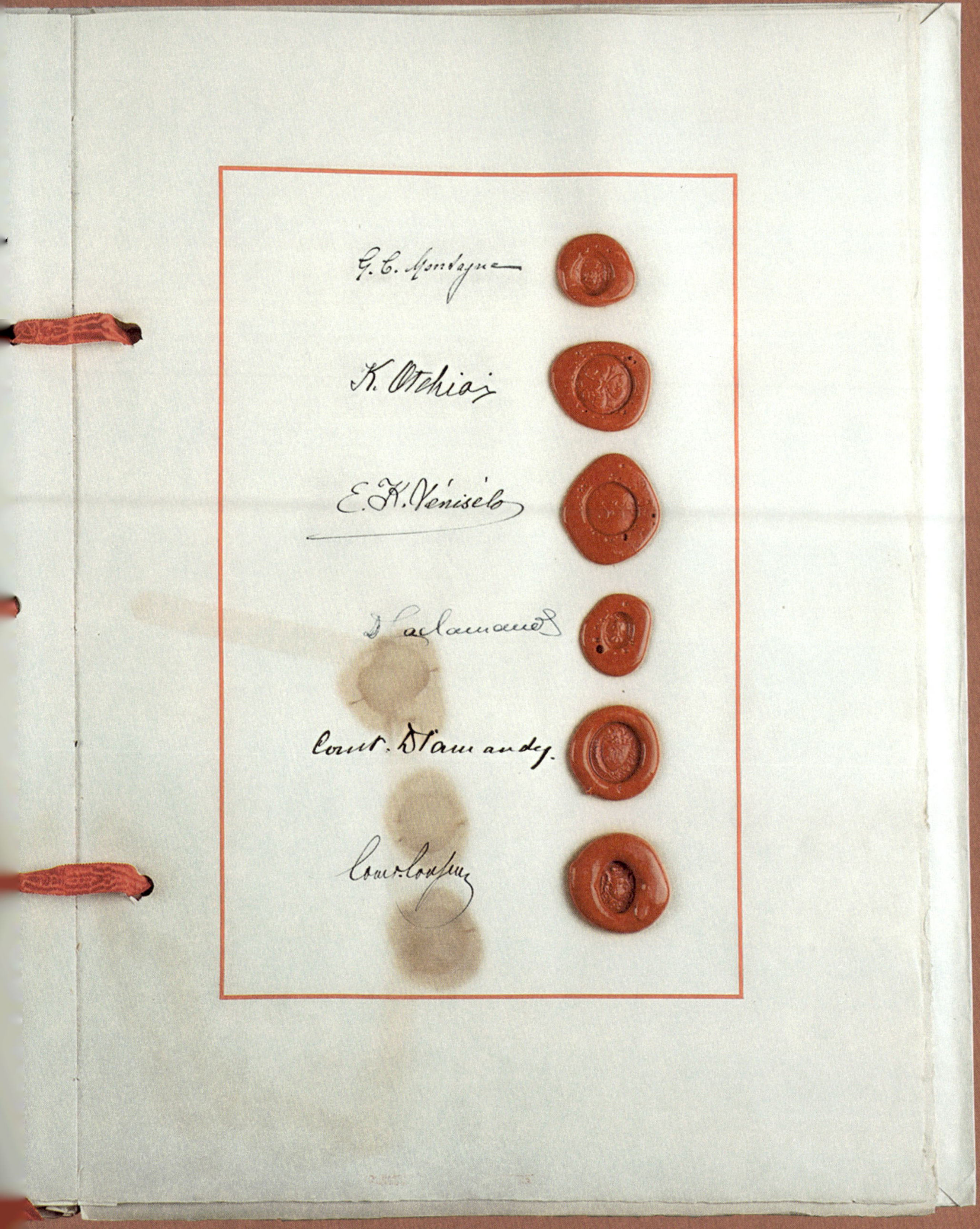

237

مارالذکر معاهده و مقاولات و پروتوقوللر و بیاننامه‌لرده بیوك ملت مجلسنك تصدیقنی
استلزام ایدن مجلس مذکور طرفندن قبول ایدلن قانونلر احکامی موجبنجه و دیگرلری
اولبابده‌کی صلاحیت قانونیه‌مزه توفیقاً تصویب ایتدك و ایدیورز. بیان
ایدیورزکه مذکور معاهده و مقاولات و پروتوقوللر و بیاننامه‌لر قبول و تصدیق
و تأیید ایدلمشدر. و وعد ایدیورزکه سالف البیان معاهده و مقاولات و پروتوقوللر
و بیاننامه‌لر احکامنه غیر قابل نقض اولمق اوزره رعایت ایدیله‌جکدر.
تصدیقاً للمقال بو وثیقه‌یی محررمی ریاست جمهور مهریله مختوم اولارق اعطا ایدرز
آنقره ۲۶ کانون ثانی ۱۳۴۰
خارجیه وکیلی
عصمت

CAT. 239
Lettre du consulat général de France à Salonique sur les déplacements de populations, 18 septembre 1923
La Courneuve, Archives du ministère de l'Europe et des Affaires étrangères, inv. 93CPCOM88
EPMA

CAT. 240
Télégramme à destination du ministre de la Guerre français annonçant le débarquement de cinq mille réfugiés russes blancs en provenance de Crimée à Bizerte, en Tunisie
Vincennes, Service historique de la Défense, GR 7 N 2067
EPMA

CAT. 241
[Voir p. 85]

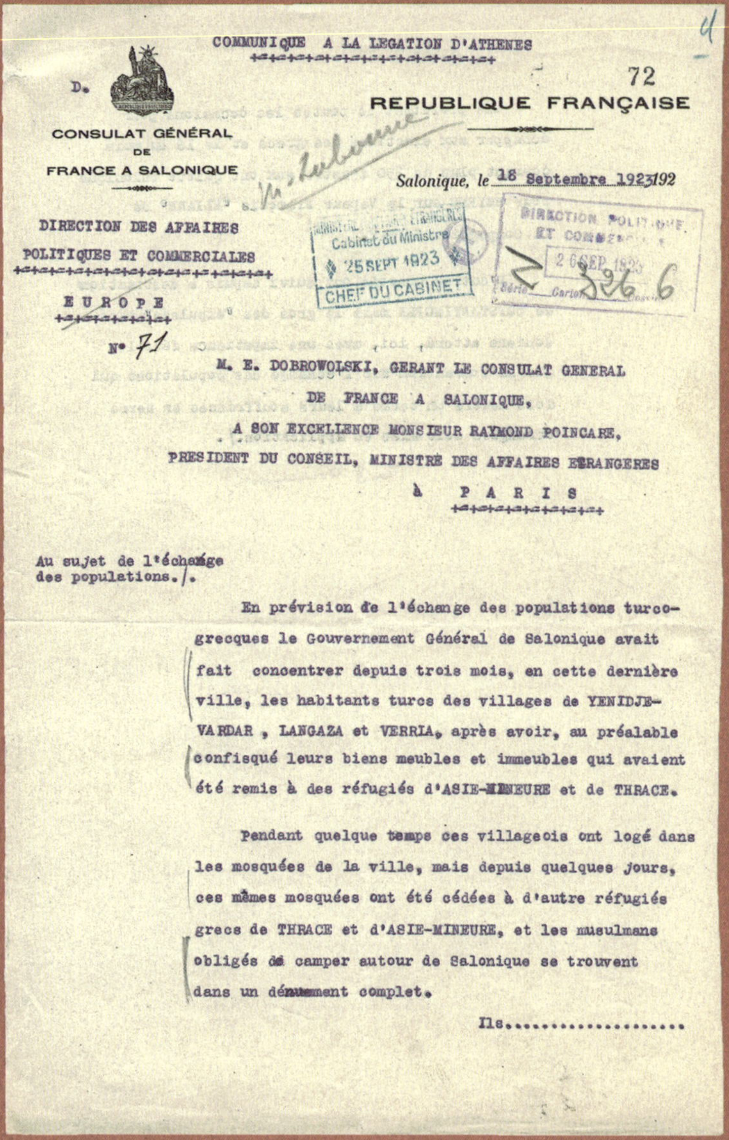
COMMUNIQUE A LA LEGATION D'ATHENES

D.

CONSULAT GÉNÉRAL DE FRANCE A SALONIQUE

72

REPUBLIQUE FRANÇAISE

Salonique, le 18 Septembre 1923

DIRECTION DES AFFAIRES POLITIQUES ET COMMERCIALES

CABINET DU MINISTRE — 25 SEPT 1923 — CHEF DU CABINET

DIRECTION POLITIQUE ET COMMERCIALE — 26 SEP 1923

EUROPE

N° 71

M. E. DOBROWOLSKI, GERANT LE CONSULAT GENERAL DE FRANCE A SALONIQUE,
A SON EXCELLENCE MONSIEUR RAYMOND POINCARE,
PRESIDENT DU CONSEIL, MINISTRE DES AFFAIRES ETRANGERES
à PARIS

Au sujet de l'échange des populations./.

En prévision de l'échange des populations turco-grecques le Gouvernement Général de Salonique avait fait concentrer depuis trois mois, en cette dernière ville, les habitants turcs des villages de YENIDJE-VARDAR, LANGAZA et VERRIA, après avoir, au préalable confisqué leurs biens meubles et immeubles qui avaient été remis à des réfugiés d'ASIE-MINEURE et de THRACE.

Pendant quelque temps ces villageois ont logé dans les mosquées de la ville, mais depuis quelques jours, ces mêmes mosquées ont été cédées à d'autre réfugiés grecs de THRACE et d'ASIE-MINEURE, et les musulmans obligés de camper autour de Salonique se trouvent dans un dénuement complet.

Ils....................

239

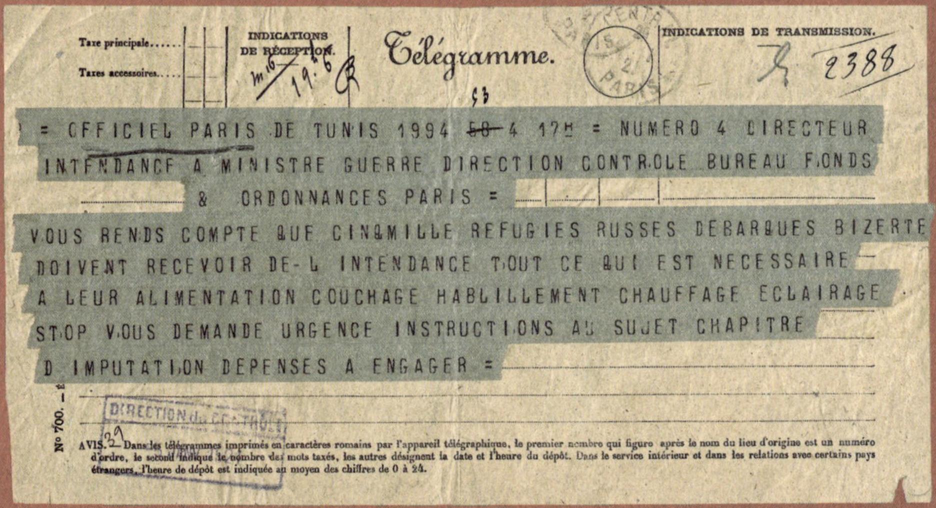
Taxe principale......
Taxes accessoires......

INDICATIONS DE RÉCEPTION

Télégramme.

INDICATIONS DE TRANSMISSION.

2388

= OFFICIEL PARIS DE TUNIS 1994 58 4 17H = NUMERO 4 DIRECTEUR INTENDANCE A MINISTRE GUERRE DIRECTION CONTROLE BUREAU FONDS & ORDONNANCES PARIS =

VOUS RENDS COMPTE QUE CINQMILLE REFUGIES RUSSES DEBARQUES BIZERTE DOIVENT RECEVOIR DE L INTENDANCE TOUT CE QUI EST NECESSAIRE A LEUR ALIMENTATION COUCHAGE HABILLEMENT CHAUFFAGE ECLAIRAGE STOP VOUS DEMANDE URGENCE INSTRUCTIONS AU SUJET CHAPITRE D IMPUTATION DEPENSES A ENGAGER =

DIRECTION DU CONTROLE

N° 700.

AVIS. — Dans les télégrammes imprimés en caractères romains par l'appareil télégraphique, le premier nombre qui figure après le nom du lieu d'origine est un numéro d'ordre, le second indique le nombre des mots taxés, les autres désignent la date et l'heure du dépôt. Dans le service intérieur et dans les relations avec certains pays étrangers, l'heure de dépôt est indiquée au moyen des chiffres de 0 à 24.

240

CAT. 242
Rapport technique de 1921 sur l'état sanitaire général des vingt-cinq mille réfugiés russes blancs de Gallipoli, insistant sur l'amélioration de leur condition physique depuis leur arrivée dans le camp
Vincennes, Service historique de la Défense, GR 20 N 1138
C. B. B.

CAT. 243
Passeport Nansen établi en 1923 à Belgrade pour Véra Makarova et sa fille (future héroïne de la Résistance sous le nom de Véra Obolensky, alias Vicky)
Document d'identité et de voyage créé le 5 juillet 1922 par le Haut-Commissaire pour les réfugiés russes de la Société des Nations, le Norvégien Fridtjof Nansen. Il permet aux Russes exilés depuis 1917, dits «Russes blancs», souvent déchus de leur nationalité par décret, d'attester de leur identité, de se déplacer et de s'installer dans un pays d'accueil. Il est reconnu par trente-huit pays, dont la France en 1924. Il sera étendu par la suite à d'autres groupes nationaux (Arméniens de Turquie) et formalisé en 1933. C'est le premier statut international de réfugié.
Fontenay-sous-Bois, Office français de protection des réfugiés et apatrides, inv. OR091_0524 à 0527
A. A.

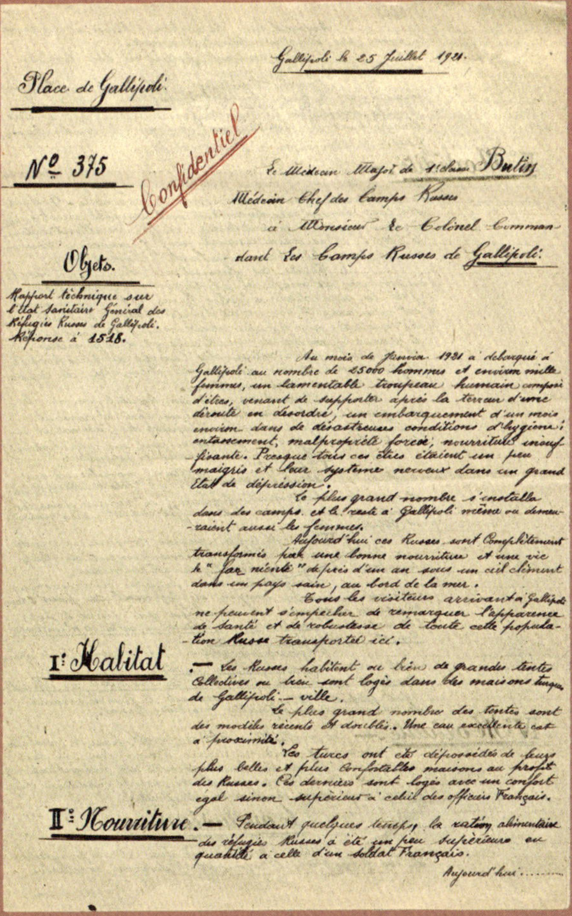
Place de Gallipoli.

Gallipoli le 25 juillet 1921.

N° 375

Confidentiel

Le Médecin Major de 1re classe Butin
Médecin Chef des Camps Russes
à Monsieur le Colonel Commandant les Camps Russes de Gallipoli.

Objets.
Rapport technique sur l'état sanitaire Général des Réfugiés Russes de Gallipoli.
Réponse à 1518.

Au mois de janvier 1921 a débarqué à Gallipoli au nombre de 25000 hommes et environ mille femmes, un lamentable troupeau humain composé d'êtres, venant de supporter après la terreur d'une déroute en désordre, un embarquement d'un mois environ dans de désastreuses conditions d'hygiène; entassement, malpropreté forcée, nourriture insuffisante. Presque tous ces êtres étaient un peu maigris et leur système nerveux dans un grand état de dépression.

Le plus grand nombre s'installa dans des camps. et le reste à Gallipoli même où demeuraient aussi les femmes.

Aujourd'hui ces Russes sont complètement transformés par une bonne nourriture et une vie le "far niente" depuis d'un an sous un ciel clément dans un pays sain, au bord de la mer.

Tous les visiteurs arrivant à Gallipoli ne peuvent s'empêcher de remarquer l'apparence de santé et de robustesse de toute cette population Russe transportée ici.

I° Habitat. — Les Russes habitent ou bien de grandes tentes collectives ou bien sont logés dans des maisons turques de Gallipoli-ville.

Le plus grand nombre des tentes sont des modèles récents et doublés. Une eau excellente est à proximité.

Les turcs ont été dépossédés de leurs plus belles et plus confortables maisons au profit des Russes. Ces derniers sont logés avec un confort égal sinon supérieur à celui des officiers Français.

II° Nourriture. — Pendant quelques temps, la ration alimentaire des réfugiés Russes a été un peu supérieure en quantité à celle d'un soldat Français.

Aujourd'hui ....

242

Власт, која издаје ово уверење / Autorité, qui délivre le certificat: Управа града Београда / Préfecture de Police de Belgrade
дана / le 10 juillet 1923

Пас Бр. / No. M. P. 55

Уверење о Идентитету
Certificat d'identité

Издато по наређењу Министарства Унутрашњих Дела M. P. Бр. 176. од 25 - VI - 1923 год.

Важи до / Valable jusqu' два месеца / deux mois

Ово уверење не важи за повратак у земљу у којој је издато ако то није нарочито назначено на овоме документу, а губи сву своју важност ако његов сопственик ма кад оде у Русију.
Le présent certificat n'est pas valable pour le retour dans le pays qui l'a délivré sans une mention spéciale inscrite sur le présent document. Il cessera d'être valable, si le porteur pénètre, à un moment quelconque, en Russie.

Презиме: / Nom de famille: Вера Макарова / Vera Makarova
Име: / Prénoms:
Дан и година рођења: / Date de naissance: 1876
Место рођења: / Lieu de naissance: Петроград. St. Petersbourg
Очево презиме: / Nom de famille du père
Материно презиме: / Nom de famille de la mère
Руског порекла с тим да никад није прелазио ни у које друго поданство.
D'origine russe, n'ayant acquis aucune autre nationalité.
Занимање: / Profession: прив. - sans prof.
Старо место становања у Русији / Ancien domicile en Russie
Где сад живи: / Résidence actuelle

ЛИЧНИ ОПИС — SIGNALEMENT:
Године: / Age: 47 ans
Коса: / Cheveux: смеђа - brunes
Очи: / Yeux: црне - noirs
Лице: / Visage: овално - ovale
Нос: / Nez: прав. regulier
Особени знаци: / Signes particuliers

Својеручни потпис сопственика, / Signature du titulaire

Напомене: / Observations: Важи и за повратак / Valable pour aller et retour

Потписани тврди да су фотографија и потпис на овоме документу сопственикови
Le soussigné certifie que la photographie et la signature apposées ci-contre sont bien celles du porteur du présent document.
Le Préfet de Belgrade
Потпис власти — Signature de l'autorité
Le Sous Préfet.

Овај је документ издат у смислу одлука донесених на Конференцији Влада које је сазвао Др. Нансен, Високи Комесар за Руске избеглице, у Женеви 3.—5. јула 1922. год.
Ce certificat est delivré conformement aux résolutions de la Conférence gouvernementale convoquée par le Dr. Nansen, Haut-Commissaire pour les Réfugiés Russes, à Genève, le 3—5 juillet 1922.

146-4-III-23

243

CONCLUSION

F. L.

Par comparaison avec 1918, l'année 1923 paraît assez oubliée. Il n'y a pas eu, de 1918 à 1923, en Europe centrale et orientale comme au Levant, une conflagration générale comparable à la Grande Guerre. Mais la somme de conflits plus ou moins juxtaposés, de mouvements révolutionnaires et contre-révolutionnaires allant jusqu'à la guerre civile, a constitué une épreuve au moins aussi cruelle, notamment pour les populations civiles soumises à de multiples exactions et déplacements forcés. Après cinq années de tourmente, un certain calme revient.

L'année 1923 est, au Levant, celle du traité de Lausanne, le 24 juillet, qui met fin au séculaire conflit gréco-turc, au prix de l'échange forcé de populations entre Grèce et Turquie. Plus au sud, les mandats français syrien et libanais apparaissent stabilisés, pour un temps.

Dans l'Europe médiane, après l'intense agitation du début des années 1920, un relatif apaisement prévaut, souvent à la suite de l'écrasement des forces révolutionnaires, comme en Hongrie ou en Bulgarie. Un nouvel équilibre se met en place autour de la Tchécoslovaquie, du royaume des Serbes, Croates et Slovènes et de la Roumanie, soutenus par la France. Sur les marches de l'Est, l'Allemagne et la Russie soviétique ont été contenues. La Pologne, alliée à la France, s'affirme puissance régionale.

La Société des Nations commençante se préoccupe, avec des résultats inégaux, du sort des minorités et des réfugiés. Beaucoup de problèmes n'ont pas reçu de solution satisfaisante. Certains demeurent encore aujourd'hui.

L'EST EUROPÉEN ET LE LEVANT EN 1923

APPROCHE ETHNOLINGUISTIQUE DES POPULATIONS DE L'EST EUROPÉEN ET DU LEVANT (FRONTIÈRES DE 1923)

CETTE CARTE NE TIENT PAS COMPTE DES DÉPLACEMENTS DE POPULATIONS INTERVENUS PENDANT LA GRANDE GUERRE ET ENTRE 1918 ET 1923 (GÉNOCIDE ARMÉNIEN, DÉPLACEMENTS DE POPULATIONS GRECQUES ET TURQUES, ETC.)

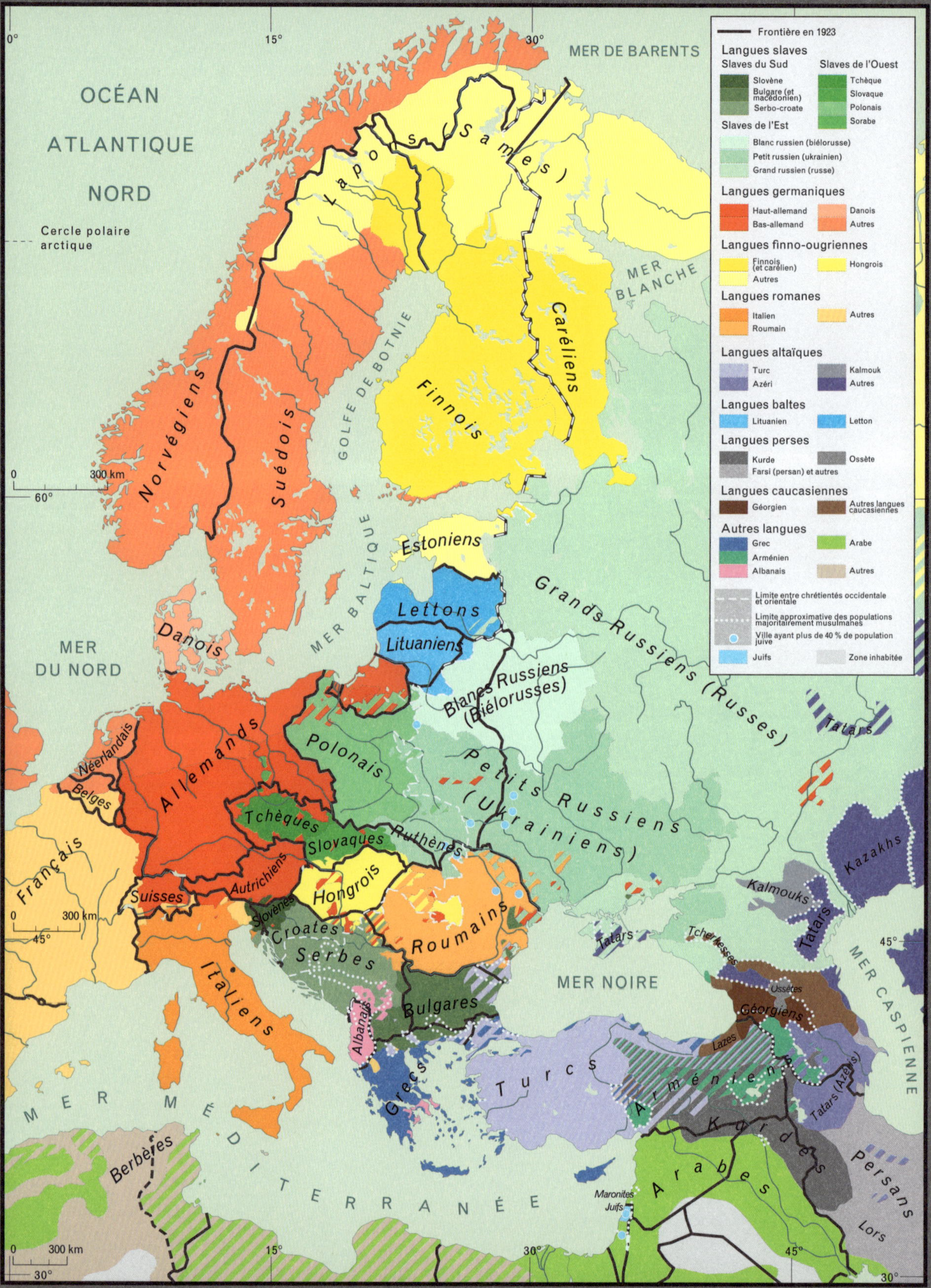

ANNEXES

I

ARCHIVES AUDIOVISUELLES PRÉSENTÉES DANS L'EXPOSITION

II

INDEX DES NOMS

III

ORIENTATION BIBLIOGRAPHIQUE

LES TITRES DES FILMS DE LA SÉRIE GAUMONT PATHÉ SONT CEUX DES FICHES ÉTABLIES PAR LES OPÉRATEURS.

ARCHIVES AUDIOVISUELLES PRÉSENTÉES DANS L'EXPOSITION

Le Défilé de la victoire – 14 juillet 1919, Paris
Gaumont Pathé archives – collection Pathé

I LA DISSOLUTION DES EMPIRES

Pages immortelles
Gaumont Pathé archives – collection Pathé
3 mars 1918
Réf. : 1917 8 2

Armistice – Londres
Gaumont Pathé archives – collection Pathé
11 novembre 1918
Réf. : 1918 39

Armistice – Paris
Gaumont Pathé archives – collection Gaumont
11 novembre 1918
Réf. : 1800GB 01335

Jour de l'armistice
Gaumont Pathé archives – collection Pathé
11 novembre 1918
Réf. : SD 7 13

Après l'armistice en Allemagne
Gaumont Pathé archives – collection Pathé
1919
Réf. : 1919 7

II LA FABRIQUE DES TRAITÉS

Congrès de Versailles – Arrivée des plénipotentiaires
Gaumont Pathé archives – collection Pathé
28 juin 1919
Réf. : SD 10 20

Traité 1919 – Signature du traité de paix à Versailles
Gaumont Pathé archives – collection Gaumont
28 juin 1919
Réf. : 1919GB 01332

Congrès de Versailles
Gaumont Pathé archives – collection Pathé
28 juin 1919
Réf. : 1919 106

Versailles. Le traité de paix avec la Hongrie est signé le 4 juin au Grand Trianon
Gaumont Pathé archives – collection Gaumont
4 juin 1920
Réf. : 2024GJ 00003

Les Délégués autrichiens reçoivent à Saint-Germain les conditions de paix des Alliés
Gaumont Pathé archives – collection Gaumont
10 septembre 1919
Réf. : 1923GJ 00001

III LES MARCHES DE L'EST

Armée blanche – Missions étrangères – Armée rouge
Gaumont Pathé archives – collection Pathé
1917-1920
Réf. : 1917 12

L'Intervention et la guerre civile
Gaumont Pathé archives – collection Pathé
1920
Réf. : 1920 1 31 NU

Intervention contre l'armée révolutionnaire
Gaumont Pathé archives – collection Pathé
1919
Réf. : 1919 33

Mouvements révolutionnaires
Gaumont Pathé archives – collection Pathé
1919
Réf. : 1919 31

Révolution en Allemagne
Gaumont Pathé archives – collection Pathé
1919
Réf. : 1920 12 2 NU

Pologne, Varsovie
Gaumont Pathé archives – collection Gaumont
1920
Réf. : 2000GE 02995

Le Voyage triomphal du général Haller à Varsovie
Gaumont Pathé archives – collection Gaumont
1919
Réf. : 1920GJ 00014

Pologne
Gaumont Pathé archives – collection Pathé
1920
Réf. : 1920 39 1 NU

Riga
Gaumont Pathé archives – collection Pathé
18 mars 1921
Réf. : 1920 1 23 NU

Odessa. Un convoi de prisonniers russes rapatrié par le bateau français La Scarpe *est reçu par les délégués bolcheviques à la limite de la zone neutre*
Gaumont Pathé archives – collection Gaumont
1920
Réf. : 2013GJ 00007

Russie. Odessa pendant l'occupation française en 1919
Gaumont Pathé archives – collection Gaumont
1920
Réf. : 2000GE 02997

« Le paradis des pauvres » n° 29
Compilation d'actualités – 1930
Gaumont Pathé archives – collection Gaumont
1930
Réf. : 3000AKDOC00307

Paquebot transportant des troupes françaises et américaines de San Francisco à Vladivostok
Collection ECPAD
1919
Réf. : 14.18 B 544

Sibérie : évacuation des troupes de la Légion tchèque du général Jan Syrovy
Collection ECPAD
1919-1920
Réf. : 14.18 A 1234

L'Intervention étrangère
Gaumont Pathé archives – collection Pathé
1919
Réf. : 1919 1

Russie du Nord
Gaumont Pathé archives – collection Pathé
1919
Réf. : 1919 55

Russie septentrionale
Gaumont Pathé archives – collection Pathé
1919
Réf. : 1919 56

Arkhangelsk
Gaumont Pathé archives – collection Pathé
1919
Réf. : 1919 44

Départ pour la Russie
Gaumont Pathé archives – collection Pathé
1919
Réf. : 1919 19

Plébiscite en Haute-Silésie
Gaumont Pathé archives – collection Pathé
5 mai 1921
Réf. : 1921 1 14 NU

Le Voyage triomphal du maréchal Foch en Pologne
Gaumont Pathé archives – collection Gaumont
1923
Réf. : 2320GJ 00010

Le Maréchal Foch en Pologne
Gaumont Pathé archives – collection Pathé
1923
Réf. : PJ 1923 19 9

Haute-Silésie. Le départ des troupes interalliées
Gaumont Pathé archives – collection Gaumont
1922
Réf. : 2227GJ 00011

Le territoire de Memel est rétrocédé par les Alliés à la Lituanie
Gaumont Pathé archives – collection Gaumont
1923
Réf. : 2308GJ 00005

IV L'EUROPE MÉDIANE

Autriche. Le manque de charbon se fait particulièrement sentir
Gaumont Pathé archives – collection Gaumont
1920
Réf. : 2050GJ 00010

Inflation à Vienne
Gaumont Pathé archives – collection Pathé
30 août 1922
Réf. : 1922 35 2 NU

D'Annunzio à Fiume
Gaumont Pathé archives – collection Pathé
5 janvier 1921
Réf. : 1921 1 28 NU

Fiume, une des dernières revues passées par D'Annunzio
Gaumont Pathé archives – collection Pathé
11 février 1920
Réf. : PJ 1920 6 5

Il y a 50 ans : 1919
Gaumont Pathé archives – collection Pathé
1969
Réf. : 1969 2 6 NU

Armée d'Orient. Occupation de la Bulgarie et voyage du général Berthelot, commandant de l'armée du Danube, 1919
Collection ECPAD
1919
Réf. : 1 4.18 A 95

À Tcheliabinsk et à Barnaoul avec les troupes russes blanches, 1919
Collection ECPAD
1919
Réf. : 14.18 A 1311

V LE LEVANT

Le Sultan de Turquie (Mehmet VI) dans son palais
Gaumont Pathé archives – collection Gaumont
1920
Réf. : 2000GE 02823

Monsieur Mustafa Kemal Atatürk Pacha, président de la Grande Assemblée nationale de Turquie
Gaumont Pathé archives – collection Gaumont
1920
Réf. : 2000GP 01659

En Arabie, volontaires contre la Turquie
Gaumont Pathé archives – collection Pathé
1918
Réf. : 1918 22

Incendie de Smyrne
Gaumont Pathé archives – collection Pathé
4 janvier 1922
Réf. : 1922 1 13 NU

L'Armistice de Moudania
Gaumont Pathé archives – collection Pathé
11 octobre 1922
Réf. : 1922 44 1 NU

Retour à Smyrne
Gaumont Pathé archives – collection Pathé
9 mai 1923
Réf. : 1923 20 1 NU

Manifestations turque et grecque
Gaumont Pathé archives – collection Pathé
13 décembre 1922
Réf. : 1922 50 2 NU

Mustafa Kemal à Eski-Chehr
Gaumont Pathé archives – collection Pathé
28 mars 1923
Réf. : 1923 13 3 NU

Négociations à Lausanne
Gaumont Pathé archives – collection Pathé
1922
Réf. : 1922 50 4 NU

Tournée d'inspection en Cilicie du général Hamelin, commandant le détachement français en Palestine et en Syrie, 1919
Collection ECPAD
1919
Réf. : 14.18 A 773

La France en Orient : le général Gouraud en Cilicie
Gaumont Pathé archives – collection Gaumont
1920
Réf. : 2008GJ 00007

La France en Orient : le général Gouraud a pris le commandement des troupes françaises en Syrie
Gaumont Pathé archives – collection Gaumont
1919
Réf. : 1952GJ 00007

Beyrouth (Liban) : à son retour d'Europe, l'émir Fayçal est reçu au port par les autorités françaises
Gaumont Pathé archives – collection Gaumont
1920
Réf. : 2009GJ 00007

Turquie d'Asie : les troupes britanniques évacuent la Syrie
Gaumont Pathé archives – collection Gaumont
1920
Réf. : 2002GJ 00009

La France en Orient : le général Gouraud entre à Beyrouth (Liban) à la tête de ses troupes
Gaumont Pathé archives – collection Gaumont
1919
Réf. : 2001GJ 00007

Syrie
Gaumont Pathé archives – collection Pathé
7 janvier 1920
Réf. : 1920 1 40 NU

Constantinople : arrivée du général Franchet d'Espèrey
Collection ECPAD
Février 1919
Réf. : 14.18 B 151

Turquie : les généraux Franchet d'Espèrey et Allenby font leur entrée à Constantinople
Gaumont Pathé archives – collection Gaumont
8 février 1919
Réf. : 1910GJ 00013

Constantinople : scènes de rues, soldats français
Collection ECPAD
1919
Réf. : 14.18 B 752

Les Réfugiés russes de Constantinople
Collection Comité international de la Croix-Rouge
1921
Réf. : V-F-CR-H-00001-12

Les Réfugiés russes de Constantinople
Collection Comité international de la Croix-Rouge
1921
Réf. : V-F-CR-H-00001-3

Les Réfugiés russes de Constantinople
Collection Comité international de la Croix-Rouge
1921
Réf. : V-F-CR-H-00001-4

La Guerre gréco-turque : Grèce, 1923
Collection Comité international de la Croix-Rouge
1923
Réf. : V-F-CR-H-00001-6

La Guerre gréco-turque : rapatriement des internés civils *turcs*
Collection Comité international de la Croix-Rouge
1923
Référence : V-F-CR-H-00001-14

INDEX DES NOMS

LES PAGES MENTIONNÉES EN ROMAIN FONT RÉFÉRENCE AUX OCCURRENCES PRÉSENTES DANS LES TEXTES, CELLES MENTIONNÉES EN ITALIQUE FONT RÉFÉRENCE À DES LÉGENDES.

A

ABADIE (lieutenant-colonel): p. *304*
ABDALLAH ABDALLAH Ier (roi de Jordanie): p. 71, 167
ABDÜLHAMID II (sultan ottoman): p. 65
ADLER Victor: p. 52
ALLENBY Edmund (général): p. 72-73, 95, 114
ALLIZÉ Henri: p. *120*
AMET Jean-François Charles (général): p. 99-100, 103
ANDRANIK Ozanian (général): p. 135
ANNUNZIO Gabriele D': p. 5, 147, 175, *269-270*
ANSELME Philippe d' (général): p. 90

B

BABEL Isaac: p. 173
BALFOUR Arthur (Sir): p. 24, *75*, *266*
BARNES Georges: p. 24
BARUCH Bernard: p. 31
BASMADJIAN K. J.: p. *204*
BENEŠ Edvard: p. 43, 53-54, 113, 169, *192*, *209*, *283*
BENOIST Charles: p. 27-28
BERÉNY Róbert: p. *45*
BERGHAUS Heinrich: p. 37
BERMONDT-AVALOV Pavel: p. 44, 155, 159
BERTHELOT Henri (général): p. 90-*91*, 113, *278*
BERTHELOT Philippe: p. 25, 109-110
BIRÓ Mihály: p. *259*
BLACHE Jules: p. 27, 34
BLISS Tasker Howard (général): p. 24
BON Ferdinand Jean-Jacques de (vice-amiral): p. 73
BONAR LAW Andrew: p. 24
BORIS III (roi des Bulgares): p. 139
BOUDIENNY Semion (général): p. 95
BOUÉ DE LAPEYRÈRE Auguste (amiral): p. 114
BOURGEOIS Robert (général): p. 27
BOWMAN Isaiah: p. 31, 34, 38
BRIAND Aristide: p. 27, 64, 68, 109-110
BRUNHES Jean: p. *104-105*, 106, *107*
BUAT Edmond (général): p. 110, 113, *280*, *286*
BULFIN Marcel (général): p. 95

C

CAMBON Jules: p. 24-25, 109, 113, 118
CAMBON Paul: p. *180*
CHABOT Georges: p. 34
CHARDIGNY (colonel): p. *203*
CHARLES Ier (empereur d'Autriche) ou CHARLES IV (roi de Hongrie): p. 53, *54*, *57*, 153, 169
CHARPY Charles Antoine (général): p. 94, *292*
CHURCHILL Winston: p. 78
CIRULIS Ansis: p. *235*
CLEMENCEAU Georges: p. 24-25, 26, 28, 32, 44, 58, 71, 73-74, 90, 99, 109, 113-114, 118, 133, 157, 167, *188*, *192*, *202*, *266*, *282*
CONSTANTIN Ier (roi des Hellènes): p. 150-151, *291*
CROISET Maurice: p. 107
CSAPLOVICS Johann von: p. 37
CURZON George (Lord): p. *230*
CVIJIĆ Jovan: p. 33-34, 38
CZERNY József: p. *275*
CZOERNIG Karl von: p. 37

D

DEBENEY (général): p. 107
DEMANGEON Albert: p. 33-34
DENIKINE Anton (général): p. 44, 90, 135, 149, *206*, *211-212*, *231*
DIEGER Robert: p. 34
DJEVDET Ahmed: p. *198*
DMOWSKI Roman: p. 31
DOUBNOV Simon: p. 77-78, 81
DRO (général): p. 135
DU PARQUET (lieutenant-colonel): p. 154
DUBOIS Louis-Ernest (cardinal): p. 106
DUFIEUX Julien (général): p. 74, *91*, *303*
DUMESNIL Charles-Henri (amiral): p. 94, 114
DURAND (capitaine): p. *222*
DUTASTA Paul: p. 25, 109

E,F

EISNER Kurt: p. 52
ENVER PACHA (Enver Ismail dit): p. 65-66, 68
ESSAYAN Zabel: p. *76*
FALLEX Maurice: p. 64
FARMER (colonel): p. *291*
FAYÇAL Ben Hussein, dit FAYÇAL Ier (roi d'Irak): p. 6, 71-74, *75*, 114, 157, 167, *202*, *294*, *296*
FERDINAND Ier (roi de Roumanie): p. *121*, 163
FERDINAND Ier (roi des Bulgares): p. *121*, 139
FERID PACHA: p. 67-68
FILIPESCU Nicholas: p. 163
FOCH Ferdinand (maréchal): p. 24-25, *43*, 96, 105, 110, 113, *184*, *249*, *256*, *280*, *283*, *286*
FORD Henry: p. 52
FRANCE Anatole: p. *85*
FRANCHET D'ESPÈREY Louis (général): p. 53, 66, 90, *103*, 110, *282*
FRANCK (général): p. 291
FRANKLIN-BOUILLON Henry: p. 68, *69*, 131,
FROUNZE Mikhaïl: p. *231*

G

GALLOIS Lucien: p. 34
GASSENKO George de: p. *226*
GAULLE Charles de: p. 95, 114, 160, *251*
GEORGES-PICOT François: p. 73, 95
GOLTZ Rüdiger von der (général): p. 44, 129, 145, 155, 165
GOUGH Hubert (général): p. 142, 158
GOURAUD Henri (général): p. 71, 73-74, 106-107, 114, 157, 167, *296-297*, *300*, *302-304*
GOÛT Jean: p. 157
GOYBET Mariano (général): p. 74
GRATIER Jules: p. 96, 110
GUILLAUME II (empereur allemand): p. 28, 47, 58
GYULA Szini: p. *259*

H

HALLER Jósef (général): p. 95, 110, *217*
HAMELIN Jules (général): p. 72, 95, 114
HAUMANT Émile: p. 38
HENRYS Paul (général): p. 95, 110, *284*
HERRON George: p. 28
HITLER Adolf: p. 52
HOFFER (général): p. *221*
HOFFMANN Geza von: p. 63
HORTHY Miklós (amiral): p. 5, 57, *91*, 123, 153, *261*, *276*
HOUSE Edward (colonel): p. 24, 27, 32, 38
HOYEK Elias (monseigneur): p. 157
HROUCHEVSKY Mykhaïlo: p. *43*
HÜRSTEL (lieutenant-colonel): p. 142
HUSSEIN (chérif de La Mecque): p. 66, 71, 95, 114, 167, *298*

I, J, K

YOUDENITCH ou IOUDENITCH Nikolaï: p. 143
JANIN Maurice (général): p. 110, 113
JOFFRE Joseph (maréchal): p. 24, 113
JOHNSON D. W.: p. 33
JORDANIA Noi: p. 43, 165
KALENSKA Pauline: p. *228*
KARADORDEVIC Alexandre: p. *123*, 174
KÁROLYI Mihály: p. 53-54, 57, 93, 153, *259*
KEMAL Mustafa (Atatürk): p. 9, 13, 40, 43, 131, 150, 165, 167, 171, *288*
KERENSKI Alexandre: p. 40, 165
KESSEL Joseph: p. 110, *242*
KEYNES John Maynard: p. 31, *32*, 64
KHAN Albert: p. 71, 74, 167, 296, 302
KIEPERT Heinrich: p. 37
KLOTZ Louis-Lucien: p. 24, 109
KOLTCHAK Alexandre: p. 165, *212*
KRAMÁŘ Karel: p. 31
KRAUS Karl: p. *259*
KRESSENSTEIN Kress von (général): p. 149
KUN Béla: p. 5, 44, 52, 57, 91, 114, 153, *258*, *259*, *275-276*, *286*

L

LANSING Robert: p. 24, 31
LAROCHE Jules: p. 109
LAVISSE Ernest: p. 27
LAWRENCE Thomas Edward (dit Lawrence d'Arabie): p. 71, *294*
LE ROND Henri (général): p. 25, 96, 110, *248*
LÉGER Alexis: p. 109
LEJAY Gustave (contre-amiral): p. 100
LEMKIN Raphael: p. 77, 80-81
LÉNINE (OULIANOV Vladimir Illitch dit): p. 40, 43-44, 51, 131, 165, *275*, *292*
LIEBKNECHT Karl: p. 44, 47-48
LLOYD GEORGE David: p. 26, 32, 64, 67, *188*, *266*
LLOYD William F. (Sir): p. 24
LUXEMBURG Rosa: p. 44, 47-48, 52
LYAUTEY Hubert: p. 73, 113

M

MAKHNO Nestor: p. 43, 110, 165, 173, 231
MAKINO Nobvaki (baron): p. 25
MALLETERRE Gabriel: p. 107
MANIU Iuliu: p. 163
MANNERHEIM Carl Gustav: p. 145, 165
MANNEVILLE Henri de: p. 25-26
MARTONNE Emmanuel de: p. 33, 37-38
MARTY André: p. 44, 99
MASARYK Tómaš: p. 43, 113, *283*
MCMAHON Henry: p. 71
MEHMED V: p. 67
MEHMED VI: p. *66*, 67
MICHEL Ier dit MICHEL LE BRAVE: p. *280*
MILLERAND Alexandre: p. 74, 109, 167
MILTIADESZ Manno: p. *276*
MIRBEAU Octave: p. *85*
MITTELHAUSER Eugène: p. 113
MORGENTHAU Henry: p. 78
MORNET (amiral): p. 95
MUSSOLINI Benito: p. 5, 147

N, O

NANSEN Fridjtof: p. *85*, 86, 311
NARIMANOV Nariman: p. 135
NICOLAS Ier (roi de Monténégro): p. 174
NICOLAS II (tsar de Russie): p. 13, *187*, *236*, 110
NIEDRA Andrievs: p. 44
NIESSEL Henri (général): p. 25, 113, 154, 158-159
NOLI Fan: p. 127
NOULENS Joseph: p. 25, *26*
NOUREDDIN PACHA: p. *291*
NUBAR Boghos: p. *76*, *204*
OBOLENSKY Véra (dite Vicky): p. *311*
ORLANDO Vittorio Emanuele: p. 25-26, 147

P

PALÉOLOGUE Maurice: p. 109
PAŠIĆ Nikola: p. 174
PÄTS Konstantin: p. 43
PELLÉ Maurice: p. 57, 110, 113, *282-284*
PÉTAIN Philippe (maréchal): p. 113, *256*
PETLURA Symon: p. 43, 80, 90, 165, *206*, *225*, *228*, *231*
PICHON Stephen: p. 26, 109, *266*
PIÉPAPE Antoine Philpin de (lieutenant-colonel): p. 72, 95, 114
PIERRE Ier (roi de Serbie): p. *123*
PIŁSUDSKI Józef: p. 10, 43, 95, 110, 159, 165, *217-218*, 247, 249, 284,
POINCARÉ Raymond: p. 25, *26*, *28*, *32*, 106, 109, *118*, *269*
PONIATOWSKI (roi de Pologne): p. *249*
POPOVICI Aurel: p. 163
PRJEVALSKI Nikolaï (commandant): p. 135
PRÓNAY Pál: p. 57

R, S

RATHENAU Walter: p. 51
RASULZADE Mehmet Emin: p. 135
REBOUL (lieutenant-colonel): p. 158
RECLUS Élisée: p. *85*
RENNER Karl*: p. 120*
ROMER Eugeniusz: p. 34
ROSENBERG Alfred: p. 51
RYDZ-SMIGLY Edward (général): p. 95
SAIONJI Kinmochi (prince): p. 25
SANDERS Liman von (général): p. 80
SCHWARTZBARD Shalom: p. 80, *225*
SEIPEL Ignaz (monseigneur): p. 133
SEMENOV Grigori: p. 110
SETON-WATSON Robert William: p. 28
SKOROPADSKY Pavlo: p. *206*, *231*
SONNINO Sydney (baron): p. 25, 147, *266*
SOSNKOWSKI (général): p. *249*
STAMBOLIJSKI Alexandre: p. 139
STEFANIK Milan: p. 113
STERE Constantin: p. 163
STRESEMANN Gustav: p. 14
SYKES Mark: p. 95, 180

T, U, V

TALAAT PACHA (TALAAT Mehmet dit): p. 67, 80, 81
TARDIEU André: p. 24-25, 28, 73, 109, 118
TEHLIRIAN Soghomon: p. 80
TELEKI Pál: p. 34, 196
THOMAS Albert: p. 34
TOUKHATCHEVSKI Mikhaïl: p. 44, 95
TROTSKI Léon: p. *78*, *233*
TRUMBIĆ Ante: p. *271*
TSANKOV Alexandre: p. 139
ULMANIS Karlis: p. 129
VAUGOIN Karl: p. 133
VEHIB PACHA (Vehib Mehmed dit): p. 135
VELTCHEV Damian (colonel): p. 139
VENIZÉLOS Elefthérios: p. 67, 151, *289*
VICQ (colonel): p. *291*
VIDAL DE LA BLACHE Paul: p. 27
VIERBÜCHER Heinrich: p. 80
VITOFSKY (colonel): p. *291*
VIX Fernand (colonel): p. 114, 153
VOLK DE KARACHEV Nicolas: p. *228*

W-Z

WEYGAND Maxime (général): p. 6, 95, 110, 160, *247*
WHITE Henry: p. 24, *266*
WILSON Henry (maréchal): p. 73
WILSON Thomas Woodrow: p. 3, 9, 10, 22, 23, 25-28, 31, 34, 58, 67, 78, 80, *123*, 47, 186, *198*, *266*
WOLFF Theodor: p. 47
WOYNO Stefan (lieutenant): p. *218*
WRANGEL Piotr Nikolaïevitch (général): p. 94, 114, 143, 165, *211*, *214*
ZARIŅŠ Rihards: p. 238
ZEID Ben-Hussein: p. 71
ZENKOFF Joseph: p. *85*
ZOGU Ahmet (ZOG Ier) (roi des Albanais): p. 127

ORIENTATION BIBLIOGRAPHIQUE

L'historiographie concernant l'histoire générale de l'Europe centrale et orientale ainsi que du Levant entre 1918 et 1923, notamment dans ses aspects plus spécifiquement politiques, diplomatiques et militaires, est très riche et très éclatée. L'histoire des interventions des grandes puissances occidentales (France, Grande-Bretagne, Italie, voire États-Unis) dans ces régions entre 1918 et 1923 ajoute un degré supplémentaire de complexité. Les points de vue sont multiples: nationaux ou internationaux, chronologiques ou thématiques...

On s'est limité ici à une brève sélection de synthèses de référence, souvent récentes, qui offrent des instruments d'orientation bibliographique plus développés. Nous y avons joint une partie des indications bibliographiques communiquées par les auteurs des essais du catalogue (les ouvrages, non les articles). Une place, très resserrée, a été réservée aux catalogues d'exposition.

Des regroupements thématiques sommaires, suivant pour l'essentiel le parcours de l'exposition, ont été proposés (même si certains ouvrages sont susceptibles de trouver leur place dans plusieurs rubriques).

OUVRAGES GÉNÉRAUX

ALLAIN Jean-Claude, AUTRAND Françoise, BELY Lucien *et al.*, présentation de Dominique de VILLEPIN, *Histoire de la diplomatie française*, Paris, Perrin, 2005.

ANDURAIN Julie d', *Colonialisme ou impérialisme? Le parti colonial en pensée et en action*, Léchelle, Zellige, 2016.

AUDOIN-ROUZEAU Stéphane et PROCHASSON Christophe (dir.), *Sortir de la Grande Guerre. Le monde et l'après-1918*, Paris, Tallandier, 2008.

BECKER Annette, *Messagers du désastre, Raphael Lemkin, Jan Karski et les génocides*, Paris, Fayard, 2018.

DUROSELLE Jean-Baptiste, *Histoire diplomatique de 1919 à nos jours*, Paris, Dalloz, 1957.

FORCADE Olivier et NIVET Philippe (dir.), *Les Réfugiés en Europe du xvie au xxe siècle*, Paris, Nouveau Monde Éditions, 2008.

FRÉMEAUX Jacques, *Les Empires coloniaux*, Paris, CNRS, coll. Biblis Histoire, 2012.

FRÉMEAUX Jacques, *La Question d'Orient*, Paris, Fayard, 2014.

GATRELL Peter, *The Making of the Modern Refugee*, Oxford, Oxford University Press, 2013.

GERWARTH Robert et HORNE John, *War in Peace, Paramilitary Violence in Europe after the Great War*, Oxford, Oxford University Press, 2012.

GERWARTH Robert, *Les Vaincus, violences et guerres civiles sur les décombres des empires 1917-1923*, Paris, Le Seuil, 2017.

KRAKOVSKY Roman, *L'Europe centrale et orientale, de 1918 à la chute du mur de Berlin*, Paris, Armand Colin, 2017.

MACMILLAN Margaret, *Les Artisans de la paix. Comment Lloyd George, Clemenceau et Wilson ont redessiné la carte du monde*, Paris, Librairie générale française, coll. Le Livre de poche, 2008.

MOSSE George L., *De la grande guerre au totalitarisme, la brutalisation des sociétés européennes*, Paris, Hachette Littératures, 1999.

SOUTOU Georges-Henri, préface de Jean-Baptiste DUROSELLE, *L'Or et le Sang: les buts de guerre économiques de la Première Guerre mondiale*, Paris, Fayard, 1989.

SOUTOU Georges-Henri, *L'Europe de 1815 à nos jours*, Paris, Presses universitaires de France, coll. Nouvelle Clio, 2007.

SOUTOU Georges-Henri, *La Grande Illusion: quand la France perdait la paix, 1914-1920*, Paris, Tallandier, 2015.

LA DISSOLUTION DES EMPIRES ET L'ÉLABORATION DES TRAITÉS

BECKER Jean-Jacques, *Le Traité de Versailles*, Paris, Presses universitaires de France, coll. Que sais-je?, 2002.

BLED Jean-Paul, *L'Agonie d'une monarchie. Autriche-Hongrie 1914-1920*, Paris, Tallandier, 2014.

CORNWALL Mark, *The Undermining of Austria-Hungaria: the Battle for Hearts and Minds*, Basingstoke, Palgrave Macmillan, 2000.

DAVION Isabelle, préface de Georges-Henri SOUTOU, *Les Experts français et les Frontières d'après-guerre. Les procès-verbaux du comité d'études 1917-1919*, *Bulletin de la Société de géographie*, hors-série, juin 2015.

HAFFNER Sebastian, *Allemagne, 1918: une révolution trahie*, Bruxelles, Complexe, coll. Questions à l'histoire, 2001.

JARDIN Pierre, *Aux racines du mal: 1918, le déni de défaite*, Paris, Tallandier, 2005.

MICHEL Bernard, *La Chute de l'Empire austro-hongrois: 1916-1918*, Paris, Robert Laffont, coll. Les Hommes et l'histoire, 1991.

MONNIER Fabrice, préface de Jacques FRÉMEAUX, *1916 en Mésopotamie-Moyen-Orient: naissance du chaos*, Paris, CNRS, 2016.

SCHORSKE Carl E., *Vienne, fin de siècle*, Paris, Points, coll. Essais, 2017.

SEDOUY Jacques-Alain de, *Ils ont refait le monde: 1919-1920, le traité de Versailles*, Paris, Tallandier, 2017.

LES MARCHES DE L'EST

AVENEL Jean-David et GIUDICELLI Pierre, *L'Indépendance des pays de la Baltique*, Paris, Economica, coll. Campagnes & Stratégies, 2004.

BROUÉ Pierre, *Révolution en Allemagne, 1917-1923*, Paris, Minuit, coll. Arguments, 1995.

CHANDAVOINE Isabelle, *Les Français à Klaipéda et après (1920-1932)*, Vilnius, Žara, 2003.

DAVION Isabelle, *Mon voisin, cet ennemi. La politique de sécurité française face aux relations polono-tchécoslovaques entre 1919 et 1939*, Bruxelles/Paris, Peter Lang, 2009.

GATRELL Peter, *A Whole Empire Walking: Refugees in Russia during World War 1*, Bloomington, Indiana University Press, 2005.

LEBEDYNSKY Iaroslav, *Les États ukrainiens 1917-1922: la première indépendance et son héritage*, Paris, L'Harmattan, coll. Présence ukrainienne, 2015.

LEBEDYNSKY Iaroslav, *Les Guerres d'indépendance de l'Ukraine: 1917-1921*, Chamalières, Lemme, coll. Illustoria-Histoire contemporaine, 2016.

MARIE Jean-Jacques, *Histoire de la guerre civile russe, 1917-1922*, Paris, Tallandier, coll. Texto, 2015.

MÖLLER Horst, *La République de Weimar*, Paris, Tallandier, coll. Texto, 2011.

MÜHSAM Erich, *La République des conseils de Bavière: Munich du 7 novembre 1918 au 13 avril 1919*, suivi de *La Société libérée de l'État*, Moëlan-sur-Mer/Paris, La Digitale/Spartacus, 1999.

NARINSKI Mikhail, RÉAU Élisabeth du, SOUTOU Georges-Henri et TCHOUBARIAN Alexandre (dir.), *L'URSS et l'Europe dans les années 20*, Paris, Presses de l'université Paris-Sorbonne, 2000.

PORTE Rémy, *Haute-Silésie, 1920-1922. Laboratoire des «leçons oubliées» de l'armée française et perceptions nationales*, Paris, Riveneuve, coll. Études académiques, 2009.

SOUTOU Georges-Henri (dir.), avec la collaboration de Ghislain de CASTELBAJAC et Sébastien de GASQUET, *Recherches sur la France et le problème des nationalités pendant la Première Guerre mondiale: Pologne, Ukraine, Lituanie*, Paris, Presses de l'université Paris-Sorbonne, coll. Mondes contemporains, 1995.

SUMPF Alexandre, *La Grande Guerre oubliée: Russie, 1914-1918*, Paris, Perrin, 2014.

SUMPF Alexandre, *Révolutions russes au cinéma, naissance d'une nation, URSS 1917-1985*, Paris, Armand Colin, 2015.

L'EUROPE MÉDIANE

FASSY Gérard, *Le Commandement français en Orient, octobre 1915-novembre 1918, étude historique d'un commandement opérationnel français à la tête d'une force militaire alliée*, Paris, Economica, 2003.

GRANDHOMME Jean-Noël, *Le Général Berthelot et l'action de la France en Roumanie et en Russie méridionale, 1916-1918: genèse, aspects diplomatiques, militaires et culturels avec leurs incidences, prolongements et perspectives*, Vincennes, Service historique de l'armée de terre, 1999.

GRUMEL-JACQUIGNON François, *La Yougoslavie dans la stratégie française de l'entre-deux-guerres (1918-1935): aux origines du mythe serbe en France*, Berne, Peter Lang, 1999.

MICHEL Bernard, *Nations et nationalismes en Europe centrale, xixe-xxe siècle*, Paris, Aubier, coll. Collection historique, 1995.

SEGEŠ Vladimír *et al.*, *Slovakia Military Chronicle*, Bratislava, Perfekt, 2002.

SELLIER André et SELLIER Jean, *Atlas des peuples d'Europe centrale*, Paris, La Découverte, coll. Librairie européenne des idées, 1998.

LE LEVANT

AFANASYAN Serge, *L'Arménie, l'Azerbaïdjan et la Géorgie: de l'indépendance à l'instauration du pouvoir soviétique, 1917-1923*, Paris, L'Harmattan, 1981.

BERNACHOT Jean (général), *Les Armées françaises en Orient après l'armistice de 1918*, Paris, Imprimerie nationale, vol. I-IV, 1972.

BRIÈRE Claire, *Liban, guerres ouvertes (1920-1985)*, Paris, Ramsay, 1985.

DESTREMAU Christian, *Lawrence d'Arabie*, Paris, Perrin, 2014.

ELDEM Edhem, *L'Empire ottoman et la Turquie face à l'Occident*, Paris, Fayard, 2018.

HITZEL Frédéric, *Le Dernier Siècle de l'Empire ottoman*, Paris, Les Belles Lettres, coll. Guides Belles Lettres des civilisations, 2014.

LAURENS Henry, *L'Orient arabe: arabisme et islamisme de 1798 à 1945*, Paris, Armand Colin, coll. U. Histoire contemporaine, 2002.

LAURENS Henry, *Les Crises d'Orient, 1768-1914*, Paris, Fayard, 2017.

LECLERC Christophe, *La Mission militaire française au Hedjaz, 1916-1920*, Paris, L'Harmattan, 2017.

PICAUDOU Nadine, *La Décennie qui ébranla le Moyen-Orient: 1914-1918*, Paris, Flammarion, coll. Champs Histoire, 2017.

PORTE Rémy, préface de Jean-Charles JAUFFRET, *Du Caire à Damas: Français et Anglais au Proche-Orient, 1914-1919*, Paris, 14-18, 2008.

SCHIAVON Max, *Le Front d'Orient, du désastre des Dardanelles à la victoire finale, 1915-1918*, Paris, Tallandier, 2014.

SELLIER André et SELLIER Jean, *Atlas des peuples d'Orient: Moyen-Orient, Caucase, Asie centrale*, Paris, La Découverte, 2002.

TERNON Yves, *Empire ottoman, le déclin, la chute, l'effacement*, Paris, Le Félin, coll. Histoire et sociétés, 2002.

CATALOGUES D'EXPOSITION

Athènes 1917, le regard de l'armée d'Orient, Athènes, École française d'Athènes, 2017.

Dans la peau d'un soldat, de la Rome antique à nos jours, Paris, musée de l'Armée/Gallimard, 2017.

Et 1917 devient révolution, Paris, BDIC/Le Seuil, 2017.

France-Allemagne(s), 1870-1871, la guerre, la Commune, les mémoires, Paris, musée de l'Armée/Gallimard, 2017.

L'Art de la paix: secrets et trésors de la diplomatie, Paris, Paris Musées, 2016.

Les Saint-Cyriens: vocation et destinées, Paris, musée de l'Armée, 2002.

Paris-Berlin, rapports et contrastes, France-Allemagne, 1900-1933, Paris, Gallimard, 1992.

Paris-Moscou, 1900-1930, Paris, Gallimard, 1991.

Vienne, naissance d'un siècle, 1880-1938, Paris, Centre Georges Pompidou, 1986.

Vu du front, représenter la Grande Guerre, Paris, BDIC/musée de l'Armée/Somogy, 2014.

SOURCES DES CARTES

Les cartes ethnolinguistiques ont été réalisées notamment à partir de documents d'époque.
Les biais éventuels ne reflètent aucun parti pris volontaire de leur auteur.

CARTES DE L'EUROPE (P. 312 ET 313)

Andrees handatlas, sechste auflage, Verlag von Velhagen & Klasing, Bielefeld und Leipzig, 1914

Andrees handatlas, siebente auflage, Verlag von Velhagen & Klasing, Bielefeld und Leipzig, 1921

Map of eastern Turkey in Asia, Syria and Western Persia (ethnographical), ap. 1914-av. 1923, papiers Grout, carte n° 2 (archives diplomatiques)

DE MARTONNE/Travaux du Comité d'études, *Questions européennes – atlas*, tome II, service géographique de l'armée, Paris, 1919 (archives diplomatiques)

Carte ethnographique des Ruthènes habitant la Galicie et la Bukovine, d'après Czoernig (archives diplomatiques, fonds de Martel CADN 3AE)

SELLIER André et SELLIER Jean, *Atlas des peuples d'Europe centrale*, Paris, La Découverte, 2007

SELLIER André et SELLIER Jean, *Atlas des peuples d'Orient*, Paris, La Découverte, 2002

SELLIER André et SELLIER Jean, *Atlas des peuples d'Europe occidentale*, Paris, La Découverte, 2010

RADVANYI Jean, BEROUTCHACHVILI Nicolas, *Atlas géopolitique du Caucase*, Autrement, Paris, 2009

PLASSERAUD Yves et MARIN Cécile, *Atlas des minorités en Europe*, Paris, Autrement, 2005

BODLORE-PENLAEZ Mikael, *Atlas des Nations sans États en Europe*, Fouesnant, Éditions Yoran Embanner, 2010

FOURMONT Guillaume, « Les Arméniens : comprendre le génocide cent ans après », in *Carto, le monde en cartes*, n°30, juillet-août 2015

Fonds initial : © Graphi-Ogre, 2002

CARTES DE L'ATLAS ET DES FRONTIÈRES (P. 17 À 19 ET 126 À 174)

DUBY Georges et BÉZILLE Michèle, *Atlas historique mondial*, Paris, Larousse, 2000

Cartes des pays et régions du monde produites par le pôle géographique de la direction des Archives diplomatiques, ministère de l'Europe et des Affaires étrangères, 2014-2018

VIDAL-LABLACHE Paul, *Atlas général*, Librairie Armand Colin, Paris, 1938

Fonds initial : © Graphi-Ogre, 2002

CRÉDITS PHOTOGRAPHIQUES

ŒUVRES EXPOSÉES

© Archive Andrei Korliakov, photo prêtée gracieusement et tirée du livre *Le Grand Exode russe, 1917-1939 – Album 5* par Andrei Korliakov, Paris, YMCA-Press, 2009 : cat. 241

© Archives départementales des Yvelines : cat. 27

© Archives du ministère de l'Europe et des Affaires étrangères : cat. 1 ; 2 ; 3 ; 4 ; 5 ; 6 ; 10 ; 11 ; 12 ; 21 ; 34 ; 39 ; 44 ; 45 ; 46 ; 55 ; 76 ; 77 ; 88 ; 89 ; 129 ; 130 ; 131 ; 132 ; 152 ; 153 ; 157 ; 158 ; 160 ; 197 ; 199 ; 200 ; 201 ; 202 ; 203 ; 213 ; 214 ; 215 ; 217 ; 223 ; 228 ; 237 ; 238 ; 239

© Archives OFPRA : cat. 243

© Bibliothèque nationale de France : cat. 8 ; 9 ; 20 ; 36 ; 37 ; 38 ; 48 ; 49 ; 85 ; 162 ; 236

© Bibliothèque Nubar de l'UGAB, Paris : cat. 206

© Budapest, Magyar Nemzeti Múzeum (Musée national hongrois) : cat. 35 ; 139 ; 148 ; 149 ; 150 ; 151 ; 171 ; 172 ; 181

© Collection La Contemporaine, bibliothèque, archives, musée des mondes contemporains : cat. 7 ; 22 ; 24 ; 25 ; 26 ; 28 ; 29 ; 43 ; 54 ; 63 ; 64 ; 90 ; 99 ; 100 ; 114 ; 133 ; 136 ; 154

© Crown Copyright – images courtesy of The National Archives : cat. 33 ; 62 ; 113 ; 216

© Heeresgeschichtliches Museum/Militärhistorisches Institut, Wien : cat. 137 ; 140 ; 141 ; 142

© Institut de France : cat. 23

© London, Courtesy of the Council of the National Army Museum : cat. 117 ; 118 ; 209 ; 210

© MoD Military History Institute and Museum, Budapest, Hungary : cat. 138 ; 143 ; 144 ; 145 ; 146 ; 147 ; 167 ; 168 ; 169 ; 170 ; 174

© Museo Storico Italiano della Guerra : cat. 161 ; 163 ; 164 ; 165 ; 166 ; 234

© Paris-Musée de l'Armée, Dist. RMN-Grand Palais/image musée de l'Armée cat. 14 ; 128

© Paris-Musée de l'Armée, Dist. RMN-Grand Palais © Anne-Sylvaine Marre-Noël : cat. 52 ; 53 ; 59 ; 66 ; 83 ; 84 ; 86 ; 87 ; 122 ; 135 ; 177 ; 179 ; 182 ; 185 ; 192 ; 196 ; 211 ; 219 ; 222 ; 224 ; 231 ; 235 © Paris-Musée de l'Armée, Dist. RMN-Grand Palais © Émilie Cambier : cat. 13 ; 15 ; 50 ; 51 ; 56 ; 57 ; 58 ; 60 ; 65 ; 81 ; 82 ; 92 ; 93 ; 110 ; 111 ; 112 ; 120 ; 121 ; 123 ; 126 ; 134 ; 173 ; 175 ; 176 ; 178 ; 180 ; 188 ; 189 ; 190 ; 191 ; 193 ; 195 ; 198 ; 204 ; 205 ; 208 ; 212 ; 218 ; 220 ; 221 ; 225 ; 227

© Paris-Musée de l'Armée, Dist. RMN-Grand Palais/Émilie Cambier/Pascal Segrette : cat. 208 ; 233

© Paris-Musée de l'Armée, Dist. RMN-Grand Palais © Pascal Segrette : cat. 125 ; 127 ; 186

© Paris-Musée de l'Armée, Dist. RMN-Grand Palais/Thierry Ollivier : cat. 69 ; 212 ; 221

© Patrick Urvoy : cat. 184

© Pierrefitte-sur-Seine, Archives nationales : cat. 40 ; 41 ; 42 ; 78 ; 79 ; 80 ; 155 ; 156

© Polish Army Museum in Warsaw : cat. 68 ; 70 ; 71 ; 72 ; 73 ; 75 ; 124

© Riga, collection du Latvijas Kara Muzejs (musée letton de la Guerre) : cat. 67 ; 95 ; 96 ; 98 ; 102 ; 103

© Riga, Latvijas Nacionalais vestures muzejs (musée national d'Histoire) : cat. 97 ; 104 ; 105 ; 106 ; 107 ; 108 ; 109

© Société « Adligat », Library Lazic (depuis 1882), Book and Travel Museum : cat. 61 ; 159

© Vienne, Österreichische Nationalbibliothek : cat. 19

© Vincennes, Service historique de la Défense : cat. 16 ; 17 ; 18 ; 30 ; 31 ; 32 ; 44 ; 47 ; 74 ; 91 ; 115 ; 116 ; 119 ; 194 ; 207 ; 229 ; 230 ; 232 ; 240 ; 242

Vytautas the Great War Museum © Artūras Užgalis : cat. 94 ; 101

FIGURES DE COMPARAISON

© AKG-images : ill. 1, 5, 13

© AKG-images/ullstein bild : ill. 4, 14

© bpk : ill. 8

© Bundesarchiv, Bild 183-V07741/Foto : o.Ang. : ill. 6

© Collection Archives de la Planète-musée Albert-Kahn/Département des Hauts-de-Seine : ill. 18, 19, 20, 21

© ECPAD : ill. 16, 17

© ECPAD/Photographe : Aubert : ill. 3

© ECPAD/Photographe : Marcel Lorée : ill. 2

© Image Bank/Alamy Stock Photo : ill. 15

© IWM (Q 101744) : ill. 11

Library of Congress © Droits réservés : ill. 10

© Paris-musée de l'Armée, Dist. RMN-Grand Palais/Thierry Ollivier : ill. 12

© Photo by Keystone/Hulton Archive/Getty Images : ill. 9

© Universal History Archive/UIG/Bridgeman Images : ill. 7

PORTRAITS (P. 108 À 115)

Maurice Paléologue : © Russian Photographer (20th Century)/Private Collection/Bridgeman Images ;

Jules Laroche : © BnF ;

Philippe Berthelot : BnF © domaine public ;

Joseph Kessel : BnF © domaine public ;

Paul Henrys : © SHD ;

Maxime Weygand : © ECPAD ;

Maurice Pellé : © ECPAD/collection Mick Micheyl – Jean-Baptiste Tournassoud/Photographe : Jean-Baptiste Tournassoud ; Milan Stefanik : © SHD ;

Henri Mathias Berthelot : © ECPAD/collection Mick Micheyl – Jean-Baptiste Tournassoud/Photographe : Jean-Baptiste Tournassoud ;

Henri Niessel : © SHD ;

Louis Franchet d'Espèrey : © ECPAD/collection Mick Micheyl – Jean-Baptiste Tournassoud/Photographe : Jean-Baptiste Tournassoud ;

Charles Henri Dumesnil : © SHD ;

Charles de Gaulle : © Archives de Gaulle, Paris, France/Bridgeman Images ;

Henri Gouraud : © ECPAD ;

Antoine Philpin de Piépade : Photo © Paris-Musée de l'Armée, Dist. RMN-Grand Palais © Émilie Cambier ;

Jules Hamelin : Photo © Paris-Musée de l'Armée, Dist. RMN-Grand Palais © Émilie Cambier

Conception graphique de la couverture inspirée du visuel créé par Julie Linotte pour l'affiche de l'exposition.

WWW.GALLIMARD.FR
WWW.MUSEE-ARMEE.FR

PHOTOGRAVURE : REPROSCAN
ACHEVÉ D'IMPRIMER EN AOÛT 2018
SUR LES PRESSES DE CAYFOSA, ESPAGNE

DÉPÔT LÉGAL : SEPTEMBRE 2018
ISBN : 978-2-07-281956-8
NUMÉRO D'ÉDITION : 341305